金陵智库丛书

区域·融通·发展
宁镇扬一体化论文精萃

叶南客 ◎ 主编

中国社会科学出版社

图书在版编目（CIP）数据

区域·融通·发展：宁镇扬一体化论文精萃/叶南客主编 . —北京：中国社会科学出版社，2019.10

（金陵智库丛书）

ISBN 978-7-5203-5141-6

Ⅰ.①区… Ⅱ.①叶… Ⅲ.①区域经济发展—江苏—文集 Ⅳ.①F127.53-53

中国版本图书馆 CIP 数据核字（2019）第 200915 号

出 版 人	赵剑英
责任编辑	孙　萍
责任校对	赵　威
责任印制	王　超

出　　版	中国社会科学出版社
社　　址	北京鼓楼西大街甲 158 号
邮　　编	100720
网　　址	http://www.csspw.cn
发 行 部	010-84083685
门 市 部	010-84029450
经　　销	新华书店及其他书店
印　　刷	北京明恒达印务有限公司
装　　订	廊坊市广阳区广增装订厂
版　　次	2019 年 10 月第 1 版
印　　次	2019 年 10 月第 1 次印刷
开　　本	710×1000　1/16
印　　张	24
插　　页	2
字　　数	378 千字
定　　价	108.00 元

凡购买中国社会科学出版社图书，如有质量问题请与本社营销中心联系调换

电话：010-84083683

版权所有　侵权必究

金陵智库丛书编委会

主　编　叶南客
副主编　石　奎　张石平　季　文
编　委　张佳利　张　峰　邓　攀
　　　　　黄　南　谭志云　周蜀秦
　　　　　吴海瑾

本书编委会

主　　任	叶南客	于　伟	房学明
副 主 任	张石平	邵利民	刘　斌
执行主编	张石平	张启祥	
编　　辑	严建强	房利华	孔　悫
	席李川	罗斌凤	丁　恂
	吴　伟		

总　　序

　　加强智库建设、提升智库的决策服务能力,在当今世界已经成为国家治理体系的重要组成部分。党的十八届三中全会通过的《中共中央关于全面深化改革若干重大问题的决定》明确强调,要"加强中国特色新型智库建设,建立健全决策咨询制度"。2015年,中共中央办公厅、国务院办公厅据此印发了《关于加强中国特色新型智库建设的意见》。2016年,习近平总书记在哲学社会科学工作座谈会上的重要讲话,鲜明地提出了"加快构建中国特色哲学社会科学"这一战略任务,为当前和今后一个时期我国哲学社会科学的发展指明了方向。2017年,在党和国家事业发生历史性变革之际,习近平总书记在党的十九大报告中深刻阐述了新时代坚持和发展中国特色社会主义的一系列重大理论和实践问题,提出了未来一个时期党和国家事业发展的大政方针和行动纲领,进一步统一了全党思想,吹响了决胜全面建成小康社会、夺取新时代中国特色社会主义伟大胜利、实现中华民族伟大复兴中国梦的号角!在这一关键阶段,充分发挥新型智库的功能,服务科学决策,破解发展难题,提升城市与区域治理体系与治理能力的现代化,对促进地方经济社会的转型发展、创新发展与可持续发展,加快全面建成小康社会,实现中华民族伟大复兴的中国梦,具有重要的战略价值导向作用。

　　南京是中国东部地区重要中心城市、特大城市,在我国区域发展格局中具有重要的战略地位,"创新名城　美丽古都"的定位已经被广为知晓、深入人心,近年来在科教名城、软件名城、文化名城以及幸福都市的建设等方面,居于国内同类城市的前列。在全力推进全面深化改革的新阶段,南京又站在经济社会转型发展和加速现代化的新的制高点上,围绕江苏"两聚一高"和南京市"两高两强"新目标要求,加快建设"强富美高"新南京。如何在"五位一体"的总布局下，落实全面深化改革的各项举措，聚力创新加快转型，亟须新型智库立足时代的前沿，提供战略的指点与富有成效的实践引导，对一些发展难题提出具体的政策建议和咨询意见。

值得称道的是，在国内社科系统和地方智库一直具有重要影响力的南京市社会科学院及其主导的江苏省级重点培育智库——创新型城市研究院，近年来围绕南京及国内同类城市在转型发展、创新驱动、产业升级、社会管理、文化治理等一系列重大问题、前沿问题，进行富有前瞻性的、系统的研究，不仅彰显了资政服务的主导功能，成为市委、市政府以及相关部门的重要智库，同时建立起了在省内和全国具备话语权的研究中心、学术平台，形成了多个系列的研究丛书、蓝皮书和高层论坛品牌，在探索新型智库、打造一流学术品牌、城市文化名片方面，取得了令人瞩目的成绩，走出了地方智库开拓创新、深化发展的新路径。自2014年以来打造的《金陵智库丛书》，则是南京市社会科学院、创新型城市研究院的专家们近年资政服务与学术研究成果的集成，不仅对南京的城市转型以及经济、社会、文化和生态等多个方面进行了深入、系统的研究，提出了一系列富有建设性的对策建议，而且能立足南京、江苏和长三角，从国家与区域发展的战略层面破解了城市发展阶段性的一些共同性难题，实践与理论的指导价值兼具，值得在全国范围内进行推介。

《金陵智库丛书》围绕南京城市与区域发展的新挑战与新机遇，深入探讨创新驱动下的当代城市转型发展的路径与对策，相信对推动南京的全面深化改革，提升南京首位度，发挥南京在扬子江城市群发展中的带头作用，具有一定的战略引导与实践导向作用。一个城市的哲学社会科学发展水平和学术地位是衡量这座城市综合竞争力的代表性指标，是城市软实力的重要组成部分。要做好南京的社会科学工作，打造学术研究高地，必须始终坚持正确的政治方向和学术导向，必须始终坚持高远的发展目标，必须始终坚持面向社会、面向实践、面向城市开展研究，必须始终坚持特色发展打造优势学科，必须始终坚持高端人才培养优先的战略，必须始终坚持全社会联动增强社科队伍凝聚力和组织性。我们南京社科系统的专家学者，要以服务中心工作为使命，在资政服务、学术研究等方面，具有更强的使命感、更大的担当精神，敢于思考、勇于创新，善于破解发展中的难题，多出精品，多创品牌，为建设高质量、高水平的新型地方智库，为建设社科强市做出新的更大的贡献。

叶南客

（作者系江苏省社科联副主席、南京市社科联主席、
南京市社会科学院院长、创新型城市研究院首席专家）

三城齐心融通发展（代序言）

宁镇扬三市一衣带水、毗邻而居，山体同脉、相承延伸，文化同根、民俗同源，三城同为国家历史文化名城，还共同具备滨江城市的特征，具有共同共通的文化传承与经济发展脉络。南京、镇江、扬州三市全域，面积约1.7万平方千米，是江苏省经济较为发达、人口较为密集的区域，以占全省16%的土地承载了20%的人口、24.3%的经济总量。同时，宁镇扬地区还是长三角西北翼承东启西、联系南北的重要节点区域，也是长江三角洲和皖江城市带承接产业转移示范区等国家战略联结区，区位优势明显。国家"一带一路"倡议、长江经济带战略、苏南现代化建设示范区规划、长三角一体化和南京江北新区建设上升为国家战略等重大机遇，都将"宁镇扬大都市区"建设提上议程，也为宁镇扬一体化研究提供了更加广阔素材和空间。三地融通发展，经济、政治、文化、社会、生态文明建设等各项事业一体化、可持续协调发展，工业化、城镇化和都市区化进程加快，生产、生活要素的频繁往来，同城化、一体化态势日益显现。江苏省委、省政府顺应国际国内发展趋势，将"宁镇扬一体化"重大战略决策写进了政府工作报告。在三市的共同努力下，宁镇扬一体化发展在追求资源要素一致性道路上进行了卓有成效的区域融合的探索和实践，必将成为江苏省经济腾飞的重要助推器。

以市场为纽带，以共赢为目标，以诚信为根本，宁镇扬一体化发展战略可以在不改变既有行政层级的前提下，通过制度创新，寻求治理模式的突破，打破行政经济，实现空间重构、产业重组、资源共享，将江苏省政府在推进宁镇扬一体化工作座谈会上明确提出的"围绕基础设施、产业布局、公共服务、旅游开发、生态保护"等"五个一体化"

的建设目标和思路举措落到实处。推进经济结构战略性调整，这是加快转变经济发展方式的主攻方向。要把推动发展的立足点转到提高质量和效益上来，使经济发展更多依靠内需拉动、更多依靠科技进步、劳动者素质提高、管理创新驱动，深入实施区域一体化发展总体战略。

"宁镇扬一体化论坛"由南京、镇江、扬州三市社科联共同发起成立，不仅凝聚了三个市社科联、社科院的研究力量，而且整合了三地相关高校、党校、行政学院、研究机构、学会等专家、学者的资源，还有一些政府职能部门公务员的热情参与，可谓是复合型务实研究队伍。研究的主题涉及经济高质量发展、都市规划、区域公共服务、社会精细治理、要素市场、城市交通一体化等各方面，旨在凝聚三地人才智力，针对全面深化改革进程中遇到的各种难点、痛点问题，传达民情民意，为党委、政府决策提供依据，促进宁镇扬区域长足发展。

南京、镇江、扬州三市社科联已连续12年举办宁镇扬一体化论坛，论坛已打造成区域社科繁荣的智库高地、区域社科理论的前沿阵地、推动区域发展的资政平台，形成了一系列前沿化、特质化、品牌化的研究成果。

此书即是将历年论坛优秀成果中的精华，按照宏观战略、都市规划、行业策略、观点集萃四个主题汇编成册，以期展示一体化研究的历史进程、最新动态和转化成果，并力争做到所选文章具有权威性、启发性和资料性，从而引导研究者注重从学科自身的特征和基本优势出发，主动突破社会科学的边界，面向长三角乃至更广阔区域，使成果力求占领社科理论的制高点，为三地党委政府提供资政服务。

目　录

1 / **宏观战略**

3 / 推进宁镇扬一体化，打造江苏中心发展极
　　　　　　　　　　　　　宁镇扬一体化课题组（张颢瀚等）

20 / 宁镇扬一体化发展的战略机遇及凝聚核重构
　　　　　　　南京中医药大学　高丽娜　南京师范大学　蒋伏心

36 / 完善宁镇扬同城化协调机制的对策建议
　　　　　　　　　　　　　　　　江苏省政府研究室　黄　莉

46 / 基于文化认同的宁镇扬同城化研究
　　　　　　　　　　　　　　　　南京市政府研究室　曹大贵

53 / 镇江推进"宁镇扬一体化发展"的战略研究
　　　　　　　　镇江市社科联　邵利明　镇江文广集团　朱　明

63 / 宁镇扬同城化未来发展趋势研究
　　　　　　　　　　　　　南京市城市经济学会　丰志勇

70 / 加快推进宁镇扬同城化协调发展的路径选择
　　　　　　　　　　　　　　　　扬州市委党校　英　震

77 / 关于"推进宁镇扬一体化发展"的调研报告
　　　　　　　　　　　　　　　　扬州市政协专题调研组

88 / 扬子江城市群战略下宁镇扬一体化发展的思考
　　　　　　　　　　　　　　　　南京市发改委　晁先锋

96 / 发展一江牵　合作谋共赢
　　　——扬州参与长江经济带产业转移与合作的若干思考
　　　　　　　　　　　　扬州市发改委　吉爱平　张　锋

105 / 强化动力机制 加快推进宁镇扬一体化进程
　　　　　　　　　　　　　　　　　宝应县委党校　胡广洋

116 / 镇江区位优势和特色经济发展研究
　　　　——基于宁镇扬一体化发展的视角
　　　　　　　　　　国家统计局镇江调查队 韩志明　张丹　朱东旦

133 / **都市规划**

135 / 围绕三个力　寻求突破口
　　　　——宁镇扬一体化发展公共服务共建共享调研报告
　　　　　　　　　　　　　　　　　　镇江市政协　谭金生

140 / 宁镇扬一体化发展程度分析及路径优化研究
　　　　　　　　　　　　　　　　　江苏省信息中心　韩磊

152 / 宁镇扬区域基本公共服务一体化对策研究
　　　　　　　　　　　　　　扬州市发改委　卞吉　沈诗贵

158 / 供给侧结构性改革背景下的宁镇扬一体化路径研究
　　　　　　　　　　　　　　　　　南京市委党校　田青

172 / 镇江市推进宁镇扬同城化发展战略实施路径及行动研究
　　　　　　　　　　　　　　　　　镇江市发改委　孙力

185 / 产城融合　共建共享　推进"十三五"宁句
　　　同城化实现新突破
　　　　　　　　　　　　　　　　　句容市委党校　戴晓伟

191 / 宁镇扬区域协同发展及机制构建
　　　　　　　　　　　　　　　　　扬州大学　张荣天

199 / 宁镇扬同城化发展现状分析与对策建议
　　　　　　　　　　　　　　　镇江市青年企业家协会　梁健

209 / 扬州参与扬子江城市群建设的初步思考
　　　　　　　　　　　　　　扬州市发改委　胡新林　万东民

215 / 引金融"之血"通"宁镇扬一体化"之脉
　　　——宁镇扬一体化建设金融支持专题研究报告
　　　　　　　　　　　　　工商银行江苏省分行营业部　施书芳

222 / 扬中参与宁镇扬一体化发展的对策建议
　　　　　　　　　　　　　　　　　　　扬中市委党校课题组

236 / "宁镇扬"生态环境检察一体化研究
　　　　　　　　　　　　　镇江市人民检察院　游若望　张冰茜

244 / 经济新常态背景下"宁镇扬"同城化发展的思考
　　　　　　　　　　　　　　　　　镇江市经信委　汪　峰

251 / **行业策略**

253 / 推动产城融合　聚力宁镇扬文化旅游特色小镇建设
　　　　　　　　　　　　　江苏省委党校　徐泰玲　董成

266 / 绿色建筑与宁镇扬生态环境一体化协同发展研究
　　　　　　　　　　　　　金陵科技学院　李明惠　冯晓彤

275 / 推进宁镇扬区域人才一体化发展的路径探析
　　　　　　　　　　　　镇江市人力资源和社会保障局课题组

283 / 宁镇扬公共交通一体化研究
　　　　南京市交通局　陈兆宏　南京市城市与交通规划设计院　陈阳

289 / 宁镇扬旅游资源开发一体化研究
　　　　　　　　　　　　　中国农业银行江苏省分行　耿莹瑛

301 / 构建宁镇扬区域生态文明协同发展制度的思考
　　　　　　　　　　　　　　　　　镇江市委党校　孙忠英

310 / 宁镇扬都市圈文化旅游一体化研究
　　　　　　　　　南京市农村金融学会　王倩倩　李亦达　王小雨

319 / 宁镇扬都市圈城市旅游与特色小镇营造研究
　　　——以扬州市为例
　　　　　　　　　　　　　　　　　扬州市职业大学　朱　莹

325 / 关于"宁镇扬"三市长江港口岸线资源整合的思考

镇江市委党校　姚永康

336 / 宁镇扬同城化发展与新型职业农民的培育

江苏省委党校　徐泰玲

347 / 发展健康养老服务产业 打造宜游宜居宜创城市

扬州市发改委　范天恩　孙景亮　夏坚　胡新林

361 / 观点集萃

宏观战略

推进宁镇扬一体化，打造
江苏中心发展极[*]

宁镇扬一体化课题组（张颢瀚等）

在江苏省第十三次党代会上，省委书记李强在报告中明确提出："顺应以城市群为主体形态推进城市化的大趋势，发挥南京特大城市带动作用，推动宁镇扬等板块一体化发展，促进大中小城市和小城镇协调发展。"今年省政府工作报告将宁镇扬一体化列为今年重点工作之一，明确提出要"推动宁镇扬一体化取得实质性进展，促进沿江城市集群发展、融合发展"。如何把省委省政府重大战略部署落到实处，提升宁镇扬三市综合区域竞争力，更好地造福三地人民，是一项迫切需要深入研究的战略课题。

一 宁镇扬一体化的主要进展

宁镇扬地处"江海河航铁公"运输交汇点、扬子江城市群龙头区，对于长江经济带、长三角城市群和江苏区域发展具有重要意义。自省第十三次党代会对宁镇扬一体化建设做出部署以来，省市高度重视，社会积极参与，取得了显著进展。2016年11月，省政府召开推进宁镇扬一体化工作座谈会，明确提出要聚焦重点领域、重点项目、重点区域、重

---

[*] 本文作于2017年9月。

点机制，推进基础设施、产业布局、公共服务、旅游开发、生态保护等"五个一体化"。2017年5月，省政府在镇江召开宁镇扬一体化推进会。省政府办公厅印发《2017年推进宁镇扬一体化发展工作要点》，宁镇扬同城化协调小组办公室印发《宁镇扬一体化2017年重大项目投资计划》。南京市印发《关于贯彻落实宁镇扬同城化发展规划的通知》，提出到2020年，宁镇扬一体化将基本形成，初步建成具有较强活力和竞争力的国际性大都市区。南京镇江共同开展宁镇一体化规划研究，句容和南京已达成共建，包括句容开发区江苏硅谷和南京的一些高校进行教育资源合作。镇江市委市政府把宁镇扬一体化列为2017年十件大事之首，市人大加强督察，市政协多次调研。扬州市把宁镇扬一体化建设作为当前和今后一个时期推进区域融合发展的首要任务，在前期实施扬州城市主干道文昌西路东西延伸工程的基础上，积极推进与南京六合、江北新区的融合，制订《六合—仪征跨界新城协调规划》。

二　宁镇扬一体化的主要问题

尽管宁镇扬三市的合作由来已久，跨界相向发展的态势明显，资源融合需求和社会认同感持续增强，具有一体化的良好基础并且取得了明显进展。但从总体上看，还存在力度不够大、步伐不够快、效果不够明显的问题，具体表现在：

一是总体布局缺乏高位协调。省级、市级顶层设计虽较为完善，宁镇扬同城化规划早在2014年已经出台，但总体而言还停留在规划确定的方向和原则指导层面。宁镇扬三市间虽然签署了诸多合作协议，但往往是临时性、局部性、概念性和非制度化的安排。由于三个城市之间的网络化联系程度不够，在区域规划、基础设施、市场准入、环境保护等方面缺乏高位协调，现有的联席会议协调机制力度不够，对接的组织化程度不够，存在着对接层级不对等、对接渠道不畅通、对接效率不够高等现象，一体化合作发展任重道远。

二是产业对接缺少有效载体。据统计测算，三市产业结构的相似系数在0.8以上，都处在同一发展阶段或者相邻阶段，互补性比较弱，没有真正形成一种上下游的产业链。特别是镇江和扬州，在沿江区域产业基本上是同步的，竞争性较强。这种高度雷同的产业结构不仅导致重复建设，也因同质化发展引发过度竞争，使区域内有限的资源没有得到集中高效利用。三市产业之间的优势互补还没有完全释放，不同发育程度的产业体系的梯次转移尚未形成常态，目前还主要依赖市场自发行为，缺乏在统一规划下的制度性安排。特别是在共建产业合作载体方面进展不大，扬州仪化与南京扬子江化工园区整合，地方政府的利益分割一直难以解决。

三是公共服务难以实质突破。三市的公共服务设施自成体系、自行服务，基础设施共建共享相对不足，信息资源共享推进也较为困难。比如，扬州仪化水厂规模40万吨，富余20万吨，而江北新区因供水需求缺口较大要建新的水厂。从扬州市中心文昌阁到镇江市中心大市口直线距离是20千米，车辆走润扬大桥来回过路费达到70元。尽管镇扬两市都有建设具有通勤功能的免费过江通道或轨道交通的愿望，但两市道路等级不对等，镇江的规划没有预留北向道路，缺少上位规划支持。公共服务同城化遇到现实障碍，尤其是教育、卫生等社会事业领域同城化的问题更为敏感和复杂，在市县层面很难得到有效解决。

四是体制壁垒难以打破消除。行政区划和区域利益捆绑形成壁垒，发展诉求、目标、重点各不相同，区域发展碎片化现象严重，合作共赢意识有待加强，统筹区域发展难度较大。在操作层面上，还存在推进力度不够、合作深度不够，突破固有的体制机制障碍决心不够的现象。尤其是三市之间一体化发展的冷热程度不均：南京、镇江合作的积极性较高，《宁镇一体化规划研究》先行一步，已经取得初步研究成果；南京与扬州互动的意愿性较强，《宁扬一体化规划研究》项目也于今年7月份启动；但镇江和扬州合作的热情相对不足，目前尚未有《镇扬一体化规划研究》的相关信息发布，三市之间的合作难以形成有效闭环。

五是三市聚合的动能不够强。专家们普遍认为，从总体上看，南京目前仍然处在集聚阶段，虹吸效应大于扩散效应，短时间内对镇江、扬州的带动能力有限。与合肥、杭州等省会城市比，南京由于地处江苏省的西南边缘，交通枢纽地位有相对下降的趋势，特别是在以省会城市为中心建立辐射全省的交通体系方面，南京更是明显滞后。比如，南京本身是一个交通枢纽，但优势没有发挥，南京禄口机场加省内其他一共9个机场的吞吐量不及杭州萧山机场。因为机场交通是高端旅游出行，对运输方式非常敏感，对舒适性、可靠性要求比较高，禄口机场与周边城市镇江、扬州的快速通道没有衔接起来，综合交通不够便捷，禄口机场自身容量也有限，造成大量的客源流失到上海、杭州等地。

三 国内部分区域一体化的经验借鉴

推进宁镇扬一体化建设，必须首先科学认识世界城市群形成发展的规律及其发展新趋势。正如《超级版图》一书的作者帕拉格·康纳所认为的，传统上衡量一个国家的战略重要性的标准在于其领土面积和军事实力，但今天一个国家的实力要看它通过连接所能发挥的作用，即在地理互联、经济互联、数字互联层面，是否深度参与全球资源、资本、数据、人才和其他有价值的资产流。[①] 国家如此，区域亦不例外，宁镇扬一体化发展也必须遵循这样的一种思路。

跨界融合是城市群发展的大势所趋。国家"十三五"规划纲要提出建设19个城市群，形成更多支撑区域发展的增长极。据《中国城市群发展报告2016》统计，目前长三角、珠三角、京津冀等发展较为成熟的9大城市群共118个城市人口规模约占全国的47%，经济总量约占全国的66%，已成为我国新型城镇化发展的重要支撑和平台。特别是今年以来，随着大湾区建设的启幕，城市群发展进入新时期。粤港澳大湾区是由广州、佛山、肇庆、深圳、东莞、惠州、珠海、中山、江门9市和香港、澳门两个特别行政区形成的城市群，体现出全球层级的多中心城市群形态。浙江全面支持嘉兴打造全面接轨上海示范区，谋划实施"大湾区"建设行动纲要，以上海为龙头，连带杭州、宁波、绍兴、嘉兴、湖州、舟山等六市，共同推进沪杭甬湾区建设。在这种新的城市群建设大背景下，江苏推进省域范围的扬子江城市群建设，必须战略前瞻

---

① 参见帕拉格·康纳《超级版图》，崔传刚、周大昕译，中信出版社2016年版。

把握城市群发展趋势和规律，增强扬子江城市群8市发展的融合性、协调性和整体性，形成"规模互借"效应。从空间经济学的角度来看，扬子江城市群作为一个生长型的城市群，要在粤港澳、沪杭甬大湾区快速生长的情况下继续保持一定的竞争优势，在未来10年、20年和30年成为世界级城市群的核心区域，必须加快推进沿江两岸城市的跨江融合，在宁镇扬地区率先打造超级都会区，形成新的中心增长极，把扬子江城市群打造成哑铃型的空间结构，同时实施以两头带中间战略，促进扬子江城市群的全面崛起。

分层发展是城市群演变的重要规律。宁镇扬一体化问题，本质上是大城市群背景下次级城市群发展问题，建设大南京都市区，必须充分考虑其在长三角城市群和扬子江城市群中的重要战略地位。从世界级城市群发展看，一般是先造就一个或几个超级城市，再以超级城市为核心，在周边建设若干二线城市。随着二线城市的不断发展，可能就会变成一个次级的核心城市，次级中心可能又会通过扩散形成新的城市群，并与原有的中心城市、城市群进一步融合，从而形成更大一级的城市群和经济区域。如英国伦敦到利物浦之间的城市经济带，除了伦敦这个核心，还有利物浦、曼彻斯特、伯明翰等次级中心。同样，在长三角城市群这个巨形区，沿沪宁和沪杭形成两个次级城市群也是大势所趋，在扬子江城市群内部形成若干个次级城市群也符合这一规律。

要充分借鉴深广惠一体化经验。区域一体化是集聚扩散的过程，前期资源向优势地区集聚，后期资源将向周边地区外延。从经济规律来看，国际公认一个国家的城镇化率达到50%以上，就进入大城市群时代。目前中国城市化率大概是在57%左右，正处于大城市群发展的窗口期，现在城市之间的竞争不再是单打独斗，更多是组团竞争，就是谁能够占领高地、谁就能够引领未来。同样是2009年，广东提出深广惠一体化，形成《深圳、东莞、惠州规划一体化合作协议》，每年实施项目化推进，进展非常快。轨道交通方面，深圳的20号线正在建设，将与东莞的2号线联通，直达深圳保安机场；深圳6号线即将与东莞1号线联通，直达深圳北站；深圳的13号线今年开通，与东莞3号线联通，直达深圳湾口岸。这些大动作让东莞的城市能级快速提升，在联合国人居所发布的《全球城市竞争力报告2017》中，东莞已经位居中国前20

强城市的第10位（杭州是第9位，苏州是第14位，南京第16位）。由此我们看出来区域板块热度，依赖于一体化推进，一体化推进离不开核心城市带动，核心城市带动必然能够汇集一体化层面。

四　宁镇扬一体化发展的战略定位与指导原则

随着长江经济带战略的深入推进，安徽、湖北等中部地区省份通过行政区划调整、枢纽城市建设等方式做大做强省会城市，同时通过加快合肥经济圈、武汉城市群区域城市群建设，全面对接长江经济带，打造长江经济带"脊梁"。宁镇扬地区在长江经济带战略中起着承东启西的关键门户作用，也是扬子江城市群发展的一个关键结点。目前从空间上讲，从江苏省版图来看，南京虽然作为江苏省的省会城市，但是在省内所处的地理位置较偏，所以就是对苏中、苏北地区的辐射和带动作用不是很明显，中心职能地位有待进一步提升。正如杭州强则浙江强，南京强则江苏强。做强做大南京，一方面需要南京自身努力成为全球更具影响力的龙头城市，同时需要打破三市的区域界限，推动宁镇扬一体化发展、合力打造大南京都市区。这既是南京提高自身发展能级的迫切需要，也是镇江和扬州在更高层面上参与区域竞争的必然选择。

国际层面战略定位：具有著名国际竞争力的旅游文化创新都会区。目前，南京、镇江、扬州都有各自的目标定位，南京是现代化国际性人文绿都，镇江是山水园林城市，扬州是世界文化旅游名城，在这三张名片的基础上，主打旅游、文化、创新三个品牌，形成一个以南京为主体但又超出南京行政区范围的具有著名国际竞争力的旅游文化创新都会区。

国家战略层面定位：创新与产业转型升级的引领区，国家生态科技与文化创新融合示范区。南京在长江经济带4座城市中体量最小，需要靠宁镇扬一体化来扩展它的空间，实现区域的巨形化，合力打造长江三角洲城市群几何中心。在长三角内部，上海、嘉善的紧密合作，杭州湾与上海一体化发展的趋势明显，沪杭甬湾区（杭州湾区）呼之欲出，长三角的中心有向东南方向偏移的趋势。江苏在加快推进南通与上海合作、建设为上海北大门的同时，更重要的是在长江沿线布局，充分发挥并放大南京的科教创新优势，形成更具吸引力和磁性的中心。

江苏省层面的战略定位：全省经济发动机、重心区和新中心发展极。从南京本身结构来看，空间结构地域小、窄，缺少腹地难以支撑，如果要加快发展，必须将其自身的功能，包括房地产和教育等，在更大的范围内释放。宁镇扬一体化一方面要有利于镇江和扬州的发展，另一方面也有利于通过一体化来提升南京作为一个国家大都市的功能和地位。宁镇扬一体化，就像把原本分散独立的发动机联网，把三个城市连通起来，产生更大的新动力和新动能，形成1+1+1大于3的效应，合力打造成江苏的新中"心"和发展极。

扬子江城市群中的战略定位：跨江发展融合发展的龙头区域。1+3功能区战略和扬子江城市群建设给宁镇扬一体化带来更大的发展机遇。充分发挥南京的龙头作用和发动机功能，增强辐射带动、协调联动的能力，形成对扬子江城市群和江淮生态经济区的强力带动。在扬子江城市群，经济中心城市在苏州，苏州的经济总量是南京的1.5倍。南京特大城市的定位，除了经济功能外，应该把科技教育特别是目前转型升级的科技教育上最强的优势发挥出来，形成一个多功能的中心。这样，整个扬子江城市群，分别以南京和苏州为中心，形成哑铃式经济结构，以此来支撑江苏扬子江城市群战略和南京特大城市建设。

在推进和实现宁镇扬一体化的过程中，需要遵循以下几条原则：

第一，坚持政府推动和市场驱动相结合。在同城化的过程中，政府的作用必不可少，包括省级政府层面的协调，省辖市层面政府的大力推进，市县层面的积极配合与协作。要改变原来对抗性竞争、零和博弈的局面，建立合作性竞争、正和博弈的格局，让各市在有序的竞争和密切的合作中共同发展，从而产生1+1+1>3的效应，实现整个区域的帕累托最优。与此同时，一体化不是搞拉郎配，不能违背市场规律，需要充分发挥市场在资源配置中的决定性作用，更多采取股权投资和基金等方式进行。

第二，坚持大同城化与小同城化相结合。在宁镇扬同城化的过程中，既要致力于推进三城共同发展、融合发展、互补发展，又要致力于推进三座城市内部城乡之间的协调发展，通过三个城市内部结构的优化推进更高层面的融合。大都市区巨形化的蔓延，没有一个是摊大饼的，都是在外面建独立区或者是卫星城，通过通勤圈的扩展与融合来实现功能的增强和提升。在一体化的进程中，三市的角色各有侧重，南京可以也应当扮演老大哥的角色而非家长，资源共享、共同发展、实现正和博弈、增强三市的综合竞争力、促进全省发展、带动周边地区发展是同城化的终极目标。在规划和建设的过程中，要特别注重城市之间的分工和经济联系，在强调通勤方便性的同时，考虑物流的通达性，通过经济联系来带动通勤，增强城市群之间有效人口和人才的流动性。

第三，坚持线性推进与板块推进相结合。与苏锡常板块的线性一体化相比，宁镇扬同城化表现为一定的块状特征，需要多维度协同推进。在推进的过程中，既要注重内部资源整合能力的提高，又要注重向外辐射带动能力的增强。在江苏内部，实施大双核驱动，宁镇扬和苏锡常形成双核带动，分别带动沿海和苏北。在宁镇扬体系内，实行小双核驱动，把江北新区作为宁镇扬一体化的重要单元，强化其在宁镇扬一体化中的战略支点作用，形成跨越长江的南京和镇扬两个板块，促进南京主城与镇江、江北新区与扬州、扬州与镇江多重融合发展的格局。在策略和时序上，要把南京东部与镇江西部、南京六合与扬州仪征、镇江与扬州城区等线性融合作为一体化的基础和重点。

第四，坚持超前规划与循序推进相结合。宁镇扬同城化，并非全面的城市化，并非要将三个城区建成一体，这一方面受发展规划和开发强度的诸多制约，另一方面也缺乏现实合理性，即使以相对超前的眼光来看待。特别是在基础设施建设上，要处理好快与慢的关系、集中与分散的关系、当前与长远的关系。避免借一体化之名铺摊子，摊大饼，粗放扩张，急于填补三市之间的空隙，造成土地等资源的巨大浪费。既要跨界发展房地产，更要跨界发展产业，避免宁镇扬一体化战略红利被房地产商提前透支。加强超前规划，绘出同城化路线图，从基础设施、旅游等比较容易突破的地方入手，打通城际之间的障碍，建立三座城市相通相连的若干结点，形成快速、便捷、一体、高效的交通网络。

五　推进宁镇扬一体化发展的战略选择与突破重点

1. 以快联快通为目标，构建层次化、一体化的基础设施体系

主要包括高速铁路网络、高速公路网络、港口航运网络、信息互联网络。在交通上，由互通互联到快联快通，推进重点高铁项目，融入全国高铁网，增强高铁环线对宁镇扬地区的经济串联。大力构筑对外具有较强区域辐射能力，对内具有较强融合能力，多层次、多模式、衔接紧密、运作高效、可持续发展的一体化综合交通体系。在南京都市区内，重点推动主枢纽、主景区、主城区之间的快连快通，尽快形成3011交通圈，即30分钟的快速通勤圈，1小时的休闲旅游生活圈，1小时的生产要素物流圈。合理规划建设扬子江城市群高铁环线，注重其对宁镇扬一体化的重要带动作用。各市都要站在宁镇扬一体化的高度，来布局交通枢纽，而不是从单个的城市的角度来布局。南京向东应该在大交通格局中把扬州和镇江建成南京的大外环，打通南北人流的通道，把禄口机场作为大外环上面的一个节点。

跨界最主要的是解决通道的问题，最重要的是解决过江通道的问题，要把过江通道放在重中之重。要重新考虑跨江通道建设的优先次序，处理好先两头还是先中间的问题，因为，长江二桥、三桥和四桥更多的是大板块之间的连接，对于跨江一体化的带动作用有限。再就是，三市通勤成环的最大瓶颈在于镇江与扬州之间。如果说长江四桥、润扬大桥、五峰山大桥的物流通道和长距离客流的性质更加突出，镇江与扬州之间迫切需要有1—2条过江隧道或轨道连接中心城区。无论是对于南京，还是对于镇扬来说，构建南北方向的通勤通道更加紧迫。因此，要科学规划跨江通道的总体数量和优先顺序，在充分考虑建设、运营和通行成本等基础上，对各条过江通道的功能和意义进行重新论证，应优先建设对于促进跨江融合促进作用大、效果明显的通道。

借助成立全省港口集团的契机，加强省级层面的协调，实现南京都市区内各个城市港口差别化、特色化发展。在航空方面，探索禄口机场省属市管模式，来更大发挥市级的规划和引领作用，实现南京都市区内

经济区与机场发展的一体化衔接。在南京都市区内，无形的信息高速公路与有形的交通网络同样重要，依托南京作为国家主干网络的重要节点的优势，促进镇江、扬州骨干网络提升，争取实现 5G 网络的率先覆盖，真正打造一个网联网通的格局。

在加速推进的过程中，要实行远近结合，多用市场化的手段融资，充分考虑财政承受能力，特别是债务终身追责的宏观背景，科学谋划过江通道的数量，科学谋划建设时序，科学谋划功能定位，做到既超前又合乎发展规律，形成分层级、多功能的复合交通体系。特别是要充分考虑收缩型社会可能带来的人口流动的变化，建立与社会发展需要相适应的城市交通枢纽及其连通方式。首先，应考虑城市交通枢纽的规划建设问题。对高铁站点、港口建设进行合理的规划，避免站场建设贪大求洋（多），过度分散必须带来不经济，难以产生集聚效应，特别是给换乘带来极大的不便。如果说南京在建设南京站、南京南站的基础上，再建设南京北站，从而带动江北新区的发展，在长江经济带北沿江高速通道中发挥更大作用，确有必要的话，那么，作为城市只有 100 多万人的镇江，现在已经有了镇江站、镇江南站，是否还有必要再建设镇江东站？在扬州市区，沿宁启铁路已经布设扬州北站、扬州西站，沿连淮扬镇铁路规划布设扬州东站，远期北沿江城际铁路与扬马城际铁路在扬州市域范围内将规划增设扬州南站，这样的设置，是不是过于分散和浪费，扬州的客流，将来是否能支撑扬州东南西北四个火车站？建议对站点进行适当整合，新建线路尽量接入原站点。其次，应考虑主城区主枢纽之间的连通方式问题。宁启线虽然开通了动车组，但由于速度慢，车次少，人流量少，客流流向的单一性和流量的非均衡性，部分站点离市区较远，实际发挥作用不大。调查发现，原空间设计的宁通城镇聚合轴主要目的是横向连接扬州、泰州、南通苏中三市，但由于三市之间的人员流动性不足，南京到南通的动车，基本上只下不上，南通到南京的动车，基本上只上不下，客流量不饱和与乘车难的现象并存。宁启铁路动车组开通一年（2016 年 5 月至 2017 年 5 月），日均输送 1.28 万人，远远低于沪宁城际、沪杭高铁开通当年（2011）的日均客流 18 万人、8.19 万人。如何处理宁启铁路与将来建设的北沿江高铁，成为一个难题。同样在宁镇扬的内部，由于临界地区的发展水平有限，每两个市之间的若干节点上的人口交流互动有限，建设一站一站停的地铁轻轨一方面太耗时，另外沿途的客流量也难以支撑，意义不大，重点在于实现主枢纽之间的对接，实现无障碍交通，零距离换乘。

因此，推进三市之间的轨道交通，既要超前布局、加大力度，又要立足当前，稳妥推进。从目前看，在宁镇、宁扬之间新建地铁和城际轨道线路，一方面缺少上位规划支持，更主要的是消耗资金和土地量巨大，而且还面临建成后运行时间过长、客流难以支撑的问题。建议广开思路，探讨借助现有交通体系进行改造以实现快速通达的可能性。比如宁扬之间，目前宁启铁路的运力没有充分发挥，再加上北沿江高铁的线路走向基本一致，可深化研究宁启铁路复线改造后的功能提升，纳入两市城际轨道建设的可能性。比如宁镇之间，既要论证新建宁镇城际轨道的必要性与可行性（成本高：S6 号线建设需要把地铁车辆段建在句容，占地 450 亩，土地指标和成本问题比较大；耗时长、不方便：两端地铁，中间城际，两次换乘），又要论证沪宁老电气化铁路剩余运能挖掘的可能性与现实性（成本比较低，每千米改造成本 6000 万元，但需要铁路总公司支持），力争以较低成本（包括环境成本）满足公众通勤化的需求。

2. 以协作协调为目标，构建特色化、一体化的优势产业体系

省十三次党代会把聚力创新放在第一位，将其作为核心的核心战略，并站在国际战略前沿，通过宁镇扬一体化合作来打造创新驱动转型示范区，从而真正发挥发动机作用。遵循优势、效益、生态和共赢四个原则，放大优势，错位发展，形成产业链配套。政府应着力为一体化营造良好的政策环境，产业合作等更多的交给市场做。强化多主体参与机制，重视大型企业集团在推进区域一体化过程中的重要功能。要着力推进产业同构产品异质，共同打造国际级的石化产业群、汽车产业群，构建江苏现代服务集聚中心，宁镇扬科技创新的示范区。要加强三市在科技创新合作上的对接，共同编制《宁镇扬科技创新一体化发展规划》，通过利用好南京的资源和改革试点、政策优势，共同构筑创新驱动的产业转型示范区。

南京是副省级城市，在立法权和科技创新等方面上有自己的优势，创新生态值得探索试点。要借鉴深圳创新经验，实施一些优惠政策，真

正实现创新资源转化利用，建设创新生态示范区（特区）。发挥三市科教资源特别是南京的科教资源优势，用活南京作为国家科技体制综合改革的试点城市等政策，建立宁镇扬国家级创新性区域合作实验区，共建国家级、世界级科技创新平台。借鉴美国101公路、128公路创新带的经验，利用G312国道集聚宁镇地区75%的211高校、60%的国家级开发区、51%的国家级企业孵化器、23%的国家级众创空间和25%的科研院所优势，把江北新区、南京主城区、南京仙林、镇江句容和镇江主城区的创新资源连接整合起来，打造312创新发展带。

建立柔性边界发展机制，重视界地，突破飞地，充分发挥界地飞地在融合发展中的作用。在整个推进一体化的过程中，科学规划边界地区的发展，确立一批示范试点进行综合重点建设，摸索合作共建共享模式。建议借鉴雄安新区理念，优化融合栖霞、句容、仪征和六合相邻区域，采取共筑新城模式，合作共建一体化的示范区，通过产业发展的机制，形成互补的产品链，共同打造南京大都市区汽车产业品牌，在此基础上打造与三市主城市相呼应的新城，形成大南京都市区的几何中心，与三个主城区联系的桥头堡、中转站，增强一体化发展的焊接点和新磁力中心。在其他跨界地区，比如镇江与扬州、六合与仪征、龙潭与下蜀、仙林和宝华、湖熟和郭庄，在道路对接、生态衔接、产业协同、园区共建等方面，形成一系列的准则、制度。

3. 以互促互动为目标，构建品牌化、一体化的旅游开发体系

发挥旅游业在宁镇扬合作中的先导优势，共同发展国内和国际旅游业，率先推进区域旅游同城化发展，共同打造"国家智慧旅游示范区"，形成宁镇扬国际旅游联合体。发挥南京古都资源与区域性旅游集散地的辐射带动作用，开发镇江城市山林旅游资源，挖掘扬州园林文化、美食文化和休闲文化资源，联合申报国家精品旅游线路。依托沿江风光带，积极建设国际长江邮轮母港。培育高邮、句容、高淳等生态旅游服务基地。推广发行"宁镇扬游园年卡"，促进三市市民旅游享受同城待遇。

依托禄口国际机场、南京高铁南站等交通枢纽优势，完善宁镇扬区域内部交通网络，打造国际重要旅游目的地。主动融入"一带一路"建设，充分发挥友城文化传播和交流作用，实现三市联合国际宣传推

广,不断丰富内涵,提升层次。整合城市节庆活动,比如南京的名城博览会、秦淮灯会、国际梅花节、森林音乐节,镇江的苏台灯会、江苏航空体育旅游季,扬州的"烟花三月"国际经贸旅游节、世界运河名城博览会等,推动旅游要素融合,共同设计跨市旅游产品,打造旅游精品线路,联合打造系列旅游品牌,做强"眼球经济",打响"宁镇扬"旅游区域品牌。

共同打造国内知名、有引领作用的旅游学院。现在旅游市场非常广阔,据说全国比较好的旅游学院,如桂林旅游学院的毕业生非常好就业。江苏在全国的旅游地位是排在第一位的,全国有二百多家5A级景区,江苏占了十分之一,但是江苏名气大的旅游学校较少。扬州现在在建江苏旅游学院,定位是把学校环境按5A级景区来打造。南京的教育资源多,特别是南京师范大学旅游师范专业比较强,要推进区域内旅游教育资源的强强联合,共同打造全国有影响力的一流旅游学院。

4. 以共建共享为目标,构建标准化、一体化的公共服务体系

建立宁镇扬统一的就业服务信息平台,探索建立户口不迁、关系不转、身份不变、双向选择的人才流动机制。促进优质教育资源共享,深化宁镇扬学校师资结对交流。推进三市医疗机构合作办院、设立分院、组建医疗集团,促进医疗水平共同提升。探索建立社会保险信息及服务共享机制,探索实现养老保险关系和失业保险关系无障碍转移,建立医疗保险定点医疗机构互认、信息共享、协助监督机制和同城医疗费用结算(清算)系统,探索建立异地养老服务标准化体系。推动公共图书馆文献资源共建和服务协作,逐步实现读者证互认。鼓励体育场馆双向免费开放,合作举办各类群众性文化演出、体育比赛,共申共办全国性、国际性重大文化体育活动。开展社会治安综合治理合作,推进以"110"报警为龙头的警务协作和救助系统的联网联动,构建突发事件联动处置平台,逐步推进农产品和食品检验检测相互认证工作,开展食品药品安全联合执法合作。

5. 以联防联治为目标,构建制度化、一体化的生态环境体系

要在发挥南京都市区经济功能的同时,按照习近平总书记关于"共抓大保护、不搞大开发"的要求,突出抓好长江沿岸的生态保护和南北两翼的生态区建设,构建由生态区和经济区相辅相成、发展带与生态带

交相辉映的网络化空间，形成有机发展的城市网络体系，增强南京大都市区的绿色底蕴，实现生态化、质量型发展。

作为全国生态环境管理制度综合改革和垂直管理改革的试点省，要进一步加大改革力度，在南京大都市区探索建立一体化的环保组织体系。系统总结镇江作为全国第一批生态文明先行区的经验，对生态环境的标准门槛法律要统一，三市要统一规划、统一门槛、统一法规、统一监测，统一监督，统一环境执法，建立互相通报的机制、信息共享的机制，形成比较规范的、常规化的联动机制，真正把生态文明建设落到实处。要按照共搞大开发、共抓大保护的要求，合理构筑沿江生态岸线，建议扬州将二电场迁移至下游约 15 千米处，原址建成长江观光带，与镇江隔江呼应。借助江淮生态大走廊战略和江淮生态经济区建设，调低扬州北部重化工业的比重，把生态补偿落实到位。抓住省园博会、2021年的世园会在仪征举行的机遇，推进沿江北岸生态廊道建设。加强宁镇山脉保护，关停宁镇山外地区剩余的一些采矿石，畅通生态廊道，打造国家级生态公园。

六　推进宁镇扬一体化、构建大南京都市区的战略举措

对南京的定位和宁镇扬三市的关系重新思考，通过重织宁镇扬发展网络、共同建设"大南京都市区"来增强区域共识，提高三座城市的整体效率、整体品质和统一品牌。

1. 增强大南京都市区的宏观统筹，提升规划的科学性

在协调机制上，坚持顶层设计、宏观协调与区域内各级政府协商合作相结合，把宁镇扬当作一个城市来经营，注重不同区域之间的功能区分和联接衔接，形成同城化效应、一体化格局。要做平台，做制度设计，做政策创新，重点做好省级层面的规划，设计相应全域统筹的政策方案，要把政策要求落实到市区县级的城乡规划里面去。对 2014 年宁镇扬发展规划进行优化和完善，重点提出具有一定约束力的战略重点和行动计划，建立一体化的资金支持、一体化的协调推进、一体化的考核

评价，共同把蛋糕做大分好。站在更加宏观和长远的视角，超前谋划2030、2040年甚至2050年规划，在更高层次上统筹区域发展。各个专业都涉及规划，交通、环保、生态、基础设施这一系列的规划都要站在更高层面，而不是各个城市简单地拿自己现有城市总体规划拼合起来。加大产业布局、财政税收跨区域统筹力度，对不同行政区域采取不同的考核标准，实现经济发展与生态保护区域交错分布、良性互动，促进可持续发展。增强边界合作，注重城市之间的跨界发展，减弱长江水系等对发展要素的"切变"效应，努力把地理分割线变成经济协作线。

2. 增强大南京都市区的内部协调，提升协作的积极性

从同城化到一体化，使三市融合进入更加务实和可操作层面。第一，确立大南京都市区重点发展的方向区域。长三角城市群，包括了安徽，江苏、安徽之间的跨区域城市群就不可能再上升为国家战略。因为大型城市群内部的城市群（都市圈）的划分，一般不跨省际区域，只会在省际规划一些小型的组团。因此，尽管南京在地理在与安徽滁州、马鞍山距离更近，除非南京直辖，否则不可能有实体性、一体化的真正融合。而且，在长三角城市群规划中，国家对南京都市圈的范围也进行了明确的界定，就是宁镇扬三市。第二，推进大南京都市区形成的方式路径。在东向上做大南京，增强南京的辐射带动力，目前主要有两种思路：一是通过合并做大南京，形成新的南京市。如何突破行政壁垒？当前，区划调整的呼声越来越高，主张通过行政区划来扩大南京的地盘，或者把句容划归南京，或者将镇江拆分。这种操作难度较大，一旦成功比较容易见效，但也可能会带来一些后遗症，导致消化不良、大而不强，或者仍然是面合心不合，存在后续发展的内生动力不足问题。二是通过加强主城区、主枢纽、主景区之间的联系，形成在行政隶属关系上维持现状、在经济社会联系上紧密一体的大南京都市区。要把开放型的大手笔与集约型的大智慧有机结合起来，走出片面求大、通过加法做大的误区，要重点在求强、通过乘法做强上做文章，把南京自身做强，把三市之间的联系做强，充分释放南京的辐射带动力，真正产生1+1+1大于3的效应。同时，镇江、扬州两座城市，无论跟南京比，还是城区的首位度，都相对较低较小，如果这两个城市跨江组团的话，就能够形成一个跨江的双子城，不但有利于两个城市竞争实力的综合整体提升，

更重要的是可以在宁镇扬一体化的大格局中形成一个闭环。

3. 增强大南京都市区的组织领导，提高制度的权威性

尽管区域治理已经摒弃了对于建立一个权威的、无所不能的区域大政府的推崇，但一个覆盖整个区域、具有强制性与权威性的区域性协作组织对于区域合作的推进依旧必不可少。应建立高位的领导机构，形成科层制＋会员制（股份制）式的管理运行体制，进一步完善宁镇扬区域协商协调机制，将现有的协调小组朝着体制化、机制化和效率化方向转变。建议加大组织领导力度，将协调小组上升为领导小组（可与扬子江城市群领导小组合署办公），由省领导任组长，设立常设机构，加强顶层设计，主动谋划、领导、组织推进这项工作。领导小组办公室层面要实质性运作，承担领导小组的组织谋划和督察工作。建立三市高层领导协作运行组织机制构架，开展交通、领导、产业、机构、监督等方面的实质性深度协调工作。通过加强领导和组织协调，逐步探索建立公共决策机制、规划协调机制、政策环境协调机制、专项事务协调机制、评估监督机制。要通过加强组织领导等措施，着力打破区域分割壁垒，通过制定与经济区相适应的跨区域政策，释放板块之间和板块内部的张力，促进经济社会的进一步融合。缩小政策单元，增强区域政策的精准性，实行有差别的区域发展政策，形成与经济发展梯度相适应的政策梯度。目前，宁镇扬地区存在着一定的发展梯度，也存在着一定的政策梯度，迫切需要推进政策制度的一体化，打造高融合、一体化的政策环境。要将苏南自主创新示范区、中国制造 2025 苏南城市群示范区等政策，拓展到扬州地区。要形成实体运作机制和资金运作体系，建立宁镇扬同城化基金（采取"1＋3"的模式组建，"1"是指省政府拿出部分引导资金，"3"是指三市按比例交纳），由基金理事会实施领导，用于重大的公共项目建设。在土地政策上面，建议省级政府加大统筹力度，在土地指标上给予倾斜，涉及基本农田的，由省国土资源部门统一调整。加强各市边界地区的统筹发展，最大限度地规避邻避效应，形成合作共赢的局面。改变单一的和整齐划一的考核指标和方式，变地方锦标赛、对抗赛为友谊赛、团体赛，构建协调互动、相互促进的宁镇扬发展共同体。

4. 增强大南京都市区的多元参与，提升文化的凝聚性

完全意义上的区域合作实质上不是由政府独家完成的，新区域主义以治理理论为基础，强调在跨区域协调发展过程中多元主体的参与，形成政府、企业、社会、民众共同参与，推进宁镇扬一体化、共建大南京都市区的良好氛围。一是建立网状治理结构。进一步强化多元主体的参与作用，尤其应注重发挥政府部门的综合协调作用、企业的资源配置作用、非营利组织的沟通交流作用、专家学者的参谋咨询作用，从而建立起网络状结构的治理协调机制。二是注重借助市场和社会的力量。在项目资金方面，除争取省国家层面通过政策性银行支持外，鼓励国有企业、大型企业通过 PPP 合作、股权投资等给予支持，通过大项目和基础设施的一体化带动经济社会发展的一体化。注重运用市场的力量，推动大型企业，包括国企、民企深度参与，强化大南京都市区的微观基础。三是充分发挥社会组织的作用。社会组织，特别是带有一定公益性的社会组织，在区域协作中能够发挥更大的作用。在大南京都市区发展中，非政府组织是一种极为有效的制度资源，更有其难以替代的优势，政府组织完全可以与非政府组织结成合作的伙伴关系，有望能够利用非政府组织边界模糊、结构灵活、手段弹性、包容性强、成员异质性高等特点，化解政府间合作中存在的种种矛盾和问题，为"大南京都市区"的制度建设提供新的选择。因此，发挥社会组织作用，积极引导民众参与管治，自然而然成为区域协调模式和机制建构的重要内容。四是充分发挥公众的作用。在区域经济协调机制建构的过程中，引导公众参与尤其重要，如果说决策做出前的公众参与是关于实现对行政权行使和区域平等权的监督机制，那么决策做出后的公众参与则是推动区域行政规划、区域行政指导和区域行政协议实施的动力机制。在跨区域合作的过程中，给公众更多的参与机会，听取公众的意见和反映，促进区域协调发展过程中市场与政府的互动。五是营造一体化的区域文化认同。在认真总结三市传统文化共同特征的基础上，结合时代发展和一体化的需要，共同提炼大南京都市区的核心文化和品牌标识。通过历史文化的挖掘、现代文化的弘扬、城市文化的培育、社会文化的营造，营造一体化的社会文化，增强建设大南京都市区的社会认同，形成促进一体化发展的良好文化氛围。

宁镇扬一体化发展的战略机遇及凝聚核重构[*]

南京中医药大学　高丽娜　南京师范大学　蒋伏心

经济发展进入新常态，中国的城市化与工业化进程进入拐点期，皆面临转型升级压力。科技革新、区域竞争格局演化的不确定性增加，打破循环累积因果效应形成的发展路径依赖，为不同类型城市发展创造了新机遇。从城市化进程来看，一方面随着区域分工的日益深化、集聚与扩散效应的发挥等，过去"单打独斗"式发展日趋向组团式、集群化发展转化，城市群日益成为参与国际竞争的地域空间单元，其战略地位日益得到重视。《国家新型城镇化规划（2014—2020）》提出以城市群为推进城镇化的主体形态；《全国国土规划纲要（2016—2030年）》中进一步明确"构建多中心网络型开发格局"的发展目标，都将促使国民经济格局呈现出城市集群化趋势，以中心城市集聚经济的发展形成内部规模经济，通过城际空间经济关联建构外部规模经济，从而实现城市群融合化发展。另一方面，我国工业化进程也进入新的发展阶段，传统制造业日渐式微，新兴产业发展面临历史性机遇，对区域自主创新能力提出更高要求，也为科教资源丰富的城市与区域提供了新契机。

2014年江苏省政府印发省内首个同城化规划——《宁镇扬同城化

---

[*] 本文获2017年"宁镇扬一体化发展论坛"优秀论文一等奖。下文相关注释略去论坛名称，只标注获奖时间及等级。

发展规划》，在公共服务均等化及多领域推进同城化措施，为一体化进程升级奠定了基础。同城化是区域一体化在空间上的突出表现形式。目前对于区域一体化的理解较多停留在市场一体化、产业一体化、交通一体化等具体政策层面，尚缺少系统功能层面的审视，联系纽带是有效维系系统内不同主体、板块行为协同的关键，也是实现利益共享的前提。在江苏省第十三次党代会上，省委书记李强明确提出，要顺应以城市群为主体形态推进城市化的大趋势，发挥南京特大城市带动作用，推动宁镇扬等板块一体化；省政府工作报告也将宁镇扬一体化列为重点工作之一，明确"推动宁镇扬一体化取得实质性进展，促进沿江城市集群发展、融合发展"的目标，从而使宁镇扬一体化发展战略进入实质性、操作性层面。在新时期国家长江经济带建设及长三角规划战略中，宁镇扬板块具有举足轻重的战略地位，但尚未实现融合型同城化。在此背景下，宁镇扬一体化发展需再审视其战略空间格局，剖析一体化发展短板，从而推进一体化进程升级。

一 新常态下宁镇扬一体化发展面临的多重战略空间重构

融合发展、协同发展是区域经济发展进入新阶段的关键词，是区域竞争新格局形成的重要路径。对于不同类型城市来说，需要通过合力发展，重塑在不同空间层级经济格局中的战略地位。

（一）江苏省域经济增长空间重构

在经济发展进入新常态背景下，引领江苏经济发展的增长动力转换是个潜藏的危机，迫切需要重塑省域经济核心动力空间。"十三五"以来，省委、省政府都将创新驱动发展作为推动经济发展的核心战略，力争全面提升科技—经济融合发展程度，研发投入占全省 GDP 的比重已超过 2.5%。南京作为江苏省域经济的省会城市，在政治、文化、科教等方面的中心性地位毋庸置疑，但其经济中心性一直不突出。2015 年宁镇扬三市常住人口、面积、地区生产总值分别占全省的 20.7%、

15.9%、24.6%。虽然2008年以来宁镇扬占全省比重有所提升,但与省内的苏锡常板块相比,仍存在着较为明显的差距(见图1)。但南京2014年研发投入占GDP的比重达到2.98%,再加上科教资源禀赋优势,具备区域创新中心发展的有利条件,使宁镇扬发展进入重要战略机遇期,有利于助推省域经济发展动能转换。因此,伴随区域产业结构转换与升级、创新驱动发展的重要性不断提升,能否充分发挥区域优势、扭转区域经济增长的相对劣势,是形成宁镇扬一体化发展新动能的关键。

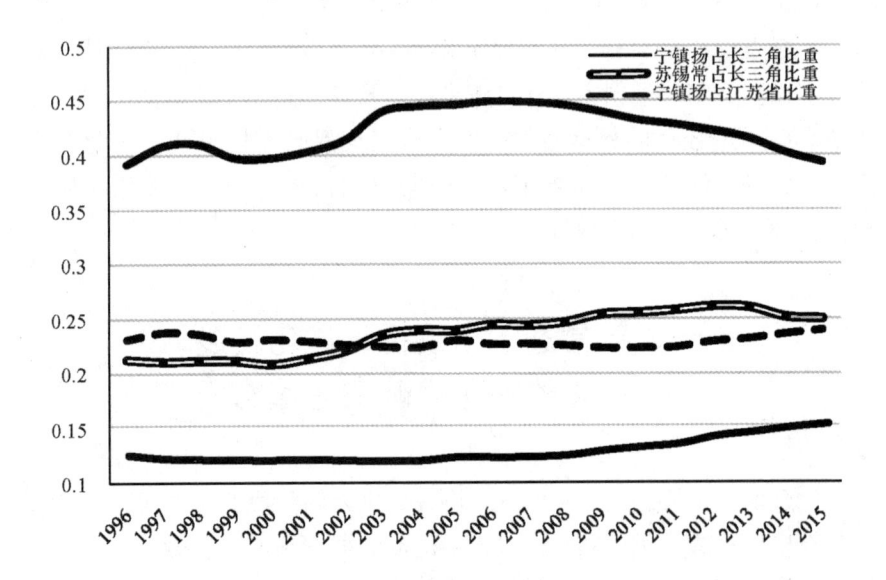

图1 宁镇扬、苏锡常GDP占江苏省、长三角城市群比重比较(1996—2015年)

另外,长期以来江苏省域经济以长江为界,形成南北经济发展分化的"空间割裂",是制约区域经济综合实力提升、高水平融入全球产业链的重要因素。宁镇扬一体化发展有助于实现扬子江城市群协同发展,在深化苏南、苏中板块融合发展的同时,强化对苏北的经济辐射,实现区内沿海开发、国家级江北新区开发等国家战略的空间对接,从而有利于提升江苏省域经济在全国经济格局中的战略地位。

（二）长三角城市群多中心极化的空间重构

长三角城市群的发展已进入较高阶段，上海以外的外围城市对毗邻中心城市技术依赖性日益增强，而对城市群首位城市的技术依赖性趋于下降，呈现出多中心极化与扩散趋势，苏锡常、杭绍甬、宁镇扬等不同区域板块日益强化。长三角区域梯度式发展的现状，使得区域经济发展迫切需要新的增长极。因此，长三角城市群空间结构的再造呼唤新的增长极，要加强不同城市功能定位，加快区域城市网络高级化。宁镇扬三市单独难以成为新增长极，南京作为长三角经济区区域性核心城市的定位与实际经济地位存在一定程度的"失衡"，制约着区域核心城市功能的有效发挥，但为一体化发展提供了可能，宁镇扬东承区域中心上海的辐射，西启中西部的发展，既有利于长三角城市群空间结构优化，又是长三角经济在国民经济中有效发挥辐射作用的关键地区。

（三）长江经济带重要节点空间的再造

构建长江经济带东西双向、海陆统筹的多层次对外开放新格局目标的实现，需要全流域联动发展，需要多个中心的支撑并形成良好的联系与互动。《长江经济带创新驱动产业转型升级方案》《长江经济带发展规划纲要》都强调"创新驱动产业转型升级"，并对流域内城市群间联动发展提出了更高要求。大城市群成为实施区域发展战略的重要支点，也成为全球化背景下我国参与国际劳动分工、区域竞争的重要功能区域。从整体上看，现阶段长江经济带发展存在明显的区域异质性（见图2），既包括经济发达的长三角，也包括经济欠发达的中西部地区，区域经济的多层次性增强对多样性经济包容性的同时，也增加了区域协调发展的迫切性。以长三角城市群为龙头，长江中游和成渝城市群为支撑的经济带联动发展的空间主骨架作用的充分发挥，需要强化上海、武汉、重庆等超大城市及南京、杭州、成都等特大城市的引领与带动作用。

2010年国务院颁布的《长江三角洲地区区域规划》中对南京的定位为"长江三角洲辐射带动中西部地区发展的重要门户"，但目前来看

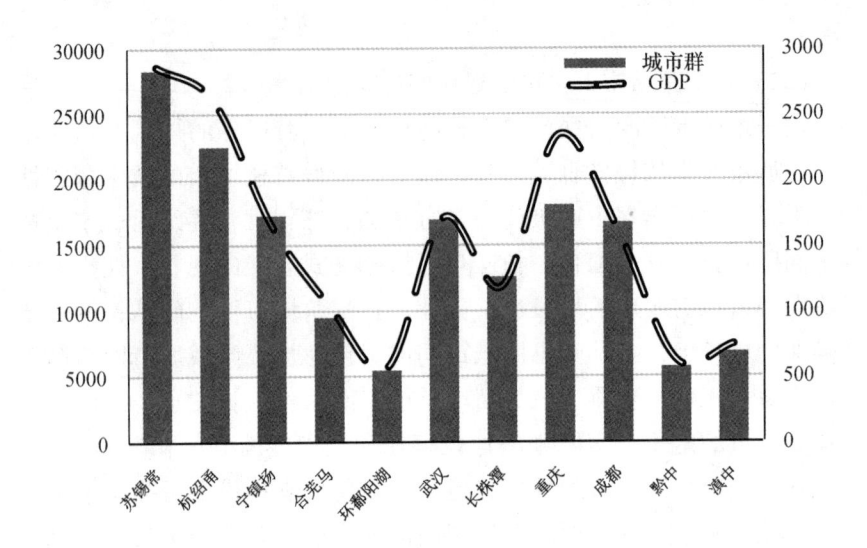

图2　2015年长江经济带主要城市群GDP与地方财政收入比较（单位：亿元）

数据来源：根据《中国城市统计年鉴2016》相关数据整理计算。其中，环鄱阳湖城市群包括南昌、景德镇、鹰潭；武汉城市群包括武汉、鄂州、黄石、咸宁、黄冈、孝感等；重庆城市群包括重庆、广安、泸州；成都城市群包括成都、德阳、绵阳、眉山、乐山、雅安、简阳、资阳等。

南京发展仍存在较大差距。在沿江的主要城市发展国家战略政策优势方面，南京呈现滞后化倾向，成都、武汉、长沙、合肥等同级别省会城市皆有作为核心城市身份的国家战略，如重庆和成都设立的全国统筹城乡综合配套改革试验区、武汉城市圈成为资源节约型和环境友好型的社会建设综合配套改革试验区、合肥等设立了皖江城市带承接产业转移示范区等。而南京地位略显"尴尬"，存在长三角空间中被"边缘化"、板块发展"空洞化"、经济带空间"断裂化"的可能，也将阻碍长江经济带区域联动发展。以合力发展实现宁镇扬高水平参与区域经济合作，发挥长三角城市群与皖江城市带接合部的空间枢纽功能，成为皖江城市带接轨长三角城市群的重要依托，助力长江经济带的下游经济实现向中上游的辐射，有助于长江经济带联动发展格局的实现。

(四）江海陆交汇—国家战略空间叠加

宁镇扬板块地处国家级"一带一路"、长江经济带、长三角经济区等重大战略叠加区，空间区位优势明显，在国家全面开放战略升级背景下，发展面临着重要的战略机遇。《全国国土规划纲要（2016—2030）》进一步明确了丝绸之路经济带、长江经济带的战略定位；也强调了以陆桥通道、沿长江通道为两条横轴，以沿海、京哈京广、包昆通道为三条纵轴组成的"两横三纵"城市化战略空间架构，明确"重点培育东西向开发轴带"，而在现代产业发展布局上，突出"集聚开发"模式，协调联动的区域发展格局是纲要的重要追求目标之一。轴带联动发展的实现在很大程度上取决于带上城市及城市群的发展状况，构成新时期我国国土开发模式的基本支撑。宁镇扬位于"一横一纵"空间交汇处，即沿海与长江这两条支撑我国城市化空间格局的主骨架"连接处"，同时向北与丝绸之路经济带实现空间对接，战略空间意义明显。另外，我国区域经济发展面临全方位开放格局下的城市群功能再造。城市群对于推动全方位开放格局的形成及高水平参与全球产业价值链具有关键作用，其中长三角城市群在国家现代化建设大局和全方位开放格局中举足轻重的战略地位是毋庸置疑的。宁镇扬板块可以充分发挥靠海沿江、东西双向开放的战略空间叠加优势，在我国新一轮对外开放升级中拓展发展空间。

二　宁镇扬一体化发展的比较优势

相较于国内已有的跨区域战略，尤其是涉及跨省协调的发展战略，宁镇扬一体化已在多方面具备相对比较优势，更易于跨越区际从要素竞争向要素共享的阶段转折点。宁镇扬三市间优势要素禀赋的梯度性及核心城市的凝聚力是一体化进程深化的内在动力；基础设施、政策协同等又创造了一体化发展良好的外部支持系统。

（一）创新要素集聚优势：空间创新生产力提升

宁镇扬三市创新要素投入与产出的主要指标比较优势明显（如表1所示），尤其是南京科教资源优势十分突出，国家创新型城市、长三角规划中的区域创新中心定位，都使这一优势不断得到强化，助力区域产业创新升级，如浦镇、康尼机电等为代表的南京轨道交通装备制造业注重国产化、技术自主化战略，不仅在国内而且实现了国际化竞争优势，成为区域现代制造业典型代表。在区域产业结构方面，三市在化工、船舶、汽车等产业领域具有较高的相似性，由于空间邻近性，对基础性、

表1　江苏各市创新要素主要指标比较（2015年）

城市	每万人口中大学本科及以上学历人数（人/万人）	每万从业人员中R&D人员数（人/万人）	企业R&D活动人员占企业职工比重（%）	全社会R&D支出占GDP的比例（%）	万人发明专利拥有量（件）	高新技术产业产值占规模以上工业产值比重（%）
南京	986.68	262.74	7.41	2.99	33.00	45.30
扬州	181.89	122.84	3.99	2.27	6.10	41.05
镇江	268.66	217.63	6.59	2.55	20.60	49.39
苏州	201.72	225.53	4.66	2.66	27.50	45.71
无锡	177.15	203.47	5.86	2.78	25.40	42.26
常州	219.07	233.25	6.78	2.67	18.80	43.44
南通	114.00	135.78	5.70	2.55	15.10	43.92
泰州	121.10	94.68	4.44	2.37	6.10	40.53
徐州	158.76	80.90	4.00	1.84	3.80	36.17
连云港	86.54	66.00	5.29	1.71	3.70	34.75
淮安	139.60	51.16	2.51	1.70	2.70	25.08
盐城	79.25	72.05	5.16	1.82	2.40	28.74
宿迁	37.58	42.67	2.9	1.46	1.20	20.26

数据来源：《2015年江苏省科技进步统计监测结果与科技统计公报》，http://www.jssts.com/Item/587.aspx。

共性技术研发更易于产生合作需求，毗邻效应强化技术创新的空间溢出效应。宁镇扬创新要素集聚对经济发展的作用通过空间相互作用形成对沿海、沿江创新需求的有效供给。

（二）核心城市凝聚力优势

国家近期一系列重大决策部署进一步明确南京作为特大城市的定位，镇江和扬州一直以来具有很强的向心力，具备良好的一体化发展基础。2016年，南京市共有35项重大科技成果获得国家科学技术奖励，全年签订各类输出技术合同成交总额215.73亿元，增长10%；发明专利授权8697件，增长5.5%，比较优势明显，在经济发展方式转型背景下，创新中心凝聚力凸显。宁镇扬区域具有较为紧密的地缘、文化、发展联系，尤为重要的是，三市政府层面多年来高度重视区域合作，致力于抱团式发展，在产业、基础设施及城市发展等规划上进行了一定的有意识协调，为宁镇扬一体化发展奠定了坚实的组织基础。如扬州市充分借力南京科教资源，通过引进、合作共建等不同方式，引入各类研究所、研究院、两站三中心等51家；通过强化化工园区与南京化工园区之间的板块合作，积极开展原料、技术、项目等方面多层次合作，加大对南京科创企业的吸引力度，充分共享核心城市的优势资源。

（三）基础设施网络化提升优势

宁镇扬已基本实现"一小时"都市圈目标，而且三市与长三角主要城市间的时空距离亦极大缩短，为要素流动与共享奠定了通道基础。为项目化推进宁镇扬一体化，交通基础设施占三市2017年重大项目的一半左右。已建、在建6条通道（江六高速公路、扬溧高速公路、南京长江四桥、宁启铁路复线电化、G328快速路、江北沿江快速路）；规划新建连淮扬镇铁路、沪泰宁铁路、宁扬城际铁路都市圈轨道、扬马城际铁路线扬镇段、仪征龙潭过江通道等交通工程；宁扬通道将加快宁启铁路复线电气化改造，推进宁扬城际铁路建设；宁镇之间312国道快速化改造、宁句城际轨道交通规划等；扬镇之间规划建设连淮扬镇铁路。这些项目的推进将使宁镇扬交通重大基础设施建设实现融合一体，交通网络化程度提升，进一步促进各种生产、技术、人才、资金要素加快流通和集聚，以合力发展重塑区域经济发展格局。

（四）城际政策协同优势

融合发展已经成为当前区域发展的主旋律，宁镇扬同城化、一体化发展由最初三市基层推动到最近几年写入省政府工作报告，战略意义逐渐显现，从"积极推进宁镇扬同城化建设"，到"加快宁镇扬同城化建设"，再到"推动宁镇扬一体化取得实质性进展"战略要求的不断演进，使宁镇扬一体化发展由战略构想进入战略实施阶段，不断凝聚三市协同发展共识。从制度协同来看，以省级层面的宁镇扬同城化发展协调小组、专项工作组与市级层面的推进宁镇扬同城化发展领导小组及工作组为基本框架，多种决策、沟通渠道的疏通，为一体化建设奠定了坚实的制度基础。宁镇扬三市逐渐在城市空间规划、产业布局、公共服务共享等领域，提高政策协同性和互补性，努力实现协同效应，从而改变宁镇扬介入长三角经济、长江经济带乃至全球产业价值链的分工格局，为区域经济实现转型发展奠定坚实基础。三市已实现公交卡同城通刷、企业职工基本养老保险省内转移接续手续的快速办理与缴费年限互认、医疗保险基本实现省内异地就医联网结算等政策协同，以社会服务资源的城际整合，助推公共服务均等化，也是南京发挥核心城市功能、强化凝聚力的重要途径。

三 "凝聚核"空洞化：宁镇扬一体化发展的短板

在宁镇扬一体化发展过程中，交通、医疗、教育等基础设施已初步形成或已有明确一体化路线，也为深化新阶段一体化进程夯实基础、凝聚人心。但是，制约宁镇扬一体化进程最大的瓶颈在于区域一体化"凝聚核"的缺失，难以形成兼顾不同行政区域经济利益与长期可持续发展联系在一起的"主线"。一般说来，一体化初期往往源于单一目标，随着发展进程深化而目标日渐多样化，初期由集聚效应产生的外部性效应及毗邻效应，应逐步演化为共享效应，从而真正实现区域协调发展的目标。

(一)"凝聚核"与区域经济一体化发展

从国际经验来看,区域经济一体化进程的深入推进,最大的动力来自区际分工与合作带来的 1+1>2 的发展绩效。以欧盟的发展为例,最初的一体化动力始于自然资源共享,在此基础上,逐渐实现要素、市场、空间的一体化,乃至欧元区实现了货币统一,虽然目前发展面临一些不确定性因素,但一体化产生的积极效应是十分明显的,尤其是对一国内不同区域来说,一体化程度的提升能够显著促进经济增长效率。从国内来看,由长三角、珠三角、京津冀为代表的区域一体化、以"一带一路"倡议引领不同层级城市群构成的一体化战略空间框架,呈现出如下特点:首先,充分发挥地缘优势,上升为国家战略的区域大都是在毗邻地区一体化经济基础上确立的,在一定程度上降低了制度协调成本;其次,突出差异化空间稀缺性,弥补经济空间结构"空洞",通过区域新增长极的培育与建设、跨区域合作的实现助力区域经济协调发展;再次,以破坏式创新应对当前区域经济转型升级、经济发展方式转变的战略需要,打破发展过程中由于区位黏性和路径依赖形成的既有空间格局,以新型竞合关系助推区域发展动能转换。

主体参与一体化进程的根本动力源自一体化收益的共享,即一体化战略使参与各方均能获益,这是维系经济系统可持续运行的充要条件。一体化的经济效应分为静态效应、贸易条件效应及动态效应。从推动区域一体化的内在动力来看,必须有将各区域、城市凝聚在一起的核心主线,因所处经济发展阶段、区位条件等存在差异而有不同类型。具有代表性的"凝聚核"主要有以下几种:从国际层面来看,以欧盟为代表的以要素市场一体化为"凝聚核",最初直至后期推动欧盟一体化发展的最基本的"核"是商品、各类要素市场的一体化,突破国界限制,提升资源空间配置效率,使欧洲获得了单个国家难以取得的国际地位;以东盟为代表的以政治和安全合作为诱因、贸易一体化为主线,推动经济、社会和文化方面的合作。从国内层面来看,以泛珠三角为代表的在全球化目标导向下、市场一体化基础上的区间贸易关联为"凝聚核",早期的"前店后厂"区域分工与合作模式,逐渐演化为现今广州贸易+深圳创新+香港金融为基础的分工合作格局,不断引领区域一体化进程深化；以长三角为代表的以实现有效竞争和合作目标的要素市场一体化（早期以充分利用上海优势要素为主）"凝聚核"，长三角区域板块构成具有较强的竞争性，在产业构成、港口发展等方面具有较高的相似性，通过区域经济一体化的推进，有效协调区域间竞争，实现整体利益的提升是将长三角各区域联系在一起的"主线"；京津冀一体化作为国家战略，始于生态环境协同治理的现实需要，进而演化为产业、空间协调，展开多领域合作。

从城市间合作层面来看，以德国斯图加特、汉诺威地区等为代表的以可持续发展为目标的合作，尤为关注社会公平与生态环境，建立正式的区域联盟或区域规划机构缓解城市间矛盾、区际问题；国内广佛同城化以产业合作、深莞惠同城化以产业融合、沈抚同城化以产业梯度转移、成德同城化以产业集聚等不同方式推进产业转型，另外还有合淮、西咸等同城化规划，更加强调通勤便利、公共服务同质化，从而实现城际生活、工作的空间分离却"异地同城"，最大障碍源于户籍制度约束。目前多数对于同城化的内涵界定与一体化相似，实质上两者既有联系又有区别。同城化是城市间一体化的重要内容与手段，也是一体化发展的关键阶段；而实现协同发展目标的一体化则是落脚点。按照新经济地理理论，市场一体化增强对地区间产业专业化和集聚的影响是一个动态过程，因所处发展阶段而异。

（二）创新协同：宁镇扬一体化发展的"凝聚核"

由于区域发展阶段存在差异性，面临的要素约束集也不同，引致一体化"凝聚核"存在区域差异及动态变化特征，但应与各自区域自身状况相适宜是不变的原则，这种定位既要有不同层次发展格局的把握，又需要理性梳理自身比较优势的动态性变化，才能在区际生产要素非完全流动、市场竞争非完全及经济主体行为非完全理性条件约束下，充分发挥一体化发展的空间优势、网络优势、市场整合优势，从而最大化一体化发展的福利效应。

从空间层面上看，宁镇扬三市无论是在江苏省域经济还是长三角经济，乃至长江经济带中，综合经济实力都不突出，而且三市产业结构在一定程度上具有同构性，这意味着要素层面竞争多于合作，要在三市内产生一体化激励，必然要求一体化的经济效应为正。综合当前三市在不同空间层面的比较优势及核心城市的优势要素，应以创新协同凝聚三市发展合力，实现多形式的创新收益共享，打破要素竞争产生利益冲突对一体化发展的束缚，以错位竞争实现跨地域产业链协同发展。宁镇扬三市只有通过创新导向实现一体化发展，构建区域协同创新系统，才能高水平地融入长三角经济，而不是被边缘化。同时，形成江苏、长三角、长江经济带重要的区域创新中心，这不但能大大提升宁镇扬区域综合竞争力，而且将成为有力的技术创新扩散源，对于长江沿线开发战略的实施具有重要意义，是宁镇扬一体化策应长江经济带战略的突破口。

四 "3D" 行动框架：完善协同创新驱动一体化发展政策体系

目前，宁镇扬一体化在较大程度处于政府主导阶段，自发的市场推动机制尚未形成，但也应看到三市之间多年的区域合作，为新阶段协同发展奠定了坚实的基础，仍需在多方面强化政策导向，为区域深化合作营造良好创新生态环境，真正形成政府搭建平台、企业为主角的城市合作局面。

（一）拉近"距离"：完善协同创新网络

双向的创新过程存在重要的反馈机制，并不断深化创新过程。而反馈机制的形成依赖于创新主体间密切的相互联系及相互作用，这一过程直接受到空间因素及区域吸收能力因素的影响。这也就是知识扩散往往存在明显的毗邻效应的重要原因，空间邻近再辅以技术上的相似性，提高了区际知识溢出强度与吸收程度，为反馈机制的形成奠定基础。

首先，进一步缩短时空距离。提高宁镇扬交通网络化程度，由现有的互联互通转变为多联多通，降低时空距离对要素流动、创新扩散的约束。在提高交通网络覆盖率的同时，更要注重网络化系统的优化，目前三市之间互联互通工作成果斐然，但更大程度上是长三角、沿江导向，即以沪宁、宁启轴线为主框架，而非宁镇扬一体化导向，集中体现为毗邻区域次级交通网络发展相对滞后，存在较大提升空间，是今后较长时期内需优化的发展方向，尤其在城市轨道交通领域不能再受城市内部交通思维局限，而应形成有效的城际协调机制，综合考虑跨城轨道交通的规划、建设、经营等问题，即轨道交通系统需在城市化基础上实现区域化，这一发展趋势需要配套规则体系的完善。

其次，缩短城际技术距离。充分发挥区域科教资源优势，提高对新知识、新技术的区域吸收能力，缩短技术距离。创新高校多样化办学模式为区域企业培养各类技术人才，多样化培养模式，注重实用性、技术性人才所需能力的塑造。充分利用三市职教资源，加上高等学校、科研院所的研究人员集中的软优势，灵活化人员管理模式，提高科技人员利用效率，完善产业工人输出基地功能；发挥高校、科研机构的基础研究优势，助力区域自主创新战略推进，为现代制造业、生产性服务业等的发展奠定基础。另外，创新高等学校、研究院所与各类科技园区建设的"耦合"方式，深化产学研园合作，为创新主体积极性的发挥创造良好生态环境，从而提高科技成果转化率，实现科教资源优势向创新优势的转化。

最后，强化沿海意识，实质是强调对外开放意识的提升，缩小与世界市场的距离。全球价值链和国际生产网络成为塑造世界经济格局的重要因素，区域产业融入方式与程度直接决定区域战略地位演化。在前一轮发展过程中，苏锡常充分利用紧邻上海、借力浦东开发的重大契机，融入全球产业链、世界市场的程度高于宁镇扬。但新一轮以"一带一路"倡议引领下的全方位开放战略升级，区位因素、市场要素、传统生产要素等作用空间受到压缩，对区域创新要素及其自主创新能力依赖性增强，是区域经济参与新一轮开放与发展的决定性因素，从而为宁镇扬提供了新的发展机遇。在此过程中，宁镇扬创新系统开放性导向尤为重要，打破创新产业化过程中的"本地化"偏好带来的桎梏，同时，积极引入与本区域产业创新相匹配的创新成果，在产业空间持续解构、重构过程中深化宁镇扬融合一体化。在长江经济带、全国经济中打响"沿江经济"品牌，实现宁镇扬石化产业空间解构、船舶装备产业链重构，完善区域船舶制造业，实施差异化产品战略，从而在更高水平上参与长江经济带、全国乃至全球产业链竞合网络。

(二) 提高"密度"：深化资源共享

宁镇扬三市发展存在较强的空间依赖性，具有同城化内在机制，但区域间互动性较差，制约区域整体效率提升，深化宁镇扬一体化发展进程，其基础在于充分实现资源共享。在创新的空间布局重组中，中心与外围的联系纽带是科技和生产性服务业，与技术模仿阶段产业布局主导因素存在显著差异，传统要素的空间集聚和扩散机制与创新要素存在不同，对一体化的要求更高，也就是说，区域发展差异更大程度上源于知识吸收能力，这既要求区际存在一定技术梯度差，同时这一差距又不能过大，否则不利于技术空间扩散的实现，而且技术、知识扩散对空间的依赖相对于传统要素偏小，即毗邻效应并非先决条件，甚至可能出现"蛙跳式"空间扩散模式。因此，在新的发展阶段，扬州、镇江要想充分实现对南京创新成果的"共享"，应通过提高三市联系"密度"，缩小区域技术上的落差，增强自身吸收能力。

促进宁镇扬三市创新型人才等要素市场的一体化，实现创新资源共享的同时，完善资本市场等支持系统，使创新共享具备坚实的微观基础。这里涉及诸多方面问题，如人才政策的一体化、市场准入机制一体化、技术交易市场一体化等。首先基础工作是建立三市创新资源的共享信息系统。充分、系统地摸底三市的各类创新要素禀赋，有效降低由信息不对称带来的交易成本。通过区内创新资源的高效整合，在国家级、省部级重点项目的立项上发挥"拳头"优势，弥补区域投入有限的缺陷。有效整合三市化工、船舶制造等重点行业的研发、生产要素，形成在更大区域层次上的竞争优势和区域特色。通过三市统一的产业信息平台，削减行政区划带来的制度障碍。着重于自主知识产权研发和成果转化的开放性、可持续性强的专业型科技创新园区，打造出既有技术研发、论证中心和公共服务中心等服务机构，也有实验工厂、创新型企业的科技创新综合体。依托仙林—宝华科学城等载体，有效推进宁镇扬科技一体化进程。

(三) 消除"分割"：构建一体化推进的长效机制

在实现创新资源共享的同时，必须完善创新要素收益保障制度，以保护创新积极性、维持创新活力。现代经济的发展日渐呈现跨界融合趋势，无论是知识、技术的生产与扩散，商品与服务、要素流动等都迫切要求区域治理模式突破行政区经济思维下的路径依赖，形成协同发展效应。宁镇扬一体化发展过程中存在着较为明显的"分割"现象，如基础设施建设对接、新型产业同构、先进要素上的竞争等问题都不同程度地存在"失调"，这是长期行政区经济管理思维下的必然现象，当然也是当前政绩考核体系下的必然结果，不同程度地稀释了宁镇扬一体化发展动力，因此，需要顶层设计下的制度保障消除"分割"。从博弈论视角来看，城市间合作能否成功取决于合作的驱动力——合作的共同利益及其分配机制，同城化的核心是城市群利益的共享机制。

对创新型人才实行灵活的薪酬安排与创新收益获取体制，对创新型企业实行优惠的税收政策等制度创新，激励区域创新活动的开展。在城市空间再生产创新、毗邻区域"融合"发展趋势渐显背景下，仍存在较多制度性"藩篱"，制约一体化进程的深化，如医疗、教育等资源分布的碎片化与不均衡特征，造成户籍与居住地之争，也为真正实现同城化设置了体制障碍，成为约束资源共享实现的重要因素，问题的实质在于捆绑于户籍上的诸多属地公共服务资源之争。高质教育、医疗等公共服务分布的空间失衡进一步强化了行政区划刚性约束。如何实现侧重行政区经济的城市管理思维向侧重经济区经济的城市群治理模式转换，破除户籍捆绑之上的多重锁定效应是关键环节，需要系统化、全局化、网络化思维的顶层设计引导，更需要行动的勇气与魄力。宁镇扬创新合作需要形成统一的政策支撑体系，诸如高新技术企业、产品等科技资质和标准的统一，各项奖励与支持力度、人才奖励措施等的统一。而实现合理的税收转移机制和同城共享创新收益机制，是确保合作可持续性的重要条件。完善南京科技金融中心的支持政策体系，优化支持创新的生态环境。南京作为核心城市，创新中心功能的发挥，取决于科技成果转化率的提升，而现代科技不确定性、复杂性、风险性、信息非对称性等特征直接制约着科技成果的产业化进程，可考虑由三市财政共同出资以组建共同基金的形式、联合商业银行及不同类型的金融机构或产业基金等多样化组织形式，构建激励三市创新及其产业化活动，完善创新生态环境，从而共享创新成果。

因此，只有完善利益共享机制，才能实现短期、局部合作向长期、全局合作的一体化演化。合作并不排斥竞争，而是致力于一体化发展目标下的新型竞合关系重建，是区域经济活力与竞争力的源泉，也将助推城市合作由行政协商层面向行政协调层面的长效机制演化。

五　小结

同城化、一体化发展涉及跨行政区协调，需破解行政区划刚性约束，创新区域治理模式，从而推动行政区经济向一体化的经济区经济转型。作为江苏省第一个省级同城化规划，宁镇扬一体化发展具有很强的示范性与空间补充性，对新时期、新发展阶段江苏省域经济、长三角经济、长江经济带等空间协调发展具有重要的战略意义。当前，宁镇扬一体化进程深化的关键约束在于"凝聚核"的空洞化，应充分认清各城市自身比较优势及其城际关联的动态演化，紧扣协同创新这一主线，构建一体化发展系统，推动资源"相争"到资源"共享"转变，以合力发展助推区域发展动能转换，为市场机制发挥主导作用塑造良好的生态环境。

完善宁镇扬同城化协调机制的对策建议[*]

江苏省政府研究室　黄　莉

同城化协调机制是指在具备同城化条件的城市之间，基于各方利益最大化，为协调彼此相互冲突和利益关系而形成的一系列制度安排。在同城化发展过程中，良好的机制建设是实现同城化目标的关键环节。宁镇扬同城化从2002年构想提出，到2014年《宁镇扬同城化发展规划》出台，十余年来，宁镇扬三市经贸合作日趋紧密，交通联系日益便捷，资源与公共服务共享程度不断提高，同城化发展格局已初步显现。但是，还或多或少存在一些问题，如区域内重复建设、招商引资大战、基础设施不对接、产业同构、规划冲突、市场分割等问题仍然比较严重。追溯根源，制约宁镇扬同城化发展就在于区域协调制度的缺失。完善协调机制，对于宁镇扬同城化进程具有十分重要的意义。

一　完善产业协作机制

在同城化进程中，产业同城化是推进同城化进程的"最先一千米"，是同城化的基础和动力。宁镇扬三地石油化工、汽车、装备制造等产业基础雄厚，战略性新兴产业发展势头强劲，同时，南京服务经济

[*] 2016年一等奖。

较为发达，镇江、扬州工业经济地位突出，三市产业间和产业内具有梯度和互补性。宁镇扬合作可以弥补产业转型力度的不足、创新资源短缺的遗憾。因此，加快宁镇扬同城化发展，必须立足区域产业基础，完善产业协作机制，推动三地产业优势互补合作共赢。

（一）以打造产业集群为支撑点，构建现代产业体系

宁镇扬在产业结构上具有一定相似度，产业的同质性为产业集群和区域产业分工提供条件。如以宁镇扬丰富的科教资源为依托，重点发展高新技术产业和智力密集型产业，打造南京高端软件与新一代信息服务、扬州光电产业和镇江信息技术应用三大产业基地，形成全国具有影响力的高新技术产业综合体。以培育"宁镇扬服务"品牌为重点，积极发展金融、物流、旅游等现代服务业，形成支撑城市功能和消费升级的现代化服务体系。南京重点发展现代物流业和航运衍生服务业，镇江、扬州发展航运基础服务业；南京突出商业商务服务和生产性服务发展，强化区域性金融中心地位，镇江、扬州突出生活性服务业发展，建设智慧旅游中心和打造精致宜居品牌。以现有的石化、钢铁等原材料工业为基础，加大产业升级和产品升级力度，建设产业集群和提升产业价值链，形成国家原材料工业和装备制造业基地。

（二）以做大装备制造业为突破口，推动产业链整体转移

南京第二产业和第三产业处于产业高梯度，但资源和环境约束凸显，将部分产业转移到镇江、扬州两地既可以为南京发展高端产业拓展空间，也有利于优化镇江、扬州两地产业结构。装备制造业是制造业核心组成部分，南京可以将船舶等传统制造业整体转移到镇江，而机电产业整体转移到扬州，汽车产业可以在三地实行产业链区域分工合作。南京就可以充分利用拓展出来的空间在滨江开发区、麒麟科技创新园发展智能制造装备业，在江北新区发展轨道交通产业，在南京经济开发区发展信息产业等。镇江承接南京船舶业，重点要整合南京船厂和镇江船厂、江苏柏伦宝船业有限公司等特种船舶建造骨干企业的船舶技术和人才资源，加大核心技术研发投入，通过技术创新实现产业升级。扬州重点承接南京数控机电产业，对已有机电行业实行优胜劣汰，积极推进打

造千亿级机电产业集群基地。

（三）以推动科教资源共享为着力点，提升创新成果产业化能力

创新驱动关键靠科技，南京科教人才资源丰富，但是科技成果转化水平比较低，高校科研成果仅10%有可能应用转化，而镇江和扬州恰恰又缺乏可转化的科研成果。可以将南京作为国家科技体制综合改革试点城市的范围扩大到整个宁镇扬，通过强化三地企业在技术创新决策、研发投入、技术开发和成果转化应用中的主体地位，提升高校、科研院所原创性科技创新能力，加强政府创新创业服务能力，共建科技成果转化服务平台，以科技孵化器、研发中心和科技服务业建设为抓手，协同提升宁镇扬同城知识创新、技术研发和创新成果产业化能力。

（四）以发展飞地经济为链接点，推进同城化产业合作

跨界接壤地区是同城化的重点和关键，更是同城化战略的重要空间载体。宁镇扬三地空间接近，交通便捷，产业各具特色又有互补性，经济社会资源成本存在落差，这就为三地同城化中发展飞地经济提供条件。宁镇扬可以在扬州江都、宝应、高邮建立现代特色农业基地，加快宁镇扬农业产业化和商品化；南京和镇江句容建设仙林—宝华科学新市镇，强化旅游业与高新产业互相带动，建设龙潭—下蜀滨江新市镇，重点发展航运物流业、临港型新材料和装备制造业，建设汤山—黄梅新市镇，打造休闲度假胜地；南京和扬州建设六合—仪征滨江新城；镇江扬州可以尝试在扬州出口加工区建设食品加工中心等。

二 完善互联互通机制

同城发展，交通是重头戏。交通基础设施的共建共管、互利共赢将推动经济社会更加紧密融合，强化宁镇扬同城效应。因此，加快宁镇扬同城化发展，必须遵循"协同规划、市级统筹、共建共管"的原则，率先全面实现以交通同城化为重点，推进交通、能源、水利、信息等基础设施的互联互通和共建共享，为城际之间人口、产业、技术的流通缩

短"经济距离"。

（一）完善城际通道建设

加快构建"二横一纵"铁路网（宁启铁路、江北沿江城际铁路和淮扬镇铁路），突出铁路枢纽建设、过江通道建设，实现铁路的跨江联网。加快三市城际间高速公路、快速路系统和都市圈城际轨道交通系统建设，提高换乘效率，满足宁镇扬主枢纽站半小时通达、主城区之间一小时快速通达，以及主城区与近远郊新城、临近县市之间通勤化交通联系的需求。整合跨区域的公交资源，实现三市交通无障碍运营。共同组建交通投资控股公司，统筹推进跨界交通基础设施建设；共同组建公交集团公司，实行统一标准与调度运营，推进城市公交线路首末站跨市相互延伸，探索三市之间开行小编组、高密度、通勤化的城际列车，为居民提供快速化、低成本的同城交通服务。

（二）加快建设长江国际航运物流中心

依托长江经济带发展机遇，着力推进长江-12.5米深水航道延伸至南京等工程的建设，完善集装箱运输系统、外贸大宗散货海进江中转运输系统和江海物资转运系统，把宁镇扬组合港建设成名副其实的"海港"。加强沿江港口岸线管理，提高沿江港口建设规模和等级，促进向大型化、深水化、专业化、集约化方向发展，不断提升上海国际航运中心支线港的地位。突出港口资源整合，组建以资本为纽带的宁镇扬港务集团，统筹规划三市港口建设与发展，同时积极吸引国际知名码头经营商及船舶公司参股建设码头。探索扩大"区港联动"政策覆盖范围，实施三港"同港同政策"，共同推进港口物流、口岸通关一体化建设。

（三）增强空港国际运输能力

重点发展南京禄口国际机场国际航空运输服务，实施国际化、快线化、枢纽化发展战略，适度引进新加坡、汉莎等国际航空公司运力，重点开辟与欧美主要经济城市直达航线，打造成为重要的国际定期航班机场、长三角区域的国际货运口岸、远程航线衔接国家快速铁路网的枢纽点。扬州泰州机场申请开放一类口岸，适度开辟日本、韩国、中国香港、中国澳门以及东南亚等与区域经济产业发展密切相关的航线，不断增强国际航空运输能力，适应宁镇扬经济国际化发展的迫切需要。

（四）重视其他基础设施建设

加快宁镇扬三市之间信息基础设施建设和智慧应用，形成包括电子政务、电子商务、远程教育、远程医疗、社会公共数据库等在内的全方位的、统一的信息互通大平台，促进城市政府之间的信息交换和共享，面向企业和公众提供一站式的信息服务必须建立城市的信息交流协作机制，加强城市在信息产业、信息技术等方面的研发和应用合作。同时，联动推进建设基础通信网、无线宽带网等通信基础设施，实行通信资费同城统一。创新直购电运作模式，加强沿江沿路水利设施建设，探索建立同城化的水权交易制度，提高水资源的利用效率。

三 完善环境联治机制

同城化不仅是经济、社会发展的同城化，还应该是生态建设的同城化。宁镇扬同城化已进入快速发展的通道，虽然总体上城乡生态环境好转，生态文明建设有序推进，特别是在污染联防联治方面取得了一定成绩，但是三地产业结构偏重，"双高"类企业较多，工业用地渐呈"包围城市"之势，大气、水、土壤、持久性有机物污染等环境问题日益突出，维护和改善城乡环境质量的任务十分艰巨。因此，加快宁镇扬同城化发展，必须树立"绿水青山就是金山银山"的理念，完善环境联治机制，形成绿色生产生活方式，促进城乡健康、协调发展。

（一）统一规划

制订宁镇扬区域生态污染联防联控规划和指标体系，建立宁镇扬生态建设与环境保护的合作框架，守住耕地保护、开发强度和生态保护三条生态红线，重点保护沿江、山区的自然生态系统，培育沿河、沿路和城市山林等生态空间，推动经济社会发展、新型城镇化、土地利用、生态环境保护等规划"多规融合"，倒逼三市立足有限空间高质量发展。

（二）统一监测

设置宁镇扬生态污染联防联控统一管理机构，开展区域层面的监测工作，在相互影响的输送通道上设立监测点位，并建立信息共享平台，如在宁镇扬3个地区开展PM2.5监测实时上报的基础上，重点建立雾霾预警监测体系，形成区域性应对雾霾的联防联控监测机制。同时，以南水北调取水口、长江饮用水源地和生态敏感区为重点，共建长江水源监控系统，在资金和技术上合作共建共享区域供水和污水处理设施，在产业密集区、重化工区与城市之间共建生态防护隔离区。

（三）统一监管

推动区域在节能减排、污染排放、产业准入和淘汰等方面环境标准的逐步对接统一，明确区域生态质量改善目标、污染防治措施及重点治理项目，按照属地管理与区域联动的原则，开展水气污染治理、固体废弃物综合利用与安全处置、新型污染防治等跨区域环境协同执法，严格实行环境污染"一票否决制"，坚决整治非法排污，严格治理工业污染和农业污染。

（四）统一评估

建立区域生态污染联防联控和生态保护红线评估考核体系，并纳入政府绩效考核，对于治理不力或环境严重受损的领导干部，终身追究责任。同时，进一步拓展绿色发展评估范围，设立生态补偿基金，扩大排污权有偿使用和交易试点，鼓励公众参与监督，推行环境污染第三方治理。

四 完善共建共享机制

公共服务共建共享是宁镇扬同城化发展的重要内容和基础环节。近年来，宁镇扬三市将富民优先、社会公平和民生改善摆上了突出战略地位，积极改善民生，加快发展公共服务，为三市的公共服务同城化创造了条件。但由于各自的经济发展水平差异，区域间存在着公共服务供给水平不一致、制度及标准不统一和基础设施一体化程度低等问题。因此，加快宁镇扬同城化发展，必须突破地域界限、户籍门槛等束缚，完善共建共享机制，推进三市公共服务领域资源共享、社会共管、制度对接、待遇趋同的高度融合发展，实现区域发展效益最大化。

（一）推进教育科研领域合作

建立统一的信息化标准，推进各阶段、各类型教育信息化合作，逐步实现三市社区与家庭教育宽带网全覆盖。建设统一的继续教育网络平台，实现培训网络和课程自由选择、互认学分。推动基础教育资源统筹共享，统筹建设跨界地区幼儿园、中小学等教育设施，三个城市之间可以相互招生。推动教学科研机构、德育实践基地、职业教育实训基地相互开放，免费开放三市爱国主义教育基地，互派学生交流学习，实现宁镇扬大都市区内公共教育高质量共享发展。

（二）加强医疗卫生领域合作

推进医疗卫生资源的统筹规划配置，建立并完善突发公共卫生事件协同处理和重大传染疾病联防联控工作机制，建立统一的急救医疗网络体系，依托居民健康信息系统平台，实现市民门诊、急诊病例"一本通"，三市（含省级）医疗机构部分医学检验、影像检查结果互认，探索建立双方定点医院双向转诊机制、医保定点互认机制和急诊报销机制。

（三）推动文化体育领域合作

共同保护和开发历史文化名城资源，打造全国性公共文化建设示范区，完善市、县、镇、村四级公共文化体育场地设施网络，公共文化、体育场馆逐步对本区域特定人群分时段优惠或免费开放，联合推出公园卡、博物馆参观卡、图书馆借书卡等区域"一卡通"，共同承办全国性、国际性重大文化体育活动，加强群众文体活动、社团组织的交流互动。

(四)强化就业与社会保障领域合作

建设统一的公共就业服务信息系统,实现就业培训服务同城化,建立劳动力跨区域享受职业培训、技工教育、就业服务的协作机制。探索建立社会保险参保信息共享机制,加快实现各类社会保险关系跨地区无障碍转移和"一卡通"。

(五)协同城市管理领域合作

加强城市管理和社会治安跨区协作,建立治安联动工作机制,联合开展社会治安综合治理;联合做好跨区域的社会安全保障、公共信息共享等;建立突发事件联动处置平台,实现警务协作和救助系统联网联动。

五 完善协调联动机制

当前,宁镇扬同城化主要停留在省级政府以及三地政府之间,市场、各类组织和公民等社会力量并没有真正参与其中。因此,要在省级统筹协调的基础上,建立政府、市场以及公众多层面的协调联动机制,完善合作规则,拓宽合作通道,推动宁镇扬同城化快速发展。

(一)加大政府统筹协调力度

一是参考广佛同城化做法,成立由省委常委联系,三地和省发改、财政、交通、科技等重要职能部门的主要负责人参加的协调领导小组,在强化规划约束的基础上,共同研究制定区域发展重大战略目标、重大事项活动和一系列共同遵守的区域公约,促进现有的三地"党委、政府联席会议"朝着法制化、制度化和效率化方向转变。二是在三市设立日常办事机构,建立城市规划、基础设施、产业协作、环境保护、科技合作、公共合作和社会事业等专责小组,协助解决各领域同城化中遇到的矛盾和问题。三是建立定期例会、部门会商、目标考核、督查推进、领导干部定期异地交流等制度,特别是要将区域合作成效纳入考核体系,包括基础设施一体化、产业科技合作、环境联合治理、公共服务合作等指标纳入领导干部政绩考核评价体系，以区域经济整体发展取代单一城市经济发展，提升宁镇扬地区在全省区域协调发展、长江三角洲一体化战略中的影响力。

（二）重视民间组织在同城化发展中的推动作用

一是可建立以各地经济专家为主体的市县政府决策咨询参谋机构，如"宁镇扬同城化发展咨询委员会""宁镇扬同城化促进会"等组织，进行独立的调研和评估工作。二是组建跨行政区的行业联盟，共同制定区域行业发展规划、区域共同市场规则，推进区域市场秩序建立，探索区域各类市场资源的联接和整合等。三是组建各地相互参股的跨地区的超级巨型企业集团，如石化集团，分别把总部、研究销售中心和制造基地放在宁镇扬三地，在企业内部实现一体化，形成协调互补的产业链条。

（三）培育统一开放融合的市场

宁镇扬同城化发展的最终目标是将资源配置的空间从三个相对独立的行政区扩大至整个宁镇扬地区。为保证生产要素在整个区域内自由流动和高效率配置，要积极推进三地间的相互开放、相互融合，推动人才、资本、资源跨地区自由流动，建立与国际通行做法相衔接的运行机制，加快培育一体化消费品市场、资本市场、技术市场和劳动力市场，形成"1+1+1>3"的合作效果。如，通过支持民间资本跨地区流动、允许区域内的中小企业进入资本市场发行股票和债券、加快民间银行发展步伐、提高外资（上市融资、参与大项目化国际融资）利用水平等综合性的融（投）资方法，来解决宁镇扬两市的绝大多数中小企业普遍存在资本短缺问题。再如，三市共同成立"宁镇扬同城化发展基金"，利益共享、风险共担，统一使用，用于推进有关公共项目建设、环境治理以及资源配置协调的基本开支需要。

（四）建立区域合作利益分享和补偿机制

利益问题是宁镇扬同城化面临的最大问题，如果利益问题没办法解决，同城化就不可能实现。因此，一是要建立利益分享机制，对投资主体跨市域的横向经济联合、投资或产业转移等同城化经济活动，三市按一定比例共同分享产值、销售收入和税收。对来自三市的投资本着"谁投资、谁受益"原则进行财税分成，主要按投资比例分享财税；对来自三市以外的投资，财税分成按对等划分。建立区域公共财政合作机制，合理配置财政资源，优化投入结构。二是要建立利益补偿机制，如在教育、医疗等公共服务领域同城化，对优势资源集中的城市进行一定的补偿或财政转移支付；在产业布局方面，各地主动配合别市进行产业布局、避免重复；生态环境方面，位于长江下游的城市淘汰一些污染上游河流的污染企业等。

基于文化认同的宁镇扬同城化研究[*]

南京市政府研究室　曹大贵

从表面上看，影响区域一体化发展的首要因素是经济，但是从深层次分析，文化因素在区域经济的发展中起着十分重要的作用。在市场经济背景下，区域一体化发展既需要有个体意识、利益意识，更需要有整体意识、责任意识。区域文化认同的重要导向是建构整体意识、公共意识、组织意识，倡导以诚信、责任为时代内容的区域精神。宁镇扬三市发展同源、文化同脉，它们之间的合作比任何合作伙伴更容易信任和沟通，共同的文化背景降低了它们的经济社会和文化的融合的成本和障碍，这正是我们今天塑造区域优势的基础。

一　同城化本身就是一个构建集体认同的过程

文化对一个地区发展进程的影响，比经济和政治的影响更深刻、更久远。同城化不仅意味着城市空间布局的协调、城市经济发展的融合，更意味着新型城市文化、城市认同的重建。在同城化的背景下，如何建构城市间认同感，如何将不同的城市整合为有为、有序的整体，是同城化发展需要研究的重要课题。文化是一种具有整合作用的要素，它包含着一定的价值观，并且能够激发忠诚感，因而文化的认同是其中最具稳定性的认同，文化的扩展可以相应地增强认同感。因此，文化认同不仅

---

[*] 2016 年一等奖。

为同城化的人民接受区域政治、经济统一的现实奠定心理学和文化学的基础，也制约着区域一体化的未来进展。

文化认同对地区有着强大的内聚力和向心力。一个区域文化认同，文化根基的相同，就会使区域文化身份归属感一致性增强，进而在行动上尤其是涉及价值观念的行动上容易采取统一行动。历史的沧桑世事使世界发生了物是人非的变化，但作为历史积淀的同源文化仍对作为文化载体的民族和区域有着强大的内聚力和向心力，并以其共同文化特质的历史认同功能与文化亲和功能，成为构筑城市联盟和加强区域合作的纽带，所以说有着同源同质文化的区域较易促成区域合作。因此，在社会交往不断增强的背景下，能否形成包含宽容、开放精神的新城市认同，不仅对区域交往与区域共同发展具有重大意义，对同城化的地区集散能力和区域竞争能力的增强也具有重要作用。

文化认同赋予一个城市在区域发展中的责任感。一个城市将自己视为区域整体的有机组成部分，就会逐渐产生维护区域整体性、区域价值、区域规范和区域利益的责任感。文化认同决定着区域在多大程度上是紧凑的，即区域主义的内聚性，文化认同越强，区域组织的内聚性越高，区域内的城市越容易产生"建设共同的区域整体"的意愿，区域合作和联合以及区域制度越趋于走向成熟。同时，文化认同具有可塑性，可以通过加强区域间的文化认同来提高区域一体化的水平。

二 宁镇扬地域一体、文化同脉、发展同源

"京口瓜洲一水间，钟山只隔数重山。"王安石这句诗，道出了自古以来，南京、镇江、扬州三个城市就有着亲密的地缘关系，这种亲密的地缘关系不是人为创造，而是由历史、人文、地理孕育而成。这种亲密的地缘关系，不仅使宁镇扬成为华夏文明南北东西文化的交汇融合之地，在朝代的更替中还保护了中原文化的血脉，而且将成为宁镇扬同城化发展重要推动力。因此，地域一体，使得宁镇扬三市人文联系错综交织，造就了宁镇扬的文化同脉、发展同源，这就增加了宁镇扬文化认同的基础。

(一) 地域一体

文化差别的最初根源在于自然环境，文化根植于人居自然环境之中。多样性的自然条件和地理环境，形成不同的生活方式与思想观念。宁镇扬三地人缘、地缘亲近，南京和镇江间绵延着宁镇低山丘陵，镇江和扬州间隔着一条大约2千米的长江，彼此间的直线距离都在60千米以内。作为处于江河交汇处的具有典型"江南"地理特征的南京、镇江和扬州，历来以其襟山带水、形胜独擅的"吴头楚尾"的滨江山林城市之优美风貌而深受世人的青睐。而世代生息于此的三市人民，由于得江山之助，因此自然也就孕育成此一方别具风采的人文精神。也正因此，它以其神奇的山水魅力，吸引了神州大地四面八方不胜枚举的优秀诗人、词人、小说家、文学批评家、科学家等游历于此，他们与本地作者一起，把酒临风，开怀吟诵，热情讴歌这里的山山水水、花花草草。

(二) 文化同脉

历史上形成的"吴头楚尾"之地理概念，恰好又是宁镇扬独特地理位置最为形象而准确的概括。宁镇扬作为相邻的三个滨江城市，南北文化汇合于此，异质文化的交流碰撞，促进了中华文明的变革和创新。尤其历史上分裂时期北方的政治军事强势越过没有雄关巨堑的淮河与南方对峙，如东晋"永嘉之乱"、唐末安史之乱、南宋靖康之耻等三次大规模的衣冠南渡，中国经济文化重心由中原往东南播迁的第一站就在宁镇扬一带。东晋、南朝侨置州郡县反映了南北人口的交融，在南京侨立怀德县，那时镇江是南徐州，扬州是南兖州。宁镇扬三市，尤其是南京多次保护了黄河流域文化的"血脉"，中原文化在此得到延续。同时，北方文化和南方文化，吴文化与楚文化，尚武文化与重文文化互动，形成了一种具有浓郁地方特色的融合文化——江东文化。

(三) 发展同源

历史上江南江北这两个扬州（南京古也称扬州），建城史差不多同时。在今天所称扬州的这片土地上，西周时期就建立了干（邗）国，农业和手工业都有了相当的发展。公元前486年，吴王夫差为争霸中原,"城邗,沟通江淮",这里从此开始了她的城市发展历史。而南京则是吴王夫差冶铁铸剑之地,相传他在今天朝天宫一带筑冶城。图谋霸业的夫差大王在历史的天空中灰飞烟灭了,他开创的邗、冶二城却发展为扬州、南京两座名城。几乎处在同一个地域,镇江的文明史与南京、扬州一样绵长。西周时,它是宜侯的封地,但其可考的建城史则相对较晚。公元195年,孙权在镇江开筑了铁瓮城,由此开创了镇江的建城史,在他迁都建业以前,于建安十四年(209)先在京口建"京城",作为新都的屏障,从此有"京口"之称。南京在经历了吴王夫差的冶城、越王勾践的越城、东楚时期的金陵邑……之后,迎来了其城市发展史上的关键一环,公元229年孙权在此建都,筑建业城,一座古代名都就此迅速发展起来。夫差、孙权两位雄杰,就这样使大江边上的这三座城市从始建就联系在一起。

三 以文化认同促进宁镇扬同城化发展

宁镇扬三市虽然地域一体、文化同脉、发展同源,但从宁镇扬三市的情况来看,以我为中心的"独赢思维"仍十分突出,成为阻碍宁镇扬同城化的思想障碍,无论是地区的建构,还是各城市对自身的定位都表明宁镇扬地区文化认同还不强,而且呈现出十分散乱的特征,造成宁镇扬的内聚性较低。要使宁镇扬地区真正同城化发展,必须构建集体的文化认同,在更深层次上促进宁镇扬三市融为一体。

(一)强化地域理念,增强同城化发展责任感

地域观念的建构,就是要确定身份属性,是否属于某个区域,确定了属于这个区域中的一员,才能负起区域中成员应有的责任,预期享受本区域中的权利。如果对自身的定位非常模糊,不能确定自己是否属于这个区域中的一员,那么这个城市就不预期享受权利,也不会承担本区域内的责任,从而影响了这个城市的各项政策。宁镇扬这一概念并不是新近出现的,长江三角洲存在着宁镇扬、苏锡常、杭绍甬等具有不同经济发展特征的区域板块,这是长期以来为大多数专家学者所公认的。强

化地域理念，首先要打破行政主导下的过度内聚的"文化边界"。多元文化的交融是统一的、开放的、竞争的市场体系形成的前提，绝不应该在行政权力主导下，将宁镇扬文化分割成南京文化、镇江文化、扬州文化，这种自我封闭的"小地域文化"，必然阻碍宁镇扬经济一体化和宁镇扬的同城化。其次，提炼和塑造共同区域品牌形象。品牌形象具有宣传功能，通过品牌形象所表达的区域优势能够得到更广泛的传播和认可。故而从某种意义上说，就是重塑区域特色形象，创造全国甚至全球对于宁镇扬这个区域的认同。因此，要塑造具有世界影响的区域品牌，把区域品牌资源转化成区域发展的名牌优势。依据宁镇扬的地理特征、人文特色和城市发展战略，着力塑造富有地方特色和鲜明时代特征的区域品牌，不断丰富和提升区域品牌的内涵和品质，体现出宁镇扬品牌的核心价值，可充分展示宁镇扬的良好城市形象和发展活力。

（二）分享历史记忆、文化传统增强同城化内聚性

区域组织内的各个城市共同分享的历史记忆、文化传统和价值观越多，他们的文化认同就越高，内聚性就越强烈。充分挖掘三市传统文化资源，保存历史记忆，洞悉历史规律，衔接时代精神，整合出善于创造的文化机制和市民精神，提炼民族文化历史的精华，才能鉴古知今、熔古铸今，增强民族自信心和凝聚力，开辟新的未来，从而化三市各自的区位、资源优势为发展优势。凸显宁镇扬板块文化型区域特色，以共同打造世界历史文化名城品牌为核心，以培养国内外知名的旅游胜地为目标，将板块内体现南京金陵文化、镇江京口文化和扬州广陵文化的人文景观等资源与三地的自然景观资源进行联动开发和整体营销，形成人文景观与自然景观的整合放大效应，将景点的游览与地方特色文化的欣赏相结合，以听觉、视觉和味觉的综合欣赏重塑城市新形象。在保护文化遗存的基础上，发掘其历史文化内涵，并赋予三座古城以新的历史文化内涵，使得城市文化得以源远流长、脉承不断。要保护古城传统的民族特色，不仅要维护城市古文物等物质要素，还要注重保护那些具有浓郁地方民俗特色的地区和典型环境，如秦淮文化、京口文化、运河文化，并加以升华。结合古城改造，培育民俗文化特色街区，展示生活习俗，发展精美的手工艺产品、传统风味小吃、旅游纪念品等特色旅游产品，

形成历史街区新的景观，以适应城市旅游事业发展的需要，让古老的历史街区焕发出新的活力，为现代化城市经济服务。

（三）共享社会公共资源增强同城化向心力

构建公平正义社会公共资源分布格局，使城市的所有居民都能够公平地获得公共资源，有效增强全体市民对城市的认同。第一，深入推进社会公共福利均等化，通过区域规划调控空间资源的配置，有意识、有计划地适度控制和调整住房、教育、卫生等公共资源布局，实现宁镇扬三市公共资源占有的整体公平性，使全体居民包括外来居民都能平等享有，从而对同城化发展产生了一定的向心力，增加宁镇扬三市居民对南京的认同感。第二，推进医药卫生服务共建共享，可依托江苏省卫生信息平台，实现居民健康档案、电子病历、预约挂号、远程专家会诊等信息互联互通，推进三市医疗机构部分医学检验、影像检查结果一定条件下互认，实现门诊、急诊病历"一卡通"。第三，统筹就业服务社会保障，促进就业服务"同城化"，建立统一平台，推动就失业登记、职位发布、政策咨询对接，搭建覆盖三市的高校毕业生就业、职业技能培训、技工教育协作机制，三市互认培训和鉴定结果。推进社会保障一体化，医疗保险定点医疗机构互认，医疗保险费实时结算，流动人员在三地的社会保险关系有序衔接。

（四）设施先行为区域文化融合提供便利条件

宁镇扬同城化发展，基础设施规划建设必须首先同城化。便捷、快速的交通网络使得各种生产要素的流动频繁，经济交往密切，有助于共同的文化与价值观念形成。其中最重要的是构建以南京为核心的放射线城轨系统，联系宁镇扬和卫星城镇，新建轨道宁天线、宁高线、宁马线和宁和线，加强城际和城市交通轨道站换乘对接，形成都市圈通勤化轨道交通系统，实现宁镇扬主枢纽站半小时通达，主城区之间一小时通达。构建同城交通服务体系，开通宁镇扬城际快巴，统一标准、调度运营，推进公交线路首末站跨市延伸。根据宁镇扬同城化的基础和条件，推进跨界新城建设，模糊行政边界，实行融合发展。推进通信同城化，让圈内群众直接享受到资费统一的实惠，且有利于整合区域生产要素和创新资源，增强宁镇扬文化凝聚力。

我们强调文化认同在同城化进程中的作用，并不是否认或者忽视经济和政治对区域一体化发展的作用，而是弥补同城化道路的不足，成为经济、政治战略不可或缺的辅助手段。在过去同城化的发展中，我们把物质利益置于第一位，忽视了文化认同的作用，这种做法过于计较相对收益和注重本地区利益同城化，会导致成员城市合作的脆弱性。而文化认同的形成可以使成员城市之间产生认同感，从而互相理解、包容，因此现在把文化认同问题提上日程加以强调，有利于加快促进宁镇扬同城化发展。

镇江推进"宁镇扬一体化发展"的战略研究[*]

镇江市社科联　邵利明　镇江文广集团　朱　明

经济发展进入新常态，以城市群为主体形态，以"和、合、聚"为重要路径，宁镇扬三地协同发展、协作共赢，已经是发展所需、民心所愿、大势所趋，更是省内区域发展的大战略和深化改革、扩大开放的大举措。把宁镇扬一体化这盘棋下好了、下活了，不仅能促进三地间的紧密合作和共赢发展，还将大大提升三地乃至江苏在长三角地区、长江经济带中的综合实力和影响力。但从发展现状看，自2006年省第十一次党代会提出"打造宁镇扬经济板块"的十多年时间内，宁镇扬一体化发展并未得到实质性推进，制约资源优化配置的现行管理体制和行政区划限制、导致城市之间恶性竞争的经济利益和政绩考核、影响城市之间居民流动的社会福利待遇等问题依然存在，共同的理念还没有完全形成，共建的机制还没有真正建立，共享的内容还比较单一，公共的政策还相差较远，宁镇扬一体化发展迫切需要进行战略思考。近期，我们组织力量对宁镇扬一体化发展的战略定位进行了研讨论证，总的观点是宁镇扬一体化发展是全省的大战略，需要有大胆略、大思路、大手笔，真正拿出务实行动，积极主动全面推进。就镇江全面融入宁镇扬一体化发展，形成了以下初步意见。

---

[*] 2017年一等奖。

一 推进一体化发展，我们要明确战略方针

（一）错位和融合并重

宁镇扬一体化，本质上讲就是要推进三市的协同发展、融合发展和互补发展，但一体化不是一样化，一体化的真正含义是特色化，没有特色化，就没有一体化，"差异"得越好，一体化就越好。在一体化发展上，既不需要也没必要与南京一争主次、与扬州一较长短。而是要立足自身实际，练好内功，保持定力，借势借力，把短板补长、让特色更优。比如从产业来讲，化工、装备制造、汽车及零部件、新型材料、文化旅游、商贸物流等产业，三市都有，这是历史形成的，无法避免，必须通过强化创新协同，充分发挥宁镇扬创新要素集聚优势，逐步实现融合、提升。同时，在融合过程中注意走差异化的发展路子，把特色产业与自身的产业基础和优势结合起来，真正做到你无我有、你有我优、你优我新、你新我特、你特我强，形成互补、融合发展的良好格局。同样地，只有进一步彰显我们的城市特色、生态特色、改革特色，放大我们的资源优势、成本优势、环境优势，打造核心竞争力，才能在宁镇扬一体化进程中争取主动，走得更稳更实更远，才会有更大的作为、更快的发展。

（二）当前和长远并重

宁镇扬一体化是一项长期的系统工程，必须立足当前放眼长远，把实现近期目标和长远目标统一起来。既要做好顶层设计、统筹规划、科学论证，更要狠抓当前，把能做的先做起来，积小成为大成、积小胜为大胜。要根据总体规划，制订一体化路线图，由浅到深、由点到面、由易到难，分步实施。一些想得清楚、看得明白、干得有效的工作要先行启动、加快实施。比如，交通基础设施方面，尽快打通城际之间的障碍，建立三市相通相连的若干节点，形成快速、便捷、立体、高效的交通网络；公共服务方面，加快实现三市的旅游、公交、健康、社保四个"一卡通"，逐步实现资源共享、待遇同城；板块合作方面，在仙林与

宝华、高桥与头桥等镇江南京、镇江扬州的边界地区，设立宁镇扬一体化先行区、试验区，开展先行先试，积累经验。同时，要处理好当前利益和长远利益的关系，既不能故步自封、虑不及远，更不能杀鸡取卵、只顾眼前。在接受南京等地产业转移、项目合作的过程中，也要讲门槛、讲回报，把好投资强度关、环境保护关、技术水平关、资源消耗关，避免一哄而上、粗放扩张，更要谨防某些投机商借宁镇扬一体化之名，行圈地、炒地皮之实。

（三）域内和域外并重

宁镇扬三市的一体化，各自市域的一体化、城乡发展的一体化是基础，也只有市域实现一体化，宁镇扬一体化才能更实、更有意义。这方面我们的历史欠账较多，比如，至今我们还没有建成一条镇江主城区与辖市之间、辖市与辖市之间半小时通达的快速通道；生产力布局尚未做到"全市一盘棋"，导致一些地区之间、行业之间的重复建设、恶性竞争；岸线、旅游等优质资源缺少整体性的规划和协同性的行动，资源优势和效益得不到充分的发挥；城乡之间公共服务的均等化、基础设施的一体化有待提升。当务之急，是要以宁镇扬一体化为契机，加快做好镇江市域的一体化、做强中心城市的首位度，无论是行政区划的调整、要素资源的整合，还是基础设施的快连快通、公共服务的优质均衡，都要抓紧决策、加快实施。要借宁镇扬一体化交通基础设施先行的东风，依托轨道交通的线路、站点加快卫星镇、小市镇规划建设，科学有效地推进新型城镇化，提升城乡一体化水平。

（四）政府和市场并重

宁镇扬一体化建设，尤其是建设初期，绝不能忽视政府的引导和推动作用。要主动健全高位协调、衔接畅通的常态运行机制，应建立三市党政联席会议制度或高层论坛，就一些重大战略、重大政策、重大项目，达成共识。要加强与南京、扬州各个层面、各个条线全方位的相互交流，互通有无。同时，要按照市场经济规律和区域发展规律，最大限度地发挥市场在资源配置中的决定性作用，充分调动市场和社会力量参与宁镇扬一体化建设的积极性和创造性，鼓励各类企业在合作中竞争，在竞争中发展，发挥企业在区域合作中的主体作用。要以经济利益为纽带，按照互惠互利、平等协商的原则，建立合作共赢、风险共担的利益分享机制，增强一体化发展的驱动力。

二 推进一体化发展，我们要确定战略战术

（一）以民需为主方向

宁镇扬一体化的最终目的，是为三市人民创造更加幸福美好的生活。无论是政策制定、改革推进，还是项目建设，都要问需于民、问计于民，努力寻求最大公约数、增进最大共识度，广泛听取群众和企业意见、接受全社会监督，调动群众和企业参与的积极性，真正办顺民意、得民心的事情。尤其是要着眼建成更高水平的全面小康，抓好老百姓普遍关注的基础设施互联互通、公共服务共建共享、生态保护联防联治，真正做到让人民群众满意、有获得感。

（二）以改革为主动力

推进宁镇扬一体化，必须向深化改革要动力，用改革破难题、除障碍，以市场机制为坐标，供给侧结构性改革为主线，体制机制创新为突破口，全面梳理当前制约一体化进程的体制、机制和法规的障碍，针对科教人才资源的协同使用、公共服务设施的共同利用、相邻区域的产业共建等关键问题，打破固有思维、突破区域分割、消除限制歧视，有的放矢地制定改革方案，拿出改革措施，最大限度地激发市场活力、企业活力、资金活力和人的活力。

（三）以项目为主抓手

宁镇扬一体化建设不是一蹴而就，对确定的近期工作任务，尤其是《宁镇扬一体化发展2017年重大项目投资计划》确定的59个项目，要编制路线图、时间表，逐项列出任务清单，逐个明确完成时限，逐一明确牵头领导和负责部门，项目化推进，确保抓一件成一件。同时，切实把宁镇扬一体化发展的资源整合好、优势发挥好，以一体化为纽带生成

项目、提升项目，以项目做深做实一体化。项目资金保障方面，要厘清政府和市场的边界，该政府提供的公共服务、基础设施，在划分省、市、县级政府事权和支出责任的基础上，整合资源、集中投入。有些具有一定盈利预期的公共服务和基础设施项目，能够给社会去做的就要放手，采取PPP、政府购买服务等方式，引导社会资本投入。

（四）以协作为主基调

合则强，孤则弱。合作共赢是宁镇扬一体化的出发点，也是落脚点。要牢固树立"一盘棋"思想，对涉及一体化的重要工作和任务，要服从大局、统一步调、增强合力，不能"各唱各的调"。尤其是在争取国家政策和项目支持方面，要共同发声、共同发力、共同争取。要本着从行政形态上是三个城市、从物理形态上是一个城市群或者说一个大城市的思路，认真研究政策措施，在整合、拓展上下功夫，在协同、协作上做文章，不断探索产业协同发展、企业协同创新、环境协同治理的新机制，共同培育新技术、新产品、新业态、新模式，共同推动要素资源的互融互补、设施服务的共享共用，增强三市的整体和协同效应，力争达到"1+1+1＞3"的效果。

三 推进一体化发展，我们要打好战略战役

（一）打好产业发展协同协作战役

一是抢抓产业发展新机遇。推进宁镇扬一体化必须以做强镇江的产业为统领，通过特色发展、区域协调、产业共建，形成"羊群效应"，打造跨区域产业链，形成优势互补的区域产业分工合作格局，实现宁镇扬三市产业发展一体化。

二是创造产业发展新优势。推进一体化既是做大蛋糕的过程，也是切分蛋糕的过程，必须具备系统性思维，坚持规划为纲，特色为魂，项目为王，创新为动力，协同协作为手段，通过市场引力、政府推力、借势借力，巧协同、广融合、渐进式等多措并举，努力实现镇江产业的大发展，活力、实力的大增强。

三是实现产业发展新突破。坚持调查研究、规划先行。重视与省政府及南京、扬州的情况沟通,抓住机会,规划实施路径,做好项目落地,推动合作共识落地生根。按照"高新、高端、高效"要求,让资源配置更多向制造业倾斜,大力培育"专精特新"的企业和行业单打冠军,让"小中见大""小中见特"成为镇江的产业名片。坚持循序渐进、市场主导。在总体规划引领下,尊重市场规律,按照先急后缓、循序渐进、张弛有度,善作善成的精神,让市场在产业发展中发挥决定性作用,用市场力量编织起三市产业发展的"同心圆"。要探索建立宁镇扬产业协同协作发展的协调机制,利益共享、成本共担的发展机制;构建宁镇扬板块产业联盟,强化协同治理;构建宁镇扬政务信息平台和产业创新网络信息平台,实现信息共享。坚持创新驱动、彰显特色。要以宽容的心态支持企业创新,尤其要重视集成创新。要把企业家培养好,把企业家的积极性调动好,引导企业家敏锐把握新常态带来的发展空间,聚焦思想精力,保持战略定力。只有完备的法人治理、优秀的人才团队和创新引领,才有持续发展的好产业。

(二)打好基础设施快联快通战役

一是突破"小我"局限,推进基础设施建设。当好主人,坚定维护自身的核心利益。我们要本着一体化发展的共同价值取向,多推进能够促进彼此发展的项目,坚决不搞"损人利己"的项目,尤其不建"损人又害己"的项目。同时,积极参与协作议事平台建设,并利用这个平台消除障碍、化解矛盾、协作共赢。如镇江飞地共青团农场、高桥镇的基础设施建设,以及扬州二电厂的改造扩建问题,镇江必须主动作为。

担好主责,加快推进市域一体化。在宁镇扬一体化中,必须眼睛向外、手心向内,找到宁镇扬基础设施一体化和市域基础设施一体化的最大公约数。通过推动市域内每一类基础设施的成网连片,来充分调动所辖各地参与市域一体化的积极性。要防止只注重城际一体化而忽视市域一体化的倾向。如122省道的南京到句容段已经实施快速化改造,建议句容到丹阳段也要尽早实施快速化改造。

唱好主调,鼓励辖市区多元多向联通。辖市区与周边城市基础设施建设的主动对接，不仅能促进当地更好更快的发展，还能整体提升镇江的区域形象和综合实力。

二是尊重客观规律，推进基础设施建设。尊重城市发展规律，让既有城市定位更鲜明。《长三角区域规划》《苏南现代化建设示范区规划》和《宁镇扬同城化发展规划》，都对我市指明了城市发展定位，我们必须放弃"苏南唯一中等城市"的纠结，摆脱铺摊子求规模的城市粗放发展模式，着眼于如何建成全国重要的先进制造业和战略性新兴产业基地、区域枢纽城市、国家生态文明先行示范区、现代山水花园城市和旅游文化名城的需要，走精致发展、集约发展的正路，科学修编各类发展规划，精心设计城市，注重我市的城市功能修补和市域生态修复，以久久为功的工匠精神，让镇江更具影响力和吸引力。

尊重市场经济规律，让要素资源配置更优化。既要理性看待城际之间"人才往高处走""消费往高端跑"的情形，又要清醒看到城际之间还存在"资本往成本低处流""人往宜居处生活"的现象。保持生产力发展布局和主体功能区规划的定力，满足市场优化资源配置的基本需求，以不断加密成网的基础设施建设成果，来达到错位发展的目的。如，在沪宁高速增开句容道口、将镇江出入口南移，就是非常成功的案例。当前应尽快改造高速支线，充分发挥沿线土地的使用价值，减弱沪宁高速的过道效应。

尊重工程建设规律，让项目有限成本更高效。应综合考量每个工程项目的必要性、可行性和规模量，科学计算每个工程项目的资金成本、时间成本、民心成本和政治成本，既要能满足产业发展和公众需求的当下要求，又要能撬动整个基础设施体系发挥最大的综合效益。如，既要论证新建宁镇城际轨道的必要性，又要论证沪宁老电气化铁路剩余运能的挖掘可行性，力争以最低成本满足公众对宁镇交通的通勤化需求。

三是舞动龙头工程，推进基础设施建设。建设完善的综合交通网络体系。综合交通网络体系是要素资源流动的血脉系统。要按照安全畅通、集约高效、便捷公平、智慧绿色的建设目标，在原有城际交通网络的基础上，通过加密、提速等方式，积极构建以城际轨道、城际快速公路和过江通道为骨干的复合型城际通道，强化市际与市域两个交通系统的无缝对接。加快推进镇江主城区到各辖市、各辖市之间、各辖市到重点乡镇的瓶颈路段快速化改造。抓住全省港口码头资源大整合的机遇，加大江河岸线资源整治，重点提升长江和京杭运河的镇江段、市域内主要内河的航道运能。

构建新一代信息基础设施体系。信息网络体系是信息社会发展的必备基础。要利用南京定位为国家互联网骨干直联点的区域便利，积极参与"网络强省"和"数字宁镇扬"的规划、建设和管理，协同建设连接三地的光缆传输干线网，实现市域城乡光纤宽带网络的深度覆盖。稳步发展三市"三网融合"，鼓励数字电视、手机电视等核心业务大规模应用。大力推进"智慧镇江"建设，重点跟踪督查我市的生态云、政务E办事、云神工程、智慧旅游等项目进展，尽快建成我市各重点领域的数据资源中心，稳步推进宁镇扬三市的大数据处理中心建设。

积极推动生态保护和环境整治一体化。生态环境是我市立市之本，更是我市在宁镇扬一体化中的特色优势。要倡导流域治理理念，严格落实"今后长江不搞大开发共抓大保护"要求，与宁扬两地协同推进"长江风光带"建设，抓紧规划布局宁杭生态经济带和宁镇山脉科创廊带的基础设施体系，及时化解毗邻区域基础设施建设的邻避冲突。加快实施"263"行动计划，重点围绕水气污染治理、固体废弃物综合利用与安全处置、新型污染防治等区域性重大环境问题，全面开展城际之间和市域内部的环境联防联治。

（三）打好公共服务共建共享战役

一是围绕增强区域凝聚力，在共同文化价值认同上不断寻求新突破。区域共同文化，既是区域软实力，更是区域凝聚力。一要倡导区域共同文化。在认真研究总结三市传统文化共同特征的基础上，结合时代要求和一体化发展需要，倡导以创新、共赢、包容、超越为核心价值的宁镇扬共同文化，可称之为扬子江文化，以凝聚人心、塑造品牌、扩大影响。二要分享历史文化记忆。充分挖掘三市历史故事、传统剧种、民间艺术和各自文化的内涵特征，加强交流，共享记忆，让共同的文化基因更好传承、更加彰显。三要强化镇江文化的内聚性。镇江市域内历史文化南北交汇，吴头楚尾，纷繁复杂，这也是镇江凝聚力不强的重要根源之一。因此，镇江要博采各辖市区文化之长，着力宣传、建设统一的

"京江文化",通过文化认同增强向心力,激发自豪感。

二是围绕增强创新驱动力,在科教资源开发共享上不断寻求新突破。宁镇扬科教资源十分丰富,仅在校大学生就有百万之多,这是依靠创新驱动的新一轮发展的最大优势,完全可以共同开发,共享成果。一要大力创造有利于人才发挥作用的优良环境。牢固树立人才不求所有、但求所用的理念,主动协调三市人才培养、引进和使用政策,促进人才在宁镇扬区域自由流动、自主发挥作用。更多承担区域内中高级技工人才培养职能,倡议协作建设宁镇扬技校城。积极构建产学研合作信息平台,推进专家库、技术需求、科研信息等基础性科技资源联网共享,形成同城化共享创新成果的新优势。二要大胆提出能够带动全局的科创载体。可充分利用宁镇山脉环境优美、交通便捷的优势,提出"江苏科创生态城"建设规划,集聚式发展科学研究与技术创新,既为人才更好发挥作用提供集中优质服务,又为实施创新驱动战略、促进宁镇连片同城发展提供载体。三要大规模发展具有共享辐射效用的联盟组织。依托三市优质科教文卫资源,积极组建中小学、职业教育、高校、科研机构、医院、图书馆、博物馆、剧团等联盟组织,促进技术交流、合作、辐射与共享,提高区域科教整体水平和使用效率。

三是围绕增强发展保障力,在公共政策制度改革上不断寻求新突破。公共服务政策改革,是宁镇扬一体化发展的重要保障和长远支撑。一要推进镇江行政区划调整改革。公共服务共建共享,只有首先在本市域范围内,消除体制障碍,加速全面实现,才能在宁镇扬区域内实质推进。镇江全市只有300多万常住人口,即使全部城镇化,也仅是一个中等城市,应该按照生产力布局重新调整行政区划并全部设区,这样才能彻底打破全市域公共服务共建共享体制性障碍,促进生产力的大解放。二要推进经济性公共服务政策协作改革。宁镇扬已经利用现代信息技术,实现了公交一卡通、远程诊疗、医疗费异地结算、养老金异地转移等一体化服务,要进一步推进经济性公共服务市场化改革,通过组建集团公司、股份制改造或享受同城化待遇等,不断实现就医一本通、社保医保一卡通、旅游一卡通,以及城际公交与城市公交的无缝对接等。同时,应协同鼓励政策,支持区域内优质的基金会、民办学校、民办医院、民办养老机构等民间公益组织,在各地设立分支机构,扩大服务范围，形成规模优势。三要推进社会性公共服务政策趋同改革。镇江与南京在社会性公共服务方面总体上还有不小的差距。虽然一体化不是一样化，但社会性公共服务政策应该逐步趋同，这样才能有效防止"虹吸现象"的发生。因此，要主动推进社会政策趋同化改革，依据经济实力，分阶段逐步缩小与南京的差距。

宁镇扬同城化未来发展趋势研究[*]

南京市城市经济学会 丰志勇

城市群规划与发展是"十三五"期间加快我国区域一体化,同城化进程的主导战略之一。"十三五"规划纲要中明确提出要发展18个城市群和2个城市圈,并在建立健全城市群发展协调机制,推动跨区域城市间产业分工、基础设施、生态保护、环境治理等协调联动,实现城市群一体化高效发展上取得新突破。宁镇扬作为江苏省一个重要区域板块,其区域一体化规划得到省乃至国家规划部门的高度认可,但在新常态下如何加快宁镇扬同城化进程对今后该区域的发展具有重要意义。

一 同城化对区域经济发展作用

自2005年《深圳2030城市发展战略》首次提出"同城化"这一概念以来,学术界展开了大量研究,尤其在同城化促进区域经济发展方面。

1. 同城化提升区域整体经济发展规模与实力

通过同城化战略的实施,同城化区域内的生产要素配置和流动更加合理与科学,区域内各个城市充分发挥比较优势和劳动地域分工,形成了1+1+1>3的放大效应。例如广佛两市由于地域相近、产业互补、

---

[*] 2016年二等奖。

政府参与热情高使得两市分工明确，资本、劳动力等生产要素向两市大规模转移，集聚和扩散效应明显，广佛同城化区域在广东省内的经济比重逐步上升，整体区域的经济发展规模与实力不断提升。

2. 同城化加快区域内城市之间的基础设施建设

同城化是区域经济一体化发展过程中的一个重要阶段。而基础设施一体化是区域同城化发展的重要基础。区域之间各种要素的流动要借助城市之间交通基础设施的对接与共建，通过城市之间交通基础设施互联互通，才能把整个区域连接成一个整体。这样，在整个区域内通过资源共享、统筹协作，提高区域经济整体竞争力。

3. 同城化加快区域内城市之间的社会服务均等化

公共服务的优劣是引导劳动力和居民流向的重要因素，当两地存在公共服务差异时，劳动力（居民）会从较低的一方流向较高的一方。缩小公共服务差异，促进公共服务的均等化是实现劳动力要素合理配置的主要手段，主要包括教育、医疗卫生、社会保障水平差距的缩小及均等化。

二 宁镇扬同城化效应分析

2013年宁镇扬一体化开始实质性启动，在《苏南现代化建设示范区南京市规划》中，把宁扬、宁句城际建设纳入南京的"三年规划"。并通过贯彻落实《宁镇扬同城化发展规划》和《宁镇扬同城化建设推进纲要》，推进宁镇扬重大基础设施统一布局、重大产业统一安排、城镇体系统一规划、公共基础设施统一标准。自此宁镇扬区域板块步入了同城化时代，经济社会得到了长足发展，同城化效应不断显现，主要表现为以下几个方面：

1. 宁镇扬区域板块在全省经济发展中地位有所提升

2012年宁镇扬同城化前，宁镇扬三市GDP总量合计为12764亿元，占全省比重的23.6%，经过2013年同城化实质性的启动后，到2015年宁镇扬三市GDP合计为17236亿元，占全省比重的24.3%，宁镇扬三市GDP占全省比重比同城化前上升了一个百分点。

2. 市场化进程有所加快

社会商品零售额是衡量一个城市或区域商品流动的指标之一。2012年宁镇扬同城化前，宁镇扬三市的社会零售总额合计为4808亿元，占全省比重的26.4%，而同城化后，2015年宁镇扬三市的社会零售总额合计为6939亿元，占全省比重的26.8%，社会零售总额同城化前后发生了变化，由同城化前的2012年的26.4%上升到2015年的26.8%，上升了0.4个百分点。

3. 创新发展速度加快

专利授权量是衡量一个城市或地区创新能力的指标。2012年宁镇扬同城化前，宁镇扬三市的专利授权量合计为35951件亿元，占全省比重的13.3%，而同城化后，2015年宁镇扬三市的专利授权量合计为56188件，占全省比重的22.5%，专利授权量同城化前后发生了变化，由同城化前的2012年的13.3%上升到2015年的22.5%，上升了9.2个百分点。宁镇扬板块创新能力的提升与宁镇扬三市同城化密不可分，从一个案例可以佐证，2014年东南大学扬州研究院、东南大学国家大学科技园扬州园区、东南大学国家技术转移中心广陵分中心分别在扬州成立。四是产业结构调整加速。2012年同城化前，宁镇扬板块一、二、三产业产值占比分别为3.9%、48.2%、47.9%，而同城化后，一、二、三、产业产值占比分别为3.5%、44.4%、52.1%，宁镇扬区域板块的第三产业比重由2012年同城化前的47.9%，上升到2015年同城化后的52.1%，上升了4.2个百分点。

表1　　　　　同城化前后宁镇扬经济指标占全省比重

时间	GDP占比（%）	社会零售总额占比（%）	专利授权量占比（%）
2012	23.6	26.4	13.3
2015	24.6	26.8	22.5

资料来源：2012、2015年宁镇扬宁镇扬三市国民经济和社会发展统计公报，经整理计算而得。

表 2　　　　　　　同城化前后宁镇扬产业结构比较

类别	2012	2015
第一产业比重（%）	3.9	3.5
第二产业比重（%）	48.2	44.4
第三产业比重（%）	47.9	52.1

资料来源：2012、2015年宁镇扬宁镇扬三市国民经济和社会发展统计公报，经整理计算而得。

三　宁镇扬同城化未来发展方向

在交通基础设施和公共服务均等化方面，宁镇扬板块已经取得了一定成效。在新常态经济发展下，宁镇扬应从以下几个方面考虑同城化发展。

1. 加强宁镇扬板块内信用管理信息的共享与整合

第一，应按照统一、规范的工作程序和流程，开展信用管理标准化工作。对企业进行信用基础资料收集，宁镇扬三市信用办可以委托信用服务机构对所负责登记的企业信用材料进行审核，或通过相关部门或省信用平台数据库进行核实，重点对企业信息基础数据记录与核查，并把企业信用基础数据汇总报宁镇扬三市的信用管理协调部门。

第二，法制化管理制度。宁镇扬三市信用管理部门制定的《宁镇扬企业信用促进管理办法》和《宁镇扬企业信用信息保护办法》，以法律法规形式明确了宁镇扬三市管理信用信息共建、共享主体地位。宁镇扬三市内各部门应根据上述法律法规，结合本部门（地区）实际，制定相关的信用信息管理规章，规范各自领域内的信息采集、使用及信用信息主体保护等。制定和推广企业信用信息标准和信息主体信用代码，为信用信息联网共享打下技术基础。

第三，建立跨部门、跨地区的企业信用管理信息共享机制。宁镇扬三市主管企业信用管理的职能部门按照统一规定的企业信用管理记录目录、数据内容和格式标准，对企业进行信用信息采集，并按照信用信息标准形成信息主体征信代码，从而实现信息流动与共享。在此基础上，按照共建、共享的原则，通过信用信息标准化以及公开化等制度，把宁镇扬三市县准化的征信数据进行汇集，实现企业信用管理信息逐步从不能公开向行业间、地方间互联互通，为下一步实现信息分类管理及跨部门、跨地区共享打下坚实基础。

2. 探索宁镇扬生态环境一体化发展新路径

第一，建立公正、权威性的宁镇扬生态环境治理合作组织。成立宁镇扬区域生态环境治理合作组织，负责区域内各个地方政府在跨界生态环境公共事务治理。生态环境治理合作组织的构建既要保证各个地方政府成员的自愿性和公平性，还要保证组织自身的合法性和权威性。加快宁镇扬生态环境治理法制定。通过立法的形式保证宁镇扬区域生态环境治理合作组织合法性和权威性。宁镇扬区域生态环境治理合作组织应是代表各方共同利益，共享各方信息，制定区域生态环境治理公共政策，执行区域生态环境治理规划的组织机构。该组织应有法律法规做支撑。例如，日本东京大都市区域的发展就有国家层面的国土开发规划法，城市规划法等基本法，还有地方政府层面的大都市规划和地方规划的法律法规作为支撑。

第二，打造宁镇扬绿色金融发展示范区。在日前闭幕的 G20 杭州峰会上，绿色金融首次被列入 G20 议题，发展绿色金融已成为全球共识。一是宁镇扬共同倡议，制定支持绿色金融发展的目标。根据宁镇扬资源、环境现状和未来经济发展趋势，分两步走完成绿色金融发展目标，到 2020 年，解决现在突出的环境问题，把宁镇扬建成基本实现环境友好型示范区；到 2030 年，逐步改善环境质量，把宁镇扬建成绿色金融示范区。二是成立绿色金融投资联盟。在广泛共识基础上，按照推广绿色金融自愿原则，建立绿色金融投资平台，支持宁镇扬区域绿色债券市场发展，进而推动跨境绿色债券在宁镇扬区域投资，为地方区域探索绿色债券发展新路径。三是实施宁镇扬生态保护带战略工程。在南京都市圈内的城市之间、城市内各组团之间、城市与开发区之间进行绿色开敞空间工程，利用自然山体、水体、绿地、农田等形成天然＋人工的绿色开敞空间。依托长江及其主要水系、交通干线两侧等建设具有一定纵深的绿色廊道。

第三，制定并实行确实有效的环境管制措施。一是严格执行环境容量允许范围内的污染物总量排放控制。按照宁镇扬区域内的环境承载能力大小，制定更加严格、相对统一的建设项目环境准入和主要污染物排放标准，采取总量控制和空间分类考核等配套措施，对宁镇扬区域内各市的主要污染物排放进行科学合理的标准制定，并进行分类考核，保证宁镇扬区域内的主要污染物排放总量得到有效控制。二是开展污染物减排、机动车排气监管、秸秆禁烧、扬尘防治等区域联防工作。在已签署的《宁镇扬区域空气污染联防联控合作协议》和《"绿色青奥"区域大气环境保障和合作协议》基础上，进一步加强和完善区域联防联控措施。三是采取水环境污染区域化治理措施，大力改善区域水环境质量。水污染是一个区域性的问题，必须进行区域化联合治理。依托国家长江经济带发展战略机遇，建立健全宁镇扬区域出境断面水质联合考核制度，确保长江饮用水源地水质安全。打破行政界线进行区域污水厂设置。以完善和充分利用现有污水处理设施能力为主，发展区域集中污水处理设施，并相对集中和规模化地扩建、新建若干区域污水处理厂，提高区域污水集中处理率。

3. 营造宁镇扬更加开放的市场环境

第一，降低宁镇扬区域内外资企业市场准入门槛。以国家商事制度改革为契机，按照我国四大自贸区外资企业准入试点成功经验和相关政策，制订宁镇扬进一步开放外资企业进入的负面清单，为外资企业进入宁镇扬提供制度保障。

第二，改善宁镇扬区域内的政务环境。在"减收让利""少管放活"，以及转变机关作风、提高行政效能等方面下功夫，尤其是涉及外资投资的各个环境和领域，应进一步解放思想，放宽政策、放活管理，加强商务、工商、外管、税务等部门联动，建立宁镇扬沟通协调机构，共同做好外商投资企业的服务和管理工作。

第三，加大知识产权保护力度，构建诚信宁镇扬。加强宁镇扬三市一线行政联合执法力量，建立知识产权侵权查处联合行动机制。在宁镇扬区域内，以采取委托、授权等方式，通过第三方来对宁镇扬区域内的知识产权纠纷进行查处。探索建立知识产权管理和保护信用标准，将侵权行为信息纳入市公共信用信息服务平台，加大对知识产权侵权失信行为的惩戒力度，提高知识产权保护社会信用水平。

第四，探索制定外资企业在养老、医疗、教育和公共管理服务领域进入宁镇扬区域的相关政策，通过资源共建共享，做大宁镇扬公共服务规模，做强宁镇扬公共服务能力，做广宁镇扬公共服务领域，为外资服务业企业落户宁镇扬创造条件，刺激外资服务业企业市场主体的快速生长，从而加快宁镇扬区域公共服务能力的均等化。

加快推进宁镇扬同城化协调发展的路径选择[*]

扬州市委党校　英　震

早在 2002 年，扬州市委市政府就提出了共同构建"宁镇扬板块"的战略设想。2005 年，扬州向江苏省人民代表大会提交了此议案。2006 年，"构建宁镇扬经济板块"被作为全省战略，正式出现在江苏省第十一次党代会的工作报告中。2011 年，江苏省第十二次党代会再次对宁镇扬板块做出战略部署，"积极推进南京都市圈和宁镇扬同城化建设""支持苏中加快崛起，更大力度推进江海联动开发和跨江合作开发，促进苏中尽快融入苏南经济板块"。2012 年，"宁镇扬同城化"首次写入江苏省政府工作报告；同年，由江苏省发改委牵头编制的《宁镇扬同城化发展规划》初稿开始征求意见。2013 年，"宁镇扬同城化"再次写入江苏省政府工作报告并被列为全年重点工作之一，开始进入实质性、操作性层面。2013 年 5 月，经国家发改委批准，《新华日报》刊发的江苏省委、省政府《关于贯彻落实〈苏南现代化建设示范区规划〉的实施意见》中，以"宁镇（扬）在南京都市圈中的中心地位"的表述方式，正式将"宁镇扬同城化"写入国家战略。然而时至今日，宁镇扬在同城化的道路上依然步履维艰、困难重重。本文在分析宁镇扬同城化具体内涵的基础上，尝试提出加快推进宁镇扬同城化发展的路径选择。

---

[*] 2016 年二等奖。

一 全面准确把握宁镇扬同城化的具体内涵

宁镇扬同城化是指宁镇扬三市之间，为了实现各自利益，形成既合作妥协，又竞争抗衡的相互依存、相互促进的竞合关系的状态。世界经济发展表明，区域一体化可以为经济发展带来新的机遇，使各利益主体实现分工协作、优势互补，取得经济及社会发展、生态环境等多方面效益。因此，宁镇扬同城化既是三市经济协调发展的内在需求，又是三市协调发展的前提条件。实现宁镇扬同城化发展，有利于资源要素的有序流动、合理配置和有效使用，最大限度发挥资源效能，使三市各得其所、协调推进、共同发展，增强整体竞争力。从这一点出发，宁镇扬同城化至少包括以下三个层面的具体内涵。

（一）经济同城化

经济同城化既是一个过程，又是一种状态。就过程而言，宁镇扬同城化包括采取各种手段消除三市经济之间的障碍，使生产要素在三市之间自由流动；就状态而言，则表现为三市间经济鸿沟的消失、产业发展水平悬殊程度的下降和经济发展水平向平衡方向发展等。因此，宁镇扬同城化就是三市生产要素再配置的一个过程和三市生产要素最佳配置的一种状态，从而实现差异竞争、错位发展和组团式发展，促进三市整体经济发展水平的提升。也可以说，宁镇扬同城化是实现三市经济平衡发展的一种途径。但经济同城化不是三市经济发展的平均化、一城化和同质化，关键在于打破行政区域壁垒，提高市场化程度、提升效率，形成一个有利于经济社会资源合理有效配置的体制环境，实现协调发展。

（二）社会基本公共服务同城化

宁镇扬基本公共服务同城化是指三市的公共卫生、公共教育、公共交通、生活保障、就业保障、住房保障、医疗保障和公共文体等基本公共服务能够打破行政区划界限，逐步共享并最终达到同一标准的过程和状态。宁镇扬社会公共服务同城化就是要打破行政区划，重点解决跨行政区域或经济区域的基本公共服务问题，真正做到制度对接、资源共享、要素趋同、流转顺畅、差距缩小、城乡统一。其实质就是通过协商对话的途径，对三市公共服务问题谋求共同解决之道，谋求三市公共服务的最佳效益，实现合作共赢。

（三）生态环保同城化

宁镇扬生态环境保护同城化是指三市为了实现各自的生态环境质量目标，通过创新生态环境保护的机制与制度，在处理环境问题时，不仅要考虑自身利益，同时还要自觉兼顾其他两市的利益，从而保证各项环保措施与手段的顺利有效执行，最终实现三市在环境保护方面的分工与合作，进而实现三市整体生态环境效益最大化。

宁镇扬同城化的三个具体内涵中，经济同城化是基础，生态环保同城化是保障，社会基本公共服务同城化是归宿，实现宁镇扬三市协同发展是最终目标。

二 扭住关键，为加快宁镇扬同城化发展提供坚强支撑

在我国经济社会发展进入新常态、外需乏力、经济增速放缓、增长动力转换的新的环境条件下，要坚持以改革为动力，为加速推进宁镇扬同城化提供坚强支撑。

（一）构建合理的城镇体系

城市是区域发展最重要的载体，城镇体系是区域一体化的骨架和支撑；要实现区域经济一体化，就必须构建合理的城镇体系。所谓城镇体系，就是指在一个区域范围内，要有大城市、中等城市、小城市和建制镇（中心镇）组成的城镇网络。宁镇扬同城化协同发展，必须要有合理的城镇体系做基础，即大、中、小城市规模适当，功能合理，各司其职。

目前，宁镇扬三市中南京是座超大型城市，而镇江、扬州两市基本

为中小城市,且三市经济发展差异悬殊。南京是区域发展的"核心",综合实力最强。2015 年,三市的 GDP 分别为 9720.77 亿元、3502.48 亿元和 4016.84 亿元,南京为镇江、扬州的 2.78 倍和 2.14 倍。三市城镇人口比率分别为 81.4%、67.9% 和 62.8%,南京已达到高度城镇化阶段,而扬州却低于全省 66.5% 平均水平。在人均 GDP 方面,三市分别为 118171 元、110351 元和 89646 元,南京和镇江分别为扬州的 1.32 倍和 1.23 倍。宁镇扬城市体系群中,南京作为省会城市,在发展中更容易获得资源支持,而镇江尤其是扬州的发展得到的支持与帮助则相对不足。

由于城市等级结构不合理,造成经济联系断裂。一方面,南京与镇江、扬州两市区位差距进一步加大且不能有效衔接,导致经济辐射作用弱,产业带动能力差。另一方面,中小城市发展不足,也难以承接南京所形成的产业集聚和产业规模,对南京的经济支撑力相对不足。因此宁镇扬城镇体系中的中心城市经济辐射的范围较小,受中心城市辐射较强的周边城市对其更外围城市的辐射作用则更弱,整个城市群经济扩散效应缓慢,导致宁镇扬发展基础薄弱,协同发展任重道远。

(二) 推进居民流动及居住自由选择权的回归

人是区域及城市的主体,是区域及城市发展最重要的资源。区域与城市发展的历史同时也是人口流动的历史。但长期以来,由于户籍制度所限,再加上税收、财政等体制影响,我国区域及城市化发展更多体现的是土地的发展及城市化,以人为本受到忽视。党的十八届三中全会提出:"完善城镇化健康发展体制机制,坚持走中国特色新型城镇化道路,推进以人为核心的城镇化。"其理念就是实现从以土地为本的城镇化到以人为本的城镇化的转变,即城镇化的目标是让人能够全方位地分享到城市文明。

自由流动是人的基本权利,也是城镇化健康发展的必要条件。人是城市化的主体,人口在城乡之间的流动与集聚是城市的微观基础。因此,当事人有权决定到哪个城市工作、在哪个城市生活。目前,由于户籍所限,农村人口到城市里虽然可以找到工作、领到工资,却不能取得城市户籍。而没有城市户籍,就意味着养老、医疗、子女高考等就不能享受与城市居民一样的待遇。农民成了身份而不是职业。除了乡—城流动之外，城—城流动即城市之间流动也往往由于户籍障碍而影响了人的潜力的发挥。

（三）打破土地制度对城镇化发展的藩篱

《中华人民共和国土地管理法》规定："我国实行土地的社会主义公有制，即全民所有制和劳动群众集体所有制。任何单位和个人不得侵占、买卖或者以其他形式非法转让土地。土地使用权可以依法转让。"这就意味着农民只有农村土地的使用权，并且土地只有在用作农地的时候才归农民所有，要将农地转为非农用地，必须通过国家征收或征用方式才得以完成。再者，由于农村宅基地产权不明晰，农民除居住使用外，不能从其得到其他收益。总之，目前的土地（农地）制度意味着农民没有权利和自由带着这类生产资料退出农业进入其他产业，成为人口城镇化的又一阻碍因素。

截至2015年底，宁镇扬三市的平均城镇化率为73.46%，高于全省66.5%的平均水平，其中南京、镇江两市的城镇化率分别为81.4%和67.9%，高于全省水平；而扬州只有62.8%，低于全省水平3.7个百分点。扬州较低的城镇化程度拉低了整个宁镇扬的城镇化水平。2013年4月《苏南现代化建设示范区规划》（发改地区〔2013〕814号）正式出台，宁镇扬完全可以借这一国家战略的东风，率先实施新型城镇化战略，以人为本，促进人口有序流动与合理分布，进而加快同城化发展。

三 厘清边界，进一步推进宁镇扬同城化协调发展

加快推进宁镇扬同城化协调发展，厘清边界，明确责任，改革旧有的体制机制是关键所在，也是宁镇扬同城化协调发展快速有效推进的有力保障。

（一）充分发挥市场在资源配置中的决定性作用，助推经济同城化

党的十八届三中全会《决定》提出，要"推动大中小城市和小城

镇协调发展、产业和城镇融合发展，促进城镇化和新农村建设协调推进"。人口流动与分布是资源流动与分布最重要的指标。目前宁镇扬中的南京，人口流入的趋势强劲，而扬州镇江两市对人口的吸纳能力相对不足，影响了城市功能的发挥。

城市是一个高度复杂且有一定规模效益的经济体，在发展初期，人口规模越大、人口密度越高，规模效益就越明显。当城市规模增长到一定程度，规模经济就下降，规模不经济上升，如果再人口聚集，成本就上升，收益下降。在规模经济与规模不经济达到平衡时，就是城市的适度规模状态，这个规模只有市场知道。如果城市规模没有达到规模经济，表现为人口流入；当城市规模达到不经济时，住房、交通等再流入成本就上升，一些人和企业就会选择离开，流向其他城市或地区；交通拥堵、高房价等城市病就会得到缓解。因此，城市发展要充分发挥市场配置资源的决定性作用，走内生型发展之路。让市场配置资源，让市场决定人和企业的去留，这是宁镇扬经济同城化发展的根本。政府在经济同城化过程中所充当的角色就是要根据市场规律，做区域空间分布的规划和引导，加速基于产业价值链的空间分工的完成。

（二）充分发挥政府主导作用，助力社会基本公共服务及生态环保同城化

政府的主要职能体现在为城市提供基本公共服务。基本公共服务主要包括建设基础设施，完善社会保障体系和社会福利体系，促进教育、科技、文化、卫生、体育等公共事业发展，也包括宏观调控、市场监管、发布公共信息等市场难以有效提供的公共物品、自然垄断和外部经济等项目。

此外，基本公共服务还包括加大公共安全投入，健全对自然灾害、事故灾难、公共卫生事件、食品安全、社会安全事件的预防预警和应急处置体系等市场失灵的事项。还有，做好流动人口服务管理，加强特殊人群帮教管理工作，加大社会管理薄弱环节整治力度，完善社会治安防控体系，加强基层基础建设和重点地区社会治安综合治理等。

在生态环境保护方面，要建立和完善生态补偿的政府补偿机制，即对限制和禁止开放区域，加大转移支付力度，以弥补它们为支持生态建设和环境保护而做出的经济牺牲；同时，尝试建立生态补偿的市场补偿机制，即可排污权交易机制和资源市场交易机制，实现生态环保同城化。

（三）改革现有体制机制，为宁镇扬同城化协调发展提供坚强保障

同城化与城镇化必然是相伴前行的，但这个过程中要摒弃传统城镇化以土地城市化为主的路径。传统城镇化过程中出现了一方面大城市大拆大建、"摊大饼"建设，侵犯民众利益；另一方面小城市发展不足、运行效率低下的问题。这些问题主要是体制造成的，一是由政府主导的城镇化过程，城镇化发展更多体现了领导意志，造城、建房成为提高政绩的重要手段；二是现有的土地产权制度，导致了对土地财政的过度依赖；三是明显的行政级别层级化，城市支配资源的能力与级别挂钩。因此，实施新型城镇化，走以人为核心的城镇化道路，促进宁镇扬同城化协同发展，必须对现有的体制进行调整；否则，很难见到实效。

宁镇扬同城化，除了调整现有不合理的体制外，还有一个重要的方面就是区域与城市发展需要公共参与，吸纳公众意见，这是区域和城市规划中人本主义和民主化思想的重要体现。鉴于我国目前的公众参与意识薄弱且没有形成公众参与制度的现实，首先要对城市规划广泛宣传，增强公共参与规划的意识；其次要制定出台城市规划的制度，将公众参与纳入规划立法体系，使公众成为宁镇扬协同发展的重要力量之一。

关于"推进宁镇扬一体化发展"的调研报告[*]

扬州市政协专题调研组

推进宁镇扬一体化发展，是当前和今后一个时期我市呼应长江经济带、长三角区域经济一体化、扬子江城市群等国家、省区域发展战略部署，建设城市集群利益共同体，再造江苏新的增长动能和经济地理优势的重要抓手。根据年度工作安排，市政协经科委邀请民盟和九三学社市委会、市政府相关部门和部分县（市、区）政协负责人以及相关专家学者，成立了专题调研组。自4月份以来，调研组先后多次召开由市直相关部门、相关县（市、区）和园区、科技创新型企业和科教合作典型单位负责人参加的不同类型的座谈会，专门拜访省发改委，赴南京、镇江两市，同该市政协领导和政府相关部门负责人进行广泛深入的交流探讨，听取省专家专题报告，并组织赴福建学习考察福莆宁同城化的经验做法。调研组认为，**我市宁镇扬一体化推进工作已取得良好进展**。当前，宁镇扬一体化发展正处于全面推进的新起点、新阶段，发展空间和潜力巨大，但在交通基础设施、产业融合和公共服务等一体化方面任重道远。我市应抢抓历史机遇，积极主动作为，寻找切入点，精准施策，全力以赴，有力有序地推进，走出一条宁镇扬三市互利共赢的发展之路。

---

[*] 2017年一等奖。

一 推进一体化发展的基础日益夯实

1. 领导重视，认识统一

自2004年我市率先提出"宁镇扬经济板块"战略构想以来，特别是省第十三次党代会和去年十一月宁镇扬一体化工作座谈会召开后，全市上下进一步形成了加快推进宁镇扬一体化发展的浓烈氛围和行动自觉。在2015年成立市级一体化发展推进工作领导小组及八个专项工作组的基础上，进一步加强组织领导，市委市政府主要领导、分管领导定期参加三市党政领导联席会议，会商三市制度化合作机制完善、重点领域项目对接等工作。多次组织市党政代表团赴南京洽谈合作，对接配套服务南京特大城市建设。推进一体化发展的思想基础进一步夯实，工作脉络进一步理清，为进一步提升工作质效奠定了基础。

2. 精心组织，深度谋划

市一体化发展领导小组及各专项工作组以《宁镇扬同城化发展规划》为引领，加强专题研究，谋划我市推进宁镇扬一体化的目标定位、建设内容和推进路径，确保省委省政府推进宁镇扬一体化发展的重大决策部署在我市得到有效落实。加强省市对接，推动省政府办公厅印发了《2017年推进宁镇扬一体化发展工作要点》，配合省发改委下发了《宁镇扬一体化发展2017年重大项目投资计划》和《关于做好宁镇扬跨界地区融合发展工作的通知》。加强项目推进，共同签署跨界地区、区域创新、重点领域、同城化项目、区域空气污染联防联控等一系列合作协议。以项目建设推进重点领域的一体化发展，目前我市列入今年省年度重点在建项目46个、三市合作共建项目18个。加强规划编制，编制了《仪征—六合跨界地区发展规划》，初步明确了宁扬相邻地区融合发展的目标和重点方向。

3. 多措并举，突出重点

按照市委市政府统一部署和要求，市发改、教育、科技、人社、交通、旅游等部门认真贯彻落实省委省政府宁镇扬"五个一体化"精神，突出抓重点、抓领域、抓项目，相关工作有条不紊地进行。**交通基础设**

施加快建设。北沿江高铁、宁仪城际、扬马城际等项目前期工作稳步推进。宁启铁路复线电气化改造工程竣工并开通动车。建成江六高速，完成文昌路西延全线贯通工程，建成S125仪征段等国省干线，加密了与南京的快速连接。开通至镇江市区和南京金牛湖的城际公交线路。推进长江-12.5米深水航道二期工程。这些为我市加快融入宁镇扬一体化发展提供了坚实的交通先行支撑。**产业融合逐步展开**。联创集团、国电南自、中电28所等一批重大产业项目的落户建设，提升了我市产业协同发展水平。扬州化工园区等一批特色产业基地，加强与南京、镇江产业配套和原料、技术、项目等方面的深化合作，促进了产业错位协同发展。**科教合作日益深化**。南邮通达学院落户扬州，江苏商务高等学校升格为江苏旅游职业学院，为我市产业发展提供了人才支撑。南京大学光电研究院、东南大学扬州科技园等一批知名科研院所的建成运营，深化了我市产学研合作层次。主动对接南京科教资源，近三年，与南京开展科技创新、人才引进合作530多项，合作项目销售收入近200亿元。鼓励和组织企业与宁镇两市高校院所开展科技合作，获批省级支撑计划项目30多项、省科技成果转化专项资金项目20多项，产学研协同创新取得新成效。**旅游一体化发展初见成效**。突出"大旅游"合作，协同打造"扬子江之旅"、南京都市圈之旅等旅游线路产品。积极推进邵伯湖旅游度假区等5个省"十三五"旅游业重点项目建设。仪征的捺山、登月湖、枣林湾与江北新区的金牛山、金牛湖连为一体，成为绵延上百千米的绿色走廊，拓展了生态游、乡村游的新领域。

4. 惠及民生，初见成效

开通了宁镇扬统一预约挂号平台，实现了三地异地长居参保人员异地就医联网结算和三市市民公交卡同城通刷。三市及苏南等地部分景点实行了联票制，"宁镇扬旅游年卡"可游览三市数百处景点。成立了"宁镇扬公共图书馆区域合作联盟"，为三市市民共享阅读资源提供了便利。加强了沿江岸线的生态修复涵养、保护利用，划定了生态红线区域，预控各种不合理开发建设。加强了饮用水源区、重要湿地和重点水域的保护建设与治理。推进建立健全长江和运河流域环境治理联防联控机制。推动沿江地区尤其是扬州化工园区绿色发展。强化环境监测合作，建立了区域大气环境监测数据互换机制。统一了机动车排气检测方法和标准，实现互检互认。三地群众跨市居住、生活、消费融合现象日渐明显，同城化效应日趋显现。

二 推进一体化发展的短板不容小觑

1. 思想认识与实际行动需要同频共振

少数地区和部门在实际推进过程中，还存在着"等、靠、怕"的现象，即"等"上级具体部署，"靠"上级协调推动，"怕"本地资源被虹吸。具体表现在：**一是**思想重视与实际行动有待同步。工作的自觉性、主动性和紧迫感、责任感、行动力还需加强，某些方面的工作推进力度滞后于南京甚至于镇江，尤其是在地铁、轨道交通建设方面，不如镇江与南京联系主动、对接积极。**二是**市级专项规划与省级总体规划对接有待加强。目前虽然编制了部分专项规划，但与总体规划衔接不到位。如交通干线规划，还未完全与三市路网规划实现无缝对接，城际轨道通勤化项目规划及前期调研尚未真正启动。**三是**我市与南京、镇江及省相关部门沟通有待进一步密切。如在宁仪城际轨道交通规划建设和下一步立项工作上，南京市做了大量基础工作，而我市相对介入较少。南京轨道地铁建设现已延伸至金牛湖，而我市相应的交通配套设施建设未能及时跟进，客运班次从西部客运枢纽开到金牛湖需要一个小时左右。就公交建设而言，仪征青山至六合东沟之间公交互通连接线的最后三千米至今未打通，两地百姓还未能实现公交同城化和零换乘。调研时，镇江的同志反映，镇江正积极委托专业研究机构论证扬马过江通道线位规划，希望我市能主动协同开展相关工作。此外，目前虽已开通扬镇城际公交线路，但晚上10点后就没有往返扬州至镇江高铁站的汽车客运班车，给两地出行百姓带来极大不便。

2. 运行沟通协作机制需要重视和完善

尽管已成立省市层面的一体化发展协调小组及其办公室，三市间也签署了诸多合作协议，但由于行政壁垒障碍，各自发展诉求、利益取向不尽相同，产业同质化程度较高，整体利益观尚未形成。市与市、部门与部门、专项组与专项组之间的横向沟通协调机制还未真正建立，工作交流较少，衔接不畅，信息不对称现象严重，特别是目前三市规划与建设依然是各自为政，使得一些基础设施、市场准入、环境保护等融合发展的合作协议仍停留在纸上，实质性推动进展缓慢。如南京绕越高速新篁互通连接线，南京段按一级公路标准建设，而仪征段和跨界连接东段则是按二级公路标准建设，客观上形成了同一条路两种不同标准。同时，与老百姓休戚相关的社保、医保，也因内部协调机制不健全，各地内部标准不统一等，整体工作推进不快。

3. 目标导向和愿景规划需要明晰和确定

总体上，对宁镇扬一体化要实现怎样的目标、达到什么样的目的，在认识和理解上还较为模糊。特别是在省委省政府提出基础设施、产业布局、公共服务、旅游资源开发、生态环境保护"五个一体化"后，对"五个一体化"是否就代表未来宁镇扬一体化的终极目标；是否实现了"五个一体化"，就意味着真正实现了宁镇扬一体化产生困惑。同时，"五个一体化"虽然抓住了一体化发展的关键，但还缺乏衡量和评价一体化发展质效的体系与标准。

4. 实现一体化的路径和方法需要理清和形成

《宁镇扬同城化规划》明确到2020年，基本全面形成宁镇扬同城化格局，并提出诸多具体量化指标。如要求实现人均地区生产总值达到17万元左右，宁镇扬主枢纽站间半小时通达、主城区间一小时通达，城市空气质量优于二级标准的天数比例大于90%等目标。现在距离2020年目标实现还有三年多时间，对照指标体系，无论是各项目的启动和推进，还是目标和质量的完成时限均差距较大。同时，由于《规划》没有明确实现目标的具体时间表、路线图，缺乏大的时间节点、任务进度安排，缺乏完成各节点目标任务的重大项目支撑，缺乏省级层面重大项目任务的统一部署和市级层面的具体落实，三市在推进一体化发展的方向和目标上还不够清晰明确。各个领域、各个项目实施推进的方法、路径及具体时间表、路线图，还需尽快理清并确立。

5. 全社会关心关注的内生动力需要激活和增强

目前宁镇扬一体化发展推进工作处于"上热下冷"状态，主要依赖于省级政府以及宁镇扬三市党委政府的推动。部门的主动性和创造性还有待提高。相对于对接上海、苏南园区建设，社会的积极性、关注度、参与度还不高。社会层面的协同推进作用还有待发挥。人才、技术、资金等要素资源还需激活，尤其是现有的金融产品、业务和服务，还难以满足加快推进一体化发展的有效需求。

三 加快推进一体化发展的思考与建议

1. 完善机制，提高组织程度

完善省级统筹协调机制。建议市委市政府向省委省政府建言，省协调小组应进一步发挥总牵头、总设计、总统揽、总协调、总推进的作用，研究梳理排定三市整体及各市基础设施建设、产业体系构建、公共服务共享、生态环境治理、跨界融合发展等重大项目和任务，明确时间进度及要求，明确省与市、市与市之间协同工作方案。省协调小组办公室和各专项工作组要强化牵头作用，更准更细地抓好目标责任的制订、分解和落实，抓好政策的研究、制定、完善和落实，抓好重大问题的协调和处理，抓好重大活动的组织和安排，抓好工作推进的督查和考核。定期与不定期地会商、会办相关事项，及时通报进展情况。**完善市级协商机制**。建议建立规范化、常态化、制度化的市级协调推进机制，发挥好党政领导座谈会、市长联席会、常务副市长联席会等平台作用。加强政府部门之间的沟通协调，建立健全同市外双边、多边定期协商会商机制。

2. 积极作为，争取主动

一是强化规划引领。建议市委市政府向省委省政府建言，省政府及相关部门应加强顶层设计，根据一体化发展的新任务、新要求，调整完善《宁镇扬同城化发展规划》，尽快统一编制宁镇扬三市交通基础设施、产业、公共服务、环境保护等专项规划，引领三市一体化发展。加强我市交通、产业、科技、民生及公共服务等各类专项规划与《宁镇扬同城化发展规划》《扬子江城市群规划》等上位规划的深度对接，优化主体功能区空间布局，完善优化开发、重点开发、限制开发、禁止开发区域。**二是强化项目推进**。推进宁镇扬一体化发展，关键是要实实在在地谋划推动一批重大项目建设。一方面，要将一体化项目作为优先发展的项目重点推进，对照今年已排定的46个本市在建项目和18个三市合建项目，按照市里已明确的责任分解表、序时进度表，加强项目要素服务保障。对需要跨市合作推进的项目，列出具体清单，明确详细诉求，报请省协调小组办公室协商解决。另一方面，要围绕交通基础设施、产业、科教、民生及公共服务等领域发展的重点和关键环节，做好指标任务分解，尽早梳理出相关县（市、区）、功能区重大项目情况。联合南京、镇江两市，开展重大关联项目的申报和争取工作，共同研究重大项目规划、投资、建设、运营管理的体制机制，共同争取国家级、省级政策和项目。**三是强化先导区建设**。支持仪征在跨界融合发展上先行先试，积累经验。抢抓宁镇扬三市400万辆整车生产能力建设机遇，主动加强与南京、镇江两市汽车产业链的协作配套分工，提升核心竞争力，推动仪征汽车零配件产业迈上千亿级平台。依托仪征山水宜居的城市品质，重点发展未来居住产业，大力推进健康养老、生态康复产业，培育区域联动的高端养老服务产业。建议建立区域农业科研试验基地、现代农业示范基地和孵化基地，开发特色食品产业，打造农业硅谷。挖掘旅游资源潜力，发展生态、健康、休闲旅游，探索"两园"后时代园博会展经济发展。化工园区要立足江北新区和长江风光带建设，加快转型发展，拓展和延伸产业链，主动对接扬子石化、金陵石化，继续深化原料、技术和项目合作，共同打造"宁扬绿色化工产业带"和"国内内河最大液体化学品交易、集散基地"。通过托管、授权开发、行政区划调整等方式，发展"飞地经济"，加快同镇江新民洲、高桥等跨界地区的产业共兴、基础设施共建，实现"骨子里的一体化"。

3. 突出重点，精准务实施策

推进交通基础设施快联快通。在前期互联互通取得明显成效的基础上，重点推进主枢纽、主景区、主城区之间的快联快通。会同南京、镇江加快推进北沿江、扬马等城际铁路的前期筹备工作，争取早日开工建设。主动对接南京、镇江城市轻轨和快速路网建设，推动宁扬、镇扬城际轨道交通建设。联合南京、镇江开展过江通道的规划研究，通过加密过江通道建设，尽快实现真正意义上的交通同城化与一体化。推进328国道快速化改造、439省道新篁互通连接线工程。打通内部微循环，加快实施我市主城区到各县（市、区）、各县（市、区）到重点乡镇的瓶颈路段改造。增加仪征月塘至南京金牛湖的公交线路,协同南京、镇江开展毗邻地区城市公交延伸,实现公交站台同台换乘,打通仪征青山至六合东沟公交线路的最后三千米。借鉴张家港港口建设经验,按照全省港口建设一盘棋的部署,规划建设宁镇扬组合港,探索宁镇扬港口组建长江国际航运中心。**推进产业共建共兴**。产业融合是重中之重,要着力营造区域营商优势,在加快打造宜居宜游宜创的环境优势、便捷高效的行政服务优势的同时,厚植产业特色优势。目前,市经济技术开发区的新能源、新光源、智能电网等新兴产业、扬州高新区的机械装备制造产业、广陵信息产业基地的信息服务业,在全省乃至全国具有一定影响,要重点推进这些特色产业和园区的建设,着力在规模扩张上下功夫,形成规模化、特色化、集群化效应,在三市产业协同协作中占据主动。抓紧建设好各类开发园区的公共服务平台和公共技术研发平台,完善各类配套设施,不断创新各类园区的体制机制、开发模式、服务举措,全力打造一流的承载南京科创科研成果在我市转化及产业化的载体。此外,建议出台鼓励产业融合发展的专项扶持政策,如在绿扬金凤人才政策、各项产业扶持政策中,设立"宁镇扬合作专项"等。**推进科教共建共荣**。充分利用南京人文荟萃、高校院所科教资源丰富的溢出效应,增强我市承载接纳能力。深化与南京科研院所的合作,探索推动建立宁镇扬研发合作产业联盟,探索推动三市共同设立产学研合作专项基金,探索三市共同设立在线技术产权交易平台,推动技术成果的流动和落地转化。深化载体打造,充分挖掘和利用本市各科技综合体的基础优势,大力推进骨干企业、科研院所、高校、创客等分工协同,重点发展创新驿站、优客工场等"众创空间"。深化园区建设,以市经济技术开发区和高新区为核心,强化与南京、镇江高校院所、人才特别社区、科技产业园的合作,联合建设一批与主导产业紧密结合的重点实验室或研发中心。建立教育资源共享机制,搭建三市教育信息互通共享平台,实现学习资源共享和课程自由选择、学分互认。推进优质学校之间的交流合作,定期开展教育管理干部交流及教师跟岗培训。合理规划三市中、高等职业教育专业结构与布局,建立宁镇扬中、高等职业教育协作发展机制,鼓励有条件的学校组建区域职业教育联盟。充分利用我市现有的较为完善的职教体系和丰富的职教资源,打造全国一流、富有特色、与国际接轨的大学生实习实训基地,创成高层次产业工人、高技能型人才培养的扬州特色品牌和优势。**推进公共服务共建共享**。建议鼓励优质教育、医疗资源及养老机构等,引入民间资本或公益组织参与,对部分行业通过组建股份制公司等形式,打破行政壁垒,突破行业地域界限、身份户籍门槛等束缚,逐步实现就医、旅游、公交等一卡通。探索通信同城化,力争三市早日实现资费统一。**推进生态环境共治共保**。生态宜居是我市独特的资源与优势,要充分利用"人文、生态、宜居"的扬州城市特质,发挥生态资源对高层次人才流动的虹吸效应,吸引智能制造装备、节能环保、生物医药、信息服务业、文化创意、会展、现代物流等产业和各类研发中心、创新中心汇聚我市。协同南京、镇江两市,严格落实"长江不搞大开发,共抓大保护"的要求,实施最严格的环境准入制度,加强长江岸线节约集约利用及生态岸线保护,完善沿江生态景观带,保护重要生态功能区。加快实施环境治理"263"行动计划,建立健全区域环境联防联治长效机制,推动实施区域大气、水、土壤等环境信息共享与应急联动机制,加强跨界环境污染防控和违法行为查处,共同开展水气污染治理、固体废弃物综合利用与安全处置、新型污染防治等区域重大环境整治保护工作。

4. 整体联动,汇聚智慧力量

一是要上下联动。市级层面上,要主动作为,超前谋划,因地制宜,做足做好功课,制订一揽子整体规划,拿出本地区对接一体化、借力一体化、融入一体化的务实操作办法。县(市、区)层面上,要鼓励各地根据自身实际,充分发挥主观能动作用,创造和创新推进一体化发展的鲜活经验及有效做法。在一体化专项规划大框架的原则指导下,补齐地区交通基础设施、产业发展、公共服务、社会保障等短板,以小的一体化对接大的一体化。**二是要横向联动**。建议市委市政府向省委省政府建言,借鉴省园区南北共建的做法,鼓励三市有条件的县(市、区)、省级开发区、市级重点园区,至少各自选择一个县(市、区)、开发园区,开展结对合作与共建,共同促进区域经济发展。**三是要协同联动**。政府层面上,要充分利用电视、报纸、网络等公众媒体,加强宁镇扬一体化发展的宣传,引导市民树立"大都市""大市民"的理念,增强市民的归属感和认同感。积极举办各类一体化峰会、研讨会、论坛。建议聘请相关专家学者，成立专家咨询委员会，对一体化发展过程中的热点、难点问题，提出建设性的意见和建议。就公众普遍关注的区域交通基础设施衔接、通信同城化、人才社会保障一体化等问题，广泛征询社会各界意见建议。在社会层面上，要鼓励行业协会、商会等社会组织，开展各类协作交流活动。鼓励企业与南京、镇江两地企业互联互访，加强产业链上的分工合作。动员和组织部分一、二、三产重点企业，与宁镇两市重点企业或科研院所建立合作关系。

5. 聚力创新，探索一体化发展的生动实践

一是建立符合五大发展理念的评价体系。推进宁镇扬一体化发展，是省市党委政府贯彻落实五大发展理念的具体探索和生动实践。建议市委市政府向省委省政府建言，建立符合五大发展理念的评价体系，通过评价体系这个"指挥棒"和"风向标"，将三市党委政府的思想统一到五大发展理念上来，打破区域行政壁垒，更多地从区域利益整体发展的角度，考量三市党委政府协同合作对区域发展总体战略实施的贡献、对区域内经济协调发展的贡献、对增强区域综合竞争力的贡献，从而在创新动力、协同开放、生态环境治理和保护、公共服务共享等方面，寻求"最大公约数"，释放1+1+1>3的效应。**二是建立健全奖惩考核机制**。建议市委市政府向省委省政府建言，建立科学合理的常态化奖惩考核机制，由省协调小组办公室牵头制定评价考核办法，对列入省年度重大项目投资计划的市级项目完成情况，纳入省委省政府年度考核目标管理体系。同时，建议我市对列入三市一体化发展建设的年度重大项目，建立市领导挂钩联系制度加以推进，并纳入重大项目建设考核范围，细化和强化目标管理、考核奖惩、督查问责，确保层层压实责任，失责必受追究。**三是建立多元化、多层次的运作平台**。为充分利用和优化整合各类资源要素及公共服务平台，方便三市百姓的生产、生活和各类保障，建议利用大数据信息平台，对旅游、医保、社保、通信等领域，进行数据处理和分析，本着谁投资、谁收益的原则，在逐步建立和形成宁镇扬三市一张网、一张卡的前提下，实行各利益主体利益的二次再分配。**四是建立利益共享与补偿机制**。为切实有效解决行政区域壁垒及地区行业利益保护等问题，建议市委市政府向省委省政府建言，借鉴上海市做法，在南京非核心业务向扬镇两地转移时，设立退城进园、退二进三的准入

门槛，构建转出地和承接地产业、项目的税收分成、财政激励和约束机制。探索建立宁镇扬一体化发展基金，在重大基础设施建设、产业转移和园区共建、生态补偿、排污权交易、公共服务均等化等方面共同分担与受益。**五是创新投融资模式**。建议三市在相关跨区域、跨领域的重大项目建设上，探索联合组建项目公司、设立投资发展基金、PPP模式、政府购买服务、民间资本介入等方式，有效解决一体化发展的资金瓶颈制约矛盾。同时，鼓励各类金融机构创新金融产品，拓展金融业务，为一体化发展提供金融服务和保障。

扬子江城市群战略下宁镇扬一体化发展的思考

南京市发改委　晁先锋

从城市的视角动态看中国经济社会发展格局和变化趋势，中国正在进行人类历史上最大规模的城市化进程，中国城市体系面临着深刻变革，中国已经进入城市群竞争阶段，而且这种城市群体系偏向多中心化越来越明显，而且对经济空间的支撑作用不断增强。

当前，江苏省是我国"一带一路"和长江经济带建设两大国家战略的融合交汇地带，省内也初步形成宁镇扬一体化、苏锡常都市圈、锡常泰经济圈等，但是"一带一路"和长江经济带覆盖地域太广，而宁镇扬一体化、苏锡常都市圈、锡常泰经济圈等又无法实现苏南、苏中、苏北区域融合发展。打造扬子江城市群正是顺势而为，是深化实施全省功能区战略、促进区域协调发展的有效途径。而宁镇扬一体化推进时间比较早，顶层规划科学合理，发展协调机制不断健全，宁镇扬一体化发展进入实质性操作层面，可以说宁镇扬一体化发展既可以为建设扬子江城市群提供有益借鉴，同时还是推进扬子江城市群建设的龙头。

---

* 2017 年一等奖。

一 推进宁镇扬成为创新策源地，提升扬子江城市群全球影响力

宁镇扬区域有着丰富的创新资源，具有内生的创新驱动的源泉。科技创新资源主要包括科教资源、人才资源、管理能力和机制三大要素。就科教、人才资源来说，江苏是全国大学数量最多的省份，其中四分之三以上均聚集在宁镇扬地区。仅南京地区科教资源就占整个扬子江城市群二分之一左右，南京市驻有高校53所，科教资源仅次于北京、上海，拥有市级以上工程技术研究中心808家，省级以上重点实验室91家，列全国同类城市前列；南京市每万人在校大学生数量居全国第一，每万人研究生数量居全国第二，大学以上学历的比重高达26.1%，仅次于北京；在宁两院院士83人，国家"千人计划"258人，居全国第三。宁镇扬现在正处于创新发展、转型发展的关键时期，以合作创新作为一体化发展主要抓手，可以大大增强区域创新能力，从而为扬子江城市群经济发展方式的转变做出示范。

宁镇扬要担当起引领扬子江城市群参与未来国际竞争、引领区域协调发展的历史使命，要作为扬子江城市群创新发展的"发动机"，建设以南京为中心、宁镇扬一体化的科技创新策源地。依托宁镇扬科教资源和江北新区政策资源，加速形成创新要素集聚化、创新服务专业化、创新活动持续化、创新资源开放化的发展格局，全面提升地区的综合创新生态环境。强化企业技术创新的内在动力，鼓励企业加大研发投入，引导创新要素向企业集聚，发挥企业在技术创新决策、研发投入和成果转化应用等方面的主体作用；推进高校创新人才培养，提升高校、科研院所科技创新能力，将高校、科研院所打造成为原创性技术成果输出源和重要的研发基地。全面深化江北新区重大改革创新，争创改革品牌。切实发挥好江北新区在引领改革发展和创新体制机制等方面的试验示范作用，大胆先行先试，以自主创新引领产业转型升级、以制度创新促进区域协同发展开展探索，努力为建设扬子江城市群创造出更多可复制推广的先进改革经验，打造改革高地。

二 推进宁镇扬建成智能智造核心区，提升扬子江城市群控制力

"中国制造在东部，东部制造在长三角，长三角制造在江苏"，宁镇扬又是扬子江城市群中制造业协同发展较好、战略性新兴产业发展较快、生产性服务业种类较为齐全的区域，构建以"创新、智能、绿色、高效"为特征的先进制造业体系。但是，宁镇扬工业体量并不大，如表1所示，截至2016年底，宁镇扬规模以上工业企业数量占扬子江城市群23.3%，占江苏省17%；宁镇扬规模以上工业企业完成总产值占扬子江城市群28.7%，占江苏省21%，而苏州一个地区规模以上工业企业数量就超过宁镇扬总和，宁镇扬只有转变制造业发展方式才有出路。宁镇扬依靠区域科教丰富资源，推动宁镇扬协同打造具有全球影响力的智能制造产业平台，是宁镇扬建设创新型区域、提升扬子江城市群产业控制力的有效途径，是宁镇扬落实国家制造强国战略、参与全球产业竞争的重要力量。为此，宁镇扬区域应全力实施制造业倍增计划，持之以恒地促进产业转型升级。以创新驱动、提质增效为主线，坚持高端化、智能化、绿色化和服务化，协同构建战略性新兴产业引领、先进制造业支撑、生产性服务业协同的新型工业体系。瞄准新一代信息技术、高端装备制造、新材料、新能源、新光源、智能电网、节能环保、航空制造、海洋工程等重点领域，加大推进新材料（石墨烯）、人工智能、区块链等影响未来的新兴科技和产业发展壮大。通过几年的努力，将宁镇扬高新技术产业总产值翻一番，实现宁镇扬地区制造向智造转变。

表1 2016年底江苏省各地区规模以上工业企业数量和工业增加值

区域	单位数（个）	工业增加值（亿元）
南京	2661	3050.6
无锡	4879	3075.5
徐州	2858	3010.3

续表

区域	单位数（个）	工业增加值（亿元）
常州	4106	2827.2
苏州	9767	6365.3
南通	5027	3330.4
连云港	1694	1302.5
淮安	2664	1626.2
盐城	3091	2173.9
扬州	2707	2298.1
镇江	2738	2059.4
泰州	2858	2766.9
宿迁	2540	1090.0
全省	47604	35433.2

三 推进宁镇扬建设公共技术服务平台共享区，提升扬子江城市群服务支撑力

围绕宁镇扬区域已确定的战略性新兴产业和产业化趋势明显的重大创新领域，在产业集聚明显、要素集中度高的开发区、产业园区等，依托具有独立法人资格的专业性科技服务企业或机构，为创业创新主体提供技术研发、试验研究、产品研制、工艺验证、检验检测、设备共享、技术信息咨询等技术支持服务。

建立宁镇扬科学数据共享服务平台。根据平台覆盖区的产业情况建立特色数据库，并实现国内外各专业数据库的目录导航，建立重点专业在线分析系统，为区域内用户提供数据共享、数据分析服务。

建立宁镇扬科技资源共享服务平台。主要以大型科学仪器设备、分析测试服务、测试方法与标准研究等为对象，充分利用信息、网络等现代技术，通过对相关资源进行整合集成、优化配置、合理布局、开放共享，提高仪器设备资源的使用效率；将宁镇扬乃至扬子江城市群区域大

型科研仪器、创新载体、科技人才、科技文献、科技成果、知识产权、科技中介及政策法规等各类科技资源汇聚至该平台，为扬子江城市群甚至全省科技创新创业提供开放共享服务。

建立宁镇扬创新技术产品开发平台。整合区域内研发中心组成新产品研发系统，促进研发中心间的资源共享技术交流合作，为产品技术集成创新思想的形成和研发创造良好的条件。

建立宁镇扬行业公共技术服务平台。完善平台覆盖区内行业技术研发中心的建设，联结研发和试验协作平台为各行业提供行业公共服务。

建立宁镇扬知识产权保护服务平台。联合扬子江城市群甚至长三角区域知识产权专业服务机构为企业提供从研发选题到产品销售各环节的知识产权服务。

建立宁镇扬科技创新投融资平台。建立以银行、担保、创业投资、产权交易、证券等机构为依托的投融资平台，形成以社会资金为主、政府资金为辅的资金来源结构，为扬子江城市群科技创新提供高效资金链。

建立宁镇扬科技成果转移平台。联合高校、科研院所、海内外科研机构的技术转移中心、企业和投资机构形成技术转移网络。

建立宁镇扬区域人才公共服务平台。建立区域人才信息数据库，掌握人才的结构和分布；建立人才交流平台，为企业配置人才；解决人才在创新创业中的实际困难。

四 推进宁镇扬作为体制机制改革先行区，提升扬子江城市群引导力

增长、转型、改革高度融合，以改革促发展、促转型是城市群发展的大趋势。宁镇扬区域要以正确处理好政府和市场的关系为核心，以推进供给侧结构性改革为主线，以"有效市场、有为政府、有机社会"的改革方向为引导，加快形成有利于引领经济发展新常态的体制机制和发展方式，为推进扬子江城市群机制体制建设探索新路径。一是着力推进政府管理创新，加快政府职能转变，简政放权，激发市场主体和社会

主体活力。二是持续深化江北新区体制机制创新，争创改革品牌。三是促进科技中介服务集群化发展，重点支持和大力发展研究开发、技术转移、检验检测认证、创业孵化、知识产权、科技咨询、科技金融等专业科技服务和综合科技服务。四是力争在宁镇扬协同发展的一些重点领域的改革方面取得突破，在持续推进"放管服"改革、加强产权保护制度建设、健全创新驱动发展体制机制、加快构建开放型经济新体制等领域，形成宁镇扬一体化发展的改革特色和模式。五是实施共享发展改革，实现宁镇扬同城竞争力与群众获得感幸福感同步提升。六是改革举措系统集成，加强改革举措的关联性、整体性、协同性，注重改革举措配套组合。

五 推进南京成为扬子江城市群发展龙头，提升扬子江城市群辐射力

南京作为我国东部地区重要中心城市、长三角唯一特大城市、江苏省省会城市，综合考虑政治、经济、文化等因素，从中长期江苏发展大格局看，南京对于全省的组织带动作用相较于苏州、无锡更加显著。然而，当前南京城市首位度较低，对周边和扬子江城市群辐射能力较弱。如表2所示，与国内部分省会城市对比，南京的首位度数值小于1，南京经济总量等重要经济指标与省内的苏州落差仍然较大，GDP占全省的13.7%，而苏州GDP占全省的20.2%，因此南京首位度较低，不仅难以在全国产生集聚作用，而且对宁镇扬板块、扬子江城市群的辐射带动力不强，尚未确立区域龙头城市地位。

表2　　　　　　　部分省会城市"首位度"情况表

省会城市	首位度
成都	6.4
武汉	3.2
长沙	2.95

续表

省会城市	首位度
西安	2.2
郑州	2.08
杭州	1.25
广州	1.03
沈阳	0.93
南京	0.67
济南	0.66

注：计算方法为省会城市与非省会城市中经济规模最大城市的 GDP 比值。

南京科技资源丰富但成果转化能力较弱，要实现向创新型城市转变，面临着如何促进科教资源与经济融合发展的问题。近年来，南京全社会研发经费支出占地区生产总值的比重虽处于同类城市领先水平，但科技研发投入主要集中在传统支柱产业，南京四大支柱产业研发经费投入占全市总量的 61.1%。南京的科技成果转化率较低，南京企业界研发投入只占研发总经费的一半，建在企业的研发机构不多。

南京应该在推进扬子江城市群建设中有更强烈的担当意识，积极承担更多的战略任务，既视之为重要责任，更视之为难得机遇。南京应坚持在推进宁镇扬同城发展中创新发展机遇，努力为破解扬子江城市群建设难题提供南京解决方案。一是全方位参与扬子江城市群建设，努力成为扬子江城市群的发展龙头，加快形成南京与扬子江城市群内部主要节点之间的"半日工作圈"，促进要素、人员流动的几何级增长。二是全面拓展与深化"国家中心城市"的内涵，具体包括：衔接东中部地区的战略中枢型国家中心城市、以枢纽型经济为特色的枢纽型国家中心城市、东西双向双融发展的门户型国家中心城市。三是将功能区与经济区建设作为南京城市发展战略调整的重要方向，立足宁镇扬板块和南京都市圈，融入长江经济带和"一带一路"建设，建设"南京大区"，放大南京城市综合服务功能。四是切实推进南京跨江发展战略。要充分发挥江北新区在创新驱动发展和新型城镇化建设等方面的示范带动作用，将南京江北新区逐步建设成为"自主创新先导区""新型城镇化示范区""长三角地区现代产业集聚区"以及"长江经济带对外开放合作重要平台",形成东部沿海地区率先转型发展的新增长极。推进江南江北融合发展。江北要大力提升综合承载能力和服务功能,增强新区的自我发展能力,更大力度推动跨江发展,充分释放城市各个板块的发展潜能,形成江南江北协调、可持续、融合发展的新格局。

发展一江牵　合作谋共赢[*]

——扬州参与长江经济带产业转移与合作的若干思考

扬州市发改委　吉爱平　张　锋

依托黄金水道推动长江经济带发展，是党中央、国务院做出的重大决策部署。面对国家战略实施带来的重大发展机遇，如何顺势而为、乘势而上，更高水平、更深层次推进产业转移与合作，已成为沿江城市面对的新课题。

一　推进长江经济带产业转移与合作的新机遇

引进来的实质是以市场换资金、换技术，走出去的实质则是以产品、技术和资金换资源、换市场。方向相对，境界迥异。随着长江经济带建设的提速推进，区域间产业转移与合作已成新常态，不仅必要，而且紧迫，更为可能。

（一）从必要性来看：内有需求，外有要求

内有需求，从世界经济发展规律看，一个经济大国一定是产业、资本、技术输出大国，美、德、英、法、日无一例外。从改革开放实践看，经济强省、强市也一定是产业、资本、技术输出大省、大市，广

---

[*] 2017年二等奖。

东、浙江、北京、上海、深圳、杭州、苏州等都是产业转移与合作的领跑者。从扬州市产业发展进程看，建筑、机械装备制造、光伏、日化等一批劳动密集型产业，由于丧失成本、区域传统市场等优势，已呈向外转移态势；与此同时，贵阳大数据产业、重庆战略性新兴产业、湖北国家级城市矿产示范基地、武汉中国光谷、荆门中国农谷等诸多长江中上游地区产业发展先进经验和做法，值得深入学习和借鉴。

外有要求，是因为推进产业转移与合作已成为长江经济带发展的重要内容。中央层面设立了长江经济带发展领导小组，出台了《长江经济带创新驱动产业转型升级方案》《长江经济带发展规划纲要》等纲领性文件，形成了部际联席会议制度，支持建立区域间产业全面合作的联动机制。省级层面也成立了推动长江经济带发展领导小组，出台了贯彻实施意见，提出江苏应利用天然的长江航道和现代化的沿江综合运输体系，实现产业转移和转型的双赢。作为长江经济带29个节点城市之一，扬州应主动融入国家战略，通过产业转移、输出与合作，把扬州制造、扬州企业、扬州产品、扬州技术推向更大空间、更广阔市场，不仅可与当地的资源、市场、技术等进行优化嫁接，倒逼扬州产业、企业转型升级，而且还能进一步强化企业的基因组合，切实提高企业的核心竞争力。

（二）从紧迫性来看：机遇难得，时不我待

机遇难得，以"一带一路""长江经济带"为标志的国家内外双轮驱动的经济发展战略模式已经成型。就长江经济带而言，上海国际金融中心和自贸区建设、长江中上游广阔腹地巨大的内需潜力、东中西部发展显著差异带来的城市分工和产业梯度转移机会显现。在《全国主体功能区规划》"两横三纵"主轴线中，沿海经济带既是主力，也是唯一支撑。长江经济带腹地巨大，产业基础、劳动力、科教、人才、物产等资源尤为丰富，完全能形成第二大支撑。"经济回旋余地大"用在长江经济带发展战略上绝对恰如其分，以长江为轴来平衡中国东中西部区域发展不均衡的褶皱，顺流而动，水到渠成。

时不我待，主要是"十三五"时期，扬州推动先进制造业和现代服务业双轮驱动、基本产业提升和"两化"深度融合，任务十分艰巨。

以市场的办法、经济的手段引导富余产能走出去和引进创新要素，不仅可以推动基本产业的改造提升，大大缓解加快发展与要素资源紧张的矛盾、结构调整与"去产能""补短板"的压力，还可为发展战略性新兴产业、现代服务业、现代农业腾出空间，为产业转型升级赢得时间，为企业降成本、拓市场占得先机，可谓一举多得、几方共赢。同时，在中西部资源、市场的全国性竞争中，不进则退，机会稍纵即逝，没有多少犹豫不决的回旋余地。

（三）从可能性来看：基础扎实，空间广阔

基础扎实。一方面，扬州地处长三角南京都市圈，在《长三角城市群发展规划》中不仅被定义为Ⅱ型大城市，在主体功能区中被定位江北新区以东唯一重点开发的黄金区域。随着南京都市圈外向型经济向创新型经济转型，扬州将迎来新一轮发展良机，有望成为区域性现代服务业集聚区和创新创业高地。另一方面，多年来，扬州建立了与上海常态化产业合作恳谈机制，实施了"科技产业合作远征计划"，与长江沿线重点城市的产业合作、科技交流孕育出了丰硕成果。如与上海、重庆等地在园区建设、产业合作、技术创新和招商互动等方面达成共识并签署了战略合作协议，上海莘庄（宝应）工业园实质性推进，上海大众、江淮汽车等一批优质的重大项目落户扬州。江苏华建、江都建设、邗建集团等一批建筑龙头企业广泛布点长江中游中心城市。汽车船舶、机械设备、纺织服装、新能源以及"三把刀""富春"等一批在全国享有较高知名度的扬州优势品牌、产品、服务，已经占据广阔市场。可以说，扬州加快推进产业转移与合作有路子、有经验、有品牌、有市场，具备良好基础。

空间广阔。一是长江上下游不同地区存在明显的产业落差，具备产业转移与合作的强大势能。《长江经济带发展规划纲要》公布了安徽皖江城市带、江西赣南、湖北荆州等6个国家级承接产业转移示范区，着力促进长三角、中三角和成渝经济区的"三圈"衔接和要素流动，可打开东中西良性互动的开发空间。二是上海、南京、合肥、武汉、重庆等长江经济带上的中心城市，具有强大的科技创新能力。上海张江、安徽合芜蚌、武汉东湖等国家自主创新综合改革试验区和南京江苏省产业

技术研究院、合肥中科大先进技术研究院、武汉十家工业技术研究院等重大公共技术创新平台的建设，昭示着长江经济带建设正在迈入一个"智"的腾飞和"质"的跨越的新时代。三是长江中上游省份资源丰富，工业体系不够完备，基础设施欠账较多，投资合作需求旺、领域广、回报大，加快推进产业转移与合作空间巨大。

二 客观分析推进长江经济带产业转移与合作的内部条件

（一）优势

其一，经济发展量质齐升。近年来，扬州经济总量快速增加、产业结构持续优化、产业集聚全面发展。2016年，全市实现地区生产总值4449.4亿元，可比价增长9.4%，高于全省1.6个百分点，居全省第二位。三次产业结构比从2010年的7.2:55.7:37.1调整为2016年的5.6:49.4:45。一产比重逐步下降，三产比重稳步提升。随着"十三五"三产占比50%目标的确定，第三产业将逐步占据产业发展的主导地位，制造业加速转移升级将成为必然趋势。

其二，区位优势不断凸显。如果把长江比作巨龙，把上海、武汉、重庆定位为长江经济带"龙头""龙腰""龙尾"，那么扬州则与南京、镇江同属于"龙肩"，共同担当着衔接东西、沟通南北的重任。扬州产业先发优势和综合基础较强，"南京都市圈"发展战略进一步彰显了扬州在长江经济带中的中转站和枢纽点的区位功能。随着北沿江高铁纳入国家《长江三角洲城市群发展规划》《交通基础设施重大工程建设三年行动计划》，长江江苏段"动车环"和"高铁环"即将成型，未来城际铁路"公交化"运营，沿江各市间将实现半小时通勤圈，以及长江深水航道整治、国际新航线的开辟和运河经济带的建设，扬州长江经济带综合性立体交通走廊的地位将进一步巩固，与上海、南京及周边重要节点城市的联系更加密切，与长江中上游城市携手发展的舞步将更和谐。

其三，产业潜力厚积薄发。2016年，扬州五大主导产业实现产值6816亿元，占规模以上工业67.5%，其中机械、汽车产业产值分别达

3521亿元、1326亿元，撑起全市经济的"筋骨肉"。服务业增加值占GDP比重45%，其中旅游总收入达到691.39亿元，增长15.1%。以新能源、新光源、新材料、智能电网、节能环保与高端装备制造、新一代信息技术、生物技术和新医药为主的"5+3"的战略性新兴产业发展体系基本形成。服装玩具、工艺美术、食品制造、酒店用品等特色轻工产业稳定发展。

其四，政策利好纷至沓来。《长江经济带发展规划纲要》等一揽子政策措施相继定型出台，其中国家中西部承接产业转移鼓励政策将兼顾产业转出地和转入地双方，从土地、财税、保险、用工等多方面集合发力，引导加工贸易产业从东部沿海地区转向中西部地区。如对承接转移的中西部地区，给予土地使用、税收等方面的优惠，用工方面给予员工培训的支持，降低五险一金缴费比例等。与此同时，允许东部地区在产业转出后，把工业用地转变为商业、旅游、养老等用途。借助政策东风，加快推进产业转移与合作将成为扬州"腾笼换鸟"、释放要素、优化资源配置的必然选择。

（二）劣势

一是主导产业引领效应不彰。汽车及零部件、机械装备、船舶及配套件、石油化工、新能源和新光源等产业虽已形成千亿级规模，且已积蓄了一定富余产能，但航母型领军企业偏少，引领行业发展、推动产业转移的能力偏弱。纺织服装、工艺美术、酒店用品、文体用品、"三把刀"等传统特色产业虽知名度较高，但企业"数量多、体量小"，"散落多、聚集少"，"代工多、品牌少"，"手工多、自动少"，受观念、规模、资金、研发等多重因素限制，企业自发"走出去"能力不强、动力不足。

二是经济发展内生动力不足。2014—2016年，扬州工业投资分别占固定资产投资的55.06%、52.9%、52.2%，占比呈逐年下滑态势，工业投资在高位上继续保持稳增长困难明显加大，并将影响经济增长后劲和实体经济发展。2016年，全社会研发投入占GDP比重2.6%，低于全省2.61%的平均水平，这意味着扬州的研发强度仍然偏低，企业整体创新能力偏弱，制造业转型创新驱动发展仍有距离。新常态下，由于旧动能减弱，新动能尚未形成，使扬州产业转移与合作面临许多局限。

三是政企联动推进机制尚未形成。企业转型发展需求与政府服务的互动机制尚未合拍。一些劳动密集型、资源消耗型、产品内销型企业，受用地、用工、资源成本上涨影响和市场开拓需要，尚在自发调整中；一些企业，有品牌、有技术、有竞争力，但囿于信息渠道不畅、产业合作平台缺乏、单体规模偏小、外向开拓谈判成本较高等因素的存在，尚缺乏政府组织动员、提供信息，搭建合作平台。还有一些企业对国家战略、发展规划、市场变化等情况不甚了解，看不清形势，探不到水深，踌躇罔顾。

四是喜进恶出惯性思维亟待转变。习近平总书记提出长江经济带建设要"以点带面，从线到片，逐步形成区域大合作"。但行政区划上的分割、发展视野上的局限、产业布局上的同质、思维模式上的片面，让很多区域间的产业转移与合作落入"活动多、项目少，洽谈多、落地少"的窠臼。政府"拉郎配"、企业"走马观花"、戴着"高大上"光环的"矮矬穷"项目大行其道等现象频现。重"招商引资"轻"产业转移"，担心"产业西进""外资外迁"，忧虑"产业空心化"，认为产业转移是"放弃领地"，产业合作是"引狼入室"，对产业转移的认识亟待从对口扶贫向"造血共赢"转变。

三　务实参与长江经济带产业转移与合作的对策建议

在"生态优先、绿色发展""共抓大保护、不搞大开发"的长江经济带建设新背景下，推进长江经济带产业转移与合作，应当通盘谋划，统筹推进，选准产业互动的结合点，寻找地区之间共促点。

（一）突出顶层设计

一是强化组织领导。应尽快建立推动长江经济带发展的推进机构，以利于贯彻落实上级方针政策、工作部署，总体研究部署产业转移与合作工作，指导协调基层开展对外战略合作、结对共建、产业交流、科技合作等工作。二是坚持规划引领。根据《长江经济带发展规划纲要》、省市主体功能区规划等规划文件，把未来的产业发展投射到整个长江流域的大系统中来谋划，通过比较优选，统筹考虑未来长江经济带的产业布局、国土利用和城镇化格局，科学编制长江经济带沿线地区间产业转移与合作的愿景规划及行动方案，推动产业空间布局方式由"城市扩张"向"产业互补""产业互动"过渡。三是优化产业布局。立足县（市）、开发园区产业发展基础，综合考虑不同地区区位状况、产业功能、资源禀赋、发展阶段以及施策特点等因素，合理调整和优化重点产业布局，避免内部产业结构的雷同，推动基本产业提升、新兴产业提速、特色产业提质。

（二）把握正确导向

一是坚持绿色优先导向。贯彻习近平总书记"要把修复长江生态环境摆在压倒性位置"的要求，加快产业转移与合作模式的绿色转型，严格控制"两高一资""产能过剩"企业通过产业转移与合作进进出出。二是坚持东西并重导向。向东继续强化与上海、苏南的产业合作，再承接一批技术含量高、市场前景好、带动能力强的重点项目，优化产业结构；向西加快转移优势富余产能和制造环节，嫁接新的产业发展平台。三是坚持转引并举导向。综合运用"飞地"合作、雁阵合作、产业链合作、多业融合、高端承接和轻资产承接等方式，加快"腾笼换鸟"步伐，抢抓"微笑曲线"两端。

（三）坚持内优外拓

对内强基固本，全面融入"长三角""南京都市圈"，用"圈子"彰显产业凝聚力；注重用好"联合国人居奖""中国历史文化名城""中国大运河世界文化遗产""扬州工"等城市名片，善用城市文化"牌子"提升产业影响力；加快推进"开发区""高新区""综合保税区"等国家级园区转型升级，用"园子"增强产业承载力；积极推进"智慧城市""阳光政府"建设，优化"院子"提高产业吸引力。对外拓展空间，进一步深入调研分析产业发展状况，确定一批产业互补性强、关联度高、合作前景广阔的产业转移与合作重点目标区域，加强对重点目标区域产业发展、市场空间、政策氛围情况调研，着力推进优势富余产能转移，加快"去产能"步伐；着力引进优质创新资源，加大"补短板"力度。

（四）抓好重点工作

一是建好"两大平台"。第一，建好产业合作服务平台。利用平台统筹做好优化产业布局、指导招商引资、促进产业转移、加强产业合作等工作；设立产业转移与合作信息服务网络平台，依托驻外办事处、商会、协会、企业、乡贤，强化对各类信息的收集、整合和研究，及时、准确发布权威的产业转移与合作信息、建议，为相关企业服务。第二，建好公共技术服务平台。抢抓中国制造2025、"一带一路"、互联网＋、大众创业万众创新、军民融合等国家战略政策机遇，围绕先进制造业、现代服务业和传统优势产业培育发展需求，优化发展产业技术研究院、技术交易市场、国家级检测中心等各类公共技术服务平台，大力引进和支持国内外知名企业、高校院所、重点实验室、管理咨询公司等创新载体在扬设立研发中心或分中心，以创新要素集聚促创新主体发展，更好推动产业转移与合作。

二是构建"三大机制"。第一，构建多边联动机制。密切与沿江节点城市间联系，设立城市间产业合作联席会议制度，定期会晤交流，促进规划计划、要素配置、资源保障、信用体系、政府服务等层面的对接合作，调整优化产业布局，统筹区域协调发展，促进产业优势互补、错位发展。第二，构建互利共赢机制。以市场为引领，以项目为纽带，以"经贸旅游节""产业推介会""科技产业合作"等活动为抓手，巩固与节点城市的产业合作关系，加强与合肥、武汉、重庆等中西部科教资源大市的产学研合作，加快推进与宜昌、荆州、马鞍山等一批合作意愿高、产业互补性强的中小城市间的产业链对接，努力从"零和博弈"向"正和博弈"的转变。第三，构建园区对接机制。支持开发园区率先突破行政区划界限，发挥各自优势，通过独资、参股、共建、托管、顾问、"飞地"等多种形式，与合作地开发园区开展交流与合作，实现资源整合、联动发展。

三是做好"四件实事"。第一,加快发展生产性服务业。重点促进以移动互联网、云计算、大数据、物联网等为代表的新一代信息技术与制造业、服务业的融合创新。在企业、产业链、区域内不同层面鼓励生产性服务业向现代制造业渗透延伸,加快打造一批专业化的生产性服务提供商,为做好产业转移与合作保驾护航。第二,建立战略联盟。立足优势产业,综合运用"政府搭桥、园区携手、企业结伴、部门呼应、协会抱团、技术机构帮扶"的运作模式,采取多种市场化运作手段,打造合作共建联合舰队。第三,设立专项发展基金。通过财政资金引导,企业、社会、投资者互助的方式,整合先进技术与管理资源,设立专项基金,打造一个沟通企业和政府的平台,吸引其他资本跟进,服务产业转移与合作,让企业挺直腰杆走出去。第四,营造开放诚信环境。进一步理顺政府与市场、政府与社会、政府层级间的关系,大力推进简政放权,提高办事效率,加快打造开放型政府,建设开放型城市,发展开放型经济。加强诚信体系建设,着力落实各项措施,营造"褒扬诚信、惩戒失信"的社会环境,让不讲诚信者动辄得咎,让讲诚信者处处优待、畅行无阻。

强化动力机制 加快推进宁镇扬一体化进程[*]

宝应县委党校 胡广洋

自 2002 年扬州市委市政府首次提出"宁镇扬同城化"构想以来，宁镇扬区域协同发展工作已经走过了 15 个年头，并先后被写进江苏省"十二五"规划和江苏省第十二次党代会报告，2014 年 8 月省委省政府还专门出台发布了《宁镇扬同城化发展规划》，2016 年 11 月江苏省第十三次党代会，则又提出推动宁镇扬等板块一体化发展的目标要求。同城化也好、一体化也罢，若干年来其实践的效果如何？存在的问题与不足有哪些？症结何在？在大力推进宁镇扬一体化的今天，对于这些问题，显然有必要进行一次认真的思考和总结。

一 宁镇扬区域协同发展的实际功效

检验区域协同发展的效果，一看经济功效，二看生态功效，三看抱团紧密性。由于生态功效难以检测，这里我们仅从经济推动力和抱团紧密性，对宁镇扬区域协同发展战略的实际效果做一分析。

（一）经济功效

如何检验经济功效？这里且从地区生产总值、财政预算收入、居民

---

[*] 2017 年二等奖。

可支配收入,三个方面作一观察。

如果说2011年前,宁镇扬同城化还只是理论宣传和舆论发动,那么自2011年2月江苏省第十一届人民代表大会第四次会议,将其写进江苏十二五规划纲要以后,宁镇扬同城化就开始进入实践操作阶段,几年实践的效果如何?表1将全省十三个大市分为四个板块,即宁镇扬板块、苏锡常板块、苏中东部的南通泰州板块和苏北板块并进行了比较。

表1　　　2012年—2016年江苏各地区主要经济指标对照表

地区	地区生产总值（亿元）			一般财政公共预算收入（亿元）			城镇居民人均可支配收入（元）			农村居民人均可支配收入（元）		
	2012	2016	累计增长	2012	2016	累计增长	2012	2016	累计增长	2012	2016	累计增长
南京	7202	10503	145.8%	733.0	1142.6	155.9%	36322	49997	137.6%	14786	21156	143.1%
镇江	2630	3834	145.8%	215.5	293.0	136.0%	30045	41794	139.1%	14518	20922	144.1%
扬州	2933	4449	151.7%	225.0	345.3	153.5%	28001	35659	127.3%	12686	18057	142.3%
合计	12765	18786	147.2%	1173.5	1780.91	151.8%						
苏州	12012	15400	128.2%	1204.3	1730.0	143.7%	37531	54400	144.9%	19369	27750	143.3%
无锡	7568	9210	121.7%	658.0	875.0	133.0%	35663	48628	136.4%	18509	26158	141.3%
常州	3970	5774	145.4%	379.0	480.3	126.7%	33587	46058	137.1%	16737	23780	142.1%
合计	23550	30384	129.0%	2241.3	3085.3	137.7%						
南通	4559	6768	148.5%	419.7	590.2	140.6%	28292	39247	138.7%	13231	18741	141.6%
泰州	2702	4102	151.8%	233.3	327.6	140.4%	26574	36828	138.6%	12493	17861	143.0%
合计	7261	10870	149.7%	653.0	917.8	140.6%						
徐州	4017	5809	144.6%	366.8	516.1	140.7%	21716	28421	130.9%	10762	15274	141.9%
淮安	1921	3048	158.7%	233.6	315.5	135.1%	22995	30335	131.9%	9838	14319	145.5%
盐城	3120	4576	146.7%	312.8	415.2	132.7%	21941	30496	139.0%	11898	17172	144.3%
连云港	1603	2376	148.3%	208.9	211.5	101.2%	24342	27853	114.4%	9589	13932	145.3%
宿迁	1517	2351	155.0%	158.1	238.1	150.6%	16991	24086	141.8%	9495	13929	146.7%
合计	12178	18160	149.1%	1280.2	1696.4	132.5%						

从表1可以看出,宁镇扬区域协同发展战略实施后,宁镇扬板块除了财政收入增幅具有一定的领先优势外,其他指标与南通泰州板块和苏

北板块不相上下，甚至还不如这两个板块，也就是说，宁镇扬区域协同发展战略，在推动区域经济发展上并未体现出应有的功效、展现出令人期待的佳绩。

（二）抱团性

无论是同城化还是一体化，其目的说到底就是抱团发展。抱团越紧，说明同城化（或一体化）程度越高，反之则越低。是否抱团，抱团紧不紧，可以通过人流、物流、信息流等有关指标进行评价，但现实中由于这些指标极难全面获取，这里我们仅以尚未通铁路的宁镇扬外围圈层宝应、高邮两汽车站发车数量作一评价。

表2　　　　宝应、高邮汽车站发向有关地区客车数量一览表

始发站＼终点站	南京	扬州	镇江	上海	苏州	无锡	常州	淮安	盐城
宝应	20	36	6	20	6	4	6	36	8
高邮	24	24	4	24	4	4	8	6	2

表2是根据2017年6月5日携程旅行网数据，所统计的宝应、高邮两汽车站向有关地区客车发送数量。从表中可以看出，宝应每天发往南京和上海的客车都是各20班，高邮发往南京和上海客车则是每天各24班，说明宝应、高邮各自与两大核心城市上海、南京的联系紧密程度相一致；在与中心城市的联系方面，宝应与扬州、淮安的联系紧密程度相同且最高，高于与上海、南京的联系紧密程度，高邮与扬州的联系比较突出，且与上海、南京的联系紧密程度相同，至于区域内的另一中心城市镇江与宝应、高邮两地的联系，同宝应、高邮与周边其他中心城市的联系一样，都不甚紧密。这些情况表明，在与宝应、高邮的联系方面，区域内的城市与区域外相关城市相比，并没有什么特别优势，如果剔除行政因素，甚至已没有区域外相关城市的影响强大，说明宁镇扬区域协同发展战略的实施，并没有取得促进区域抱团发展的成效。

二 宁镇扬区域协同发展战略功效缺失的原因

导致宁镇扬区域协同发展战略功效不强、抱团不紧的原因很多，但归纳起来，主要在于以下四个方面：

（一）同城不同心

宁镇扬同城化理念，自 2002 年提出，虽然迅速引起了共鸣，获得了宁镇扬三市及省委省政府的认可，但在具体实践上，却并未得到及时贯彻。按理而言，为推进宁镇扬同城化，南京的发展应该向东、向北，镇江、扬州的发展则应该是向西，然而三市的具体实践却与之大相径庭。2000 年江宁撤市改区，为消化刚刚改区的江宁，南京的工作重点显然是南京江宁同城化，所以京沪高速铁路南移，高铁站建在城南。随后，2011 年江都撤市改区，同样，为消化刚刚改区的江都，扬州江都同城化也成了扬州发展的重点，于是大力推进江广结合部的江广新城建设成了重中之重。而在镇江，从民间到政府，镇（江）丹（阳）同城化的声音也一浪高过一浪，虽未列入政府规划，但通过 2013 年 7 月镇江市规划局代表在网络问政会上对这一问题的回答，可见实际操作上的一斑，该代表指出：近年来镇江积极向南拓展城市空间，规划中的镇江生态新城再向南推进，就到了丹阳练湖新城，因此从空间关系上说，二者黏合度很高；如果再加上经济、文化等方面的相互渗透融合，镇江、丹阳协同发展未来可期。

也就是说，在高喊宁镇扬同城化的同时，宁镇扬三市又各自搞了三个小同城化，即南京江宁同城化，发展方向东南，扬州江都同城化，发展方向为东，镇江丹阳同城化，发展方向东南，使本应相互靠拢、向心发展的三市，实际上驶上了离心发展的轨道，如图 1 所示。同城不同心，嘴上高喊同城化，具体实践上却背道而驰，是前几年宁镇扬区域协同发展存在的最大问题。

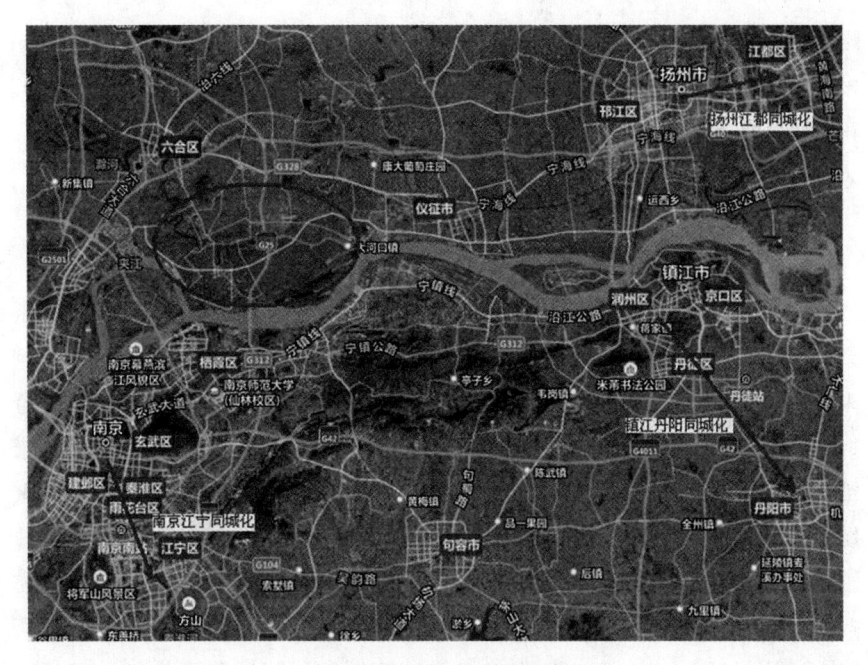

图 1 宁镇扬一体化发展示意

图片来源：www.zhihu.com（720*541）。

（二）资源配置错位

推动同城化发展，相关资源特别是重大基础设施，应该朝着有利于促进有关城区相互靠拢的区域配置，但纵观宁镇扬地区，尤其是作为龙头的南京，将举全省之力兴建的重大基础设施，如机场、高铁站等，都向着背离镇江、扬州乃至全省大部地区的南方布局，东南大学、河海大学、南京医科大、中国药科大学等十多所高校的分校，也向南方的江宁安排，不仅镇江、扬州，包括全省大部地区，不仅分享不到这些设施的带来的便捷，反而感到距离南京越来越远，感到南京走上一条背离全省的发展道路。由于山地阻隔，这些设施往镇江方向布局固然不便，但如果当初将其中的大部分都向图 1 圆形地区，即紧靠江岸且地势平坦、空间开阔的南京四桥北的六合东南方向布局，宁镇扬同城化就绝不会是今天这样一种局面，扬州的发展也就不会掉头向东，六合、南京、仪征、扬州估计很快就会连成一体，一个从南京到江都的庞大都市带就会若隐若现地展现在人们的眼前，南京也不会像今天一样感到局限于西南一域，发展空间受限，对全省辐射和带动作用也会更强，发展也会更快更好。正是由于资源配置错位，使镇江、扬州乃至全省感到搭南京的便车无望，才造成了宁镇扬同城化今天这种经济推动力不强，区域抱团不紧的局面。

（三）互惠互利机制不健全

一是区域内相互投资的互惠互利机制不健全。市场是开放的，要素是流动的，期望通过区域协同发展，促进三市抱团，除了让要素在区域内享有更便捷的服务，还须建立一种优惠机制，让投资者在区域内投资能获取比区域外更多的利润，这样才能让三市更紧密地抱成一团。《宁镇扬同城化发展规划》虽然强调，要统一制定财税政策，保障宁镇扬区域企业享受同样的税收优惠，分类制定促进同城化发展的奖励优惠政策，通过政府担保、财政贴息等办法资助同城化发展项目。但在具体实践中，这些措施并没有得到落实，也没有一个专门机构去推动执行，所以在这样的机制下，要素流向并没有按照宁镇扬同城化的设想，优先在区域内扩散。比如总资产达600亿元的南瑞集团，在全国二十多个城市设有产业基地，但宁镇扬地区除南京本地外，镇江、扬州都没有其分公司或子公司，这里面除了市场因素外，政策优惠不到位无疑也是一个重要原因。

二是对外围圈层的生态补偿机制不到位。《宁镇扬同城化发展规划》将宁镇扬地区分为三个圈层，即紧密圈层，以中心城区为载体，打造以服务经济和高新技术产业为主的大都市区的核心区；次紧密圈层，立足资源条件和产业基础，促进先进制造业和城镇人口集聚；外围圈层，重点保护山体、湖泊等重要生态功能。将外围圈层定义为生态保护区、生态屏障区和不开发区，这就必然要求外围圈层放弃大量的发展机遇，内部圈层为此理应做出补偿，以保证外围圈层与内部圈层共同进步、共享发展成果。但遗憾的是，《宁镇扬同城化发展规划》在这一方面不仅没有制定明确具体的可操作性规定，甚至连含糊其辞的象征性姿态都没有，外围圈层为求生存、求发展，不得不眼光向外，到区域外找机遇，因而也就势必影响抱团的紧密性。

(四) 基础设施建设滞后

区域协同发展，基础设施尤其是交通设施必须先行，从《宁镇扬同城化发展规划》可以看出，宁扬之间9条通道，仅有2条已经建成，1条处于在建状态，2条需要改造，还有4条都在规划之中；宁镇之间7条通道，同样仅有2条已经建成，2条需要改造，还有3条都在规划之中；镇扬之间6条通道，则仅有1条已经建成，其余5条都在规划之中。基础设施不到位，同城化（或一体化）当然也就推进不快，效应不显。

三 宁镇扬区域协同发展的动力机制

推进宁镇扬区域协同发展，必须弄清其动力机制，即宁镇扬三市的目的和动机，才能顺势而为，事半功倍。

宁镇扬三市推进区域协同发展的动机何在？我们认为就总体而言，宁镇扬三市走到一起，协力推进同城化（或一体化），其目的是通过同城化（或一体化），获取集聚效应，共享优质资源，强化分工协作，促进共同发展。

具体而言，**南京：**作为宁镇扬同城化（或一体化）的龙头和核心，与镇江、扬州二市相比，拥有强大的科技优势、交通优势、金融优势和产业优势。但与此同时也存在着，与一线城市相比，城市规模不大，集聚效应不高；受地理环境的限制，发展空间局促；原材料和劳动力资源紧缺等一系列问题。所以，为加快城市发展，南京需要与周边城市组团出海，通过同城化一体化，扩大城市规模，增强集聚效应，通过产业分工，既腾笼换鸟，将效益相对低下的制造业向周边邻近地区扩散，又利用同城化一体化的优势，留住微笑曲线利润最丰厚的价值链两端——研发和销售，以提高经济效益。

镇江、扬州：相对于南京而言，城市规模偏小，要素集聚力量不足，基础设施落后，公共服务欠缺，科技力量薄弱，产业基础较差，但发展空间广阔，原材料和劳动力资源丰富。因此，两市也需要通过同城化一体化，借助团队的力量，扩大城市规模，提高要素集聚能力，并依靠南京这一靠山，借助同城化或一体化带来的交通便利，通过基础设施和公共服务共享，改善投资环境，通过产业分工，承接南京的产业转移，并借用南京的科技优势、金融优势，推动产业转型升级。

所以宁镇扬同城化倡议提出后，能迅速获得三市上下的广泛认可，并得到省委省政府的赞同，上升为全省的一种发展战略，根本原因在于它的确能顺应宁镇扬三市的发展需求，有利于三市的更好更快发展。因此，只要我们从三市各方的需要出发，不断满足三市推进同城化的有关需求，强化其动力机制，宁镇扬同城化一体化一定能更好更快地推向前进。

四 进一步推动宁镇扬一体化的建议与对策

弄清了宁镇扬三市的需求，明确了动力机制，推动宁镇扬一体化自当顺势而为，因此我们建议：

（一）进一步统一思想，提高认识，增强三市上下推动一体化的积极性和主动性

认识不到位，思想不统一，以致同城不同心，可以说是宁镇扬区域协同发展至今效果不显、抱团不紧的主要因素。尤其是作为龙头和核心的南京，主张不定，幻想太多，一直抱着南京都市圈不放，想做宁、镇、扬、淮、滁、马、芜、宣八城的老大，自以为吃定了淮、扬、镇，为吸引滁、马、芜、宣，机场、高铁等全部往西、往南布局，结果冷了淮、扬、镇的人心，阻碍了宁镇扬同城化的发展。镇江、扬州则是以南京为核心的意识不强，既想抱南京的大腿，又有自己的算盘。但现在，合肥都市圈扩容，滁、马、芜已正式纳入合肥都市圈范畴，南京在这一场区域竞争中可以说是赔了夫人又折兵。其实，南京在所有省会城市中是最憋屈的一个，除了南京和石家庄，各省会城市在省内可以说都是集三千宠爱于一身，基本上都可以集中全省的资源与市场推动发展，就连紧靠北京的石家庄，也有冀南半省资源与市场可以调用，但南京不行，

省界东南是全国经济中心上海，苏锡常通一门心思傍大款，跟着上海走，其他各地也是脚踏两只船，一半心思奔上海，一半心思奔南京，所以为拓展生存空间，南京便掉头向西，跨省向安徽有关地市暗送秋波，表面上打得火热，双方眉来眼去，其实对方不过是图个实惠，关键时刻还是自家人抱成一团。所以，南京必须认识到只有镇江、扬州才是亲兄弟，要有根据地意识，只有把宁镇扬这个根据地建设好，然后才有资格逐鹿中原，扬州镇江也不能三心二意，要牢固树立核心意识，坚决团结在南京周围，积极向南京靠拢，支持南京、依靠南京，才能取得更快更好的发展。

（二）合理配置基础设施，方便三市共用共享，增强南京的吸引力和辐射力

基础设施共享，是扬州、镇江参与宁镇扬区域协同发展的重要动因，也是南京增强辐射能力，既留住微笑曲线的两端，又推动产业转移的重要依托，因此必须恰当安排其兴建地点，尽可能往三市结合部布局。当前，除了加快规划中的宁镇扬相互间的通道建设外，一是可以考虑加快推进南京马鞍国际机场建设，并扩大其规模，在其建成后将禄口机场和马鞍机场的功能互换，以增强南京国际机场对扬州、淮安乃至苏中、苏北地区的辐射服务作用。二是可以考虑在六合东南从长江至沪陕高速广大地区（图1圆圈区域）新建南京新城，加大力度，大力发展高新技术产业和现代服务业，按照200平方千米200万人口的规模，努力建成南京的副中心，为南京上升为千万人口级城市，提高在全国乃至全球的竞争力、影响力，准备空间、吸纳人口、提供就业，并以此切实推进宁镇扬同城化步伐。三是加快推进与外围地区联系的基础设施建设，如宁淮高铁、盐蚌高铁，提高南京对宁镇扬外围圈层及苏北地区的辐射带动能力。

（三）加快推进镇江扬州同城化步伐

如果说，由于距离的原因，南京扬州、南京镇江同城化还是一种远景目标，那么镇江扬州同城化却是近在眼前、唾手可得。从扬州商业中心文昌阁到镇江商业中心大市口，直线距离不到21千米，两市边缘地区包含长江在内直线距离不过 10 千米,因此只要措施得当,两市很快就能连成一体,取得同城化发展的各种效果,但由于过江通道缺乏,从扬州商业中心文昌阁到镇江商业中心大市口,绕道润扬大桥,行程便达 41 千米以上,几乎翻了一番,且还须通过 32 个红绿灯管制的交叉路口,给两市的交流造成了极大的不便。所以,推进镇扬同城化,当务之急是解决过江通道问题,为此建议,除尽早开建《宁镇扬同城化发展规划》中焦山快速路过江通道外,同时调整规划中的城轨过江通道位置,由瓜洲调整为扬州扬子江南路至镇江解放路地段,并加快规划建设通过这一通道连接两市中心地段的跨市过江地铁。这样就可以形成东有五峰山大桥,中有焦山隧道、过江地铁,西有润扬大桥的合理布局,既解决润扬大桥与瓜洲城轨过江通道紧密相邻,重复建设且偏离城市中心效益不高的问题,又可让两市中心地区直接对接,促进两市资源共享,迅速抱团,使镇江扬州两市分别从一个 120 万人口和 230 万人口的较大城市,迅速跨入 300 万以上人口巨大城市行列,溯江而上,上海为第一座超大城市,扬州镇江则成为第一座巨大城市,无论对发挥城市内部的集聚效应,还是增强城市的对外吸引力,都将起到极大的促进作用。

(四)出台内外有别、域内优惠的投资政策,组织引导相关产业优先在区域内转移

区域协同发展、抱团发展,除了通过抱团增强集聚能力,吸引区域外资源向区域内流动外,还有一个重要目的,就是促进区域内要素优先在本区域流动,以增强区域内部联系,促进区域内部发展,为此,必须出台相关政策规定,通过内外有别、域内优惠的办法,使有关企业在域内投资享有更加优惠的待遇,并在此基础上加强组织引导和牵线搭桥,为投资者在域内投资寻找机遇,提供便利,才能尽可能地使肥水不流外人田,既促进中心城区腾笼换鸟和产业结构的转型升级,留住研发营销高利环节,又将加工制造业向次紧密圈层和外围圈层扩散,增强外围圈层的发展水平。

比如,电气工程领域,南京有东南大学电气工程学院,南京理工大学自动化学院等电气院校,既有很强的人才优势、技术优势,同时又有国电南瑞、国电南自等大型企业,二次电力装备企业的产品在国内市场

占有率达 70% 以上，具备很强的产业优势，而宝应、高邮则是全国重要的电气之乡，宝胜电缆位列中华第一缆，高邮则是全国火炬计划确定的特种电缆产业基地，宝应的电机、配电柜、遥控器、电工绝缘材料等在全国都具有重要地位，高邮的照明灯具则占全国四分之一以上。南京要转型发展，这些企业要搬迁，宝应、高邮绝对是上佳的选择，但这么多年来，宝应、高邮却几乎没有接收到诸如此类的投资，其中的原因肯定是多方面的，但优惠政策不到位、组织引导不到位，也肯定是一个不可忽视的重要因素。

（五）建立生态补偿机制，合理补偿外围圈层

如前所述，《宁镇扬同城化发展规划》将宁镇扬地区外围圈层确定为生态保护区、生态屏障区和不开发区，作为生态保护区和生态屏障区，必然要放弃许多发展机遇，影响经济发展和民生改善，而受益的显然是内部圈层，如何平衡二者之间的关系，党的十八届三中全会提出了"谁受益、谁补偿"的生态补偿原则，要求完善对重点生态功能区的生态补偿机制，推动地区间建立横向生态补偿制度。推进宁镇扬一体化，实行主体功能区布局，自然也要贯彻这一原则。具体的补偿办法，笔者以为首先可以根据公共服务均等化的要求，确定外部圈层应享受的财政补偿金额，其次则根据内部圈层有关地区污染物的排放量，确定用于上交的财政收入，最后由宁镇扬同城化协调小组办公室将内部圈层上缴的补偿资金，统一管理，用于对外围圈层进行补偿，以确保既能推进主体功能区布局，强化生态保护，又能促进区域协调发展目标的实现。

总之，推进宁镇扬一体化，一靠提高认识，二靠体制机制，只有提高认识，强化资源配置，建立合理的体制机制，宁镇扬一体化才能更快更好地推向前进。

镇江区位优势和特色经济发展研究[*]

——基于宁镇扬一体化发展的视角

国家统计局镇江调查队　韩志明　张丹　朱东旦

一　绪论

(一) 研究背景

江苏省第十一次党代会提出了打造"宁镇扬经济板块"的构想，这是区域经济一体化的必然趋势。宁镇扬经济板块整合发展具有得天独厚的良好条件，必须抓住机遇，加快实施，在交通、信息、制造、商贸、服务、科教文卫、管理等领域开展全方位的合作。2017年以来，有关宁镇扬一体化建设不断提上议事日程：2月初，宁镇合作项目座谈会在南京召开，排定9个重点项目，包含交通、教育、医疗等方面。2月6日的省政府工作报告明确提及：要推动宁镇扬一体化取得实质性进展！江苏省第十三次党代会报告再次对宁镇扬一体化做出战略部署：要顺应以城市群为主体形态推进城市化的大趋势，发挥南京特大城市带动作用，推动宁镇扬板块一体化发展，促进大中小城市和小城镇发展。

(二) 紧抓宁镇扬一体化机遇走镇江特色化发展道路的意义

宁镇扬一体化是全省区域协调发展的重大战略，也是镇江发展的一

---

[*] 2017年二等奖。

个重大机遇。宁镇扬一体化顺应以城市群为主体形态推进城市化的大趋势,发挥南京特大城市带动作用,促进宁镇扬经济与基础设施的快速推进。宁镇扬一体化之后,整体面积将达到17074平方千米,常住人口将达到1590万,虽然还是达不到像北京、上海2000万级别的常住人口,但也能比肩广深,达到超大城市的规模。由此可见,宁镇扬一体化的前景无可限量。镇江在编制"十三五"规划纲要、城市总体规划等过程中,注重与《宁镇扬一体化发展规划》等有机衔接。制定《镇江宁镇扬一体化实施方案》,从基础设施互联互通、产业发展合作共赢等六方面加以推进。特别是推动句容打造"宁镇扬一体化先导区"。对于镇江来说,一定要紧抓宁镇扬共同体建设的机遇,与特色发展紧密结合,树特色,求发展,使镇江更大程度地实现"强富美高"、创建"高水平小康社会"。

二 镇江在宁镇扬区域中的区位优势

(一)开放的区域

区域越开放就越具有优势,开放的环境才能获得更多的发展机会和利益,获得更多来自外部的支持和推动,镇江正以开放包容的姿态向新的高度发展。镇江市委书记惠建林强调"必须以开放包容的姿态,自觉地在国家大战略、区域一体化大格局中谋划推进新发展"。

(二)有利的地理位置

从地理位置上看,镇江西距南京50千米,东距上海200千米,处于上海经济圈和南京都市圈的交汇点,面临很多的机遇和挑战。从自然环境来看,良好的自然条件和优美的自然风光给镇江旅游业的发展创造了最基本的物质载体条件。南倚连绵不断的宁镇丘陵山脉,西靠逶迤起伏的茅山山脉,北望浩浩荡荡、奔流不息的长江。沿江有金山、北固山、焦山三山鼎立。"连岗三面,一水横陈",依山傍水,枕山涉江,风景秀丽,韵味无穷。城外是群山环抱,城内是山冈星罗棋布,横穿市区的京杭大运河穿城绕山,与长江汇合,具有"真山真水"的独特风貌，拥有丰富的旅游资源。

（三）科学的规划设计

十二五以来，镇江市一直坚持"生态领先，特色发展"，全力打造山水花园城市，取得了显著成绩。2017 年，镇江根据江苏省第十三次党代会和镇江市第七次党代会精神，对新一届政府工作的总体要求是：全面贯彻党的十八大以来中央决策部署以及习近平总书记系列重要讲话精神，紧紧围绕"五位一体"总体布局、"四个全面"战略布局，适应和引领经济发展新常态，自觉践行新发展理念，牢牢把握"稳中求进"工作总基调，扎实推进供给侧结构性改革，坚持"生态领先、特色发展"战略路径，奋力谱写"两聚一高"镇江篇章，向着建设"强富美高"新镇江的宏伟目标开拓前进。

（四）获利的区位因子

一是历史文化优势。镇江是一座有着 3000 年历史文化的古城，是中国吴文化的重要源头。孙权迁京口所筑的铁瓮城曾是三国东吴的名城，其后在历史的演变中数次成为江南政治、经济、军事区域中心，吸引了许多著名政治家、文学家、书法家流连于此。所以镇江自古以来人文荟萃，孕育出许多流芳百世的名家和名书。如南朝宋武帝刘裕、北宋科学家苏颂、南宋民族英雄陆秀夫、清代宰相张玉书；我国古代著名的文学家如六朝的陶潜、陶弘景，唐代的李白、王昌龄，宋代的辛弃疾、陆游，明代的唐寅、杨继业，清代的郑板桥、王文治等都曾在镇江吟诗填词，泼墨画彩，留下了许多珍贵的名画和名篇。特别是梁代昭明太子萧统，在镇江主编了我国文学史上第一部诗文总集《昭明文选》；北宋大科学家、文学家沈括定居镇江写出了《梦溪笔谈》；大书法家米芾以镇江南郊风光为题材形成的米氏画派，驰名中外。

二是现实的人文环境优势。镇江人民具有朴实、勤劳、吃苦、耐劳、智慧的优良品质，同时勇敢、热情、大方、纯洁、朴素、好客。市内文物古迹星罗棋布，被誉为"文物之邦"。焦山碑林号称"江南第一碑林"，西津古渡街被誉为"天然的历史博物馆"。镇江还是有名的美食之乡，兼收南北菜系风味。有高档特色菜肴皇家食谱"乾隆御宴"，著名小吃"镇江三怪"中，镇江香醋更是驰名中外。镇江市境内各种特色小吃、城内低廉的住宿、饮食、传统习俗、历史佳话等为镇江市旅游业的发展提供了显赫的人文条件。

三是交通优势。镇江水陆交通十分便利，京沪高铁、宁沪城际铁路、沪宁高速公路与扬溧高速公路穿城而过，横跨大江南北的润扬长江大桥将苏南、苏中、苏北紧密相连，成为继京杭大运河之后沟通南北的重要通道。镇江港是国家一类开放口岸，大港、高资、龙门构成了镇江的港口群。

三 宁镇扬一体化背景下镇江特色化发展面临的机遇与挑战

（一）长江经济带东部城市群辐射作用下的极化效应

2014年国务院推出长江经济带发展指导意见，指出依托黄金水道推动长江经济带发展，打造中国经济新支撑带，是党中央、国务院审时度势，谋划区域协调发展新格局做出的重大战略决策。纵览长江经济带，宁镇扬城市群正好处于东部以上海为经济中心的东部城市群的辐射圈内。南京市作为宁镇扬城市群的中心，其对区域社会经济的影响作用，远不如上海，甚至算不上江苏的经济中心，故处在辐射作用的宁镇扬城市群，虽"合体"发展，却境遇尴尬。宁镇扬城市群的整体竞争力远不如以上海为经济中心的东部城市群，本来便利的交通条件，反而使得社会经济发展的一些先进要素向东部流动，从而产生极化效应。同时，由于产业结构上的差异，使得东部城市群本来应该有的辐射效应不能够被宁镇扬有效地利用，故而自古被冠以"黄金地段"的宁镇扬，只能冷暖自知。

表1 2016年中国百强城市排行榜

城市	综合得分	排名
上海	89.73	2

续表

城市	综合得分	排名
苏州	71.69	7
南京	64.49	13
无锡	60.95	18
常州	51.63	31
扬州	43.63	47
镇江	41.56	54

注：数据来源《2016年中国百强城市排行榜》。

从宁镇扬内部看，镇江市的城市综合排名情况也是靠后的，加之比扬州市更为便捷的交通，使得其他城市对镇江市的极化效应尤为显著。宁镇扬一体化发展背景下，"抱团取暖"给镇江市带来了一定的机遇，但是如何防止极化效应的过度影响，仍是当前镇江市社会经济发展需要重点考虑的问题。

（二）经济转型夹缝中的中等收入陷阱

根据世界银行《东亚经济发展报告（2006）》提出的"中等收入陷阱"（Middle Income Trap）的概念，其基本含义是指：鲜有中等收入的经济体成功地跻身为高收入国家，这些国家往往陷入了经济增长的停滞期，既无法在工资方面与低收入国家竞争，又无法在尖端技术研制方面与富裕国家竞争。镇江市的社会经济发展仍有存在中等收入陷阱的可能。

从目前镇江市的实际社会经济发展来看，可能存在其中经济增长回落和过度城市化两个问题。从人均GDP角度来看，宁镇扬三市2016年分别为19199.27美元、18170.49美元、14940.12美元，已经远超了2006年的判断标准3000美元，按照价值指数推算，2016年的标准是12000美元，同样也都超过了。但是中等收入陷阱的标志特征依然有，宁镇扬三市经济增长均开始放缓，从图1可以看出，人均GDP发展速度均有不同程度下降，贫富分化特征明显，城市化推进保"速"不保"质"，仍然存在陷入中等收入陷阱的可能性。

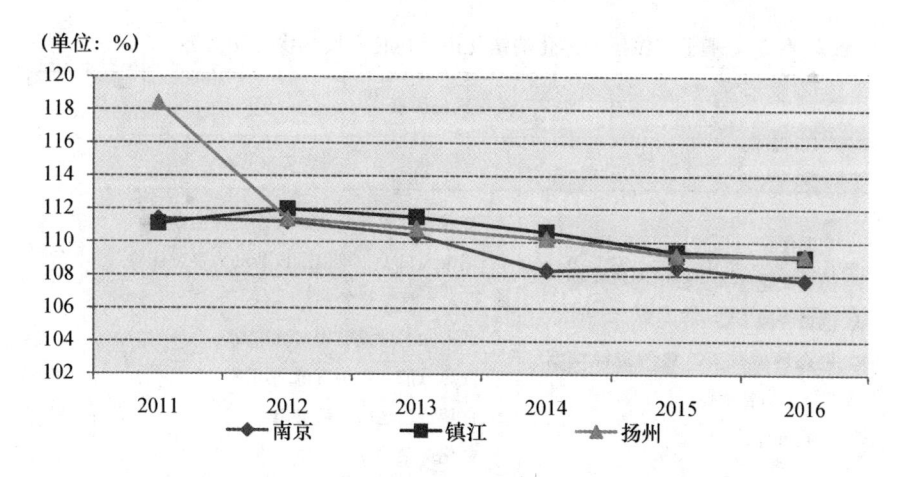

图1 2011—2015年宁镇扬三市人均GDP发展速度情况

（三）三大文化交汇融合过程中的冲突效应

在突破"贫困陷阱"的阶段，资本起着根本性的作用，但是进入中等收入阶段后，文化在经济社会发展中作用逐步显现并越发重要。宁镇扬三市正好交汇融合了吴文化、金陵文化和淮扬文化，且特征鲜明。这样的好处就是，文化的多元化成为了区域合作的最好纽带，给区域合作提供了很多新思路。缺点则是，三种文化的融合过程中，必然有冲突，突破多元文化的冲突效应，才能使宁镇扬一体化发展再上新台阶。

（四）镇江在宁镇扬区域中特色发展的SWOT分析

镇江市要掌握宁镇扬一体化发展背景下的发展主动权，就必须牢牢把握特色发展，抢抓机遇，迎接挑战，努力发展科技，提高经济、科技竞争力，坚持把生态领先、特色发展、港口城市等作为战略发展基点，适时调整产业结构和转变发展方式，走振兴实体经济的发展道路。综合内外部环境变化对镇江市特色化发展的优势和劣势、机会和威胁因素，概括如表2和表3所示。

表2　　基于宁镇扬一体化的镇江市特色化发展的优势和劣势

关键内部因素	
优势（S）	劣势（W）
1. 交通便捷 2. 历史文化悠久，城市底蕴深厚 3. 港口资源丰富 4. 生态环境优美，旅游资源丰富，旅游景点知名度高 5. 小城市宜居	1. 交通便利引起高素质人才资源流动大 2. 城市人口少，难以形成劳动力资源优势 3. "人才瓶颈"的制约 4. 城市知名度没有周边城市高 5. 资源分散，影响资源利用率 6. 百年特色老店不够突出 7. 文化交融冲突

表3　　基于宁镇扬一体化的镇江市特色化发展的机会和威胁

关键外部因素	
机会（O）	威胁（T）
1. 宁镇扬一体化发展推进有序，增加了城市综合竞争力 2. 地方政府高度重视镇江市在宁镇扬一体化发展背景下的特色化发展 3. 宁镇扬一体化发展引起了政府、学界等众多团体的关注和研究 4. 生活水平的显著提高，当前人们对旅游、生态的需求持续增大 5. 共享经济的理念给镇江市这种小城市提供了特色化发展新思路	1. 来自东部城市群的"极化"影响，高素质人才资源流失情况仍然显著存在 2. 一体化发展机制正逐步完善，但仍有缺陷，城市错位发展尚未形成 3. 宁镇扬三个城市之间仍然存在竞争，且镇江不具有综合竞争优势 4. 南京和扬州都是历史名城，均具有独特的文化底蕴，对镇江形成自身的文化特色具有一定的威胁

　　针对镇江市基于宁镇扬一体化的镇江市特色化发展的各项优势、劣势、机会和威胁因素分析，从战略角度出发将其进行组合，可以建立如表4所示的SWOT矩阵分析表。

表 4　　　　　　　基于自主创新的江苏省区域创新体系
　　　　　　　　　　建设的 SWOT 矩阵分析表

	优势（S）	劣势（W）
机会 （O）	SO 战略（开拓进取性战略）： 1. 打造港口旅游城市发展战略 2. 打造生态宜居小城城市品牌特色	WO 战略（支持引导性战略）： 重拾百年特色，振兴百年老店与百年企业
威胁 （T）	ST 战略（克服加强性战略）： 1. 构建以政府为导向的特色化发展管理体系战略 2. 构建资源共享支撑体系战略	WT 战略（防御完善性战略）： 1. 加强留住人才和引进人才战略 2. 实施城市错位战略

四　宁镇扬一体化背景下镇江特色化发展的路径分析

宁镇扬一体化背景下，镇江市的特色化发展路径，需要立足错位发展，基于宁镇扬三市的差异性进行深入探讨。宁镇扬一体化发展的目标就是区域综合竞争力的提升，而基本现代化的实现程度能很好地反映出区域综合竞争力。故本文将从江苏省 2013 年制定的《基本实现现代指标体系》出发，综合评价宁镇扬三市在江苏省十三个地级市中的排名情况，探寻指标体系内部的联系性，进而探讨镇江市特色化发展的具体路径。

（一）宁镇扬互补性分析的 PCA - LINMAP 耦合模型

经过大量的文献搜索，本文选择了使用 PCA - LINMAP 耦合模型对宁镇扬一体化发展中镇江特色化发展路径进行分析。PCA - LINMAP 耦合模型是多指标体系综合分析的有效工具。PCA 子模型将通过对江苏省基本实现现代化的指标体系进行主成分分析，得到江苏省十三个地级市社会经济发展的定量优劣势分析，进一步使用 LINMAP 子模型，将得出指标体系各指标的客观权重。这些指标间的客观权重，能够很好地反映出指标对社会经济发展的影响情况，进而从各个指标的影响力不同和各个城市在指标间的侧重点将能够很好地进行差异化、特色化分析。一体化发展中镇江市特色化发展路径分析的 PCA – LINMAP 模型技术路线如图 2 所示。

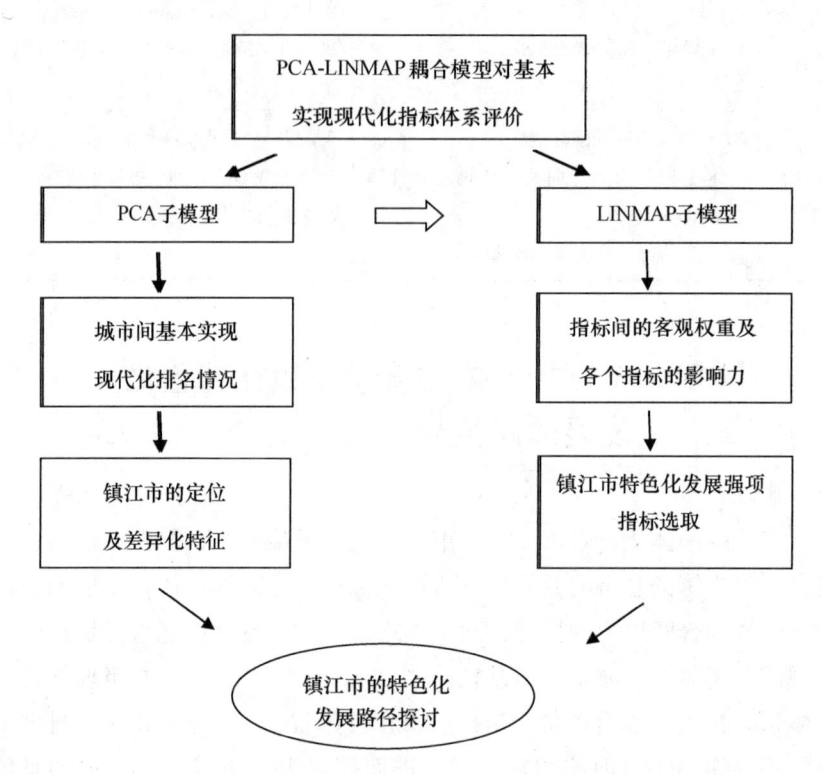

图 2　一体化发展中宁镇扬互补性分析的 PCA – LINMAP 模型技术路线图

（二）宁镇扬互补性分析的 PCA 子模型分析

一体化发展中宁镇扬互补性分析的 PCA 子模型，即主成分分析，该方法的基本思路就是从给定的江苏省十三个城市基本实现现代化情况的数据阵出发，利用 PCA 科学地求出能显著反映城市间差异的主成分和城市间发展优劣排序。本文选取的指标体系是 2013 年江苏省《基本实现现代化指标体系》，数据来源于江苏省十三个地级市的国民经济与社会发展公报以及各市的统计年鉴，由于部分数据公开滞后性较大，为了统计口径的统一，本文统一选用 2015 年的数据做分析。

1. 指标体系调整

由于数据来源有限，最终选取的指标体系实在 2013 年江苏省《基本实现现代化指标体系（试行）》基础上略微修改后的指标体系，见表 5 所示。

表5　　　　　　　调整后的江苏省基本实现现代化指标体系

类别	序号	指标名称	单位	2015 年标准
经济发展	X1	人均地区生产总值	美元	16000
	X2	服务业增加值占 GDP 比重	%	55
	X3	高新技术产业增加值占规模工业比重	%	50
	X4	出口总额占 GDP 比重	%	35
	X5	城市化水平	分	65
	X6	R&D 经费支出占 GDP 比重	%	3
	X7	百亿元 GDP 发明专利授权数	件	100
社会建设	X8	国民平均受教育年限	年	13
	X9	城乡公共服务指出占财政支出比重	%	70
	X10	文化产业增加值占 GDP 比重	%	8
民主法治	X11	基层自治组织依法自治达标率	%	100
	X12	建议（提案）办理满意率（认同度）	%	99
人民生活	X13	城镇居民人均可支配收入	元	55000
	X14	农村常住居民人均可支配收入	元	23000
	X15	城镇登记失业率	%	< 4
	X16	恩格尔系数	%	< 30
	X17	人均预期寿命	岁	78
	X18	万人拥有医生数	人	20
生态环境	X19	单位 GDP 能源消耗	吨	< 0.6
	X20	城镇绿化覆盖率	%	45
	X21	森林覆盖率	%	24

2. PCA 子模型综合排名分析

计算得到各主成分的特征向量以后，以各主成分的特征值所占总特征值之和的比例作为系数，由此可以得到江苏省十三个地级市基本实现现代化的情况各主成分排名，以及综合排名情况如表 6 所示：

表 6　　　　　基本实现现代化各主成分排名及综合排名情况

地级市	F1	排名	F2	排名	F3	排名	F4	排名	F5	排名	综合得分	排名
南京	1.42	2	3.29	3	4.48	3	4.55	2	3.88	2	3.55	3
无锡	1.46	1	3.32	1	4.52	1	4.53	3	3.98	1	3.34	1
徐州	1.14	9	2.41	10	3.20	10	3.29	10	3.21	9	4.38	10
常州	1.35	4	3.12	5	4.27	5	4.34	5	3.68	4	3.93	4
苏州	1.42	3	3.30	2	4.51	2	4.58	1	3.85	3	3.34	2
南通	1.27	7	2.85	7	3.82	8	3.90	8	3.46	7	4.32	7
连云港	1.14	10	2.51	9	3.33	9	3.45	9	3.15	11	4.24	9
淮安	1.11	12	2.32	12	3.07	12	3.17	12	3.12	12	4.75	12
盐城	1.14	11	2.36	11	3.13	11	3.23	11	3.18	10	4.56	11
扬州	1.28	6	2.94	6	3.97	6	4.05	6	3.48	6	3.96	6
镇江	1.34	5	3.12	4	4.28	4	4.35	4	3.62	5	3.71	5
泰州	1.21	8	2.80	8	3.82	7	3.94	7	3.30	8	4.09	8
宿迁	1.04	13	2.10	13	2.77	13	2.88	13	2.97	13	4.79	13

3. PCA 子模型结论

由表 6 可知，江苏省的现代化实现情况排名的前 6 名为无锡、苏州、南京、常州、镇江和扬州。显然，苏锡常地区的现代化完成情况要比宁镇扬地区好，宁镇扬地区又要比江苏省其他地区好，属于"比上不足，比下有余"，这就说明了宁镇扬地区一体化发展的宏观必要性，也为后续的多维偏好分析的线性规划法（LINMAP）准备了数据基础。

（三）宁镇扬互补性分析的 LINMAP 子模型分析

通过主成分分析（PCA 子模型），可以得到江苏省十三个城市的现代化发展的排名，这样现代化发展中就会出现在城市发展先后的偏好，正好可以把主成分分析（PCA）和多维偏好分析的线性规划法（LINMAP）结合起来，LINMAP 模型可以求出每个指标的客观权重，进而分析宁镇扬这些指标发展上的互补性特征，探讨镇江市特色化发展的具体路径。

1. LINMAP 子模型的基本原理

LINMAP 子模型是多维偏好分析的线性规划法。不同于层次分析法等其他综合评价方法，LINMAP 在原始数据阵的基础上，将 PCA 子模型得到的排名情况，转化成偏好顺序，通过最优规划求解，得出各指标的客观权重，在客观性上具有一定的优势。

2. LINMAP 子模型的实证分析

通过主成分分析得到的江苏省十三个地级市在实现现代化过程中的优劣势排名，转化成偏好性集合，并代入 LINMAP 子模型，由单纯性法求解，利用 MATLAB 编制本文的 LINMAP 子模型单纯性法程序，可以求解得到权重平方 ω 和权重，如表 7 所示。

表7　　　　　　　　由 LINMAP 计算得到的指标权重

指标序号	权重平方 ω	指标权重	权重排名	一级指标综合权重	权重排名
X1	0.004340	0.065882	5	经济发展 0.5119	1
X2	0.000169	0.013002	17		
X3	0.005532	0.074379	4		
X4	0.015486	0.124443	3		
X5	0.000292	0.017097	15		
X6	0.002851	0.053391	6		
X7	0.026816	0.163757	2		
X8	0.001422	0.037714	8	社会建设 0.2769	2
X9	0.001235	0.035139	9		
X10	0.041635	0.204048	1		
X11	0.000307	0.017529	14	民主法治 0.0345	5
X12	0.000288	0.016971	16		

续表

指标序号	权重平方 ω	指标权重	权重排名	一级指标综合权重	权重排名
X13	0.000976	0.031234	10	人民生活 0.1237	3
X14	0.001820	0.042664	7		
X15	0.000155	0.012469	18		
X16	0.000063	0.007966	19		
X17	0.000052	0.007212	21		
X18	0.000491	0.022167	13		
X19	0.000507	0.022525	12	生态环境 0.0530	4
X20	0.000062	0.007902	20		
X21	0.000510	0.022573	11		

3. LINMAP 子模型结论分析

表7结合表3调整后的江苏省基本实现现代化指标体系，可以很好地反映出宁镇扬在基本实现现代化过程中，各个指标的完成情况，以及其各个指标的优先发展情况也有所不同。本文选取权重比较大的10个指标，如表8所示，分析宁镇扬三市基本实现现代化各个指标之间的互补性特征，分析镇江市特色化发展的重点方向。

表8 2015年宁镇扬三市相关指标对比

大权重指标序号	大权重指标名称	南京	镇江	扬州
X10	文化产业增加值占GDP比重	6.00	5.40	4.17
X7	百亿元GDP发明专利授权数	289.12	403.60	374.24
X4	出口总额占GDP比重	21.88	16.44	12.96
X3	高新技术产业增加值占规模工业比重	24.30	48.60	44.50
X1	人均地区生产总值	118171	110351	89646
X6	R&D经费支出占GDP比重	3.03	2.55	2.10
X14	农村常住居民人均可支配收入	19483	19214	16619
X8	国民平均受教育年限	10.70	9.35	8.79
X9	城乡公共服务支出占财政支出比重	77.70	71.00	68.70
X13	城镇居民人均可支配收入	46104	38666	32946

在宁镇扬一体化发展背景下,镇江市为了缩小与苏锡常宁等城市的差距,需要借助宁镇扬三市在相关指标方面的优势互补,进而明确特色化发展方向,由表8可以得出以下结论:

一是文化产业融合发展。文化产业增加值占GDP比重这个指标的权重最大,表明宁镇扬在一体化发展过程中,想要率先基本实现现代化,将重点发展文化产业。同时,南京和镇江的文化产业发展水平相当,而扬州则相对较弱,故在文化产业的发展方面,镇江市较难实现特色化发展,更多的是文化产业的融合发展。

二是知识产权重点突出。百亿元GDP发明专利授权数这个的权重也比较大,而从表8可知,南京在这个指标上明显弱于镇江和扬州,但是R&D经费占GDP比重来看,南京又明显高于镇江和扬州,说明南京在知识产权投入上并不比镇江和扬州弱,可是在知识产权的管理和应用上可能都没有镇江和扬州效益高,而其中镇江市的指标数值是最高的,故在宁镇扬一体化发展背景下,镇江市的特色化发展应该进一步重点突出知识产权效益。

三是积极"截留"人才资源。国民平均受教育年限这个指标能很好地反映出一个地区的人力资本水平,南京的国民平均受教育年限在全省排名第一,高出镇江1年,高出扬州近2年。南京的教育资源非常丰富,在全国城市教育竞争力中名列前位,目前拥有像南京大学、东南大学等各类普通高等学校38所,其中211工程高校达8所,为宁镇扬一体化发展提供了丰富的人才资源。镇江的特色化发展应该有效利用与南京交通上的便利性,借助南京在培养人才资源方面的优势,提高产学研合作,实现产业结构升级,加快特色化发展的步伐。

四是公共服务福利共享。城乡公共服务支出占财政支出的比重能够比较全面地反映一个地区社会管理和公共服务的水平。南京在城乡公共服务支出方面明显优于镇江和扬州,在一体化发展过程中,镇江市应该有效利用南京在社会管理和公共服务方面社会效益的溢出,强调市民精神上的归属感,提升市民对一体化建设的支持度,有利于宁镇扬边界区域政府建设工作的推进,尤其是句容地区社会经济的发展。

五 宁镇扬一体化背景下镇江
　　特色化发展的对策建议

在宁镇扬一体化背景下，镇江市的特色化发展路径，应该有效克服极化效应瓶颈、中等收入陷阱以及文化冲突三个瓶颈，从产业发展、知识产权、人才资源、公共服务等角度提出具体特色化发展路径。

（一）"海陆空"产业发展

极化效应与辐射效应不对等发展过程中的一体化，应该走产业特色化发展道路。由于高层次要素和先进要素向特大中心城市流动，那么对高新技术产业选择必须非常重视。建议镇江市应该以"海陆空"产业为今后高新技术产业发展的方向。《中国制造业2025》中提出，"海陆空"都将成为高端装备制造业的重要方向。2017年的国产大飞机试飞，使得镇江的航空产业园在国人面前露了一回脸，航天航空产业正成为镇江实体经济振兴的重要领域。镇江市拥有独特的港口资源，同时拥有基础实力雄厚的造船业，在现代农业发展方面也十分有特色，都是"海陆空"典型代表产业。

（二）知识产权效益提升

知识产权效益的提升会很大程度上提高全要素生产率，而提高全要素生产率则是经济增长放缓情况下突破中等收入陷阱的有效措施。技术经济学上，一般提高全要素生产率的方式有简政放权、放松管制、市场主导、金融改革、国企改革、技术创新等，本质上都属于提高全要素生产率，将之结合到宁镇扬一体化发展之实际，如表8所示，镇江市在技术进步转化效益上具有明显优势，镇江市特色化发展应该关注工业化与信息化的融合对经济增长的拉动，不仅仅在发展高新技术产业上，还在于对传统升级改造的作用，毕竟化工等传统产业构成了镇江市经济发展的重要组成部分。科技创新、"互联网+"等相当一部分的力量在改造传统的生产和经营方式可能要花更大的精力。当然，供给侧结构性的改革不代表放弃消费侧对经济增长的拉动，进一步满足广大的消费需要，消化过剩产能，也是提高全要素生产率的重要途径。

（三）反向"极化"

有效利用特大中心城市。鼓励本土大型企业到上海、苏州、南京去设立总部，反向利用特大中心城市的极化效应。同时，对以上海为中心的东部城市群进行差异化产品与服务输出，有效带动镇江市本土的社会生产活动。尤其在镇江市高素质人才流出的情况下，反向"极化"将是十分有效的措施。镇江本土企业将管理部门和生产性服务部门设立到大型城市，以有效利用中心城市的极化效应，而将基础生产性部门设在本土，较大幅度地吸纳本土相对廉价的劳动力，也提供了较多的工作岗位。

（四）"文化+"特殊发展模式

有效融合多元文化，削弱文化冲突，可以参考"互联网+"的发展理念，打造镇江市"文化+"特殊发展模式。

1. "文化+底蕴城市"

镇江市有着深厚的历史文化底蕴，然而随着时间流逝，其"城市品牌"影响力早已不能和沪苏宁等城市相比。所以，在宁镇扬一体化发展过程中，要结合自然特征、地貌特征、文化特征，将深厚的历史文化底蕴融入现代化都市中，打响"城市品牌"，良好的口碑，定将为镇江市特色化发展添彩助力。

2. "文化+旅游"

镇江市有着丰富的旅游资源，城市山林、人文荟萃，无论是高品质旅游还是大众化旅游，都有其特色。在宁镇扬一体化发展过程中，镇江市应该进一步提炼其旅游资源的文化特色，渗入文化元素，错位周边诸市，提供多元化"文化+旅游"服务。重点打造百年特色，推广百年老店，宣传百年企业。

3. "文化+农业+餐饮"

镇江市在农业方面的优势，主要表现在森林和湿地资源丰富，在优质粮油、特色园艺、特种养殖、高效林业、休闲农业等方面都有不错的基础，如果将特色农业作为主攻方向，再融入其深厚的文化因素，对比周边诸市，将有其独特的优势。特别是，无论"四大菜系"或者"八大菜系"，淮扬菜都赫然其中，然而近年来的发展却不如川菜遍及大街小巷，溯其根源，也是由淮扬菜的精雕细琢之本质决定的，所以将文化底蕴、现代农业和餐饮文化融合在一起，"文化 + 农业 + 餐饮"，借助宁镇扬一体化突破文化冲突瓶颈，将是镇江市特色化发展的一张好牌。

都市规划

围绕三个力　寻求突破口[*]

——宁镇扬一体化发展公共服务共建共享调研报告

镇江市政协　谭金生

近期，我们通过走访、座谈、考察、研讨等方式，就"宁镇扬一体化发展公共服务共建共享"进行了专题调研。现报告如下：

一　现实不容乐观

从宁镇扬一体化发展的历程看，进展不容乐观。自2006年江苏省第十一次党代会提出"打造宁镇扬经济板块"以来，虽然省和三市都将同城化列入"十二五"规划，省政府2014年还专门下发了《宁镇扬同城化发展规划》，但就公共服务共建共享而言，主要还停留在口号上、概念上。今年以来，三市公共服务相关部门虽然加强了一些交流沟通，也拟定了一些协作项目，但共同的理念还没有完全形成、共建的机制还没有真正建立，共享的内容还比较单一，公共的政策还相差较远，只能说开始迈出一体化发展的第一步。

从武汉"1+8"城市圈建设的实践看，效果也不容乐观。2003年，湖北省提出了《关于加快推进武汉城市圈建设的若干意见》；2004年，又下发《关于武汉城市经济圈建设的若干问题的意见》。此后，湖北省

[*] 2017年一等奖。

和九个市都建立了都市圈建设领导小组，并在各级发改委设立专门推进办公室，统筹经费，统筹项目，实质推进。经过近十五年的努力，在交通基础设施互联互通、大市场一体化、金融辐射支持、开发区设立"园外园"等方面取得了明显成效，但在公共服务共建共享方面，也没有取得实质性进展。相反，由于武汉一城独大，在城市经济集聚力、公共服务吸引力上具有显著优势，出现了优质企业、优秀人才向武汉集聚的"虹吸现象"。

二 认知需要提升

宁镇扬一体化发展是全省的大战略，需要有大胆略、大思路、大手笔。调查中我们感到，镇江干部、群众对宁镇扬一体化发展，存在着盲目乐观、恐惧心理、独赢思维等不良现象，对公共服务共建共享更缺乏应有认识和关注。据宁镇扬一体化发展问卷调查，最关心科技创新的仅占3.51%，最关心公共服务的也只占21.64%，而宁镇扬一体化持续健康发展恰恰要靠科技创新这个内聚核，公共服务这个凝聚力。因此，对公共服务共建共享的认知应当有一个普遍的提升。

一要搞清公共服务的基本内涵。所谓公共服务是指政府为满足公共需求，通过使用公共权力和公共资源，向辖区内全体公民直接或间接平等提供的产品和服务。依据功能可划分为维护性公共服务、经济性公共服务、社会性公共服务三类。维护性公共服务是指政府保证国家安全和国家机器正常运转而提供的公共服务，如国防、外交、政权运转、社会治安等；经济性公共服务是指政府促进经济发展而提供的公共服务，通常是生产型的，一般具有规模经济和自然垄断的特点，如邮政、电信、公交、旅游、水电气供应等；社会性公共服务是指政府为促进社会和谐公正，为全体成员提供的公共服务，包括公共教育、科技、文化、医疗、体育和就业、社会保障等。

二要弄清公共服务在一体化发展中的地位作用。宁镇扬一体化发展，是一个长期交互作用的历史过程，既有规律性，也有偶然性；既是机遇，更是挑战，不可能一蹴而就，必须有持久战的思想准备。在这一历史进程中,交通设施互联互通是前提,是基础,应当政府主导,先行一体,服务经济,惠及百姓,提振信心;产业发展协作协同是核心,是主体,应当市场主导,合作共赢,互利互惠,增强实力;公共服务共建共享是保障,是根本,应当政府主导,及时跟进,以利于资源优化配置、人才自由流动、区域均衡发展。因此,从一定角度看,公共服务是一体化发展的深度标志,是提升三地市民发展"获得感"的重要选项。

三要理清公共服务共建共享的基本思路。一般应坚持好三个结合,即:**独立自主与合作共享相结合**。宁镇扬独立的行政体制,决定了公共服务水平的提升只能以各自为主,但就公共资源、人才培养、技术交流等诸多方面,仍然可以全面合作、共享成果。**前瞻规划与务实推进相结合**。公共服务在区域一体进程中具有相对滞后而又必须及时跟进的特征,因而既要放眼未来,制定好共建共享长远计划,又要立足当下,及时按照经济社会发展需要,每年项目化推进一批实实在在的合作项目,让老百姓有经常性的获得感。**均衡发展与特色发展相结合**。公共服务特别是社会性公共服务的目标追求是均衡发展、公平公正,这就需要在总体相对均衡、公平的基础上,走各自特色发展的道路,并用相互的优势互补来促进区域的均衡和公平。

三 关键在于行动

"一个行动胜过一打纲领。"只有行动起来,公共服务共建共享才能解决问题、取得实效。建议今后一个时期推进宁镇扬公共服务共建共享,要围绕三个力,寻求突破口。

1. 紧紧围绕增强区域凝聚力,在共同文化价值认同上求突破

区域共同文化,既是区域软实力,更是区域凝聚力。**一要倡导区域共同文化**。在认真研究总结三市传统文化共同特征的基础上,结合时代要求和一体化发展需要,倡导以创新、共赢、包容、超越为核心价值的宁镇扬共同文化,可称为扬子江文化,以凝聚人心、塑造品牌、扩大影响。**二要分享历史文化记忆**。充分挖掘三市历史故事、传统剧种、民间艺术和金陵文化、京口文化、广陵文化的内涵特征,加强交流,共享记

忆，让共同的文化基因更好传承、更加显性。**三要增强镇江文化的内聚性**。镇江市域历史文化南北交汇，吴头楚尾，纷繁复杂，这也是镇江凝聚力不强的重要根源之一。因此，镇江要博采各辖市区文化之长，着力宣传、建设统一的京江文化，通过文化认同增强向心力，激发自豪感。

2. 紧紧围绕增强创新驱动力，在科教资源开发共享上求突破

宁镇扬科教资源十分丰富，仅在校大学生就有百万之多，这是依靠创新驱动的新一轮发展的最大优势，完全可以共同开发，共享成果。**一要积极创造有利于人才发挥作用的优良环境**。树立人才不求所有、但求所用的理念，协同三市人才培养、引进和使用政策，促进人才在宁镇扬区域自由流动、自主发挥作用。推进职业技能教育与高等教育的适度分工，镇江可主动承担更多的中高级技工人才培养职能，协作建设宁镇扬技校城。构建产学研合作信息平台，推进专家库、技术需求、科研信息等基础性科技资源联网共享，形成同城化共享创新成果的新优势。**二要大胆提出能够带动全局的科创载体**。可充分利用宁镇山脉环境优美、交通便捷的优势，提出"江苏科创生态城"建设规划，集聚式发展科学研究与技术创新，既为人才更好发挥作用提供集中优质服务，又为实施创新驱动战略、促进宁镇连片同城发展提供载体。**三要大力发展具有辐射共享效用的联盟组织**。依托三市优质科教文卫资源，积极组建中小学、职业教育、高校、科研机构、医院、图书馆、博物馆、剧团等联盟组织，促进技术交流、合作与辐射，提高区域科教整体水平和使用效率。

3. 紧紧围绕增强发展保障力，在公共政策制度改革上求突破

公共政策的趋同化改革，是宁镇扬一体化发展的重要保障和长远支撑。**一要推进镇江行政区划调整改革**。公共服务共建共享，首先应在本市域范围内实现，然后才能谈得上宁镇扬区域的实质推进。镇江全市只有300多万常住人口，全部城镇化，也仅是一个中等城市，应该按照生产力布局重新调整行政区划，最好全部设区，彻底冲破公共服务一体化体制障碍。**二要推进经济性公共服务政策协作改革**。宁镇扬已经利用现代信息技术，实现了公交一卡通、远程诊疗、医疗费异地结算、养老金异地转移等一体化服务，要进一步推进经济性公共服务市场化改革，通过组建集团公司、股份制改造，或享受同城化待遇等，实现就医一本

通、社保医保一卡通、旅游一卡通，以及城际公交与城市公交的无缝对接等。同时，协同政策鼓励基金会和民办学校、医院、养老机构等民间公益组织，扩大服务范围，形成规模优势。**三要逐步缩小社会性公共服务政策的差异性**。镇江、扬州与南京在社会性公共服务方面总体上还有不小的差距，比如，2016 年，城乡低保标准和基础性养老金标准，南京为 750 元、345 元，而镇江为 625 元、115 元，扬州为 600 元、115 元；社会保障和就业支出占一般公共预算支出的比重，南京为 10.3%，而镇江为 8.9%、扬州为 8.1%。虽然一体化不是一样化，但社会性公共服务政策应该逐步趋同，这样才能有效防止"虹吸现象"。因此，要主动推进社会政策趋同化改革，依据经济实力，分阶段逐步缩小与南京的差距。

宁镇扬一体化发展程度分析及路径优化研究[*]

江苏省信息中心 韩 磊

随着区域经济一体化发展，以单个地区为主体形态的发展格局逐步演化为多个地区一体发展格局，多个地区形成特定区域如城市群、湾区、大都市区逐步演变为一个国家或地区参与国际竞争的基本单位。同时，在轨道交通、信息传输等互联互通基础设施网络逐步建设完善的情况下，毗邻地区之间一体化发展程度也逐步深入，对形成合理的区域空间发展格局产生正面影响。为此，我国相继提出建设京津冀、长江三角洲城市群、粤港澳大湾区、长江中游城市群等区域发展规划。在这样的背景下，2014年江苏出台了《宁镇扬同城化发展规划》，通过相应的制度安排和协同合作嵌入长三角城市群一体发展进程中，同时，依托同城化推进城市一体化，打破资本、劳动、创新等要素流动障碍，改变行政区划分割状态，促进不同城市间整体深度融合发展。不容回避，多个地区形成的特定区域是由带有差异性特征的地区组成，如城市群就是由若干个专业化城市和多样化城市共存的城市系统，存在着地方政府巩固既得利益的倾向、单体经济社会利益的追逐等问题，区域内部实现整体协同发展受到影响，宁镇扬一体化发展同样面临着这些棘手问题。目前，关于宁镇扬一体化发展的讨论主要集中在阐述现状、问题解释、驱动政策、推进思路等理论与现实解读上面，对于宁镇扬一体化发展程度衡量

---

[*] 2017年一等奖。

和动态演化规律缺乏足够的定量化考察。基于此,本文将宁镇扬一体化程度分解为经济联系程度、产业协同程度、市场整合程度,全面解读宁镇扬一体化程度演化趋势及动态特征,找到宁镇扬一体化发展面临的问题,从机制优化角度提出推动宁镇扬一体化的合理路径选择集合。

一 宁镇扬经济联系程度分析

区域经济联系程度是衡量区域内部成员地区之间经济联系强度大小的指标,表示一个成员地区对其他成员地区的辐射程度,也反映其他成员地区对其辐射能力的接受程度及对其的辐射影响程度。克鲁格曼等认为以城市为代表的区域空间会自然趋向于在空间和行业结构上形成层级体系,而从单中心城市空间体系向城市层级空间体系演变是以制成品种类为代表的集聚力和以行业间规模经济/运输成本差异为代表的离心力之间相互抗衡的结果。这表明不同地区构成的特定区域内部存在着由不同因素构成的两种力量,影响成员地区间的经济联系程度。为了更为准确地反映受到向心力和离心力相互作用影响的地区间经济联系程度,应用空间相互作用的引力模型分析宁镇扬经济联系程度及其演变趋势。引力模型经过已广泛应用于区域经济联系分析,并成为研究区域内部经济联系程度的成熟方法,结合并参考国内外学者表达式设计如下:

$$F_{ij} = \frac{R_{ij}}{\sum_{j=1}^{n} R_{ij}}$$

其中,R_{ij} 表示 i 城市与 j 城市之间的经济联系程度;p_i 与 p_j 分别为 i、j 城市人口数(万人);v_i 与 v_j 分别为 i、j 城市地区生产总值(亿元);D_{ij} 为 i、j 城市间最短交通里程(以公路最短里程衡量);F_{ij} 为 i 城市与 j 城市之间的经济联系隶属度。

在数据获取方面,本文选取 2010 年—2016 年数据进行宁镇扬经济联系程度测算,城市人口数、城市地区生产总值数据来源于 2011—2016 年《江苏省统计年鉴》和 2016 年南京、镇江、扬州统计公报,交通里程从江苏省公众出行交通信息服务网查询整理（按照孙久文等人的处理方法，统一采用2016年公路最短里程）。基于此，测算宁镇扬三地的经济关联度（单位：亿元·万人/平方千米）和经济隶属度（单位:%）。

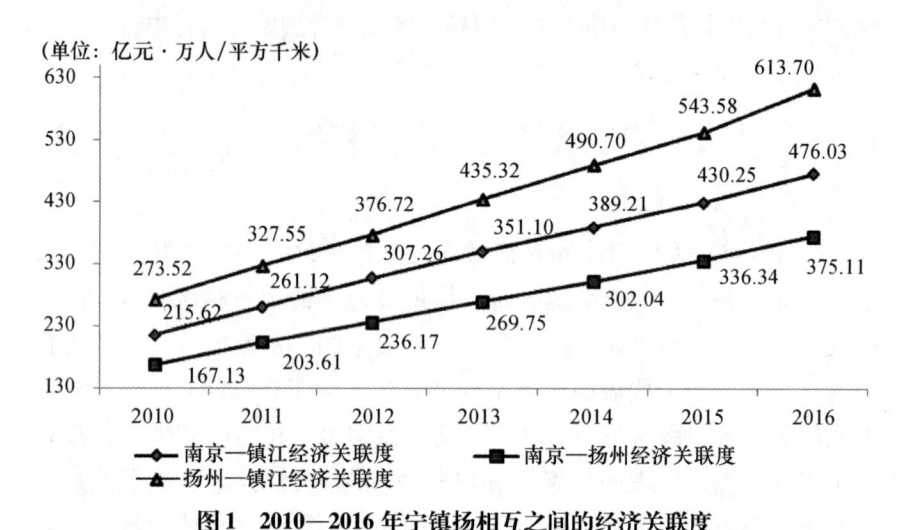

(单位：亿元·万人/平方千米)

```
630                                                    613.70
                                               543.58
530                                    490.70
                               435.32              476.03
430                    376.72          389.21  430.25
               327.55      351.10
330    273.52     307.26          302.04     336.34  375.11
       215.62  261.12  269.75
230       203.61  236.17
    167.13
130
    2010  2011  2012  2013  2014  2015  2016
```

◆ 南京—镇江经济关联度　　■ 南京—扬州经济关联度
▲ 扬州—镇江经济关联度

图1　2010—2016年宁镇扬相互之间的经济关联度

就经济关联度计算结果来看，2010年以来，宁镇扬三地之间经济联系程度呈现逐年递增趋势，这与"十二五"以来江苏实施城市群建设与宁镇扬同城化发展的政策取向是一致的。并且，宁镇扬三地之间的经济关联度呈现出稳态的强度大小关系：扬州—镇江经济关联度明显高于南京—镇江、南京—扬州。

就南京对扬州、镇江两地的隶属度计算结果来看，2010年以来，南京对镇江的隶属度明显高于南京对扬州的隶属度，即南京对镇江的辐射效应大于南京对扬州的辐射效应。同时，南京对扬州、镇江隶属度数值基本维持在较为稳定的区间，基本上没有出现较大波动。

表1　　　　2010—2016年南京对扬州、镇江的隶属度　　　　单位:%

年份	2010	2011	2012	2013	2014	2015	2016
南京对扬州隶属度	37.93%	38.33%	38.53%	38.26%	38.10%	38.22%	37.94%
南京对镇江隶属度	62.07%	61.67%	61.47%	61.74%	61.90%	61.78%	62.06%

结合计算结果可以证明，目前宁镇扬三地之间联系程度在加深，但是经济联系程度存在内部不平衡，而且应该作为核心城市的南京在区域空间格局内没有出现明显的极化或者扩散效应，这与区域经济发展过程中形成显著的核心—边缘空间结构系统存在背离。理论上认为，核心—边缘空间结构系统的形成主要是由于市场邻近性、运输成本差异等原因，具有对称结构的空间经济系统可以通过制造业企业自主选择和劳动人口转移而演化为核心区和边缘区。在一个地区的工业化成熟时期，核心区集聚效应明显，资金、劳动力流向核心区，技术创新集中在核心区；在后工业化阶段，核心区对边缘区扩散效应加强，边缘区域会逐步壮大甚至形成新的次中心区，最终达到区域空间系统的平衡发展。很明显，宁镇扬三地经济发展不管处在工业化哪个阶段，都没有明显的核心区、边缘区划分，南京虽然经济实力较强，但没有形成较强的极化效应，也没有在自身发展壮大的过程中对扬州、镇江经济发展形成扩散效应，充分表明了宁镇扬的核心区、边缘区没有明显边界，区域内部各城市独立发展，空间一体化还是处于简单量变的过程，从空间进行宁镇扬三个地区功能转型与关系重构是亟须解决的问题。

二　宁镇扬产业协同程度分析

现代区域经济理论研究表明，处在同一或近似发展阶段特定区域内的子区域一般会有相似的需求偏好和供给结构，导致生产函数趋向一致，进而在子区域内形成相似的产业结构，特定区域内的子区域产业结构趋同从经济发展水平相似性角度看有其存在的必然性。但是，产业结构趋同会导致各子区域产业重复建设、无序竞争等问题，使得区域经济内部资源配置效率的损失，影响区域内部产业合理分工。在此，本文借助于产业结构相似系数，比较宁镇扬地区中南京与扬州、南京与镇江、扬州与镇江之间的产业结构相似程度，以此全面剖析宁镇扬三地产业协同与分工程度。产业结构相似系数是联合国工业发展组织国际工业研究中心（UNIDO）提出的测度两个地区之间产业结构相似程度的计算方法，其数值大小区间为（0，1），越接近于1，表明两个地区产业结构相似程度越大，接近于 0，表明两个地区产业结构差异性越大。其计算表达式如下：

$$S_{ij} = \frac{\sum_{k=1}^{n}(X_{ik}X_{jk})}{\sqrt{\sum_{k=1}^{n}X_{ik}^2 \sum_{k=1}^{n}X_{jk}^2}}$$

其中，S_{ij} 是 i 地区与 j 地区产业结构相似系数；n 是产业大类中包含的产业数量；X_{ik} 是 i 地区 k 产业占整个产业的比重；X_{jk} 是 j 地区 k 产业占整个产业的比重。

一般而言，研究产业结构趋同问题需要相对稳定的产业作为研究对象，第一产业与自然禀赋密切相关，第三产业带有虚拟性、消费与生产同时性等明显特征，本文选择实体经济的代表制造业作为研究对象。目前，统计学意义上的制造业共有 31 个细分行业，但是宁镇扬三个地区的烟草制品业和金属制品、机械和设备修理业统计数据不连续，为此，剔除上述两个行业，以 2010—2015 年南京、扬州、镇江三市规模以上制造业及 29 个细分行业产值数据为基础，计算宁镇扬相互之间的产业结构相似系数。

表 2　　　　　　　　　宁镇扬三地相互之间产业结构相似系数

年份	南京—镇江	南京—扬州	扬州—镇江
2010	0.818	0.739	0.919
2011	0.764	0.731	0.943
2012	0.737	0.710	0.942
2013	0.727	0.731	0.937
2014	0.741	0.727	0.915
2015	0.736	0.727	0.878

数据来源：相关年份南京、镇江、扬州统计年鉴。

分析制造业产业结构相似系数计算结果，可以发现宁镇扬地区产业结构存在典型事实：存在产业同构化问题，但是成员地区间同构程度存在差异。从数据横向比较看，南京与镇江、扬州产业结构相似系数在 0.73 左右，产业结构趋同程度并不严重（没有超过 0.8），而发展水平更为接近的扬州与镇江之间产业结构相似系数远超过各自与南京的产业结构相似系数，存在显著产业结构趋同。从时间序列角度来看，2010年以来南京和扬州、镇江之间产业结构相似系数维持在一个特定水平上，相似系数虽然有小幅波动性但固化平稳趋势比较明显；同时，镇江与扬州之间产业结构相似系数呈现下降趋势，这表明目前宁镇扬内部产业结构协同与分工仍有继续调整空间。

为了进一步判断宁镇扬地区产业分工趋势，可以利用区位商甄别出各城市产业发展侧重点的异同。区位商是一种衡量某一区域要素空间分布及某一产业部门专业化程度的指标，可以直接反映出区域优势产业情况，其数值以1为临界点，如果数值大于1，表明该产业（或产品）具有竞争优势，具有较高水平专业化程度，小于1则表示相反的产业经济学意义。计算公式如下：

$$LQ_{itj} = \frac{A_{itj}/A_{it}}{Z_{tj}/Z_t}$$

其中，LQ_{itj}表示特定区域单个城市i地区j行业的区位商，A_{itj}是i地区j行业产值，A_{it}是i地区全部行业的总产值，Z_{tj}是所有地区j行业产值，Z_t是所有地区全部行业总产值。借助上述公式，本文选择2010、2013、2015等三个时间截面计算出南京、扬州、镇江制造业行业区位商。

表3 2010、2013、2015年宁镇扬制造业细分行业区位商大于1的行业

地区 年份	南京	镇江	扬州
2010	食品制造业（1.57） 酒、饮料和精制茶制造业（1.32） 家具制造业（1.22） 印刷和记录媒介复制业（1.08） 石油加工、炼焦和核燃料加工业（1.92） 化学原料和化学制品制	农副食品加工业（1.15） 纺织业（1.21） 木材加工和木、竹、藤、棕、草制品业（2.56） 造纸和纸制品业（3.10） 印刷和记录媒介复制业（1.12） 化学原料和化学制品制造业（1.03）	农副食品加工业（1.03） 纺织业（1.49） 纺织服装、服饰业（1.49） 皮革、毛皮、羽毛及其制品和制鞋业（1.97） 文教、工美、体育和娱乐用品制造业（1.84） 橡胶和塑料制品业（1.43） 通用设备制造业（1.10）

续表

年份\地区	南京	镇江	扬州
2010	造业（1.14） 医药制造业（1.34） 化学纤维制造业（1.27） 黑色金属冶炼和压延加工业（1.39） 有色金属冶炼和压延加工业（1.20） 汽车制造业（1.21） 计算机、通信和其他电子设备制造业（1.61） 废弃资源综合利用业（1.73）	非金属矿物制品业（1.68） 金属制品业（1.70） 通用设备制造业（1.05） 电气机械和器材制造业（1.25） 仪器仪表制造业（1.38）	专用设备制造业（1.70） 汽车制造业（1.00） 铁路、船舶、航空航天和其他运输设备制造业（1.53） 电气机械和器材制造业（1.52） 仪器仪表制造业（1.41） 其他制造业（2.04）
2013	食品制造业（1.72） 酒、饮料和精制茶制造业（1.39） 纺织服装、服饰业（1.01） 家具制造业（1.32） 印刷和记录媒介复制业（1.02） 石油加工、炼焦和核燃料加工业（1.99） 医药制造业（1.38） 黑色金属冶炼和压延加工业（1.28） 有色金属冶炼和压延加工业（1.10） 汽车制造业（1.65） 计算机、通信和其他电子设备制造业（1.66） 废弃资源综合利用业（1.24）	农副食品加工业（1.48） 木材加工和木、竹、藤、棕、草制品业（3.33） 家具制造业（1.23） 造纸和纸制品业（2.54） 印刷和记录媒介复制业（1.33） 化学原料和化学制品制造业（1.27） 非金属矿物制品业（1.57） 金属制品业（1.23） 通用设备制造业（1.35） 电气机械和器材制造业（1.38） 仪器仪表制造业（1.15） 废弃资源综合利用业（1.09）	酒、饮料和精制茶制造业（1.01） 纺织业（1.77） 纺织服装、服饰业（1.27） 皮革、毛皮、羽毛及其制品和制鞋业（1.97） 文教、工美、体育和娱乐用品制造业（1.40） 化学纤维制造业（1.29） 橡胶和塑料制品业（1.18） 金属制品业（1.02） 专用设备制造业（1.65） 铁路、船舶、航空航天和其他运输设备制造业（1.40） 电气机械和器材制造业（1.44） 仪器仪表制造业（1.53） 其他制造业（2.85）

续表

年份 \ 地区	南京	镇江	扬州
2015	食品制造业（1.78） 酒、饲料和精制茶制造业（1.67） 纺织服装、服饰业（1.02） 家具制造业（1.80） 印刷和记录媒介复制业（1.02） 石油加工、炼焦和核资料加工业（1.96） 医药制造业（1.48） 黑色金属冶炼和压延加工业（1.26） 汽车制造业（1.44） 计算机、通信和其他电子设备制造业（1.71） 废弃资源综合利用业（1.23）	农副食品加工业（1.38） 木材加工和木、竹、藤、棕、草制品业（2.95） 造纸和纸制品业（2.28） 印刷和记录媒介复制业（1.11） 化学原料和化学制品制造业（1.40） 非金属矿物制品业（1.46） 有色金属冶炼和压延加工业（1.34） 金属制品业（1.25） 通用设备制造业（1.18） 铁路、船舶、航空航天和其他运输设备制造业（1.35） 电气机械和器材制造业（1.24） 仪器仪表制造业（1.22） 废弃资源综合利用业（1.32）	

从区位商角度看，宁镇扬制造业细分产业中优势产业存在趋同现象，特别是扬州与镇江存在区位商一致的产业较多，如通用设备、交通设备制造等行业，这与利用相似系数推到的结果一致。同时，产业格局呈现出分散分布特征，三个地区各具优势产业，优势产业出现集聚效应，如南京医药制造业、汽车制造业、计算机、通信和其他电子设备制造业区位商从2010年的1.34、1.21、1.61提升到2015年的1.48、1.44、1.71，主要集中在技术、知识密集型产业，镇江在轻工、机械等劳动、资本密集型产业中有更多的比较优势，如造纸和纸制品业区位商

维持在3以上的高水平，扬州在纺织轻工、设备制造等加工工业产业中具有明显集聚效应和较为突出的专业化水平。

总的来讲，虽然宁镇扬产业结构方面存在一定程度的同构现象，特别是发展水平相近的镇江与扬州产业趋同现象突出，但是南京、扬州、镇江产业专业化方向与产业侧重点存在差异，一定程度上显露出产业空间趋异分布与协作分工的初始形态，为今后产业调整协同发展提供了空间。

三 宁镇扬一体化程度分析结论展示

基于宁镇扬一体化内涵的分解，利用相关方法对经济联系程度、产业协同程度、市场整合程度分别测算，可以得出如下结论：

就经济联系程度来看，目前宁镇扬三个地区相互之间联系程度在加深，但并没有形成核心—边缘空间结构系统，即南京作为大城市的核心地位并不显著，对周边的极化或者扩散效应不明显。

就产业协同程度来看，目前宁镇扬三个地区的产业结构存在趋同现象，同时各地区产业专业化方向与产业侧重点存在差异，产生了产业空间趋异分布与协作分工的雏形。

就市场整合程度来看，目前宁镇扬三个地区市场整合程度形成了"扩张—收敛—扩张"的波动轨迹，各地区的独立发展带来的市场分割尚未得到有效弥合，当前政府政策在推进深层次市场整合方面效果欠佳。

总的看，宁镇扬一体化发展仍处于初步推动时期，虽然三个地区相互之间的经济联系程度正在提升，但是基本上延续各自独立发展的状态，产业协同发展与市场整合还处于刚刚起步的阶段。

四 宁镇扬一体化发展路径优化

考虑到宁镇扬一体化发展程度及特征，宁镇扬三地要基于区域内经济发展阶段、资源禀赋特点、产品要素交流互动等特定情况，摆脱传统行政区依靠个体力量促进经济发展的路径依赖，改变以往依靠单个政策驱动、加快基础设施建设等单纯方法，以协同创新网络建设为纽带形成区域联动合作系统，以特色产业集聚发展为载体重构区域产业空间定位，以体制机制创新为突破实现区域内部市场深度整合，优化提升地区一体化发展路径，最终形成推进宁镇扬一体化发展的合力。

一是突出协同创新网络建设。宁镇扬一体化发展目标之一是通过地区合作实现规模效应和关联效应，从而为提升区域经济产出与培育竞争优势寻找另一条路径，而这需要提高区域创新强度来实现。为此，宁镇扬三地在强调城市间人口自由流动、交通互联互通等促进地区合作作用的同时，需要积极促进创新性知识要素同生产要素相结合，利用各个地区创新系统的资源要素，建立跨地区协同创新网络，借此释放宁镇扬三地之间的空间创新联动效应，降低单个区域进行创新活动的非扩散性，提升知识溢出效率，形成一种集群式区域创新网络发展模式。具体来看：一方面，充分发挥创新平台载体示范带动作用。强化南京江北新区辐射带动作用，以全面协同创新为目标，优化创新布局，全面提升宁镇扬自主创新能力，形成高效合作、协同有序的区域创新体系，实现科技创新资源集聚。另一方面，充分提升载体平台动态促进效能。依托南京高校、园区等平台载体优势加快确立宁镇扬在扬子江城市群科技创新核心区位置，推进创新资源协同共享，构建宁镇扬三地联动的高端科学技术培育推进机制，加快知识创造、技术创新进程，为宁镇扬三地之间科技创新相互扩散溢出提供条件，实现地区协同创新的持续性、延展性和扩散性。

二是力推特色产业集聚发展。宁镇扬三地要基于目前形成的产业分布格局，依托南京在医药制造业、汽车制造业、电子设备制造业等技术、知识密集型产业优势，镇江在轻工、机械等劳动、资本密集型产业优势、扬州在纺织轻工、设备制造等加工型产业专业化优势，促进各地区产业结构互补协调与程度较高的产业专业化分工，以特色产业发展实现区域内部资源的有效配置。具体来看，宁镇扬要着眼于产业边界融合化、产业结构服务化、产业要素知识化等产业发展新特征及其对地区产业结构高端化带来的正面效应，力推特色产业集聚发展。一方面，宁镇扬三地需凸显效率持续改进在特色产业集聚发展核心位置，弥补产业规模比例关系调整效果削弱引致的产业高端发展动力缺口，充分挖掘宁镇扬每个地区农业、工业、服务业内部效率改进的空间，利用产业边界融合化实现资源合理流动和配置精度的提升，重点就是利用服务业与工业的融合，加快生产性服务业特色产业集群发展，以此带动服务业对工业的支撑与促进。另一方面，提升宁镇扬特色产业集聚区的功能定位。结合开展国家新兴产业集聚区试点和制造业2025示范区工作，主动引导各类要素向高新技术产业、战略新兴产业集聚，抓好镇江航空航天特色产业、扬州特种设备制造产业等地区性集聚区建设，支持南京通讯与网络国家科教结合产业创新基地，发挥特色产业集聚区的辐射和带动功能。

表4　　　　　　　　　　宁镇扬三地特色产业基地

序号	基地名称	地区	序号	基地名称	地区
1	新型显示高技术特色产业基地	南京	14	精密液压装备特色产业基地	扬州
2	轨道交通特色产业基地	南京	15	化学纤维特色产业基地	扬州
3	汽车及零部件特色产业基地	南京	16	数控装备特色产业基地	扬州
4	风电装备特色产业基地	南京	17	高性能电池特色产业基地	扬州
5	航空动力高技术特色产业基地	南京	18	电力电器特色产业基地	镇江
6	通信设备制造特色产业基地	南京	19	船用动力特色产业基地	镇江
7	智能电网高技术特色产业基地	南京	20	重型装备特色产业基地	镇江
8	智能家电高技术特色产业基地	南京	21	飞机零部件高技术特色产业基地	镇江
9	无机非金属材料特色产业基地	南京	22	航空铝材特色产业基地	镇江
10	电线电缆特色产业基地	扬州	23	新型显示高技术特色产业基地	镇江
11	汽车及零部件特色产业基地	扬州	24	碳纤维材料高技术特色产业基地	镇江
12	智能电网装备特色产业基地	扬州	25	高性能合金材料特色产业基地	镇江
13	光电高技术特色产业基地	扬州	——	——	——

三是加快体制机制创新进程。目前宁镇扬三地之间的合作主要表现在因为京沪高铁、沪宁高铁、宁启铁路等交通基础设施便利化带来的人流、物流等有形资源的合作，深层次市场合作尚未展开，这也成为约束宁镇扬一体化发展的主要原因。因此，宁镇扬三地要以体制机制创新为导向提升地区市场整合能力，切实理清市场与政府的边界，实现要素产品有序有效流动。一方面，建立破立融合机制。宁镇扬三地需要打破行政区划所设定的市场刚性边界，设立新型的区域治理机制，特别是在行政审批体制改革方面，依托大数据建立跨地区联合行政审批制度，适时推出符合宁镇扬三地市场一体化建设的审批运行机制和服务体系。另一方面，实现政策规章制度的有机衔接。探索建立宁镇扬三地间沟通协商、财力保障、共建共享、联防联控等机制，通过市场机制增强跨区域产业分工与合作关系，建立统一市场体系和贸易网络，确保资本、土地、产权、人力资源等要素自由流动。

宁镇扬区域基本公共服务一体化对策研究[*]

扬州市发改委 卞 吉 沈诗贵

推进宁镇扬区域公共服务一体化是实施宁镇扬一体化发展的重要组成部分。基本公共服务主要涵盖公共教育文化、公共医疗卫生、公共体育健身、公共旅游休闲、公共交通、生活保障、住房保障、就业保障、医疗保障等方面。宁镇扬区域基本公共服务一体化的目标是通过政策沟通、设施联通、要素畅通、文化融通、民心相通等互联互通，以点带面，串点成线，久久为功，逐步形成宁镇扬大都市区的新格局。

一 宁镇扬区域基本公共服务一体化的发展基础

一是具有大致相近的社会文化与经济基础。 宁镇扬三市具有大致相似的历史脉络和共同的社会文化渊源，文化交流与合作比较频繁。区域间各方面合作的交易成本低，容易使三市不同的优势凝聚为整体优势，最终成为带动区域经济发展的"增长极"和"辐射源"。**二是具有基本公共服务资源整体规划的基础。** 宁镇扬三市现有的区域内基本公共服务设施是在相近经济发展水平以及原有环境的基础上进行规

---

[*] 2017 年一等奖。

划设置的，三市优势互补和分工合作的局面容易形成，基本公共服务的支出标准容易一致，制度内容容易统一，公共资源能够有效整合利用。**三是具有基本公共服务资源自由流转的协作体制**。省级层面及三市均成立了宁镇扬一体化发展工作领导小组及能源、信息化、科技创新、生态环保、城乡建设、交通、水利、社会保障等八个专项工作组，三市已建立市长联席会议制度及相应的工作机制，已初步形成一体化建设制度保障体系。

近年来，宁镇扬三市以改善民生、服务百姓为重点，加快推进基本公共服务一体化发展。**一是市民公共出行日趋便利**。三市公交卡已经基本实现异地通刷、优惠同享，开通了至镇江和南京金牛湖的城际公交线路、青山至六合东沟的公交线路。**二是医疗卫生保障体系日趋完善**。三市异地长居参保人员已实现异地就医结算，开通并试运行统一的网上预约挂号和远程医疗资源共享服务平台。**三是文化体育融合日趋深入**。三市图书馆实现跨区域资源共享；实现体育电子消费卡三市通用，相互开放部分体育训练场地，联合举办宁镇扬足球赛等活动赛事，联合开展体育论坛与体育宣传活动。**四是教育科研资源共享逐步推进**。江苏旅游职业学院将完成主体工程建设并开班招生，南京邮电大学扬州研究院、东南大学扬州研究院等跨区域合作平台启动建设。**五是政务服务、社会保障服务加快实施**。政务服务网络数据平台建设及人口、法人、信用、空间地理等基础信息库建设等已启动对接。各类社会保险关系跨地区无障碍转移、三市劳动者就业和人才流动配置、养老服务供给均等化等正在探索和推进之中。**六是生态联保共治更加紧密**。加快污染防治一体化进程，三市共同签订了《区域空气污染联防联控合作协议》；加强长江岸线节约集约利用及生态岸线保护，编制并实施《江淮生态大走廊（扬州）规划》。推进353省道沿线健康休闲带建设，仪征的捺山、登月湖、枣林湾已与江北新区的金牛山、金牛湖连为一体，成为绵延上百千米的绿色走廊。宁镇扬三市已连续多年联合开展"扬子江之旅"旅游推介活动，共同推介旅游新产品、新线路，共打"宁镇扬牌"；宁镇扬已完成旅游一卡通发行工作，三市部分景点已经实行联票制。

二 宁镇扬区域基本公共服务一体化存在的主要问题

一是基本公共服务供给区域差异较大。受经济发展和财力保障水平等因素影响，宁镇扬三市各项基本公共服务供给水平差异较大，特别是对于镇江、扬州两市，各项基本公共服务仍落后于南京的平均水平。就整体而言，宁镇扬基本公共服务呈现总体供给不足、分布不均衡的状况，在各市内部区域、城乡之间也普遍存在发展不均衡和"梯度差"。**二是区域基本公共服务标准不统一**。宁镇扬三市的基本公共服务不仅支出标准不完全一致，而且在制度设计上也各有特色，在医疗卫生、就业与社会保障、教育及养老服务等方面还存在差异，服务内容、执行标准、经费保障途径和构成等短时间内难以统一，跨地区对接和共享程度低。**三是体制机制建设还有待健全**。虽然三市具有大致相近的社会文化与经济基础，也具备基本公共服务资源整体规划和自由流转现实条件，但三市的要素流动和资源整合还缺少统筹规划，分工合作和优势互补的格局没有真正形成，基本公共服务资源还未实现有效对接和顺畅流动。此外，三市还未建立有效的信息共享与公共政策沟通协调机制，在财政投入及保障、成本分担和利益共享、约束与评介监督等方面还没有形成制度化、常态化的合作共建模式和运作方式。**四是政府引导、市场驱动的合力还亟待增强**。现有区域基本公共服务以政府为配置主体，市场机制还未充分发挥作用。受区域内行政屏障和利益竞争等因素影响，区域基本公共服务呈现"碎片化"的发展趋势，"合作共赢"理念还有待增强。伴随宁镇扬乃至长三角区域经济发展水平提高和人口迁移流动强度增大，社会对基本公共服务质量和数量方面的需求也在日益提高，依靠地方政府单方面的财力、物力、人力上的投入，已经无法满足需求，与此同时，大量的社会力量和市场力量如果没有积极参与到区域公共服务的生产和供给领域，不利于公共服务一体化的实现和效率提高。

三 宁镇扬区域推进基本公共服务一体化的路径和措施

实现区域基本公共服务一体化重点是要打破行政壁垒，突破行业地域界限、身份户籍门槛等束缚，推进基本公共服务共商共建共享并对接到同一标准。作为扬州而言，要在推动构建多元化的区域基本公共服务供给模式基础上，协同宁镇两市进一步建立和完善基本公共服务一体化运行保障机制，结合自身实际，在改善民生、服务百姓相关重点领域，主动融入、加强对接，缩小梯度差，提高服务均等化，推动基本公共服务一体化建设取得新突破。

（一）构建多元化的区域基本公共服务供给模式

借鉴和总结基本公共服务多元化供给的相关理论和实践经验，在坚持公益事业发展由政府主导的原则下，探索建立以政府为主体，包括市场（私营组织）、第三部门（非营利社会组织）在内的多元化的基本公共服务供给模式。鼓励国内外民间资本、社团组织进入公共事业领域，逐步形成政府、市场、社会多元供给的主体格局。政府主要是在区域基本公共服务供给的政策、环境等方面提供服务，并予以组织与监督。在区域基本公共服务合作供给方面，建议通过政府间签订相关合同、实行服务转移以及政府向市场和非政府组织购买服务等形式实现政府间的合作。

（二）构建利于基本公共服务一体化的运行保障机制

一是建立和完善协商协调机制。建议设立宁镇扬基本公共服务一体化领导小组，负责制定具体政策和意见，对跨行政区域的事务进行管理，调解并监督政府间协议执行等。推动实现区域内基本公共服务信息共享，构建区域交流与协商平台、基本公共服务咨询平台和信息基础平台。**二是建立和完善财政投入及保障机制**。在逐步完善纵向转移支付机制的基础上，探索建立宁镇扬横向财政转移支付机制，并纳入全省基本公共服务均等化横向转移支付机制框架统筹推进；通过财力的适度均衡，实行先富帮后富，共推三市基本公共服务一体化发展。加大市内各区域基本公共服务建设力度，重点对落后或欠发达区域在政策和财力上予以适度倾斜，逐步缩小市内各区域的差距和梯度。**三是建立和完善成本分担和利益共享机制**。对于受益各方的共建共享项目，要按照受益程度协商投资比例，核定费用分摊数额。对呈现单向流动的基本公共服务项目，要建立相应的利益补偿机制。**四是建立和完善激励与约束机制**。建议把基本公共服务提供的结果列入政绩考核内容，在政府内部、政府与服务者之间建立和实施绩效合约，鼓励民间资本和社会机构进入基本公共服务领域等。同时，加强对基本公共服务的审计和监察，保证基本公共服务供给资金足额、合理、高效使用。**五是建立和完善评价监督机制**。建立基本公共服务绩效评价与监测体系，以结果为导向，完善综合性考核体系和相应的制度框架；健全基本公共服务重大事项报告制度，推行基本公共服务民主评议制度，通过群众监督、媒体监督，促进政府改善基本公共服务职能。

（三）推进重点领域基本公共服务一体化进程

1. 推进一体化公共交通服务体系建设

整合三市客运资源，实行统一标准与调度运营，构建以宁镇扬城际快巴和城市公交为主的公交体系，提供点点直达、站站停靠等多样化运输服务。重点是加快城际铁路通道建设，形成宁镇扬中心区域"半小时通勤快速交通圈"，实现无缝衔接，零距离换乘；加密毗邻区域公交线路和班车频次，实行三市间过江通道和高速公路无障碍免费通行；推进城市公交线路首末站跨市相互延伸，加快形成对接三市主枢纽、主景区、主城区之间实现快联快通的交通网络布局。

2. 推进基础教育优质均衡发展、职业教育创新发展

鼓励名校跨区域牵手帮扶共建，深化校长和教师交流合作机制，合作共建教联体；实行教育资源和学校网络共享，为三市学生接受优质教育提供无差别化就学机会；建立区域职业教育联盟，积极推进职业教育创新发展试验区建设，鼓励三市职业院校加强合作办学，通过三市联办或设立分校等模式，扩大双向招生规模。

3. 推进医疗卫生服务共建共享

加快推进三市区域卫生信息平台建设，依托省平台实现居民健康档案、电子病历、预约挂号、远程专家会诊等互联互通，促进医疗服务信息共享。鼓励和推进我市与省级、南京、镇江相关医疗机构开展全方位合作，通过合作办院、设立分院、组建医疗集团等形式引进优质医疗资源。探索建立双方定点医院双向转诊机制、医保定点互认机制和急诊报销机制，推动实现三市参保人员同城化，扩大联网医疗机构范围，在门诊和药店的医保卡异地刷卡，实时结算。

4. 推进文化体育事业互动融合

依托文化馆、博物馆、图书馆等资源，通过联合开展培训、互展馆藏文物等形式，推进三市文化资源共享。推进公共文化场所、体育场馆逐步免费开放。组织民间工艺和民间文化艺术人才联合参赛、演出、培训，组织三市专题文化交流活动。推进三市整合场馆资源，共同承办国际性、全国性重大文化活动和体育赛事，联合举办各类群众性体育活动和全民健身活动。此外，在尽快发行涵盖三市主要景点通用的旅游景点年卡基础上，合力开发打造大型游乐主题公园。

5. 推进就业服务与社会保障标准共认

推动建立统一的就业服务信息平台，推动就业失业登记、就业指导、职位发布、政策咨询等服务对接。推进职业技术培训资源共享，推动培训补贴政策均等化，逐步实现三市互认培训和鉴定结果。继续完善三市社会保险关系顺畅转移接续机制，提高社会保险关系转移接续经办效率。开展异地养老合作，探索建立三市老年人异地养老及优待互享合作机制，力争实现三市内养老机构享受政府补贴不受所住老人户籍限制，三市老年人在宁镇扬任意城市生活，均可享受政府提供的包括助餐、助洁、助医等在内的居家养老服务。

6. 推进公共事务协同共管

深化公共事务管理合作，推动公共事务信息共享与跨界联动。以水环境和空气污染治理为突破口，建立健全区域性环境问题联防联治长效机制，重点加强跨界环境违法行为联合查处和跨界污染项目审批的沟通合作。建立突发事件联动处置平台，实现应急救助系统联网联动；建立高速公路突发事件和重特大交通事故信息通报机制。

供给侧结构性改革背景下的宁镇扬一体化路径研究[*]

南京市委党校　田　青

江苏省第十三次党代会报告提出,顺应以城市群为主体形态推进城市化的趋势,发挥南京特大城市带动作用,推动宁镇扬板块一体化发展,促进大中小城市和小城镇发展。今年省政府工作报告把宁镇扬一体化作为重点任务,强调要"推动宁镇扬一体化取得实质性进展"。这彰显出省委省政府对宁镇扬一体化区域协同发展战略的高度重视,也意味着宁镇扬一体化建设亟须获得质的突破,以践行党的十八大报告中所深刻阐述的区域协调发展理论。当前国内各领域正广泛开展供给侧结构性改革,如何抓住这一恰时机遇,助推宁镇扬一体化建设成为我们应该着力研究的重大课题。

一　供给侧结构性改革下持续推进宁镇扬一体化的重要意义

在经济全球化、区域一体化的泛背景下,都市圈和城市群成为世界各地提升综合竞争力,参与全球区域竞争的主要方式。新的城市竞争态势的演变格局表明,城市竞争优势的产生不能再囿于行政区划的势力范

---

[*] 2017 年二等奖。

围，而是必须要寻求在更广泛空间内对生产要素的共享，以提升跨区域的综合竞争力。宁镇扬一体化发展战略的提出正是基于对这一形势的准确预判，其持续推进有助于实现不同战略区域内的要素整合和优化配置，进而为各个战略层面深化供给侧结构性改革提速换挡。

1. 宁镇扬一体化可助力多重国家战略区域内的供给侧结构性改革

随着经济全球化和城市现代化的不断深入，城市之间的竞争格局发生较大变化，不同等级规模的城市之间的协调联动，成为发挥一个区域整体优势和提高城市综合竞争力的关键所在。宁镇扬板块是上述区域协调发展理论的践行者，该板块在同城化建设方面所取得的进展能为其服务于更高层级的国家战略提供可行性基础条件。从国家战略高度的层面来看，宁镇扬板块正处于长三角一体化、长江经济带、国家级江北新区开发等多个国家战略的交汇点上。宁镇扬一体化建设的日益深化，有利于打通多重国家战略区域协调发展的"动脉流"。宁镇扬一体化融合程度的加深，可在纵深方向上为更广区域内的要素流动和重组提供更为开放的市场环境，对实现多重国家战略区域内的供给侧结构性改革目标具有重要承接和促进作用。

2. 宁镇扬一体化有利于省委省政府战略部署区域一体化下的供给侧结构性改革

宁镇扬都市区作为南京都市圈发展的先行区，其一体化进程的快慢和成效对促进整个南京都市圈、带动周边城市发展甚至是落实省委省政府部署的"扬子江城市群"等区域协调发展战略具有重要的现实意义。同城化发展有利于转变传统以长江划分区域发展的方式，构筑江苏经济发展的先导区和区域发展的"发展极"与"协调极"。宁镇扬一体化可借助苏南地区发展势能，整合提升苏北经济快速发展，为建设整体上"强富美高"新江苏创造综合发展新动力，为全省更好地整合资源和要素，提升要素质量，打赢供给侧结构性改革攻坚战引领蓄动能。

3. 宁镇扬一体化有益于该区域的供给侧结构性改革

加快宁镇扬同城化建设，有利于提升三市自身发展的动力，是区域自身加快发展的内在要求。宁镇扬一体化可从以下几个维度来为该区域供给侧结构性改革提供动能：一是对接其他区域发展战略，扩展发展空间，优化整合区域发展资源，增强区域发展能级。二是借助宁镇扬丰富的科教资源，实施创新驱动，加快向创新型经济转型。三是有助于推动中心城市南京的创新资源在区域范围内的流动，增加区域创新活力。四是有助于从交通衔接、环境共治、社会资源整合、社会福利事业管理共享等方面实现区域内全面民生的均同化改善。

二 供给侧结构性改革下宁镇扬一体化的问题分析

宁镇扬三市区域协作历史由来已久，跨界增长空间相向发展态势明显，资源功能整合需求和社会认同感持续增强，具有区域一体化的良好基础。但就现实情况而言，宁镇扬一体化进展较慢，同城化功能没有得到完全发挥，凸显出供给侧结构性改革下的结构性问题。

1. 分类结构一体化进展缓慢且彼此间缺乏联动

省政府印发的《规划》中明确了宁镇扬一体化在基础设施、产业布局、创新体系、公共服务、城乡格局、生态环境等方面的同城化规划，应同等重视推进，促进其彼此间的联动发展，但现实情况主要表现为交通设施一体化的"一枝独秀"。虽然社会各界乃至政策执行部门都一致认为宁镇扬同城化应交通先行，但在实际建设过程中，尤其是在发挥市场决定性作用和互联网大背景下，应同时为其他几个方面的一体化联动发展铺路搭桥。一是宁镇扬一体化所涵盖的几个方面之间具有重要关联，彼此相辅相成，互为前提条件和基础，缺任何一个都无法保障宁镇扬同城化协作的完整性。二是交通等基础设施规划建设的时限较长，在此过程中，若忽视了其他方面的并行联动会浪费掉同城化有效开展的窗口期。三是在第三次工业革命、第四次工业革命来势凶猛背景下，要素分布和组合的技术路线图已发生转变，宁镇扬一体化应联动几大类紧紧抓住改革机会，形成合力，驱动同城化有实质性进展。唯有一体化的几个方面齐头并进，共同发力，一起铸就协同的网格化，为泛区域下的供给侧结构性改革布局大市场，成为实现真正全面宁镇扬同城化的良方。

2. 区域结构阻碍一体化进程

在宁镇扬一体化所凸显的结构性问题中，区域结构最为突出，也是阻碍宁镇扬同城化及供给侧结构性改革的关键问题之所在。区域结构首先表现为南京、镇江、扬州三市在经济社会发展各方面的显著差距（如表1所示）。经济社会发展不平衡造成各地产业结构、能源结构、交通等基础设施建设以及公共服务都具有较大差异，增加了地方政府间合作的难度。宁镇扬一体化的阻力还来源于三市区域发展差异下的地方利益、地方本位主义。这些导致三市协作层面只能集中于宏观政策倡导层面，且集中在不切中实质利益的个别点上，阻碍一体化进程。

表1　　2016年宁镇扬三市主要经济社会发展指标

指标	南京	镇江	扬州
常住人口（万人）	827	318.13	449.14
国内生产总值（亿元）	10503.02	3833.84	4449.38
GDP增速	8.0%	9.3%	9.4%
人均GDP（元）	127264	120603	99150
全社会固定资产投资（亿元）	5533.56	2873.43	3288.68
社会消费品零售总额（亿元）	5088.20	1236.78	1358.80
外贸进出口总额（亿美元）	499.28	103.16	96.25
规模以上工业总产值（亿元）	13026.90	9066.19	10099.6
三次产业增加值比例	2.4:39.2:58.4	3.6:48.4:47.6	5.6:49.4:45.0
公共预算收入（亿元）	1142.60	293.01	345.30
人均可支配收入（元）	44009	34064	28633
常住人口城镇化率	82%	69.2%	64.4%

注：南京市外贸进出口总额根据年平均汇率折算而成。

资料来源：根据南京、镇江、扬州三市发布的2016年国民经济和社会发展统计公报整理和计算所得。

3. 产业结构的重叠与分化会因竞争而拖缓一体化

随着经济发展方式转型，南京、镇江、扬州三市的产业结构分别得到了进一步的优化，但从整个区域而言又表现出差异化、互补性。从产业结构示意图来看，南京产业结构呈现出"三二一"的特征，而镇江和扬州则是"二三一"类型，产业结构上的差异可为三市开展协作提供内在动因。但事情总是有两面性，如果不能打破制度性障碍，三市产业结构的布局差异也会成为宁镇扬一体化的阻力。宁镇扬内部经济联系并不强，一些地方甚至还不同程度地存在地方保护，城市定位雷同、产业同构、项目争夺严重，经济要素远未实现合理流动、有机整合。由于产业的同构使得各城市之间的竞争紊乱无序，造成城市间的重复建设和资源浪费，既削弱了宁镇扬一体化整体竞争力，也在很大程度上影响了中心城市南京主导功能，还从经济发展基础层面不利于供给侧结构性改革的推进。

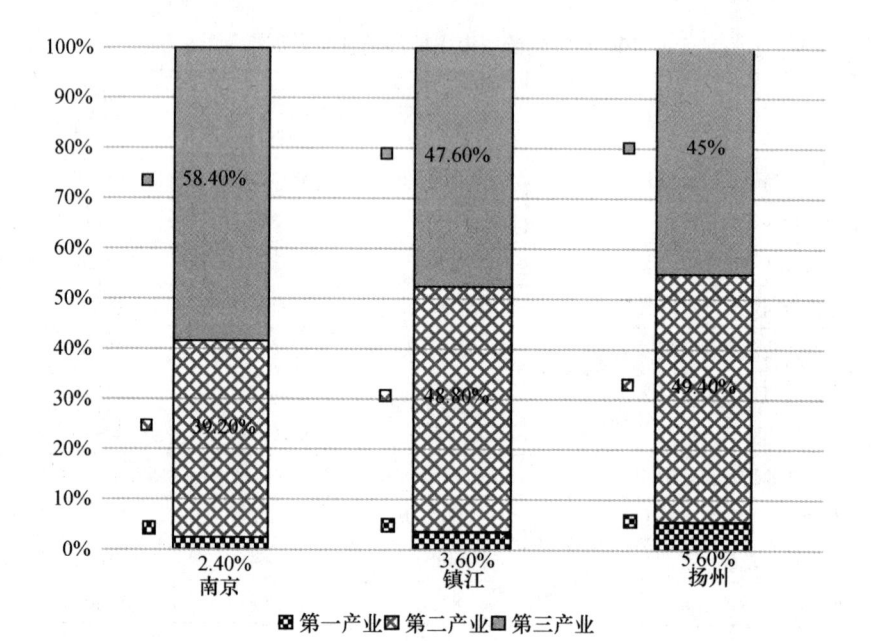

图1　2016年宁镇扬三市产业结构示意图

从工业内部结构来看，三市的优势支柱产业有所重叠和分化，这会在某种程度上因存在竞争而阻碍产业转移和协作。根据表2数据来看，总体而言，宁镇扬三市工业内部产业分布存在相雷同的现象，差异在于产值规模上。如化学原料和化学制品制造业都在当地工业产值中位居前三名，且产值都在千亿元之上。同时，三地支柱性产业又存在着分布差异。譬如，电气机械和器材制造业在镇江和扬州分别位列第二和第一，产值都在千亿元以上，但该行业在南京仅位列第四，产值低于千亿元。

与此类似的还有汽车制造业,其在南京和扬州分别位列第二和第三,产值都在千亿元以上,但其在镇江排名只能为第八位,产值仅为317.87亿元。除此之外,可以发现南京的计算机、通信和其他电子设备制造业发展势头很强劲,无论是质量还是规模都远远领先镇江和扬州,产值达2000亿元以上。

表2　宁镇扬三市工业2015年工业产值排名前十的行业　（单位：亿元）

南京		镇江		扬州	
计算机、通信和其他电子设备制造业	2364.61	化学原料和化学制品制造业	1818.92	电气机械和器材制造业	1979.94
汽车制造业	1790.68	电气机械和器材制造业	1223.52	化学原料和化学制品制造业	1119.63
化学原料和化学制品制造业	1723.89	金属制品业	625.22	汽车制造业	1078.88
电气机械和器材制造业	907.84	通用设备制造业	572.37	专用设备制造业	573.78
石油加工、炼焦和核燃料加工业	744.50	计算机、通信和其他电子设备制造业	513.46	仪器仪表制造业	485.86
黑色金属冶炼和压延加工业	595.64	黑色金属冶炼和压延加工业	470.79	通用设备制造业	461.13
通用设备制造业	480.92	非金属矿物制品业	398.19	计算机、通信和其他电子设备制造业	433.79
金属制品业	440.54	汽车制造业	317.87	纺织服装、服饰业	411.30
纺织服装、服饰业	405.85	造纸和纸制品业	262.89	金属制品业	377.14
铁路、船舶、航空航天和其他运输设备制造业	382.67	铁路、船舶、航空航天和其他运输设备制造业	252.12	黑色金属冶炼和压延加工业	365.08

资料来源：根据南京、镇江、扬州三市相关统计部门人员提供的资料整理所得。

再从新兴产业发展来看，南京战略性新兴产业正在成为全市经济的强大支柱。2016年，全市七大类14个重点领域战略性新兴产业实现主营业务收入6800亿元，其中"千亿级"产业已有新型显示、物联网、信息通信设备、智能电网、新材料、节能环保6个。2016年镇江新兴产业发展势头比较好，全年六大新兴产业（新材料、高端装备制造、新能源、航空航天、生物技术与新医药、新一代信息技术）实现销售收入4089.95亿元，占规模以上工业销售比重46.2%。在新兴产业发展方面，扬州的"三新"（新材料、新光源、新能源）产业发展也已经开始展露峥嵘，共完成产值1623.7亿元，占全市的16.1%。

综合来看，宁镇扬三市无论是在传统的工业内部结构分布上，还是在新兴产业布局方面，都存在着产业重叠，但是细分之下又有着产业规模和优势产业的分化。产业布局的重叠会因为地方保护主义和地方利益而阻断产业之间的协作和联系，阻碍产业布局一体化的实现。尤其是在各市产业布局中占据绝对优势的产业，必然会受到当地政府的细心呵护和培育，只在决策层面做有益于产业集聚规模不断扩大的政府行为，不利于宁镇扬产业布局一体化的推进。

4. 要素投入结构差异负激励一体化

三市要素投入结构的差异可以通过科教资源禀赋和科技创新能力指标来有所反映。宁镇扬三市在科教资源禀赋以及科技创新能力培养上的显著差异，深刻影响了宁镇扬一体化整体内部的要素投入结构的调整和优化，掣肘了供给侧结构性改革下同城化工作的有序开展和实质性协作。这意味着依托于具有绝对优势的科教资源和科技创新能力，南京可以在优化要素投入结构，实施创新驱动，发展创新型经济方面大有所为。而镇江尤其是扬州两市则是"巧妇难为无米之炊"。资源禀赋差异下的要素投入结构差异会造成区域经济社会发展差异，再进一步阻碍三市资源的共建共享，对宁镇扬一体化产生负激励效应，不利于供给侧结构性改革下的结构优化和要素升级。

三 供给侧结构性改革下宁镇扬一体化的体制机制性障碍分析

从一般性分析框架来讲，宁镇扬一体化存在结构性问题的根源在于体制机制性障碍，其集中表现在政府作为的"越位""缺位""错位"和现代市场发育滞后上。具体表现为以下几个方面：

1. 传统行政区域壁垒下的路径依赖，导致宁镇扬一体化难以协调利益分配与资源整合的博弈

宁镇扬同城化虽为省内区域协调发展战略，不会像跨省协作那样存在高昂的行政成本，但区域行政壁垒问题仍然显著存在，囿于行政区分割矛盾、地方利益驱动，宁镇扬三市间合作通常是临时性、局部性、概念性和非制度化的，在一定程度上阻碍了一体化向实质性进展举足前行。在一体化过程中，一旦触及地方资源、地方环保、经济发展机会以及其他经济社会利益时，三市政府都以自身利益为重而较少兼顾整个区域规划，也不会重视区域经济利益。因此，在一体化过程中地区间实质性利益协调和平衡难度非常大，地方本位主义会严重影响宁镇扬三市在同城化方面的深入融合。背后细节原因可追溯至三地政府间合作缺乏协调和联动机制，涵盖内容如下：

一是缺乏顶层设计层面的权威性协调指挥机构。宁镇扬同城化需要具有强效力的协调机构对地方政府不同的利益诉求进行协调和平衡，以谋求三市在区域协作中的共同发展，最终实现区域利益的最大化。但目前宁镇扬一体化建设的具体工作主要由省发改委和各市发改委的相关处室承担，缺乏省级政府的明确授权和权威性。三市之间协作还主要通过市长联席会议、学术研讨会等形式展开。这也就意味着宁镇扬一体化在省委、省政府部署下，将主要依靠三市领导班子的合作意愿和自觉履行合作协商制度的意识来进行，受官员晋升体制的影响，不仅会导致合作停留在政策层面，也会大大降低合作的长期有效性和稳定性。就此而言，宁镇扬一体化联动机制的欠缺，会导致整个区域资源配置不够合理，交界区域城镇空间缺乏有效协调，区域性基础设施建设不够完善。

二是缺少推进一体化的绩效考评制度。在当前干部晋升体制下，领导干部推进一项工作时绩效考评是其主要考虑因素。推进一体化绩效考评制度的缺失，会从行为被动层面缺少对三市领导干部积极、主动开展同城化的驱动力和约束力。最后的结果会是三市在利益最大化下依然将工作重心放在谋求自身发展层面上，不会在推进一体化、实现区域共同发展上下功夫、费心思，进而导致同城化进展陷入停滞不前或无实质改变的状态。从行为激励角度来讲，推进一体化绩效考评制度的缺失也是导致作为中心城市的南京无法打破利益分割的藩篱主动承担辐射功能的一个重要原因。

三是监督机制不健全。同单独行政区划下的政府治理不同，跨行政区划的协同发展在工作推进方面因缺少监督机构和主体而凸显监督力不够。就宁镇扬一体化而言，由于组织协调机构的设置和顶层设计尚不够完善，所以监督机制更是显著不健全。最直接结果便是无法对宁镇扬一体化建设的开展进行实时、有效地多方合力监督，这会大大削弱地方政府参与区域协作的主动性和能动性，也会严重影响区域协同发展项目开展的及时性、连续性、有效性和稳定性，甚至会使得合作协议的违约行为时有发生。

四是利益共享机制尚未完善。利益共享是宁镇扬一体化下三市进行协作的最终目标，也是合作得以有实质性进展的前提。利益共享机制可以从公平享有这一关键点出发来寻求化解合作的利益矛盾和冲突之途径，并借助公正合理的利益分配机制与利益补偿机制来满足三方合作主体的利益诉求，从而形成均衡的利益格局并达成稳定的合作关系。宁镇扬一体化下利益共享机制的不完善使得进程缓滞，合作缺乏实质性的突破，不利于区域空间内的资源要素的整合和优化配置。

五是政府间合作协议约束力不强。宁镇扬三市政府合作协商实质是建立在省级和各地方政府倡导基础上的非制度性合作协商，在此基础上所签订的政府间合作协议往往约束力不够强。主要表现为：合作协议缺乏法律依据；合作协议必要条款规定模糊，易使合作协议流于形式；合作协议中未明确约定纠纷解决方式及相关的违约责任等；合作协议的非制度化和法规化通常会导致合作项目开展的延滞，影响一体化目标的实现。

2. 现代市场发育滞后导致宁镇扬一体化的联通受阻

从国内外城市群发展经验来看,成功的城市群各城市之间的协作需要更多地运用市场经济手段和方式。在宁镇扬一体化中,由于区域行政壁垒的存在,从一定程度上阻碍了区域内统一市场的建立和完善,导致要素流动不顺畅,影响了生产要素的优化配置和再组合,干扰制约了企业的市场化运作。三市之间在比较优势基础上的分工和协作不足,缺乏有效的协商协调和利益均衡机制,增加了一体化发展的行政成本。虽然在省级层面的引导和推动下,宁镇扬三市进行了各种形式的合作,但集中体现为对话性的合作,制度性合作尚不够多。区域合作交流也多是在政府主导下进行的,虽然也取得了一些实质进展,但并没有推动在市场机制主导下的产业、市场的直接联系与合作,区域分工和资源整合就难以取得突破,区域经济一体化中的实际问题仍会悬而不决。从目前群内城市间的产业化组织角度看,产业集聚仍然主要表现为空间形式上的集聚,而各城市间的实质产业联系较少,缺乏配套生产和销售的网络,没有形成利益共同体和完整的产业链。

四 供给侧结构性改革下宁镇扬一体化的路径分析

推进供给侧结构性改革是一个系统工程,需要通过制度变革、结构优化、要素升级来提高全要素生产率,调整存量、优化增量。新形势下,宁镇扬一体化应借助制度变革、结构优化和要素升级这"三大发动机"实现突破。

1. 加强三市协调和联动机制构建

在供给侧结构性改革的大背景下,随着区域资源的日益稀缺以及生态环境的逐步恶化,地方政府之间的协作发展才是最优策略。同时,三市应扭转地方发展传统观念,主动对接国家长江经济带和21世纪海上丝绸之路建设,立足区域、瞄准国际,将宁镇扬一体化放置在长江经济带、泛长三角区域和长三角区域甚至是扬子江城市群、南京都市圈发展的更广阔空间去推进。唯有此,才能从根本上达成城市间的合作共识。

所有形式的区域一体化，在冲破传统体制束缚的同时，都最终必须通过相应的制度建设来实现、来平衡、来保障。鉴于此，宁镇扬一体化应完善制度安排和机构设置，以加强三市协调和联动机制构建。

一是建立专门组织协调机构。由于宁镇扬一体化顶层设计层面为省级层面，故应在此层面成立专司其职的宁镇扬一体化组织协调机构。该机构主要负责同城化重大事项决策、重要政策规划制定和重大项目推进。与此同时，还应在市级层面建立领导协调机构，并在每个机构下设一体化几大方面的专门执行和推进部门。由此形成省到市自上而下的工作领导机制，该机制在省级层面应具有强决断力，从而可以大大削弱行政区划造成的壁垒。

二是科学设计绩效考评制度。为更好地激励地方政府和领导主动参与区域协调发展，应集思广益，实事求是地设计一套完整的绩效考评制度。该制度的设计要以实现区域公共利益最大化为统一根本标准，并结合三市的实际情况，将三地在推进宁镇扬一体化建设中取得的成绩纳入各自政府绩效考评体系中，并赋予相应权重。科学合理的绩效考核指标体系不仅仅是考核经济发展的速度，还涵盖了经济增长的质量、社会效益和环保效益、公众满意度等方面以及区域发展层面的综合指标。同时还要注重绩效成本考量，引入政绩成本分析方法，通过计算取得政绩所投入的成本考核地方经济发展是否健康。

三是健全三市协作的监督机制。要同地方政府开展工作一样，对宁镇扬一体化推进中三市协作实行实时、有效监督。具体规划方面，应遵循多元主体监督的原则，建立省级政府监督为主，区域内各地方政府共同授权的监督机构为辅，社会力量如社会组织、企业、公民等主体共同监督的体系。同时，还可借助互联网来实现实时、便捷、广泛的网络监督。监督内容涵盖地方政府在推进宁镇扬一体化方面的执行情况以及对区域协同发展下的公共利益造成损害的行为。

四是构建利益共享机制。宁镇扬一体化的利益共享机制具体包括以下几个内容：一是税收共享机制。宁镇扬三市开展项目合作之时，应在省级组织协调机构的引导下，根据各自的投入比例换算相应的税收比例，以平衡地方政府的利益分配。二是生态补偿机制。随着宁镇扬一体化向产业经济一体化的逐步加深，三市之间必然会形成联系更为紧密、速度更为快捷的产业转移，这必将会导致低端、高能耗、高污染产业转移给转入地区带来的生态环境的污染和破坏，故必须通过建立生态补偿机制来补给利益受损一方。这需要省级层面的组织协调机构来进行生态补偿制度建设、补偿标准设定、补偿方式等相关政策法规，并依托建立的多层次监督体系来进行监督。

五是完善区域协作法规。完善的法律法规可以有效地约束地方政府在参与区域协作时的行为，保障一体化规划的权威性，以加强地方政府间的长效协作。要在省级层面制定和出台更具法律效应的政策法规，如《宁镇扬一体化协调管理条例》《宁镇扬一体化合作条例》等，为三市政府间具体领域和项目合作过程中的利益纷争和违约行为带来的协商、仲裁等提供相应法律支持。

2. 多措并举促进结构优化

供给侧结构性改革背景下推进宁镇扬一体化必然会面临突出的结构性问题，只有对结构进行优化，才能从根本上理顺经济社会发展的脉络，实现宁镇扬同城化的发展目标，而这需要多方发力，多头治水。

一是重构宁镇扬一体化的区域结构。如前所述，区域结构的存在，使得宁镇扬一体化在推进过程中遭遇地方利益、地方保护主义的阻碍，而城市必须采取协同发展的大形势又倒逼着行政区划边界的模糊化。在这种情况下，宁镇扬一体化若想获得实质性进展，必须从空间规划上重构同城化区域结构。首先，在空间布局方面应创造"中心城市+辐射层+辐射蔓延网格层"的都市圈模式，实现扁平化城市模式下的空间演进格局。中心城市南京应起到一个数据汇集和交换的服务器功能。要率先发挥中心城市的辐射力、集聚力和中介力，根据城市产业互补性，促进各圈层优势产业集聚，形成规模经济，提高整个区域产业的综合竞争力。其次，区域协同发展应进行科学的战略定位，且该定位应与宁镇扬三市的城市发展紧密呼应，以实现区域协调发展目标的整体性和连贯性，缩小区域间的结构差异。再次，宁镇扬一体化发展的过程中应找准三市的比较优势所在，在不同层级组织协调机构的引导下牵头具体的合作项目，以实现区域结构差异化下的错位发展。

二是转变政府职能优化结构。当前区域协同发展新形势下，一体化的本质是市场主导下的资源优化配置的过程，政府应着力扮演服务者的角色。一方面，宁镇扬三市政府应为区域内的产业转型、产业升级以及产业合作和转移提供更为有效的服务，要积极实施"互联网＋"政务，探索创新行政审批制度等新服务机制，切实为产业结构优化打造畅通、便捷的平台载体。另一方面，区域协同发展中三市政府要进行公共服务、基础设施等几大方面的资源整合和对接，为资本、技术、劳动力要素的自由流动和优化配置提供无差异的外部环境，打破行政区划带来的壁垒，进而优化产业结构、分类结构、要素投入结构等。

3. 强化要素升级主动线

要素升级作为实施供给侧结构性改革的"三大发动机"之一，不同于以往的仅对土地、资本、劳动力等要素投入量的增加，而是追求对生产要素的质的提升。宁镇扬一体化下实现要素升级，应从以下几方面着手：

一是进行制度变革，为区域内的要素升级打破制度性障碍。如前所述，在省级协调组织机构层面，加强对三市区域内包括产权制度、土地制度、金融制度、教育制度、社保制度、环境保护制度等在内统一相关制度变革的规划和引导，至少先从某一个具体项目打破三市之间的行政壁垒，并辅以强有效的法律法规来进行落实和保障，由点及面、多角度、全方位地实现联动一体化，解放生产要素身上长期以来附着的制度藩篱，为区域内要素流动和优化配置以及要素升级提供良好的发展空间和环境。

二是坚持市场在资源配置中的决定性作用。为企业追求经济利益最大化下的要素自由流动和优化配置提供良好的市场环境，从而为整个区域内的要素升级做好起飞准备。在宁镇扬区域内要重点培育市场运作机制，让政府起到督导的作用。政府要协同引导和支持各行业以优势企业为龙头来建立都市圈行业协会，并充分发挥该协会的组织能力，自发推动企业跨行政区域的合作与交流。与此同时，还应紧跟国家政策发展的要求，充分利用社会资本来促进资源要素在三市之间的优化整合，以构建更为完善的产业结构布局和公共服务供给。这里需要强调的是，在市场机制的培育和推进过程中，作为中心城市的南京有义务也有必要突出发挥其引领示范作用。

**三是运用互联网等信息化手段，对各生产要素进行信息化改造，降低信息成本，提高其效能。当前经济社会发展大背景下，要素流动和优化配置的效率也成为要素升级的一个重要方面。这里主要是借助互联网、大数据等媒介信息化手段来实现要素的整合和流动，以降低这一过程中的交易成本。在具体操作层面，应运用先进信息技术，首先在各市级层面建立各类生产要素的信息化大数据库，之后由省级层面的组织协调机构出面，提供技术和资金支持将三市信息化数据库进行无缝对接和运营，以大大提高要素升级过程中的整合效率。

四是三市政府协力打造多个平台载体，为生产要素升级提供媒介渠道。在万众创业，大众创新的环境下，宁镇扬一体化中的要素升级也应获得相应平台载体的支持。在具体实践中应着力打造宁镇扬一体化下的行政综合服务平台、公共技术服务平台、产学研合作平台、科技和金融服务平台、人才引进平台等，或者是将三市已有的平台载体进行优化整合，进而实现以产业合作和产业转移带动产业结构优化和转型，打造要素升级的新局面。

镇江市推进宁镇扬同城化发展战略实施路径及行动研究[*]

镇江市发改委　孙　力

为推进宁镇扬同城化发展，推动《长江三角洲城市群发展规划》"一核五圈四带"中南京都市圈区域经济合作和协同发展，加快我市现代化建设步伐。经调查研究，提出以加快重大基础设施对接和重点跨界发展区域共建为突破口，加快构建与宁镇扬基础设施互联互通、产业发展合作共赢、公共服务共建共享、生态环境共同改善、改革创新共同提升、跨界区域协同共建的同城化发展新格局，为加快苏南现代化示范区建设和民生福祉改善提供支撑。

一　推进基础设施互联互通

（一）加快城际运输系统建设

加快市际快速交通走廊建设。加快连淮扬镇铁路和镇江长江大桥建设，推进扬马线轨道交通，形成镇江至南京、扬州铁路半小时、公路一小时交通圈。**加快城乡路网建设和改造。**建设中心城区至辖市区快速通道，研究启动市域内轨道交通线建设，形成市域内铁路、地铁、公路快速运输体系，加快沪宁高速镇江支线城市化改造，提高城市内部通行

---

[*] 2016年一等奖。

效率。

镇宁通道：依托以城际、普通铁路为主的镇江—龙潭—南京走廊和以高速公路为主的镇江—句容—南京走廊，满足沿线通勤交通需求。规划建设龙潭至高资都市圈轨道，与宁仪扬都市圈轨道和镇江城市轨道衔接，服务下蜀—龙潭滨江港城等沿江城镇与宁镇通勤交通。推进南京至句容都市圈轨道建设，实现南京主城与句容城区轨道交通一小时直达；推进扬马线镇句段建设，满足宁镇南部的通勤交通需求。

镇扬通道：加快镇江长江大桥建设，规划研究镇江扬州过江通道，联合润扬大桥，形成东、中、西全方位复合运输走廊和同城交通网络，促进镇江与扬州跨江融合发展。推进新民洲、高桥与扬州的无缝对接和基础设施共建共享。

（二）构建综合交通运输体系

加快完善公铁联运。提升镇江站、镇江南站广域换乘服务能力，积极辐射扬州、泰州，承担部分长途铁路对外出行功能。研究连镇铁路南延至安徽宣城与浙皖赣铁路网的连接，将丹徒三山站打造为交通换乘枢纽，完善镇江长江大桥与苏南高速路网的衔接。**大力发展通用航空**。加快大路等通用机场二期建设，积极推进辖市区通用机场规划建设，促进旅游、航空制造等产业发展，与禄口机场、扬泰机场加强协同配合，实现机场线快速化，大幅提高到禄口机场的交通便捷性。**优化港口功能布局**。加大岸线等资源要素整合力度，推进区域港口协同发展。加快推进长江南京以下 12.5 米深水航道建设，高标准实施苏南运河镇江段"四改三"工程，提高水上交通通行能力。**加快发展港口多式联运**。推进江河联运设施建设；加大中小码头泊位升改造，推动内河港口、运河与长江港口联动发展。推进铁路、高等级公路与重要港区连接线建设，提高镇江港疏港能力。

（三）共同构建区域能源安全体系

完善区域能源管道建设管理。完善成品油支线管道和加油站布局，完善天然气管网建设，推动城市管网与周边城市通连，形成区域内天然气互联互通互济网络输送体系。优化能源结构和电网布局。除热电联产项目外，不再新建煤电项目。完善各电压等级电网建设。稳步推进丹徒天然气热电联产项目建设，促进天然气分布式能源系统建设。加快建设句容抽水蓄能电站，增强区域电网调峰能力。推进新能源规模化应用。加快新区国家级新能源示范区建设，加快推进扬中太阳岛建设。加大可再生能源推广力度，推进分布式光伏电站建设，鼓励企业开拓区域市场，切实提高新能源在城市能源总量的比重。提升区域能源储备能力。加快高资煤炭储运基地、高桥煤炭物流园、高桥成品油仓储建设，提升现有电厂煤炭储运能力，推进高桥 LNG 储运沿江试点，保障区域能源安全。

（四）强化水利基础设施衔接

提升水资源保障水平。实施饮用水源地保护建设与生态修复工程，加快市区和辖市备用水源地建设。完善调配水网络，优化水资源配置，提高区域供水保证率，推进城乡区域供水工程建设，规划与宁扬供水管网一体化，实现城市间供水管网联网联供。提高防灾减灾能力。提升区域骨干河道防洪标准，实施区域骨干河道整治及中型泵站更新改造工程。增强江河湖库水资源统筹调配和调度能力，提高特殊干旱期及突发性水污染事件协同供水与管理能力。启动市域内城市防洪排涝骨干工程。推进重要城镇的防洪排涝工程建设。提升长江堤防防洪能力，加快推进部分堤段堤防防洪能力提升工程。

二　推进产业发展合作共赢

（一）构建现代服务业主导产业优势

打造现代旅游为服务业第一支柱产业，做强现代物流、文化创意主导产业，打造国内知名旅游目的地城市、区域物流中心和文化产业强市。发展服务业新兴业态，打造新兴服务业高地。优化商贸设施布局，丰富商贸流通业态，建设区域商贸中心。大力提升商务服务水平和金融支撑能力。**打造旅游目的地城市**。建设"国家智慧旅游示范市"，增强宁镇扬及周边旅游号召力，共同打造旅游精品线路，扩大我市在旅游组合产品中比重。在世业洲超前谋划华东地区长江邮轮母港，大力发展邮轮经济，打造国家级旅游度假区。**建设区域重点物流基地**。依托长江运河港口和禄口空港，推进镇江大港综合物流基地等综合性物流载体建设，推进专业化物流载体建设，提升新区国家级综合保税区辐射能力。**推进文化产业强市**。加快国家数字出版基地镇江园区等重要文化产业载体建设。

（二）积极推动区域先进制造业基地建设

与周边城市错位竞争，提升产业层级，培育壮大战略性新兴产业，全面提升优化传统产业。重点发展高端装备制造、新材料、新能源、新能源汽车、新一代信息技术、生物技术与新医药等战略性新兴产业，打造高端装备制造、新材料两大支柱产业，推动传统产业高端化、品牌化、特色化发展。**大力发展"海陆空"装备和智能电气为主的高端装备制造产业**。做大做强船舶制造海工配套、汽车制造及配套、航空航天三大特色产业。**努力打造国家级新材料产业基地**。巩固提升碳纤维及复合材料、新型金属材料、新型高分子材料三大板块优势，梯次培育电子新材料、新型显示材料、特种合金、石墨烯等新产品，打造完整特色产业链。**推动其他战略性新兴产业增量提质**。发展光伏、风电、氢能、生物质能等新能源产业，加快提升新能源汽车产业，促进新一代信息技术产业发展，推动生物技术和新医药产业突破。**推动传统产业绿色转型**。提升化工产业环保、安全水平和产业层次，严控化工产业规模和布局，以新区绿色化工产业园和索普化工基地为载体促进产业集聚发展。

（三）加快打造区域现代农业特色

大力实施农业产业千亿工程。提升优质粮油、高效园艺、特种养殖、碳汇林业、休闲观光农业五大特色产业水平。加快建设丹阳、句容国家现代农业示范区，整体打造农产品地理品牌。**鼓励企业开展跨区域合作**。支持农产品加工、流通龙头企业跨区域建设生产、加工基地。推广"戴庄经验"，推动宁镇扬实现鲜活农产品运输免费通行。加快发展都市休闲农业，提升服务宁扬等周边城市水平，拓展农业功能。**建立区域服务平台**。加强农业科技服务、质量检测和销售网络共建共享，统一服务标准、降低市场准入门槛。鼓励企业建立农产品交易电子商务平台，鼓励企业扩展南京、扬州及周边城市市场。

（四）全面促进产业区域协作

主动承接南京产业外溢。句容市充分利用地理位置优势，重点针对物流、软件信息、商贸等产业，招引和承接南京公共和专业配送中心外迁，合理规划区域性城市配送物流节点，完善我市对周边城市配送物流服务网络建设。**加强与周边城市产业协同发展**。与宁扬两地旅游电子商务平台互为链接，互为客源市场推介，推进旅游团队互送。加强汽车、船舶、化工、新能源、新材料等产业链互补，共同打造全产业链体系。**建立区域产业互动机制**。利用南京人力资源优势，助推我市航空产业、软件信息等产业发展。借助技术合作、外包、战略联盟等非产权合作关系，拓展地区间产业开发互动机制。强化产业规划、主体功能区规划对接，提升规划协同性。

三　推进公共服务共建共享

（一）加快公共基础服务体系对接

推进交通服务体系对接。建立完善宁镇城际快巴、镇扬城际公交服务体系，完善城际公交线路，推进公交线路首末站跨市相互延伸，实行统一标准与调度运营。加快发行江苏公共交通"一卡通"，逐步整合其他功能。**推进通信服务体系对接**。实施"智慧镇江"发展战略，加快通信网、无线宽带网、数字电视网、电子政务网等信息网络基础设施建设，有效推进城际网络高速互联和城市网络光纤覆盖，配合推动三市三网融合网络信息安全监管协同、联动管控与处置。推进三市通信基础网络并网，实现三市通信资费同城化，推进城市 WIFI 无缝对接。**推进信息资源整合共享**。深化电子商务、电子政务应用与信息资整合，推进电子政务等公共系统互联互通和资源共享，区域应急指挥系统、基础信息库、社会信用体系、电子商务、文化信息资源等共建共通。

（二）加强社会民生资源交流共享

推进教育资源交流合作。促进三市间教育信息化合作。参与推动建立学校联盟，定期开展以教育教学和特色建设等方面的研讨交流。协调统筹跨界区域幼儿园、中小学等教育设施设置。支持三市职业院校间在招生就业和合作办学等方面开展合作。**推动医疗卫生服务资源共享**。依托省市两级平台，加快推进宁镇扬医疗信息实现互联互通。探索建立宁镇扬医疗卫生合作模式，通过合作办院、设立分院、组建医疗集团等方式，逐步实现区域卫生资源共享。优化医疗卫生设施布局，引导南京市区三甲医院向我市辐射，提高我市医疗机构的救治水平和特色专科水平。加强120急救网络体系对接，实现急救信息共享利用和急救网络联通。**开展文化体育合作互动**。参与建设宁镇扬文化体育资源信息共享平台，加大文化艺术联展、馆藏文物互展等文化交流合作，共同举办大型文化艺术活动，强化城市媒体合作，推动三市电视频道相互落地。充分利用镇江体育会展中心、大港体育馆等设施，与宁扬联合申办承办国际性、全国性大型文体活动。

（三）提升公共事务协同共管水平

推进就业服务协同发展。提升镇江人力资源网建设水平，推进三市平台对接，共享服务信息；推进职业技术培训资源共享，强化高校城市间协作，推动培训和鉴定结果互认，参与建立跨区域人事争议信息共享和协同处理机制。**积极推进社会保障同城化**。推进社会保险参保信息共享，探索养老保险关系和失业保险关系无障碍转移，逐步实现医疗保险定点医疗机构互认，参保人员医疗保险费实时结算。推进流动就业人员社会保险关系跨市有序衔接，互认社会保险参保缴费年限，建立工伤认定和劳动能力鉴定等互认制度，协同推进区域内民办养老机构享受政府补贴不受所住老人户籍限制。**加强公共事务联动管理**。推动流动人口管理系统互联，推动实现流动人口"一证通"。以水环境和空气污染治理为突破口，参与建立区域性环节问题联防联治长效机制。推动宁镇扬消防协同部署，健全完善统一调度指挥机制，共同建设消防力量调度指挥平台。**建立社会治安协作机制**。加快警务协作和救助系统联网联动，推进 110 接处警信息的实时互联互通。拓展区域警务合作广度深度，推动建立健全情报信息共享、侦查破案协同配合、治安防控联勤联动、警力资源互助互援、保障资源互补共享等合作机制。

（四）加强公共创新体系建设

增强企业技术创新能力。联合打造创新型领军企业，鼓励领军企业区域并购和整合中小企业，联合建立科技企业上市培育工作体系，支持高成长性高科技中小企业进行股份制改造和上市，鼓励创投基金跨区域开展合作，吸引南京创投企业落户我市，完善支持方式，扶持科技型初创企业加快发展。**提升校所知识创新能力**。联合南京高校优势学科，联合建立与我市主导产业紧密结合的重点实验室或研发中心，开展产业发展战略研究和共性关键技术攻关。吸引南京高校、科研院所在我市建设技术转移中心，加快科研成果产业化。**强化政府创新创业服务能力**。推进镇江高新区、镇江生态新城建设，打造辐射周边创新创业先导区。在高端装备制造、新材料等高技术战略性新兴产业领域，联合组织实施重大科技攻关项目，协同突破重大关键核心技术。

四　推进生态环境共同改善

（一）加快生态先行示范区建设

推动生态制度创新落地生效。落实好我省在镇江开展生态文明建设综合改革试点决策部署，实施主体功能区制度、产业集中集聚集约发展机制、资源有偿使用制度和生态补偿制度、严格的环境准入和生态保护机制等制度创新，加快建设生态文明建设云平台、支撑生态文明发展的创新平台、服务生态文明建设的中介平台，切实提高生态文明建设水平，打造国家生态文明建设示范区。**加快构建绿色生态产业体系**。推进产业转型升级，促进产业"三集"发展，制定优化产业发展空间布局规划，探索园区市场化运作模式，强化绩效管理，提升集中集聚集约水平。加快发展现代服务业和战略性新兴产业，加快传统产业改造升级，大力推进腾笼换鸟、机器换人、节地换产，淘汰落后产能，消化过剩产能。**持续整治生态环境突出问题**。坚持严控污染增量和削减污染存量并举，狠抓环境综合整治，到2017年基本解决环境污染突出问题。重点对市区200多平方千米（东部谏壁地区和西南韦岗片区）实施环境整治，加大高污染行业治理，对"一湖九河"开展水环境综合整治，对境内235座山体采取严格保护措施。

（二）有效促进绿色低碳循环发展

打造区域核心示范区。抢抓我市被列为全国首批生态文明先行示范区机遇，加大与宁扬生态文明、低碳城市建设交流合作，总结先行先试经验，力争在宁扬复制推广，利用我市地处宁镇扬生态走廊中心区域优势，推动生态环境整治、低碳发展一体化，协同维护区域生态环境，引领全省生态文明建设。**加快低碳城市建设**。实施低碳"九大行动"，率先研究碳资产、碳基金等新兴业务，完善城市碳排放管理云平台，优化完善碳考核、碳评估等城市碳管理体系。加大低碳新技术攻关力度，推进低碳技术应用推广，率先建成一批低碳社区、低碳学校、低碳单位。**鼓励循环经济发展**。加快推进镇江新区国家级园区循环化改造试点和丹阳、句容、丹徒的省级园区循环化改造试点工作。加快推进国家级餐厨废弃物循环化利用和无害化处理工程建设和省级"城市矿产"示范试点。**倡导低碳生活理念**。加强宣传教育，营造文明节约、绿色、低碳消费氛围。加大能效、节水、环境、低碳标识产品使用推广力度，推进可再生能源与建筑一体化应用，推广绿色节能建筑。鼓励服务性企业采用节能、节水、节材和保护环境产品。引导鼓励消费者购买低排量汽车和新能源汽车，完善公共自行车网络体系，鼓励采用公共交通工具出行。提升政府采购节能新产品工作影响力，扩大政府绿色产品采购范围。

（三）构建区域生态安全格局

建设生态安全防护框架。依托水系、丘陵山体和湿地，推进北部长江河流江岸型生态安全防护带、西北部横向丘陵山地生态安全防护带、西南部纵向丘陵山地生态安全防护带、东部沿京杭运河及次级支流形成的水系生态安全防护带、中部农业基质生态安全防护带建设。加强世业洲、江心洲湿地资源保护，加快改善全市湖泊生态环境。**建设生态廊道**

体系。建设沿江、九曲河—香草河、沪宁高速公路、沪宁铁路、沿京杭运河—丹金溧漕河、句容河、扬溧高速—茅山的主生态廊道体系。建设沿312国道、沿江高速等干线公路和古运河、鹤溪河、团结河等主要河流两岸的次级生态廊道。以其他主要道路和河流为依托建设第三级生态廊道。结合古运河整治，推进古运河城市绿道建设。**加快水生态保护体系建设**。加强长江、运河等清水通道和生态廊道建设，加快推进一湖九河综合整治工程等河湖生态修复工程，合理确定河湖纳污总量，建立纳污红线监督管理制度，健全河湖管理责任制，加强水功能区达标率和主要水域污染物总量考核与管理。

（四）加快推进环境协同整治

加强水污染协同防治。与长江、运河沿岸城市共同建设长江及主要支流、运河、大中型湖泊水质、水量同步检查与信息共享系统。推进城市河流以及支流综合环境整治，加强入江排污口理和监管，加快完善老城区、开发区、建制镇污水管网建设。全面推进长江和内河港口码头水污染防治工作，有效控制交通运输污染。严格控制农业生产过程中面源污染，防止农业环境污染和农产品污染。**加强大气污染综合治理**。建立以城市中心为核心的区域大气环境信息共享平台，共同开展区域大气污染状况预测、预报、预警工作。实施主要污染物排放总量控制，加大工业点源排放减排推进力度。加强机动车污染治理和管控，应对交通尾气污染。强化施工扬尘污染防治责任体系建设，采取有效措施控制施工扬尘污染。**提升固废资源化利用水平**。强化危险废弃物协同管理，推进建立共建协同机制。开展污染场地土壤综合治理与修复试点示范、农田土壤修复与综合治理试点示范。做好农作物秸秆综合利用工作。

五 推动改革创新共同提升

（一）共同推进重点领域改革

联合推进行政管理体制改革。按照建设法治政府和服务型政府的要求，加快转变政府职能，进一步清理和减少行政审批事项，开辟同城化重大基础设施、社会民生、科技合作项目"绿色通道"。**深化经济体制改革**。深化要素市场化改革，着力构建市场共同体。加快投融资体制改革，推进同城化基础设施建设等重大项目在资本市场直接融资，鼓励支持宁扬民营资本进入我市相关领域，鼓励我市民营资本参与同城化项目投资。**创新和完善社会治理体制**。加强社会管理合作，健全新型社区管理和服务体制。鼓励我市行业协会和社会中介组织与宁扬交流合作，推进成立跨区域行业联盟、社会中介团体，构建宁镇扬企业抱团参与市场竞争模式。

（二）加强与其他区域交流合作

主动承接上海辐射。对接上海自贸区，加强港口、机场、铁路等方面合作，提升运输国际化能力，鼓励合作发展科技金融及各类产业金融。**加强与长江沿岸城市合作**。加强与中上游地区港口合作，提升镇江港在沿江港口体系地位，加强与其他沿江城市多领域协作，强化镇江在长江中国经济新支撑带建设中重要节点城市作用。**加强与周边城市合作**。加强与苏锡常合作，推进沿江优势基础产业互补合作，加快沪宁沿线高新技术产业相互学习，推动战略性新兴产业共同发展。加强与苏中苏北地区合作，推进基础设施领域对接，鼓励共建产业园区，实现资源优化配置，共同打造跨域产业链和产业集群，提升对苏中苏北地区辐射带动作用。

（三）努力提升对外开放水平

推动本土企业国际化。参与建设对外投资和经济合作信息交流平台，利用南京专业服务资源，加大对我市企业"走出去"提供有效技术支撑。推进对外承包工程和劳务合作，鼓励有实力企业单独参与或联合参与国际工程招标。与宁扬企业现有境外营销渠道和服务网络资源共享共用，在重点国际市场共同打造境外展销平台、物流体系和销售市场。**提高重点载体国际化水平**。加快综合保税区建设，推进中瑞镇江生态产业园等共建园区建设，参与推进宁镇扬海关特殊监管区整合发展，加快实现区域内开发区、出口加工区、综合保税区和港区资源共享。**加快集聚海外高层人才**。依托百名海外博士江苏行、江苏省赴海外招聘交流等活动,结合"331计划"和"人才特区"建设,畅通吸纳高端领军人才绿色通道,为海外高层次人才工作创业提供便利条件。强化我市与宁扬科教资源优势互补,联合开展与国外科教机构间学术交流和科研合作,提升本土人才国际视野和国际化水平。

六 推进跨界区域协同共建

发挥我市交通区位和特色产业基础优势,打造连接沿江八市枢纽城市,推动错位协调发展,共同提升区域中心地位,以空间资源整合、互惠共赢为原则,稳妥推进跨界区域融合发展。

宝华—仙林科学城。整合仙林大学城和宝华片区,推进国家科学城建设,打造全国科技创新高地、区域智慧谷和东部宜居城。宝华提供宜居空间,发展软件服务外包等都市产业。推进南京地铁线和公交向宝华延伸,推进道路规划建设衔接。

下蜀—龙潭滨江港城。以临港经济和城镇建设为重点,建设长江国际航运物流中心核心区、临港高端先进产业集聚区和现代化城镇。推进交通设施衔接成网和市政设施共建共享。协调推进南京轨道号线与沪宁城际铁路宝华站衔接。

黄梅—汤山休闲城。利用优质生态环境,联手打造长江三角洲地区知名休闲度假区和生态宜居城。黄梅重点推进商业和公共服务设施等居住配套项目建设。协调推进南京轨道交通线和122省道建设工程,规划增开公交线路。

湖熟—郭庄临空发展区。发挥空港与城际枢纽区位优势,打造宁杭经济轴上新增长极和区域南部服务中心。完善道路框架,实施358省道改造,实现与宁杭高速、城际铁路无缝对接。控制开发规模,预留发展用地,预留镇江到禄口机场城际轨道及换乘站用地。

世业洲、金山湖—瓜州滨江旅游区。依托润扬长江大桥和润扬汽渡,加快世业洲省级度假区开发建设,建设长江油轮母港,提升"三山"5A级景区综合竞争力,联合打造国家级滨江旅游度假区。

镇江新区大港—扬州生态科技新城港产城融合发展区。依托连镇铁路和镇江长江大桥,努力将镇江港打造成区域枢纽港、现代物流港、特色产业港和低碳智慧港,优化功能布局、发展多式联运,加快航空产业园、新材料产业园、中瑞生态产业园等建设,联合打造港产城融合发展示范区。加快新民洲、高桥与扬州无缝对接,推进基础设施互联互通和产业协同发展。

七 推进宁镇扬同城化发展战略实施的建议措施

(一)加大组织实施与协调推进力度

目前,我市已成立由市长担任组长、辖市区和市相关部门主要领导为成员的推进宁镇扬同城化发展协调小组,办公室设在发改委,负责日常工作。下设八个专项工作组,负责战略研究决策和组织协调。各辖市区部门研究制定可行措施,推进和落实各项目标任务。加强与省有关部门联系,争取省里指导和政策支持。加强与宁扬协调衔接,共同研究重大问题,协调出台重大政策,协同实施重大项目。

(二)完善区域合作与三方联动机制

建立完善三地政府间协商合作机制,协调解决推进中重大问题,在机制、政策、制度等方面取得突破,在基础设施、产业发展、公共服务、生态环境、改革创新、跨界协同等领域深入对接。发挥市场配置资源决定性作用,引导推动产业联动与承接转移,以产业链、供应链整合提升产业发展水平。

(三)加强现有规划有机衔接

强化我市"十三五"、城市总体、主体功能区、"三集"规划等综合规划及交通、旅游等专项规划与宁镇扬同城化规划、两市相关规划有机衔接,强化规划引领作用,确保省推进宁镇扬同城化重大决策部署在我市得到有效落实。

(四) 项目化推进同城化建设

坚持项目化推进同城化，研究提出一批重大项目，做好前期工作。将重点任务落实到具体项目，明确责任单位，推进任务分解落实。积极争取重点项目纳入省重点，申请省政策支持。联席会议定期对重点项目和任务完成情况督查推进。

产城融合　共建共享　推进"十三五"宁句同城化实现新突破[*]

句容市委党校　戴晓伟

放眼"十三五",多重发展机遇在句容叠加。句容市委市政府顺势而为,确立了四个定位或者说战略目标:一是着力打造宁镇扬同城化先行区;二是苏南绿色发展示范区;三是南京都市圈创新创业基地;四是长三角重要生态功能区和休闲旅游目的地。这些定位得到上下认同,其中宁句同城化发展是首要战略,过去五年在规划引领、交通先行、基础设施对接、产业招商、公共服务等方面取得重要进展,句容经济社会发展从中获益良多,未来五年也是大有作为的发展机遇期,上下期待。但是,我们不能不看到,行政壁垒的藩篱无处不在,带来许多现实问题令人担忧:

一是去年七月南京启动国家级江北新区建设,今年省委常委会到南京集体调研时,对江北新区的地位给予了高度关注,意味着今后五年南京的资源主要投向江北新区,句容作为南京大东部板块最有价值的战略空间还只能停留在口头呼吁上;**二**是南京地铁延伸到句容的城际轨道S6线,未能列入"十三五"地铁建设计划,句容人的"地铁梦"再次受阻,无奈停滞于图纸上;**三**是宁句S122省道快速化改造尽管句容方面三年前已经完成,但南京境内至今未完工,距离全线贯通还有不少问题,严重影响宁句同城化进程;**四**是有望今年开建的沿江城际铁路句容

---

[*] 2016年二等奖。

站点设置争夺激烈，目前基本确定在句容主城区城郊客运枢纽设立站点，句容提出在茅山设立站点，带动茅山 5A 级风景区发展，目前尚无定论，优化句容的交通格局，建设高铁旅游商务区还要打问号；**五是南京优质教育资源南京外国语学校到句容宝华设立分校区首次尝试落空**，最终落到栖霞区八卦洲，令人遗憾，更现实一些，南京市民在句容购房，如果其子女在句容碧桂园 IB 国际学校入学，南京教育行政部门明确表示不能获得南京学籍。所有这些，都是宁句同城化遇到的现实问题，也是全市人民关注的重大问题。同城化是一个渐进过程，不可能坐享其成，我们必须高度重视，主动出击，高位协调，解决问题，为宁句同城化发展扫清障碍。

无论怎样，宁镇扬同城化的发展趋势不会变，句容作为南京都市圈核心圈层的地位不会变，句容推进宁句同城化发展战略决心不会变。（句容主城区到新街口直线距离仅 29 千米，比高淳、溧水距中心城区更近，与栖霞、江宁、溧水接壤曲线达 253 千米）现在，随着沪宁高速句容城区道口的贯通，半小时通达南京主城已经成为现实。如此地域相邻的空间距离，带来足够低的通勤成本和机会成本，使宁句一体化发展具有无可比拟的地缘优势。"十三五"如何实现新突破？我们提出重点放在以下三个方面：

一 优化空间布局，发挥宁句跨界新城的引领作用

《南京都市圈区域规划》提出共建八座跨界新城，其中四座与句容直接相关，就是**龙潭—下蜀新城、仙林—宝华新城、汤山—黄梅新城、湖熟—郭庄新城**，跨界新城源自《南京镇江相邻地区区域规划》关于统筹建设四个重点板块的设计。它的引领作用：**一是引领句容争先创新发展**。宁句跨界新城从北向南排布下蜀、宝华、黄梅、郭庄，位居句容北部、中部和南部，实际已经构成"十三五"西部干线发展轴的主要空间，其影响力是全局性的。**二是引领主体功能区优化布局**。句容市区和跨界新城以提供工业品和服务产品为主体功能的优化开发区域；工业产业园为重点开发区域；市域东南（除既有工业产业园外）以提供高

效农产品、生态涵养、农旅服务为主体功能的生态保护区域。跨界新城有望成为：产业同城化的示范区，公共服务同城化的实验区，科技、人才、创新创业要素合理流动的先行区，政策制度同城化和资源同质的创新区。宁句跨界新城是宁句同城化建设的着力点和支撑点，对此我们要有清醒的认识。

如何高水平建设跨界新城是一个新课题。《南京都市圈规划》对宁句跨界新城有着明确的定位、清晰的空间范围和原则的建设要求。我们要做好空间重组和区块应对，细化建设重点和产业重点，努力提升跨界新城句容片区的含金量。

总体上看：龙潭—下蜀新城，应发挥紧邻龙潭港和长江岸线的区位优势，共同打造长江国际航运物流中心、全省循环经济示范园区、临港先进制造业集聚区和现代滨江新城。当前也面临着总体规划思路不够清晰、产业安排有待细化优化，道路系统外向的便利性和通畅性不足，直通港口的疏港路二期、连接龙潭港的龙北大道还未建成，供变电能力不足，用地矛盾亟待化解等问题。下蜀临港片区是打造"百亿产业、千亿句容"的重要支撑。要呼应跨界新城布局，推进跨界新城产业东进、临港工业区西拓，加快转型升级步伐，推动优势产业向高端、绿色、低碳方向发展。同时，要全面融入龙蜀跨界新城的规划建设，推进新城基础设施一体化，特别是临港工业集中区与龙潭港路网体系的建设，提升园区承载能力。同时加大电网建设力度，规划建设公共码头，与龙潭港形成互补效应。

仙林—宝华新城，是宁句同城化的"桥头堡"，当前面临的制约：一是房地产开发侵蚀生态廊道，开发空间受到制约，新城中心不够明确；二是建设用地紧缺（目前可利用土地只有3225亩，今年已把下蜀镇华山村划给宝华镇管理，使宝华、黄梅、开发区连成一片）；三是融资渠道较窄，基础设施配套建设仍显滞后；四是环境整治任务重，环境容量限制严格；五是宝华新城建设所需的各种人才十分缺乏。在空间布局上，仙宝新城要重点关注：**一是**西部干线的规划建设，实现快速通达；**二是**汤龙公路S337与G312国道的互联互通；**三是**南京地铁2号线经天路站未来向宝华延伸走向和站点建设，使宝华率先进入城铁时代；**四是**合理规划宝华北部沿江片区20多平方千米，提升产业竞争力和可持续发展能力，同时考虑沪宁城际宝华山站的合理利用问题；**五是**超前考虑宝亭重组问题，预留规建亭华通道，实现宝华新城和亭子片区重组，重塑宝华新城的空间。

汤山—黄梅新城，打造商务城、休闲城、宜居城。从现有行政区划分析，包括江宁汤山和句容碧桂园·凤凰城。黄梅已托管于省级开发区，与崇明、华阳街道共同组成句容城区，句容城有独立自主的规划，建设具有完整服务功能的南京东部副城。一方面，以中小企业高创园和开发区科技服务园为依托，大力度推进产业转型升级，使开发区真正成为创新发展的主战场、主阵地。另一方面，以汤山国际温泉旅游名城为底蕴，重点发展休闲度假、旅游服务、商务会展、高端房地产等产业。

湖熟—郭庄新城，发挥空港、高铁、高速的立体交通优势，充分估量空港新城得天独厚的价值，加快构建一体化的综合交通体系，吸引现代服务业与先进制造业集聚发展。目前，空港新城建设也面临着四个制约：生产要素制约、环境容量制约、配套建设制约和开发人才制约。要以全球眼光看待空港新城建设，转变招商策略，以宁杭城际句容西站为依托，借助赤山、赤山湖生态优势，在宁杭城际东侧空间布局新兴产业；在宁杭城际西侧预留空间，接纳禄口机场的产业辐射，努力实现产业兴、环境美、发展质量高。

二 突出建设重点，走产城融合的发展之路

主要是两个问题：**一是产业问题**。产业兴，则城市兴。这是基本的经济规律。在宁句同城化建设中，要把工业化与新型城镇化统筹起来，走出一条产城融合发展之路。现在苏南地区进入后工业化时代，但句容还处在工业化发展水平很不充分的阶段。随着"互联网+"带来的信息化浪潮，"中国制造2025"促使先进地区实施"制造业回归"。比如：无锡以往强调发展现代服务业，现在开始反思制造业空心化问题，重新提出"产业强市"主战略，出台三年行动计划，以智能化、绿色化、服务化、高端化为引领，着力发展以新兴产业为先导、先进制造业为主体、现代服务业为支撑的产业体系，在新的起点上重振无锡产业雄风。

因此，句容要深入研究产业发展趋势和国家鼓励的产业政策，坚持科创为魂，做到无污染、低排放、低能耗，积极发展高端、先进制造业和生产型服务业，坚持以增量注入带动存量调整，推动产业转型升级，这是唯一出路。在布局上，四个跨界新城是重点，同时对边城片区、后白片区预留发展空间，真正体现"两横两纵"的发展架构（沿江、沿沪宁线、沿环南京相邻区域、沿扬马城际轨道以及沿104国道）。产业类型上要关注智能汽车、光电子、健康养生、智能新材料、医药和医疗器械、航空产业、总部经济、物流业、文化创意产业，提高产业竞争力。

二是资源整合问题。跨界新城规划建设依据《宁镇相邻区域规划》，力求产业同城化、公共服务同城化、要素合理流动、资源实现共享。建议进一步整合资源，突出重点，寻求突破。**一是**以西部干线规划建设为依托，宝华和开发区整体参与跨界新城建设，形成合力。现在，句容提出了"**一主两副两带**"的发展布局，以西部干线为主轴线，呼应仙林大学城、江宁大学城，打造环南京东部的创新资源集聚地，建设有影响力的"**江苏硅谷**"。重视黄梅片区基础设施建设、环境建设和产业整理，形成黄梅、宝华、下蜀L型的产业发展先行区、市政建设融合区，共建各类专业产业园区。**二是**以郭庄、赤山湖的独特优势，整体参与湖郭跨界新城建设，郭庄原有产业在新一轮开发中逐步整合提升，在现有五大园区的基础上，建设一批高质量的产业园、园中园；赤山湖片区积极发挥高端研发、创客、宜居和深度休闲旅游两种优势，与郭庄片区共同打造先进制造业和生产型服务业、休闲旅游服务业相融合的新型产业高地。**三是**以未来规划的北部干线为依托，统筹考虑沪宁线句容城区道口与边城道口的未来战略空间，在"十三五"启动高起点开发建设，提高城市发展质量、人民生活质量和整体开发效益。

三 强化组织领导，务实争取政策支持

一是组织领导上再强化。解决宁句同城化发展中的问题，需要加强高层设计，开展高位协调。要自上而下建立省级层面、宁镇、宁句之间多层次的工作协调机制，定期研究先行区建设中的重大问题。建议今年

我市再次走访南京市党政领导，增进共识，推动同城化重大项目建设。要选派精干力量，参加跨界合作委员会和相邻区域跨界新城建设工作小组，在共建双赢的基础上争取句容利益的最大化。**二是政策支持上再争取**。省级层面给予我市先行区的定位，使我们有充分依据提出先行区建设的鼓励政策。要参照国家推广中关村科技创新模式，与南京方面一道，向省政府争取先导项目、先导工程、土地、财税、金融、电力、科技人才等方面的支持，争取出台宁镇扬同城化句容先行区建设指导《意见》，助推先行区建设。**三是先行先试上再探索**。要拿出宁句跨界新城规划的句容预案，既充分表达句容的意愿，又为跨界新城规划起到建设性作用。要有先试先行、创新发展的魄力和担当，在跨界新城率先探索政策、制度、机制同城化，推进同城化建设走上要素同质、共建共享、互动发展的道路。

宁镇扬区域协同发展及机制构建[*]

扬州大学　张荣天

区域协同发展是由一定范围内相邻或相近的各城市按照一定的契约关系形成的合作联盟，以经济体为主体，基于实现利益双赢的区域合作行为。立足于各城市特色，通过区域分工，实现资源、产业和市场整合、政策制度相融等，产生规模经济、范围经济、集聚及扩散效应等，提升整个区域核心竞争实力。区域协同发展是区域经济发展的一个重要主题，也是区域可持续发展战略的重要创新。同时，随着经济全球化和区域一体化的不断深化，区域经济整合与协同发展已成为当今地区经济社会发展的有效途径；由于受到区域经济一体化推动，传统行政区之间的竞争正演变为区域城市之间的竞争，每个独立区域的竞争力逐渐开始取决于所在城市区域一体化发展水平及程度；因此，只有进行区域联动协同发展，城市才能具有规模效益和核心竞争力，并带动周边地区经济持续发展。

一　宁镇扬区域协同发展历程及意义

"京口瓜洲一水间，钟山只隔数重山"，一衣带水的宁镇扬三市，宁镇扬地区作为江苏经济较为发达、人口较为密集区域，是长江三角洲西翼的重要节点区域，也是长江三角洲世界级城市群和皖江城市带承接

---

[*] 2016 年二等奖。

产业转移示范区的联结区域。宁镇扬区域"抱团"发展的构想，可以说是由来已久；从2004年扬州代表团向省人民代表大会提交"打造宁镇扬经济板块"构想的议案，到2014年江苏省政府《宁镇扬同城化发展规划》的正式出台，前后历经了整整十个年头，宁镇扬协同发展从理念到行动，从商议到规划，不断地探索出了一条可行科学发展路径（表1所示）。

表1　　　　　　　　　宁镇扬协同发展基本历程

时间	发展状况
2004年	扬州市提出"宁镇扬经济板块"战略构想
2006年11月	江苏省十一次党代会明确提出打造宁镇扬经济板块的构想
2011年3月	江苏省政府《国民经济和社会发展第十二个五年规划》中首次提出宁镇扬同城化
2011年11月	中共江苏省第十二次代表大会进一步明确提出加强推动宁镇扬同城化建设
2013年5月	《苏南现代化建设示范区规划》明确宁镇扬大都市区目标发展定位及未来方向
2014年8月	《宁镇扬同城化发展规划》的正式出台

目前，长三角城市群主要有三大板块："苏锡常板块""杭甬绍板块""宁镇扬板块"。苏锡常、杭甬绍板块整体实力较强，而宁镇扬板块发展速度相对滞后；但经过多年不断努力，宁镇扬经济一体化已取得很大进展，在统筹基础设施建设、产业发展、市场建设及生态环境保护等方面成效也相对明显。为打破传统区域城市之间行政分割和保护主义限制，降低生产和消费的交易成本，促进区域市场一体化、产业一体化及基础设施一体化，以实现资源共享，统筹协作，提高区域经济整体竞争力，进一步向更深层次上推动宁镇扬区域协同发展势在必行。总体而言，推进宁镇扬区域协同发展，通过相应的制度安排和协同合作，有助于突破城际之间要素流动障碍，实现基础设施、产业结构、公共服务及

环境保护等多方面高度融合发展,是优化区域资源配置、完善城市功能及提升区域综合竞争力的重要途径;另外,宁镇扬区域联动协同发展,将会更好地集聚苏南能量辐射,同时辐射带动苏北地区发展,构筑江苏经济发展的"先导区"和区域发展"协调极",有助于进一步缩小江苏区域发展差异。

二 宁镇扬区域协同发展存在问题

(一)区域产业结构同构严重,资源重复配置突出

宁镇扬三市地缘相近,三城市自然资源禀赋较相识,三市在产业发展中也存在相似性。根据测算可知,2014 年宁镇扬三市产业结构相似系数在 0.8 左右,充分说明了宁镇扬区域产业结构不合理现象突出,这种高度雷同的产业结构不仅导致重复建设,也因区域产业同质化发展引发过度竞争,影响区域城市间分工协作,不利于发挥自己的比较优势,出现了宁镇扬城市间相互争夺资源、重复配置的发展局面,降低了宁镇扬区域的整体经济效益。从宁镇扬三市产业结构分布来看,电子信息产业、汽车与装备制造业、石油化工、新型材料、生物医药等产业均是宁镇扬三市的支柱产业,产业结构特别是制造业的高度相似,若不能在同构的产业中错位发展不同的产品,同质竞争的经济乱象将不可避免。因此,如何规避产业结构趋同导致产业同质恶性竞争,是宁镇扬协同发展过程之中必须解决的重要问题。

(二)区域中心城市能级不足,辐射周边城市功能弱

经济中心作为区域内经济实力最强大的城市,中心城市对区域内其他城市发展具有至关重要作用,它可以通过自身经济的吸引和辐射能力,利用市场机制来组织和协调全区域的经济活动,使区内资源得以科学配置、产业结构得以优化,实现区内合理地域分工,达到整体效益最大化。总体而言,与我国其他城市群中心城市相比,南京综合实力较弱,导致对周边地区的辐射带动作用不足,枢纽功能发挥受限。据统计可知,2014 年宁镇扬三市 GDP 总计 15771 亿元,仅为苏锡常三市总量

的58.7%、杭绍甬三市总量的74.8%，而这些同城化区域的经济增速均远远地高于宁镇扬地区；另外，根据《中国城市竞争力报告》(2015)，南京城市综合竞争力在全国排第十三位，落后于江苏省内的苏州、无锡两市。作为宁镇扬同城化发展的中心城市，南京的综合发展能力相对较弱，辐射能力亟待进一步提升。

（三）区域行政区划壁垒存在，共赢意识有待加强

行政区域划分是影响宁镇扬区域协同发展的主要障碍之一，从本质上讲同城化协同发展与行政区划管理之间是存在矛盾的。目前，在江苏省有关部门和宁镇扬三市大力推动之下，宁镇扬三市共同签署的《南京市镇江市扬州市同城化建设合作框架协议》等一系列的区域协同发展政策，总体上宁镇扬同城化协同发展机制已初步建立，重大基础设施有序对接、跨界区域协同建设、生态文明有序推进及公共服务共建共享的同城化协调发展格局实现了良好开端；但是，同时我们也需要清楚地认识到，宁镇扬三市在区域规划、基础设施、市场准入及环境保护等方面还缺乏高位协调，现有的联席会议协调机制力度不够；宁镇扬三市合作之中更多考虑的也是本市自身利益，不能很好地从区域全局利益出发，将市场边界限制在行政边界，城市共赢意识相对较弱，产业融合及协同发展往往多流于形式，导致宁镇扬区域竞争、开放、统一的市场难以真正形成。

（四）区域协同机制不够完善，机制体系有待构建

宁镇扬区域一体化中三市各自为政，缺乏资源共享，各自的政治、经济和地理优势没有实现互补和整合，没有进行深度区域协作。总体而言，宁镇扬三市政府沟通和合作处于初级阶段，虽有领导小组、市长联席会议及各种形式的协调会和合作论坛，但是缺乏制度化、正规化，组织形式松散，协调力度和效果不佳，尤其在基础设施建设、产业分工协作及环境恶化治理等方面缺乏深入沟通交流，合作协议的执行效果有待进一步加强。目前，宁镇扬区域协作的法规制度框架不够完善，三地签署的区域合作协议缺乏法律上的权利和义务，也缺乏具有执行力的协调机构，区域城市合作协议争端的解决缺乏法制机制来予以保障，这也就

影响宁镇扬区域协作的效果直接发挥。

综上，宁镇扬协同发展已经具备地缘相邻、物质基础及人文融合等现实存在的必要条件，但在城市合作实践过程中宁镇扬协同发展层次相对较低；追根溯源，宁镇扬协同发展的根本阻力来自于区域协调发展机制缺失。因此，需要重点构建宁镇扬区域协同发展的机制体系，推动宁镇扬区域协同发展水平进一步提升。

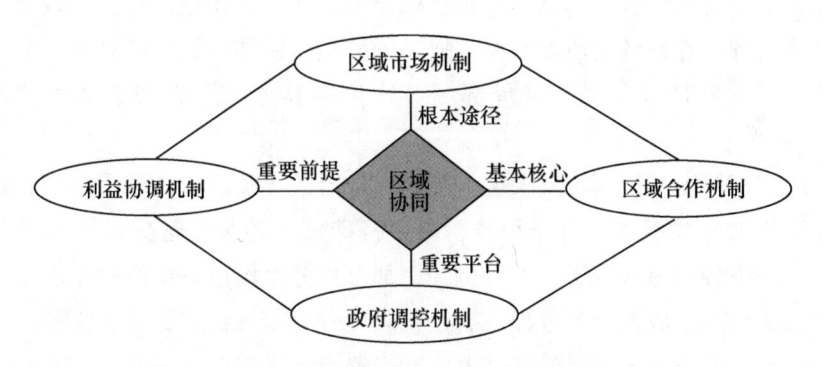

三　宁镇扬区域协同发展机制构建

区域协同发展是一项极其复杂的系统工程，它是由相互联系、相互作用的各个机制所构成的一个结合体。本文尝试从区域市场机制、利益协调机制、区域合作机制、政府调控机制四个方面构建宁镇扬区域协同发展的综合机制体系（图1所示）。下面就着重从如何建立健全上述四大机制上展开具体地讨论。

图1　宁镇扬区域协同发展机制构建

（一）构建区域市场机制是实现宁镇扬协同发展的根本途径

区域市场机制是指遵循市场基本规律，推动区域市场开放，形成统一的市场体系，从而引导要素跨区域流动、企业跨区域发展和产业跨区域转移，从而增强区域城市之间相互联系，促进区域城市之间的分工协作。区域市场机制直接对区域微观主体的利益选择产生重要作用，直接影响到其决策及其具体行为。因此，在促进区域协调发展过程之中，区域市场机制所发挥的作用是最为基础性的。

　　宁镇扬区域协同发展是以市场为基础进行资源配置的基本过程，遵循比较优势原理，自觉引导资源要素、生产要素在各城市间流动，通过资源互补与产品互补，实现宁镇扬区域城市的合理分工和优势互补。当前，宁镇扬地区应加快推进市场机制的建设，与长三角、苏南地区紧密对接，积极跨江融合发展，打破区域壁垒和市场分割，构筑统一开放、竞争有序的区域大市场，制定统一的区域性商品市场法规及标准，真正建立区域市场机制，实现生产要素在区域各城市间的自由流动。

（二）构建利益协调机制是实现宁镇扬协同发展的重要前提

　　利益协调机制也是综合机制体系中的重要组成部分，它是指参与合作的各方通过协商、谈判以及建立各种形式的经济组织等方式对相互间的政策及利益进行联合调节。通过有效协调，城市间能交换观点和信息，求得对共同利益的基本共识，以便采取相应的积极措施，有效克服合作过程中存在的矛盾及冲突，保证区域城市协同发展有序进行，其实质是通过牺牲部分眼前的局部利益来谋取长远的更大的整体利益的实现。

　　宁镇扬区域协同发展要统一规则，规范各类政策、法规及制度，防止区域内各城市基于自身利益，出台特殊优惠政策，避免城市恶性竞争，使得各城市获得平等发展机会，都有权分享城市协作的收益；完善要素价格的形成机制和分配机制，在充分考虑市场供求状况、资源稀缺程度和各城市具体情况的基础上，完善要素价格的形成机制，合理确定各城市协作收益的分配比例与方式；建立区域利益补偿机制，在利益兼顾、适当补偿的原则指导下，对因参与区域协作分工而暂时蒙受损失或自身发展能力相对较弱落后的地区，在资金、技术、人才等政策上给予适当的支持，保障宁镇扬区域协同发展"向心不离心"。

（三）构建区域合作机制是实现宁镇扬协同发展的基本核心

　　区域合作机制是指按照自愿参与、平等协商、互惠互利及优势互补等基本原则,在要素流动、资源开发、产业发展、共同市场建立及生态环境治理等方面,采取区域联合一致行动,以减少或消除区域城市相互间的无效竞争,避免区域城市发展的资源浪费,形成区域发展合力和关联互动的发展格局,从而提高区域整体发展效率。

宁镇扬地区在资源、要素、产业等各方面又具有各自的比较优势,同时具有较强的互补性,通过完善区域城市协作机制,调整和优化区域内城市生产结构,规范城市分工合作,有利于实现宁镇扬各城市的优势互补、互利共赢、共同发展。采取统筹规划、高层协商、建立共享平台、召开城市协调论坛等运作方式,形成各种必要的区域性法规、协议等,并将之固态化、常态化,形成一整套行之有效的运作机制。另外,宁镇扬协同发展规划上实行"错位"发展,尽量避免重复建设和产业趋同,并应充分发挥南京在本区域的龙头带动作用,提升其中心城市的能级作用,负责组织、协调本区域内经济社会的整体运作和发展。

(四)构建政府调控机制是实现宁镇扬协同发展的重要平台

政府调控机制是指政府通过制度改革和创新,为区域市场机制、利益协调机制、区域合作机制的形成和有效发挥作用提供有利的条件,促进各大机制之间的相互配合,从而形成区域发展合力;同时,通过设立区域协调治理机构,建立区域城市协调治理体系,引导区域城市协调有序发展。在区域协调发展机制综合体系中,政府调控机制为其他机制提供制度和机构方面的双重保障,科学发挥政府在宏观层面上的积极引导作用。

在宁镇扬协同发展过程中,政府既是规范市场竞争机制的主要责任者和引导者,又是完善区域协作机制的主导者和协调者,处于非常关键的地位。作为完善区域协作机制的主导者和协调者,宁镇扬各城市通过发挥政府的规划、引导和服务功能,研究制定规划、协议,出台相关政策,构建城市协作平台,主导区域协作机制的建立和完善,积极处理区域城市合作过程中发生的各种问题及矛盾。建立和完善规范区域竞争、协作、交流和管理的制度体系,从制度上保证区域城市间合作的顺利进行;组建跨区域的城市协调发展管理机构,统一对宁镇扬区域发展进行规划、实施、管理及协调，形成发展"一盘棋"格局。

综上所述，四大机制相互协调与联动，是宁镇扬地区城市协同发展机制的有机重要组成部分。建立起完善的区域协同机制综合体系，将有效地打破宁镇扬地区的城市分割发展状况，进一步加快推进宁镇扬地区各城市合作的纵深发展，从而保障"十三五"期间宁镇扬区域联动协同的大发展。

宁镇扬同城化发展现状分析与对策建议*

镇江市青年企业家协会　梁　健

一　宁镇扬同城化过程中存在的问题

（一）利益协调机制尚未建立

宁镇扬同城化发展涉及两个重要的问题，一是发展，二是合作。宁镇扬地区整体经济实力相对国内一些发达区域较弱，如何促进区域协调发展，带动宁镇扬经济板块的发展，是个值得思考的问题。显然，合作是宁镇扬同城化所必须采取的策略，南京市作为宁镇扬龙头城市的发展需要周边城市的支持，而周边城市的发展同样也需要南京市各种社会资源的带动，这样双方就可以在区域合作中双赢。但是，值得注意的是促进区域合作的关键在于利益协调机制。目前，宁镇扬三市并未建立健全完善的利益协调机制。在现行体制下，宁镇扬三市各自追求自身的利益，更多是独立的个体，互相牵制。镇江、扬州更多的是担心资源可能会向南京聚拢，甚至有被南京"吞并"的焦虑。由于缺乏完善的利益协调机制，宁镇扬三市在招商引资、新兴产业开发、主导产业合作等方面缺少凝聚力，竞争多于合作。

---

* 2016年一等奖。

(二) 资源市场机制不够完善

同时，宁镇扬地区的市场机制也尚未完全建立。首先，各项资源的流通转让还没有形成完善的市场配置机制。如南京市区的土地资源相对紧缺，市区面积已占到全市土地面积的71.85%，承载着南京市总人口的86.71%，而镇江、扬州的市区面积却分别只占到全市面积的28.13%和15.49%，镇江、扬州两市的市区还有很大的发展空间，显然若对宁镇扬三地相邻地区统一规划，将三地的土地资源进行整合、合理配置来促进整个区域的发展，将更有利于三个城市的整体发展。其次，户籍制度的存在使得人口流动困难，宁镇扬目前没有统一的人才市场机制，妨碍了三地人才的流动。最后，统一的金融市场还在进一步的建设当中，南京市正为成为与上海错位发展的区域金融中心而努力。

(三) 公共产品供给机制和分配机制存差距

公共产品既包括一些公共基础设施，如道路、港口等，也包括如教育、社会保障和就业、医疗卫生等公共服务。公共产品的供给包括公共产品的公共资金筹集、公共产品的公共财政资金的分配等方面。目前，宁镇扬地区的公共产品供给机制并不完善，公共产品的公共财政资金筹集机制和分配机制均不完善。

(四) 缺乏专门的领导协调机制

在现代化的经济体制下，同城化发展要从行政区发展转变为经济区发展，实现不同地区间以经济为纽带的集聚化发展，建立高层次的领导协调机构是必要的。如广佛同城化的过程中建立了两市四人领导小组、市长联席会议、分管市长工作协调会、联席会议办公室和专责小组等多层面的工作运行机制。然而，回顾宁镇扬同城化的建设，自省委、省政府提出"宁镇扬同城化"战略以来，尚未设立专人负责的强有力的领导协调机构，也未建立完善的市场机制、利益协调机制、公共产品供给机制、社会保障机制等。因此，宁镇扬同城化的工作实质性进展缓慢。

(五) 区域内部基础设施、公共服务网络衔接不够

宁镇扬板块间本身就存在着较强的经济联系，表现为客流、物流、信息流等多种流态的集聚和扩散。但由于行政体制、设施经营管理、利益分配等原因，宁镇扬之间的基础设施网络一直难以实现真正的畅通，三市交通网络仍有多处难以衔接，区域城际轨道交通网、信息网、通信网等建设还处于规划阶段，社保也由于政策、管理方面的差异而难以实现互通。

(六) 区域内产业集聚层次低，互补优势未得到充分发挥

从三市的产业体系来看，石油化工产业、装备制造业、电子信息产业等都是三地的主导产业，宁镇扬三市第二产业产值居前的十大行业中，南京与镇江有7个相同，南京与扬州、镇江与扬州都有8个相同。产业结构雷同带来的负面效应明显，由资源的稀缺性导致城市间相同产业抢夺资源，使得资源不能优化配置，优势产业无法最优化生产。南京"三二一"的产业模式与镇、扬两市"二三一"的产业结构具有一定的互补性，但其相关产业都有各自独立的产业链和上下游企业，产业链不长且集中于低端，限制了产业竞争力的提升，不利于产业集群的形成。此外，三市产业的互补优势没有得到充分发挥，如南京的科研、信息等生产性服务资源与镇江、扬州的制造业并没有形成互动发展。

二 加快宁镇扬同城化发展的对策研究

(一) 构建宁镇扬同城化发展机制

通过对宁镇扬同城化的发展现状分析，可以找出宁镇扬三市在同城化发展中存在的问题，基于此可以提出具有针对性的具体措施。而要使这些措施形成标准化的可操作流程，就必须对宁镇扬同城化发展过程的机制进行研究。本文基于对同城化发展中宁镇扬差异性和互补性特征的分析，以产业规划、城市空间、政府合作、市场构建等为研究对象，深入探讨宁镇扬同城化发展的互补机制、协调机制和调控机制。

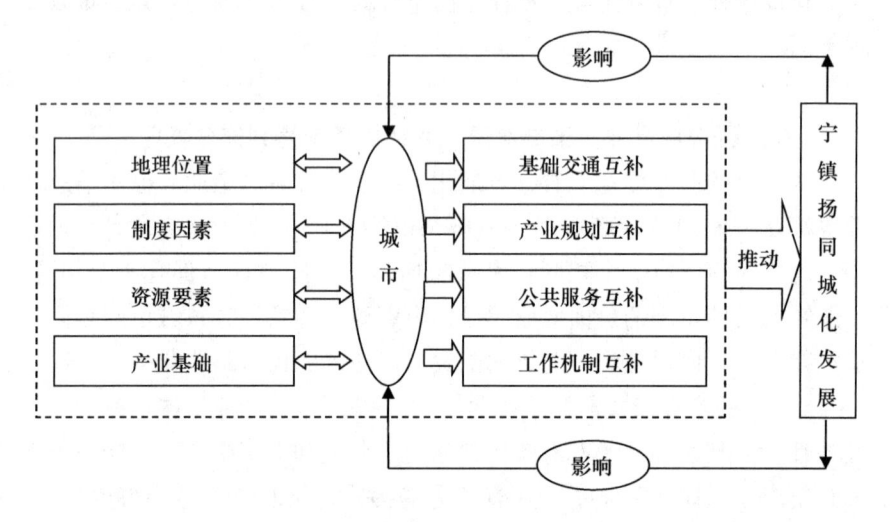

1. 宁镇扬同城化发展互补机制的构建

宁镇扬同城化发展的互补性特征主要表现在城市规划互补、空间结构互补、经济流量互补和产业结构互补。城市规划互补构成了同城化发展互补机制的基础，空间结构互补是同城化发展互补机制的天然禀赋，经济流量互补和产业结构互补构成了宁镇扬同城化互补机制的主体，综合各因素的互补形成了宁镇扬同城化发展的互补机制，如图1所示。

图1 宁镇扬同城化发展互补机制

宁镇扬同城化发展的主要互补性因素有地理位置、制度因素、资源要素和产业基础等。其中宁镇扬地缘相邻，具有同城化发展的基础，而制度因素主要考虑的是在城市规划中，综合宁镇扬城市间的最大利益而形成的共同建设，特别体现在城市建设的边缘结合地带和城市交通网建设。资源要素主要体现在城市之间经济联系的要素，包括人流、物流、资金流、技术流等在内的经济流量，这些经济流量通过城市之间的流通互补，推动宁镇扬的同城化发展。产业互补是同城化发展的主要动力，结合城市规划、城市空间和城市间经济流量等因素，通过宁镇扬各政府的引导，使得产业优化发展，同城化水平进一步提升，形成宁镇扬城市发展良性循环，构成宁镇扬同城化发展的互补机制。

2. 宁镇扬同城化发展协调机制的构建

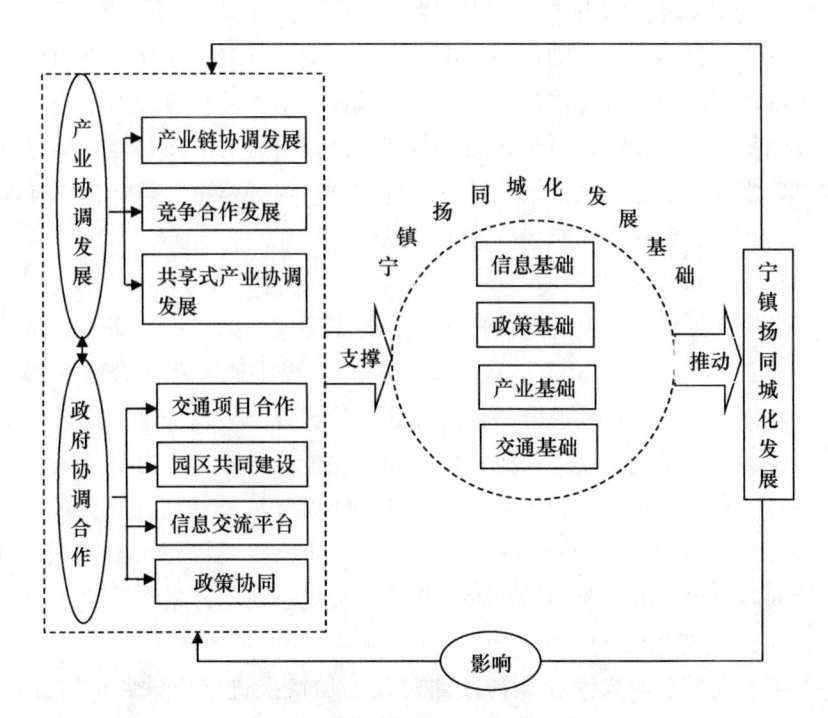

宁镇扬同城化发展的协调机制主要包括两个方面，一是宁镇扬经济板块产业协调发展的机制，二是同城化发展背景下政府的协调机制。

宁镇扬产业之间的协调发展方式主要有两类：一是水平合作方式，是指经济板块内的企业主动联系在一起，共同探索创新趋势，研究国际市场需求变化的应对策略；二是垂直合作方式，是指功能互补的企业之间，通过供应、服务和客户关系网络将产业链条内的生产商、供应商、贸易商和顾客等联系在一起。基于此，学者江心英、曹恒高等提出了宁镇扬产业协调发展的三大机制分别是：产业链协调发展机制、竞争合作发展机制、共享式产业协调发展机制。

宁镇扬同城化发展背景下政府的协调机制是指各城市政府间为推进同城化发展而在政策等方面做出调整，主要包括政府引导产业间合作、重大交通项目合作、新兴园区共同建设、信息交流平台建设、政策协同等方面。宁镇扬同城化发展的协调机制如图2所示。

图2　宁镇扬同城化发展的协调机制

3. 宁镇扬同城化发展调控机制的构建

加快宁镇扬同城化发展，三市的政府将起到不可替代的作用。借鉴西方国家的经验与实践，基于市场化的发展机制，打破区域间的行政分割，宁镇扬经济板块可以建立一个跨行政区的联合机构和监督机构，管辖区域事物，沟通和平衡各方利益，协调解决对区域经济协调发展有重要影响的问题。因此，可以在宁镇扬区域内建立由板块内城市或地区政府及有关部门和区域经济专家组成的宁镇扬经济板块发展指导委员会，对板块内经济协调发展提出战略性、方向性的指导意见，并统一调控板块内企业、交通部门和政府相关单位，形成政府调控机制，共同实现宁镇扬同城化向高水平方向发展。

（二）推进宁镇扬交通网络建设

宁镇扬三市地缘相邻，具有同城化发展的天然优势，缩短镇江、扬州与南京的时间距离，是宁镇扬同城化建设的基础性条件。

1. 宁镇扬城际轨道交通项目

将该项目纳入都市圈规划，市发改、交通、规划、住建等部门要共同开展前期研究论证与沟通对接，合作编制三市城际轨道交通规划。总体规划从南京到镇江，再到扬州。具体与南京可考虑对接其地铁2号线和禄口机场，重点加强沿线小城镇布局规划。与扬州可考虑连接镇江南站、镇江站、泰州扬州机场等交通站点。

2. 高速公路构建"环"

尽快开工建设南京绕越高速公路、扬滁高速公路、京沪高速公路南延段（江都—界牌）以及浦仪高速公路，完成宁通公路六合—江都段的高速化改造，实现高速公路环的构建。依托普通干线公路，积极推进城际快速公路建设与改造，完善城际间公路干线配置，有力引导区域空间格局的形成，重点推进沿江背部高等级南京段、宁镇公路（G312）、宁丹公路（S122）、宁杭公路（G104）、宁通公路建设；重点完成243省道的高速化改造，改善扬州、镇江与禄口机场间的公路联系。

3. 形成环状城际铁路

重点推进京沪高铁和淮扬铁路建设，加快推进宁启铁路电气化改造。规划建设宁扬、扬镇城际铁路，与沪宁城际宝华站和镇江站对接，形成宁镇扬环状城际铁路；并由镇江站南延至禄口机场，规划建设扬镇—禄口轨道交通线，实现镇江、扬州与禄口机场的快速通道。

(三) 创新宁镇扬同城化产业布局

宁镇扬同城化发展的动力源泉是宁镇扬的经济一体化建设，产业发展是经济发展的主体，构建产业互补机制，使得宁镇扬同城化向着更高水平发展。

1. 文化产业融合发展

从宁镇扬同城化发展的 PCA – LINMAP 耦合模型分析可知，文化产业的融合发展对宁镇扬同城化的推进将起到非常大的作用。宁镇扬的文化产业融合发展最重要的一个部分就是旅游文化产业的融合。宁镇扬三市都是古代的政治经济文化中心，历史底蕴深厚，在旅游文化产业的融合发展中，三市要找准自己的定位，南京应充分发展古都文化资源，而镇江向来以山水为特色，应发展以山水为主题的旅游文化产业，扬州则可以注重园林文化、美食文化建设。

2. 新兴产业产业链跨地域延伸

战略新兴产业的发展是基本实现现代化的新动力，宁镇扬地区想要率先基本实现现代化必然需要抢占新兴产业发展的制高点。宁镇扬战略新兴产业的互补发展是以拉长产业链为目标，促进新能源、新材料、航空航天等战略新兴产业快速发展，实现产业链的跨地域延伸。特别是宁镇扬地区地缘相邻，有着广大的共同边界地区，可以趁着战略新兴产业还处于起步阶段，推进新兴产业的跨区域发展，优化配置宁镇扬城市间的资源。实施战略新兴产业企业的集群化发展，积极发展战略新兴产业园区，推动产业集群，形成良好的战略新兴产业区域发展环境。

3. 现代服务业以点带面

为适应现代产业体系发展的新形势，应加快建立以生产性服务业为主体的现代服务业发展体系。在宁镇扬同城化发展中，产业发展的互补性至关重要，而宁镇扬三市在现代化服务业方面，都没有特别的优势，现代化的生成性服务业都是短板。宁镇扬要实现产业互补，应该以发展生产性服务业为桥头堡，带动整个产业体系的结构升级。同城化发展中，应该以集聚区建设为抓手，重点发展物流、文化、旅游、商贸、金融和商务、软件和信息等现代服务业，以点带面促进传统产业优化升级，重新焕发化工、机械、汽车制造等宁镇扬板块主导产业的活力。

4. 产业信息平台实现资源共享

宁镇扬同城化产业互补发展的一个重要基础就是信息技术平台的建设。随着同城化的发展，不同城市产业间的信息交流变得越来越重要，建立三市统一的产业信息平台，将解决行政区域划分带来的制度障碍，加快宁镇扬三市间的产业信息流通，实现产业资源的优化配置。宁镇扬产业信息平台的建设，一方面可以由政府部门主持，比如工商联可以建立一些企业信息平台，学校和科研机构可以建立共同的创新成果转化平台，宁镇扬三市的人力市场之间也可以建立统一的人才资源平台。

（四）开展宁镇扬社会事业领域合作

积极开展科技、教育、文化、体育、医疗卫生、就业、社会保障等社会事业领域的合作研究，不断提高三地市民生活质量和社会发展水平，将有利于共建"宁镇扬高品质生活圈"。

1. 构建同城化信息传输网络

当前，人力资源和社会保障部已经在全国范围内构建社会保障专用信息网络（简称"金保网络"），江苏地区已经覆盖了13个省辖市。在宁镇扬同城化发展过程中，可以充分使用这一网络基础，实时监控江苏省的人力资源流动和社会保障情况。同时，可以逐步扩展网络平台，形成综合劳动就业情况、学生上学情况、参保人员医疗结算情况等因素的综合性网络信息平台。

2. 统一社会保障卡制式标准

社会保障卡是参保人员就医结算过程中的重要介质，同时也是参保人员的身份凭证。目前，宁镇扬三市自行制发社会保障卡，相互之间不能兼容，这就形成了同城化就医实时结算的屏障。要解决好这一问题，必须要推动社会就医地保障卡的制式标准统一，具体工作上可以分两步走：第一步，对符合条件的同城化就医人群在指定就医地，由当地社保部门为其制发可在当地就医使用的社会保障卡；第二步，在统筹规划的前提下，通过一段时间逐步统一各城市社会保障卡制式标准，符合同城化就医的人群只要在参保地审核后,通过系统设置社会保障卡的就医地区范围,不用重新换制社会保障卡,就可以在指定地区的医疗机构就医。

(五)深化宁镇扬同城化体制建设

宁镇扬同城化过程中,除发挥政府作用外,还需要积极发挥政府以外的制度资源,从而建立以政府协调合作机制为主的包括企业和社会中介组织等多层次参与的区域发展协商与协调机制。

1. 联席会议制度建设

在现代化的经济体制下,同城化发展要从行政区发展转变为经济区发展,实现不同地区间以经济为纽带的集聚化发展,建立高层次的领导协调机构是必要的。在宁镇扬同城化的过程中,必须建立三市高层领导小组、市长联席会议、分管市长工作协调会议、联席会议办公室和专责小组等多层面的工作运行机制,完善联席会议制度。

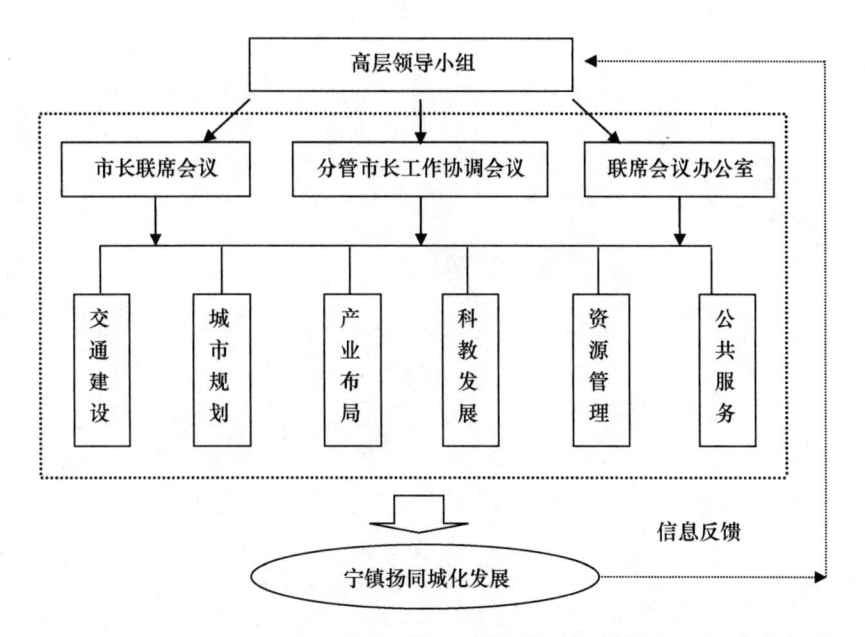

图3 宁镇扬同城化发展的联席会议制度路线

2. 专家咨询委员会建设

建立高层次的专家咨询委员会，聘请中央部委、省级部门及高校、科研机构专家组建立宁镇扬同城化专家咨询委员会，对存在的热点、难点问题进行研究，对规划编制与衔接、项目安排与实施、区域品牌建设、机制体制创新、法规政策制定等事项提供咨询，定期举办"宁镇扬同城化"论坛。

3. 宁镇扬同城化共同发展基金建设

在新型的合作协调机制中，除了使用传统的政府行政力进行区域协调外，还要引进利益补偿机制和公共投资等经济协调力，借鉴武汉城市圈和广西北部经济区的做法，探索建立宁镇扬共同发展基金，在重大基础设施建设、产业转移和园区共建、生态补偿、排污权交易、公共服务均等化等方面共同分担与受益，推进重大领域的突破，强化《宁镇扬三市重点领域合作协议》的实施。

扬州参与扬子江城市群建设的初步思考[*]

扬州市发改委　胡新林　万东民

2016年9月，省委书记李强提出，江苏沿江八市要强化一体化协同发展理念，协力打造扬子江城市群。2017年6月20日，李强书记在扬子江城市群工作座谈会上强调，建设扬子江城市群是着眼江苏未来发展的战略之举，要进一步集思广益，凝聚共识，明确战略定位，科学谋划推进，作好扬子江城市群建设这篇大文章。

一　建设扬子江城市群意义重大

推进江苏沿江八市跨江融合发展，共建一体化的扬子江城市群，是江苏践行长江经济带发展战略的系统设计，进一步彰显了国家战略实施中的"江苏标记"和江苏承载的战略使命，将在江苏具体实施长江经济带发展规划中发挥统领作用。

对扬州而言，建设扬子江城市群，有助于提升扬州在全国乃至全球价值链和产业分工体系中的位置，增强城市的国际竞争力和影响力；有助于扬州在更大范围内推动区域一体化，加快改革创新转型；有助于扬州进一步做好联系长三角城市群和苏北广大腹地的纽带，提升城市发展能级和辐射带动作用；有助于扬州更好对接和融入南京，将城市群发展能级向长江中上游传递，做好"中继站"和"加压器"。因此，扬州应

---

[*] 2017年二等奖。

主动对接扬子江城市群建设,深化宁镇扬一体化,力求找准自身的角色分工和使命担当,打造扬子江城市群建设的扬州示范。

二 扬州在扬子江城市群中的位置

扬子江城市群包含江苏省内苏州、无锡、常州、镇江、南京、扬州、泰州、南通八市。2016 年八个城市 GDP 完成 59948 亿元、占全省的 76.8%,总人口 4960 万、占全省的 62.3%,经济规模与世界排名第 17、18 位的荷兰、土耳其相当,人均 GDP 达 12 万元,具备高起点规划建设世界级城市群的坚实基础。

在沿江八市 2016 年的主要经济指标中,扬州规模以上工业增加值、人均可支配收入位于第 7 位,其余均位于第 6 位,处于中下游位置,上升空间大,追赶任务重。

扬子江城市群江苏八市(2016 年)主要经济指标比较

城市	人口（万人）	GDP（亿元）	公共财政预算收入（亿元）	全社会固定资产投资（亿元）	工业增加值（亿元）	人均可支配收入（元）
全省	7976.30	76086.2	8121.2	49370.9	35433.2	32070
苏州	1060.4	15475.1	1730	5648.5	6365.3	46595
无锡	650.01	9210	875	4795.3	3075.5	42757
常州	469.64	5773.9	480.3	3605.1	2827.2	38435
镇江	317.14	3833.8	293	2873.4	2059.4	34064
南京	821.61	10503	1142.6	5533.6	3050.6	44009
南通	729.8	6768.2	590.2	4812	3330.4	30084
泰州	463.86	4101.8	321.2	3164.1	2766.9	28259
扬州	447.79	4449.4	345.3	3288.7	2298.1	28633
扬州排名	7	6	6	6	7	7

三 扬州在扬子江城市群建设中的定位

1. 连接东西、承南启北的重要枢纽。充分发挥扬州作为苏中苏北门户的地理优势，加快交通干线建设，形成物流、人流、信息流的集散中心。

2. 具有国际影响的特色产业创新中心和制造基地。重点在汽车、机床等智能装备制造类形成产业特色和优势，呼应全省一区域一特色产业集群的布局。

3. 人文幸福宜居的智慧城市。人文是扬州的特质，也是沿江八市中扬州的独特优势。幸福是城市发展的终极追求。从城市定位角度，把智慧化、信息化作为扬州城市发展的定位，既可以兼顾信息产业、装备产业的互动，同时也为未来城市走向现代化奠定基础。在这一领域，扬州有相当高的知名度，也是工信部、科技部的信息化城市和智慧城市的试点示范。

4. 跨江融合与城市群一体化发展的先行区。扬州是上届省委省政府确定的跨江融合发展综合改革试验区，扬州参与的"宁镇扬一体化"已经为扬子江城市群一体化发展，积累了先行先试的经验。扬州有意愿继续为跨江融合发展和城市群一体化发展先行先试。

5. 江淮生态大走廊的先导区。牢固树立"绿水青山就是金山银山"的发展理念，充分落实在保护中发展的发展思路，实行最严格的生态环境保护制度，加快产业结构转型升级，加强污染治理和生态修复，加大区域生态建设力度，走出一条经济发展与生态文明相辅相成的发展新道路，努力把江淮生态大走廊打造成清水走廊、安全走廊和绿色走廊。

6. 创新经济与生态经济协调发展的试验区。扬州的里下河地区面积比较大，高宝地区既处在扬子江城市群沿江八市，又处在里下河生态经济试验区，是探索创新经济与生态经济两种发展模式互动融合的区域。扬州有条件探索一条创新经济与生态经济融合互动、绿色发展与致富百姓相得益彰的转型发展之路，特别是高邮、宝应里下河地区，可以探索走不完全相同于苏北生态经济的一种发展模式，可以为全省在快速城镇化和工业化进程中发展生态经济提供经验积累。

四　扬州参与扬子江城市群建设的主要对接举措

1. 积极推进区域立体交通提档升级。积极参与建设长江两岸高铁环线、加密过江通道、建设交通枢纽、完善都市圈内部交通等重大交通战略，加快扬州至安徽宿州高速、沪陕高速江都至广陵段和连淮扬镇铁路等在建工程建设，力争北沿江（沪汉蓉）高铁、宁仪扬铁路、连淮扬镇铁路镇江至安徽宣城段"十三五"开工建设，加紧推进扬州至马鞍山城际铁路、西北绕城高速公路等项目的前期工作。强化扬州与扬子江城市群主要港口的分工合作，大力发展现代航运服务业和港口物流业，推动长江三角洲区域协调发展。调整优化国内航务计划，适当加密航线航班，实现与"扬子江城市群"重要节点城市的快联快通。

2. 以共建共享为重点，着力推进交通客运一体化。积极整合区域公共客运资源，开通宁镇扬城际快巴和扬州至镇江、六合等毗邻地区的公交线路，推进城市公交线路首末站跨市相互延伸，在火车站、长途汽车站、机场等综合客运枢纽互设出租车回程载客点，建立点到点、通勤快速的客运服务体系；推动整合区域交通信息资源，加快区域性的跨运输方式客运联程系统建设，力争在长三角、宁镇扬率先实现一次购票、无缝衔接的客运"一票制"。

3. 加快推进区域园区共建。产业融合，是扬子江城市群发展的关键，对扬州而言更是如此。随着跨江融合战略的深入实施，各种跨江融合的力量正在我市各地和各个园区迸发。以开展园区共建为抓手，实质性推动江都、邗江、仪征经济开发区与苏南等地园区（大型企业）加强对接，积极引进项目、资金和技术，推动园区共建工作取得实效。加快推进扬州出口加工区升级为国家综合保税区，推广复制上海等自贸区的经验，积极推进投资、贸易、金融和综合监管制度改革，鼓励扬州港与自贸区内航运企业合作，开展"捎带业务"。

4. 深化重点产业领域合作。推动南航机器人研发团队与扬州邗江高新区对接，最终促成南航克拉夫博特机器人公司落户。着重推进上海（扬州）网络视听产业园的项目落地，提升我市信息产业的整体水平；加强与南京软件园在载体建设、平台打造、技术引进等方面深度合作，推动华为—中国移动数据中心项目建设。化工产业园积极科学承接南京石化园区产业转移，完善产业链条，提升发展、错位竞争。对接南化、金陵石化、扬子石化等优势企业，争取更多的原料供应，引进科技含量高、工艺水平先进、产品附加值高的绿色生态型项目。汽车产业争取与上海大众在发动机及整车（二期）项目上合作，推进五环龙汽车与上海中科深江在节能环保车型上的深度合作，促进仪征汽车科技城与上汽集团共建，放大仪征市省级整车产业基地品牌效应。

5. 深层次推进区域旅游、健康产业合作。更加注重营造绿色、韧性、包容的环境，从单维的经济增长目标向"三宜"的多维目标转变。注重打造优越的居住、工作和游憩环境，注重增强对气候变化、安全威胁、经济危机和社会变革的预防、准备、适应及快速恢复能力，注重保障不同社会阶层公平、公正地享有发展权益。以开展区域旅游深度合作为抓手，推动构建统一的旅游公共服务平台，与省内旅游资源开展联合推介活动，促进旅游线路全面对接，统一宣传推介、市场监管和产品开发，打造区域旅游品牌；进一步挖掘和整合我市的旅游资源，坚持在保护中发展、在发展中保护，推动我市旅游景点提档升级。推动区域养老服务业合作。以推进长三角协调会健康服务业专业委员会平台建设为抓手，重点在完善相关工作制度、推进品牌培育输出、组织健康产业活动、提升健康专委会能级、开展互动交流等方面不断拓展合作空间。

6. 优化区域人才引进、培养、合作模式。着眼扬子江城市群地区丰富的高等教育资源，加强与扬子江城市群地区扬州籍人才的联络交流，鼓励引导更多扬子江城市群地区人才特别是扬州籍在外人才回扬发展。继续加强与南京大学等重点高校的人才培养合作，常态化、模块化、个性化举办各类培训研修班。鼓励引导企业与高校合作建设实践基地、培训基地等实训平台，提升我市人才联合培养水平。通过简化签证手续、延长免签等方式，鼓励海外人才来城市群就业创业，探索建立

"人才特区"。制定并实施全球引"智"计划，建立新型产业技术专家库和领军型、复合型人才数据库，着力吸引一批国际化的机构与人才。依托开发区、科技园等平台，借鉴国际人才培养的先进模式，大力吸引国际化科研机构入驻。

引金融"之血"通"宁镇扬一体化"之脉[*]

——宁镇扬一体化建设金融支持专题研究报告

工商银行江苏省分行营业部 施书芳

一 金融在宁镇扬一体化建设中的战略价值和意义

1. 金融资源的有效配置可以为宁镇扬区域经济发展注入更多活力

在宁镇扬一体化的共融共享协同发展中,金融事关此项重大战略部署的经济主权及资源配置控制权,在服务宁镇扬一体化建设,维护经济增长与整体利益发挥着不可替代的重要作用。金融在宁镇扬一体化过程中的价值取向,就是维护该一体化的核心利益,在各个环节及通向成功的道路上输血通脉,充当开路先锋。伴随着宁镇扬一体化共享经济的进步与发展,金融的作用日益突出,战略意义与价值日益显现。金融正通过与宁镇扬实体经济、优秀文化、区域优势等紧密融合与配合、叠加,形成一种全新的"金融+宁镇扬发展生态",并成为提升综合实力的重要方向。

---

[*] 2017年三等奖。

2. "金融+实体经济"是促进宁镇扬一体化发展的强劲动力

深化宁镇扬区域的政银企合作，以市场为纽带，以共赢为目标，以诚信为根本、实现宁镇扬三地的互惠、互利、互助、互融、互通、共同发展，将会给宁镇扬的健康发展提供更加强劲的动力和活力。从金融的角度，主动对接三市政府和企业，强化金融扶持，加大积极争取力度，加大信贷投放力度，上下联动，进一步创新经营管理方法，从而在共生共荣中建立长久合作关系，为促进宁镇扬的一体化建设提供最坚实的金融服务与保障。政银企相互依存、荣辱与共、唇齿相依，要实现互惠合作，营造良好的金融生态环境。

3. "宁镇扬"一体化为金融发展提供了新机遇

宁镇扬一体化发展战略可以在不改变既有行政层级的前提下，通过制度创新，寻求治理模式的突破，打破行政经济，实现空间重构、产业重组、资源共享。这对金融发展也提供了新的活力和发展机遇。

二　宁镇扬一体化金融发展难点剖析

1. 缺乏相应的金融顶层设计

宁镇扬虽然同属江苏省金融管理区域，但是在金融资源调配和协调上还存在区域金融难以融合的情况，专门针对三地金融协同发展的相关措施尚未出台或力度不够，表现形式上还不够积极，在一定程度上会影响一体化建设的协同、协调发展。由于缺乏顶层设计，三地之间的金融管理模式缺乏创新力度，会造成协同发展中的难点和焦点。

2. 金融资本流动不畅

正是因为缺乏顶层设计，带来的问题就是容易导致金融资本流动不畅。特别是目前银行还不能实现三地跨地区放款，这会影响三地企业的融资获取率，也不利于金融资本的合理快速流动。由于三地的资金分配并不平衡，导致融资成本存在差异。这在一定程度上会造成一体化发展建设的难度加大，影响进程。

3. 宁镇扬三地金融发展水平存在差距

南京是江苏省的省会城市，具有较强的金融管理和辐射能力，对宁镇扬一体化建设中的融创新起引领作用，对金融机构和人才流动具有强大的虹吸效应，同时，南京相比其他两地金融资源更加丰富，金融也对宁镇扬三地的经济发展的贡献率也较高。而镇江、扬州两市虽然近年来金融业发展速度很快，在金融创新等方面也取得了显著成效，但相对南京市，还面临着产业转型升级、城市发展的问题，金融软环境需要进一步加强，这种差距会在一定程度上制约三地协同发展水平。

宁镇扬金融统计数据

时间	地区名称	本外币各项存款余额（亿元）	比年初增加（%）	本外币各项贷款余额（亿元）	比年初增加（%）
2006年	南京	5960.83	14.10	5326.64	15.60
	镇江	928.20	42.49	668.03	107.53
	扬州	1085.26	132.57	597.24	83.90
2007年	南京	7131.80	19.60	6333.15	18.90
	镇江	1041.44	92.00	843.18	131.80
	扬州	1276.30	163.90	765.90	156.40
2008年	南京	8562.27	20.00	7483.10	18.80
	镇江	1262.71	239.12	920.98	131.96
	扬州	4112	780	2080	305
2009年	南京	10720	27.73	9120	28.30
	镇江	1785.29	522.58	1286.64	365.66
	扬州	2067.13	515.25	1212.75	323.33
2010年	南京	12887.43	16.20	10915.34	15.60
	镇江	2203.22	417.93	1563.34	276.70
	扬州	2430.60	363.40	1486.10	273.30
2011年	南京	14241.99	1320.22	11723.52	816.59
	镇江	2474.45	230.49	1835.50	221.09
	扬州	2818.31	375.72	1718.03	235.41
2012年	南京	16540.43	2299.11	13079.32	1360.74
	镇江	2850.50	418.70	2073.30	285.90
	扬州	3310.84	492.96	2006.50	288.47

续表

时间	地区名称	本外币各项存款余额	比年初增加（%）	本外币各项贷款余额	比年初增加（%）
2013 年	南京	18417.90	1838.77	14538.65	1303.05
	镇江	3346.70	447.20	2422.70	294.50
	扬州	752.82	17.50	412.67	20.90
2014 年	南京	20733.39	12.60	16448.55	13.10
	镇江	3598.68	7.50	2730.10	12.70
	扬州	4323.54	11.19	2732.42	16.44
2015 年	南京	26471.69	16.90	18951.70	15.20
	镇江	4056.71	12.70	3023.85	10.80
	扬州	4719.40	9.60	3095.77	363.40
2016 年	南京	28355.89	7.10	22268.94	17.50
	镇江	4705.99	736.88	3444.36	461.48
	扬州	5361.50	13.60	3508.13	13.30

数据来源：2006—2016 年宁镇扬三地国民经济和社会发展统计公报。

三 金融促进宁镇扬一体化协同发展的着力点分析

1. 金融应在宁镇扬三地协同发展中勇于担当

宁镇扬协同发展已经纳入江苏省经济发展的重要部署，这涉及三市产业转移与转型、资源分配、区域经济提升等，对于宁镇扬三地经济社会的健康发展具有非常重要的意义。金融是现代经济的核心，在三地社会资源的整合配置中应发挥出有所担当，发挥重要作用。宁镇扬经济协同发展需要金融协同支持，以特殊的身份推动产业布局重整和转型升级，促进三地资本有效、有序流动，最大限度地支持宁镇扬一体化区域经济稳步健康增长。

2. 宁镇扬一体化经济协同发展需要金融先行

宁镇扬一体化建设涉及三地产业的科学布局、城市规划的步调一致协调、战略新兴产业的培育,三地社会经济功能的完善与创新,重大项目还需要有机协调,等等,每一项都涉及资本的流动、金融资源的配置、资金的支持,这些均离不开三地金融的协同发展。打破区域金融的壁垒与分割,发挥金融对三地经济的推动作用,促进资本市场服务经济的功能,是宁镇扬一体化协同发展面临的紧迫任务,需要金融先行。

3. 宁镇扬一体化协同发展需要提高金融运行效率

宁镇扬一体化建设,涉及企业转型、资源配置、交通枢纽、旅游、人才流动,还要配合的"一带一路"等重要的国家发展与经济部署,资金的结算等高效运行显得尤为重要,其中必然牵扯到资金结算的跨市、跨地区的行政区域、贷款指标的合理分配等问题,这些需要金融政策的明确和金融机构之间的协调,以保证结算方便快捷、资金运行顺畅,资金运行效率的提高。

4. 运用金融功能促进"宁镇扬"优势互补,协同发展

宁镇扬金融支持要勇于改革创新,适时进行战略定位与调整,为金融业务创新、金融产品创新和为区域经济发展提供成功范例,在苏南现代化建设示范区、长三角一体化发展和构建长江经济新制度中发挥重大作用。

5. 建立宁镇扬协同发展的金融制度安排

通过相应的金融制度安排和协同合作,促进金融资本合理流动,逐步突破城际之间要素流动障碍,实现生态环境、基础设施、产业布局、公共服务、旅游开发等方面的高度融合发展,从而更好地实现资源优化配置、城市功能不断完善和创新、区域竞争力显著提高的目的。

6. 进行多层次立体化推进区域金融合作

要突破行政区划的限制,加强宁镇扬三地区域金融联动,实现金融资源在更大范围的便利流动和优化配置,带动江苏及其他地区提升金融发展水平,形成区域金融协调发展新格局;建成具有辐射力和带动力强的金融产业带,推动宁镇扬都市圈金融产业的集聚、整合与升级,优化区域金融业功能布局,努力使宁镇扬区域成为连通江苏与中国乃至世界金融市场、具有国内重要影响力的金融合作区域。

7. 推动宁镇扬金融服务同城化

宁镇扬金融服务要在整体规划、科学评估、先行先试、错位发展、

优化环境、改善服务、扩大开放、提升水平等方面有所突破，完善与之相匹配的现代金融组织体系，提高区域金融综合实力和竞争力；推进并促进金融市场体制机制创新，加快金融产品和服务方式创新，拓宽投融资渠道。

四 宁镇扬一体化金融溶血促进发展对策建议

1. 重视顶层设计

金融业属于特殊行业，其运作运行需要在严格的金融监管下进行，因此宁镇扬一体化的金融措施需要金融管理部门的积极支持，进行恰当的顶层设计。央行应该做出相应规划，制定宁镇扬三地金融协同一体化发展的相关政策和措施，明确三地的金融功能定位和分工，有效整合金融资源，实现信息互通、利益共享，协同一致、共同发展，充分发挥金融对宁镇扬一体化的经济推动作用。

2. 加强宁镇扬三地金融合作

协调各地区位优势、土地人力资源成本等优势，努力开拓和发展自身的金融产业，在壮大本地金融市场主体的基础上，积极搭建宁镇扬区域金融对接平台，承接其金融非核心功能的溢出资源，加强金融机构合作，抓好金融配套和服务，完善金融后台服务功能。

3. 推动宁镇扬三地金融资源跨区域流动

通过畅通的金融资源有效流动的机制，在保证金融安全的前提下，灵活进行资源自由配置，实现资金三地间流动，增强金融与企业的融合，促进整体经济发展。要打破宁镇扬银行业务的区域壁垒，构建协同合作机制，推动金融机构跨地区经营，使区域金融作用得以有效发挥和辐射。

4. 加强宁镇扬金融的协作与交流

宁镇扬地区共同进行社会信用体系建设，共同构建风控机制。尤其是银行业金融机构应该增进合作，研究区域经济一体化发展中的银行业发展战略，建立宁镇扬三地银行业全方位战略伙伴关系，实现资源共享、合作共赢。创新金融服务手段，打破区域限制，实现结算方便快捷，提高资金的运行效率。

5. 完善金融服务体系

进一步完善地方金融服务体系，提高服务水平。满足宁镇扬三市共同发展过程中不同企业主体对不同金融服务的需求。金融部门可有选择地适当放开对地方金融业务区域范围的限制，对符合条件的企业积极开展银行承兑和票据贴现业务，解决企业特殊资金需要。

建立良好的金融生态环境。建立良好的金融生态环境。要进一步改善金融政策环境和经营环境，正确把握运用金融规律，以政府为主导，大力加强诚信建设；进一步规范企业改制行为，提高透明度和协调性，加强金融部门维权，减少风险资产损失；加快社会保障体系建设，发展和完善征信公司、资信评级机构等信用体系，降低融资交易成本.

善于运用多种金融渠道融通资金。鼓励和支持"宁镇扬"地区企业进行市场化融资。积极研究国内外资本投资非上市股份制公司的有效途径。通过多种形式吸引国外资金。千方百计启动民间资金。制定科学的产业指导规划，引导民间资本合理流动。

结　语

利用"宁镇扬"特有的区域优势，应对长江经济带快速发展，胸怀大局、高点站位，利用金融优势主动融入、精准推进，抓住机遇、重点突破，进一步推进"宁镇扬一体化"向纵深发展，已成为三市金融业共识。围绕"宁镇扬一体化"，如何在金融方面给予积极响应与支持，引金融"之血"通"宁镇扬一体化"之脉，加快"一体化"进程，是金融肩负的历史使命和荣耀的社会责任。

扬中参与宁镇扬一体化发展的对策建议[*]

扬中市委党校课题组

随着经济全球化和区域经济一体化进程的演进，在一个区域内，资本、信息、资源、技术等逐渐形成一个相互依赖、相互作用的网络，城市便是支撑这个网络系统的关键节点。以大都市为核心的城市群已经成为经济最为活跃的区域并开始主导国家经济乃至全球经济。中国长江三角洲地区之所以能够有较快和较高层次的经济发展，其主要原因之一就是这一地区的城市群结构正在形成。自"十三五"以来，长三角经济发展已经呈现出多中心和空间重组的趋势，多中心结构化特征十分明显。事实上，在长三角多中心结构极化的格局中，宁镇扬正借助于南京特大型城市圈的建设，依托南京"中心城市"的首位效应，补长短板，积极发挥后发优势，逐渐体现出综合优势。扬中位于宁镇扬板块的东北部，积极参与宁镇扬一体化发展，意义重大，影响深远。

一 "借船出海"：把握参与宁镇扬一体化发展新机遇

加快宁镇扬一体化发展是全省区域协调发展战略的重要内容，也是

---

[*] 2017年二等奖。

扬中转型发展面临的重大现实机遇。

(一) 宁镇扬一体化正进入"实质性提速期"

早在2002年，扬州市委市政府提出了共同构建"宁镇扬板块"的战略构想。2006年，"构建宁镇扬经济板块"作为全省战略正式出现在江苏省第十一次党代会的工作报告中。2012年，"宁镇扬同城化"首次写入了江苏省政府工作报告中。2013年，"宁镇扬同城化"再次被写入省政府工作报告，并被列为全年的工作重点之一。目前，宁镇扬一体化发展正进入"实质性"提速期。

1. 重要文件已经制定

为加快推进宁镇扬同城化进程，2014年8月，江苏省政府制定印发了《宁镇扬同城化发展规划》。2017年3月，镇江制定了《镇江宁镇扬同城化实施方案》，从基础设施互联互通、产业发展合作共赢等六方面加以推进。

2. 重大会议相继召开

2016年11月，省委书记李强在省委第十三次党代会中明确提出："顺应以城市群为主体形态推进城市化的大趋势，发挥南京特大城市带动作用，推动宁镇扬等板块一体化。"2017年2月，在省十二届人大五次会议上，省政府将宁镇扬一体化列为全年重点工作之一，明确"推动宁镇扬一体化取得实质性进展，促进沿江城市集群发展、融合发展"。2017年5月，省政府在镇江召开宁镇扬一体化推进会，研究部署下一步主要任务和工作重点，并要求坚持先行先试，支持有条件、有基础、有联动效应的地区积极探索，打造一体化发展"样板区"。

3. 重点项目全力推进

2017年2月，江苏省重大项目集中开工现场推进会在南京召开，其中南京总投资2716亿元，居全省首位，镇江总投资532亿元，较往年有明显提升，为宁镇扬一体化发展提供了重要的资金支持。5月底，镇江制定并公布《宁镇扬一体化发展2017年重大项目投资计划》，明确镇江市项目59个，年度计划投资326.8亿元，新开工项目30个。这些已充分表明了省委省政府加快推进宁镇扬一体化战略的坚强决心，更表明了这一全省发展战略正式进入实质性、操作性层面，宁镇扬一体化正进入一个"实质性提速期"。

(二) 宁镇扬一体化是扬中转型发展的"窗口期"

从发展规律上看，每一个城市的跨越发展都有其"窗口期"，抓住机遇就能乘风破浪，错过了发展"窗口"，往往就会错过一个时代。扬中参与宁镇扬一体化发展，推进转型提升的"窗口期"已经来临。

1. 加快融入区域板块

从区域位置来看，扬中位于宁镇扬板块的边缘，介于宁镇扬板块和苏锡常板块的交汇点，宁镇扬一体化后，城市间的时空距离将大大缩短，扬中偏居一隅的地理劣势将会打破，必将成为宁镇扬城市群、苏锡常城市群和扬子江城市群之间承东启西、跨江联动的桥梁与枢纽和重要节点，真正融入区域发展板块，实现协同发展、联动发展、一体发展。

2. 更好提升发展质效

从产业发展来看，改革开放以来，扬中已培育形成了三大主导产业，并在发展中逐步确立了"3+X"的产业体系（"3"，即智能电气、新能源、先进装备制造三大产业；"X"，即新材料、电子信息产品、节能环保产业等其他新兴产业）。近几年，随着新旧产业和发展动能转换进入关键期，扬中产业"高端化、规模化、品牌化、聚集化"发展是必然选择。扬中通过深度参与宁镇扬一体化发展，切实做好"三去一降一补"工作，打好转型升级"组合拳"，将有效促进产业结构进一步优化，提升经济发展质效。

3. 全面共享优质服务

从居民获得感和幸福感来看，2016年，扬中人均GDP超过2.14万美元，城镇居民可支配收入超过4.58万元，均位居全省前列，人均储蓄存款余额达8.13万元，居全省首位。经济发展的同时，人们对医疗、教育等高品质服务的需求日益提升，但与苏南地区相比，扬中的公共服务水平不高，优质公共产品供给偏少。扬中应当以参与宁镇扬一体化为契机，贯彻以人民为中心的新发展理念，借力大城市公共服务资源优势，加大优质公共产品供给，提高公共服务水平，多为群众办实事办好事，让扬中人民拥有更多的获得感、幸福感和满足感。

二 "登高望远":提升参与宁镇扬一体化发展新站位

宁镇扬一体化包括南京、镇江、扬州三市全域,面积1.7万平方千米,范围内有南京、镇江、扬州3个地级市(包括17个市辖区),高邮、仪征、丹阳、扬中、句容5个县级市、宝应1个县。扬中属于次紧密圈层,位于沿江发展带,但在镇江市行政区域内地理位置离南京最远,面积小,人口少,缺乏句容、丹阳的区位、交通优势,在宁镇扬一体化中如果没有准确的发展定位,相对来讲有"被边缘化"的危险。"好风凭借力,送我上青云。"因此,扬中要抓住参与宁镇扬一体化发展的难得"窗口期",突破"小我"局限,登高望远,高点站位,坚持以特取胜、以优见长,使扬中在参与宁镇扬一体化发展中占有不可或缺的一席之地。

(一)以食为媒,打造"世界河豚美食岛"

扬中是河豚文化的发源地、集聚地和重要的传承地,从古至今,扬中一直被称作"河豚鱼之乡"。2008年,扬中河豚和河豚文化被列入镇江市非物质文化遗产保护名录;2011年,被评为"中国河豚美食之乡";2012年,扬中被授予"中国河豚文化之乡",被28国驻华使节授予"最值得向世界推荐的中国河豚岛"称号。

宁镇扬一体化发展下的"世界河豚美食岛"就是要抓住国家河豚鱼食用政策"开禁"机遇,依托"中国河豚美食之乡"品牌,实现河豚美食的"全球化",河豚烹饪的"标准化",河豚产业的"品牌化",河豚文化的"本土化",让"扬中河豚"香飘四海,使河豚和河豚文化成为扬中经济、文化发展的"世界名片"。

(二)以电为介,打造"中国智能电气岛"

扬中工程电气产业起步于改革开放之初,经过三十多年的发展,企业众多,实力雄厚,被誉为"工程电器之乡""中国工程电器岛"。扬

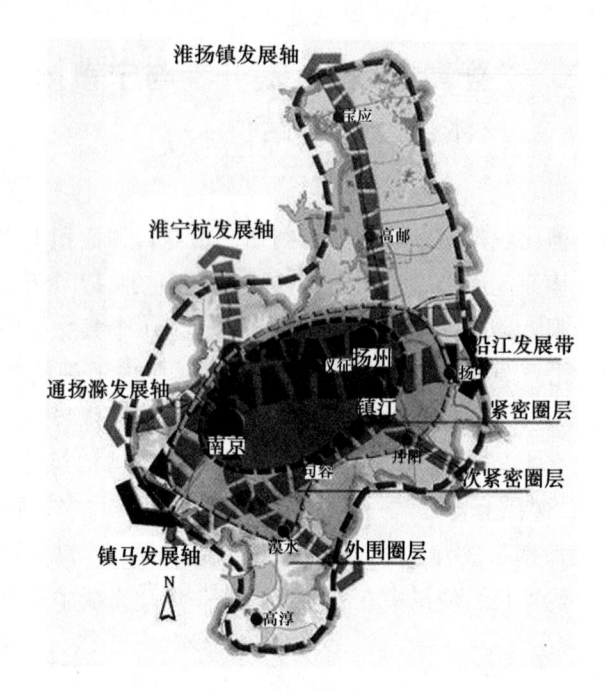

宁镇扬一体化发展格局示意图

中将依托"中国制造2025""一带一路"建设等机遇，凝心聚力、创新突破，实现扬中由"中国工程电器岛"向"中国智能电气岛"华丽嬗变。

宁镇扬一体化发展下的"中国智能电气岛"就是依托"国家火炬计划扬中电力电器产业基地"，持续扩大产业整体规模，拉伸产业链条，在产业链中高端占据绝对主导地位，通过建设全国性智能电气研发中心和行业协会，制定我国智能电气的行业标准和技术规范，抢占市场和行业"话语权"，真正形成智能电气"扬中智造"品牌。

(三) 以康为核，打造"长江康养旅游岛"

随着经济社会快速发展，健康已成为人们生活的一种普遍追求。涵盖养老、养生、医疗、文化、体育、旅游等诸多业态的康养产业成为备受国民关注的新兴产业，成为多业态融合的"新蓝海"。依托于良好的自然生态环境、人文活动环境等资源条件，扬中具有发挥生态资源康养价值、打造"长江康养旅游岛"的天然禀赋。

宁镇扬一体化发展下的"长江康养旅游岛"就是要依托"国家级生态示范区"、国家生态市建设，挖掘长江优质"生态资源"，展示秀美的"大江风貌"、恬静的"田园风光"和精致的"特色民居"，打造集旅游休闲、康体养生、生态居住功能为一体的长江度假旅游生活区，形成旅游休闲+康体养生的"扬中模式"。

三 "启智图新"：谋划参与宁镇扬一体化发展新举措

对接宁镇扬，抓住实现跨越发展的"窗口期"，按下城市转型提升的"快捷键"，扬中必须抢抓机遇，扬长补短，超前谋划参与一体化发展的新举措，扩大协作面和合作范围。建议打好对接、联通、互动、融合、增色"五张牌"：

（一）打好规划"对接牌"

规划是龙头，宁镇扬一体化首先是规划的一体化。要高度重视规划的前瞻性、可操作性和指导性，突出重点，着眼长远，以高水平的规划引领发展。

1. 跟踪落实已有规划，发挥政策"叠加效应"

省政府2014年发布的《宁镇扬同城化规划》中涉及扬中的表述是"新建镇江至扬中快速路，适时建设镇江至扬中都市圈轨道"，目前镇江至镇江新区（主要是丁卯桥至新区管委会段）的快速路（金港大道）已修建通车，但镇江新区至扬中（主要是新区管委会至扬中三桥段）的快速路因红绿灯太多，通行不够快捷，建议向镇江提出通过修造主路辅路或高架的形式打通这一重要交通动脉上的"肠梗阻"，保证扬中至镇江中心城区30分钟通达。轨道交通是城市群内部的重要纽带，也是协同发展的必要条件。近期，《镇江市城市总体规划》也已出炉，轨道交通三号线远期将连通扬中，市民出行的方式将呈现多元化、便捷化、快速化趋势。对此，一方面建议镇江尽可能将远期目标缩短，提前到2025年前建设镇江至扬中的轨道交通；另一方面在《扬中城市总体规划（2013—2030）》《扬中南部新城总体规划（2013—2020）》中做好扬中主城区站、南部新城站等线路站点的预留及准备工作，将轨道交通、停车、公交车站换乘、商业设施等打包同步设计，发挥政策"叠加效应"，实现政策效益最大化。

2. 对接未来修订规划，体现更多"扬中元素"

扬中地处宁镇扬次紧密带，因缺乏地理位置等优势，在已经颁布的同城化规划中被提及的频次极少。当前宁镇扬一体化进入实质性推动阶段，扬中必须主动向上汇报衔接，跟踪联系，将有利于深度推进扬中参与宁镇扬一体化的建议方案落实到相关的规划文件中去。据悉，《宁镇一体化规划研究》已经启动，《宁镇扬一体化空间协调规划》已形成中期成果，面对上述即将编制完成的重要规划，扬中应该抓住时机，主动对接、提前介入，列出"菜单式"的项目诉求，在产业、交通、旅游、设施、文化和生态等各个领域"无缝对接"，争取在上述规划中体现更多的"扬中元素"，为扬中长远发展打下坚实的政策基础。

（二）打好交通"联通牌"

快联快通的基础设施，是宁镇扬一体化的发展之基。我市应借助宁镇扬一体化建设的契机，加快完善市外重要交通节点的交通连接、市内综合交通网络体系及信息网络体系建设，提升有形无形两条"高速通道"，缩短与其他城市的时空距离，增强扬中与宁镇扬板块的粘合度。

1. 融入交通路网体系，缩短城市时空距离

（1）**主动对接高铁站点**。随着泰常高速的建成通车，目前扬中至周边高速入口的时空距离已大大缩短，现在中国已经进入高铁时代，当务之急，要破解扬中快速对接高铁站的难题。对于扬中上半洲，五峰山大桥通车后，连淮扬镇铁路高铁线将在镇江新区设立站点，扬中要及时做好镇江新区站的对接工作，如开辟公交专线等，方便市民高铁出行；对于下半洲，目前常泰城际铁路已经纳入国家《长江经济带综合立体交通走廊规划》（2014年—2020年），这条过江通道将紧靠扬中西来桥而

过,要及时规划西来桥对接该线路最近站点道路建设。对于南部新城,争取向省委要政策,建议省交通部门把358省道和243省道衔接起来规划建设扬中"五桥"(扬丹公路跨夹江建桥),把"金三角"(扬中油坊镇与丹阳丹北镇)联结成经济和产业互动的整体,让南部新城与苏南直接对接,与沿江高铁线交通联通、产业互动。

(2)**建设扬中环岛"最外环"**。经过多年的建设,扬中已形成"一环二纵"的交通格局,极大改善了扬中市内交通条件。为更好地对接宁镇扬交通一体化,让旅行出行更加便利,建议抓住入选全国城乡交通运输一体化创建示范县的重大机遇,在完善市内交通路网的基础上,利用现有扬中环岛江堤,重点建设扬中环岛通道,把环岛公路打造成扬中的最外环,成为江岛扬中的"最美金边"。

2. 完善港口基础设施,提升水运服务能力

(1)**提升港口吞吐能力**。坚持"留白"岸线、生态优先的原则,利用好规划62.7千米港口岸线,顺应船舶大型化、航道深水化、码头专业化、集疏运网络化发展趋势,对接南京航道局,向上争取工程项目,加快推进扬中港口码头、锚地、夹江航道基础设施开发建设,提升港口12.5米深水航道通航条件。

(2)**建设游轮、游艇观光码头**。游轮旅游经济是"眼球经济""体验经济""循环经济",是一种几乎不产生污染排放的经济。长江内河游轮经济已成为长江沿线旅游经济发展的重点,依托游轮旅游业,可以带动地区内的船舶修造、餐饮购物、住宿交通及其他相关配套产业的联动发展。扬中要在渡江文化园、雷公岛、渔文化园、园博园等核心景点设立游轮、游艇码头,开通"扬中大江风貌一日游",启动扬中"全域旅游"的新模式,并主动与重庆新世纪游轮股份有限公司(该公司将南京作为母港,已开辟南京—上海新航线)联系,吸引游轮在扬中停靠,使游轮码头与高铁、公路一起形成"铁、公、水"联运的综合旅游服务网络。

3. 建设信息云平台,打造"信息高速公路"

(1)**建设新一代信息基础设施**。信息网络是继路网、航空网、能源保障网、水网的第五大基础设施。扬中要积极利用南京定位为国家互联网骨干直联点的区域便利,积极参与"网络强省"和"数字宁镇扬"

的规划、建设和管理，协同建设连接三地的光缆传输干线网，实现市域城乡光纤宽带网络的深度覆盖，架起"信息高速公路"。

（2）推进扬中"无线城市"建设。依托"数字扬中"工程，以电子政务工程、电子商务工程、公众信息化工程、电子社区工程、无线数字城市管理和应急联动工程等工程项目为抓手，无线网络实现城区公共场所全覆盖，为广大市民和游客提供免费 wifi 信号以及无线政务、交通出行、便民服务等多项应用，提升城市信息化水平，打造宁镇扬区域"智慧城市"新样板。

(三) 打好产业"互动牌"

宁镇扬一体化的过程，其实就是大区域中产业结构互动和重构的过程。对扬中来说，关键就是在这个互动的过程中，找准自身在整个城市集群中的定位，推动产业和城市的深度融合，最终实现城市的特色发展、错位发展。

1. 坚持开放共赢，开展"百企联姻"活动

众所周知，扬中已经形成智能电器、新能源及先进装备制造三大主导产业，工程电器制造品牌早已闻名于世，但智能电气产业建设还需努力，新能源产业也已具备一定规模但还处于产业链的低端，借此契机，可由政府当"红娘"，百企结"良缘"，消除"孤岛现象"。一方面，各大企业要积极与南京高科技产业园的相关国企、外资企业和科研院所进行联姻，进一步促进资源互通有无，优势互补。我市临港装备制造业、粮食加工储运等可抓住江苏港口集团成立的契机，依托扬中深水岸线优势，策应港口布局调整，接受南京、镇江产业转移，加快发展既符合保护长江又可形成经济优势的港产城一体化优质项目。另一方面，中小企业的未来发展要注重"专精特新"，不在于规模是否大，向小而专、小而特、小而强的方向发展，甘做大企业的"配套专家"，形成中小企业"铺天盖地"的新格局。

2. 借力扬子江旅游品牌，打造"江岛特色旅游"

旅游一体化是宁镇扬一体化建设的一项重要抓手。一方面，目前镇江正在加紧创建国家全域旅游示范区，把旅游产业作为千亿级产业进行打造。随着"宁镇扬旅游一卡通"的开通，将大大增加宁镇扬板块的

旅客人流，激活全域旅游市场。另一方面，过去扬中依靠制造业奠定了良好的经济基础，第三产业中旅游业尚有很大的发展空间，生态旅游资源尚未得到充分挖掘。所以，扬中要紧抓宁镇扬旅游一体化建设机遇，直接对接扬子江旅游品牌打造，对接扬子江特色景观廊道建设，与南京、镇江、扬州联合包装推介旅游线路产品，借助宁镇扬已有的旅游景点名气，将扬中优质、特色景点资源纳入"旅游一卡通"，实现扬中旅游业的弯道超车、快速发展。

扬中作为长江中的第二大岛，其旅游资源的开发要有自身特色，应区别于崇明岛、世业洲等旅游岛开发模式。扬中旅游业可定位结合产业特色，强化岛城禀赋，融合主题文化。一是河豚美食岛：在做好河豚美食的基础上，大力挖掘河豚文化资源，做大"河豚+旅游"文章，带人气聚财气，在园博园基础之上打造"江豚国际公园"主题公园，借鉴常州恐龙园建设经验，定位国家5A级公园建设标准，通过招商引资的方式，吸引国际知名旅游企业财团注资打造管理，将江豚保护和河豚文化紧密结合起来，让河豚为扬中代言，提高国际知名度，使扬中名扬天下。二是智能电器岛：结合新坝打造特色小镇建设，开辟"工业+旅游"模式，通过参观车间、品牌宣传、产品展销、自助体验的工业旅游模式，宣传企业文化、推介特色产品、扩大品牌影响力，以旅游业助推工业转型升级。同时，参照乌镇举办世界互联网大会、同里建设能源小镇提升地域知名度的经验，积极承办绿色能源技术与产业发展大会、世界工程师大会，并成为永久会址，成为旅游新景点。三是康养旅游岛："健康中国产业"是我国"十三五"重点发展的民生内需产业，扬中应抓住国家战略机遇，发展"康养+旅游"项目，利用扬中独特不可复制的大江风貌、江岛生态，高定位高标准发展健康旅游产业，主动吸引工大集团、中节能、中广核、恒大集团等一批知名企业前来洽谈合作，力争建设成为长三角乃至全国康养服务中心。借助扬中雷公岛生态旅游度假区被列为《2017全国优选旅游项目名录》，抢抓政策优惠，将高端生态养老作为建设主旨之一，一举打造长江经济带上国际知名的旅游生态养生岛品牌。

3. 培育发展特色农产品，打造河豚"镇江特产"

做大做强二、三产业的同时，也要大力打造现代特色农业，利用自然生态优势，进一步整合江滩资源，围绕"长江三鲜"特种水产、畜禽养殖、蔬菜生产以及秧草、柳编等特色产品，招引南京、镇江高效农业龙头企业落户我市，在不断提升规模化种养殖水平的同时，建设一批品牌农产品基地，培育一批绿色有机农产品品牌，争创国家级品牌农产品，提升农业产出效益。积极推进农业与信息化融合，抢抓"互联网+"机遇，加快培育新型职业农民和农村电子商务平台，拓展互联网销售渠道。通过与南京、镇江、扬州三地周边超市对接，与连锁超市签订协议，在各大型超市设立扬中特色农产品销售专区（柜）、定期开展特色农产品主题推介活动，将特色扬中品牌有机农产品，如金香园有机大米、三叶咸阳草等优质扬中特产走进大城市货架。借鉴盱眙龙虾产业发展成功经验，重点打造"河豚鱼"全产业链，让食客不需"拼死吃河豚"，安全品尝扬中河豚的"致命美味"，力争使"扬中河豚"成为与镇江"三怪"（香醋、肴肉、锅盖面）齐名的"第四怪"（"美味杀手"）镇江特产。

（四）打好公共服务"融合牌"

公共服务融合共享是宁镇扬一体化的保障。从发展进程来说，公共服务是一体化发展的深度标志和最终目的。南京定位国家中心城市，具备特大城市的城市能级，高度集聚人流、物流、信息流，扬中深度融合以南京为中心的宁镇扬一体化板块，让市民能同样享受到大城市的公共服务高端化、优质化服务，提升市民的获得感和幸福感。

1. 跨区域合作办学，家门口上"名校"

一是推动建立基础教育学校跨区域联盟，借助名校资源优势，在教师进修学习、课程开发、网络教育平台建设、课程基地建设等方面实现多元交流，切实提升南京师范大学附属扬中小学的跨区域联合办学质量，并争取更大范围的联合办学。**二是**建立职业教育集团，推进扬中职业技校建设，积极构建区域间的现代职业教育体系，开展三市本科高校、高职院校与职业学校之间的分段联合培养试点（江阴已引进南京理工大学建立江阴分校），扬中可与南京、镇江高校合作引进分校项目，还可与扬州旅游职业学校联合办学或培养，加强导游、酒店管理等职业技能培训建设，与南京中医药大学、江苏大学合作，借力康养生态岛建设契机，兴办高级护工、育儿嫂等职业技能培训学校。

2. 深化合作办医，"名医下乡"送健康

一是借助宁镇扬医疗卫生服务一体化建设契机，开展医师互动交流，与结对医院专家开展导师结对带徒活动，专家定期到扬中门诊，我市医生多去结对医院进修培训，提升医疗能力水平。**二是**进一步完善预约挂号服务平台，扩大扬中接入省重点医院的数量。完成医检报告共享查询平台，协同推进三市医疗机构部分医学检验、影像检查结果在满足一定条件下的互认。以远程心电、远程会诊为重点建设目标，建成完善远程医疗服务平台，提升区域医疗服务水平。

(五) 打好生态"增色牌"

生态环境是扬中的城市名片，更是我市在宁镇扬一体化中的特色优势，讲好"水韵芳洲"故事的亮点品牌。

1. 推进环境治理，让天更蓝

加快实施"263"行动计划，重点围绕水气污染治理、固体废弃物综合利用与安全处置、新型污染防治等区域性重大环境问题，全面协同推进城际之间和市域内部的环境联防联治。协同构建宁镇扬空气质量和水量水质联合监测网络，建立监测信息共享和发布机制，实施建筑施工与生产等粉尘、噪声污染联合巡查制度，定期开展流域环境安全应急演练和突发事件应急处置。

2. 保持生态绿化，让地更绿

加强绿化造林建设，完善城市绿地生态系统，拓展生态廊道，增加绿化轴带，依托江岸建设好开放式天然公园，进一步提升湿地公园功能建设。

3. 开展"五水联治"，让水更清

持续用力，久久为功，完善我市首创的"河长制"，全面推进"五水联治"工程，畅通水系、净化水质、营造水景、提升水韵，充分激活"江中明珠"的岛城禀赋。

四 "勠力同心":统筹参与宁镇扬一体化发展新机制

扬中参与宁镇扬一体化发展是一个系统工程,需要各方合力,才能最终形成齐头进发的发展格局。

(一) 协调推动机制

1. 强化主体责任

建议成立由扬中市委书记或市长为组长、常务副市长和相关职能部门主要领导人参加的一体化发展工作领导小组,由政府办牵头,成立规划、交通、财政、信息化、城乡建设、社会保障等专项工作小组,加强对宁镇一体化过程中全局性问题的研究决策和实施工作。

2. 明确目标任务

按照省市部署,围绕交通基础设施、产业合作、民生建设、公共服务等,尽快编制《扬中参与宁镇扬一体化发展规划实施方案》,确保发展规划目标任务落到实处。

(二) 沟通会商机制

1. 开展对外交流与合作

未来的发展是区域间的合作发展、错位发展,要主动加强与省、南京、镇江、扬州、丹阳、句容等地部门和企事业单位的上下沟通与横向合作,做到资源共享、信息共享。

2. 成立决策咨询委员会

探索由专家学者、企业家、社会人士等组成"扬中智库",围绕参与一体化建设开展建言献策活动,提供科学合理、切实可行的决策咨询意见。

(三) 宣传推介机制

1. 全媒体推介

"好酒也怕巷子深",要大手笔宣传推介扬中。建议将扬中城市 LOGO 标志、城市主题宣传口号、城市主题广告语在高速公路、高铁车站、飞机场等交通结点广告牌上展示;拍摄"空中看扬中"、景点介绍等微视频,通过网络、BBS、微博、微信公众号等新媒体进行一体化宣传推介,让人们了解扬中,认识扬中,喜欢扬中,全面提升扬中在宁镇扬板块中的地位和影响力。

2. 多活动推广

以宣传部门为主要组织者,通过聘请高层次专家举办高层论坛(如"宁镇扬一体化发展研讨会",由宁镇扬三市党校每年轮流承办)、大型歌舞剧晚会(邀请有一定知名度的明星)、主题活动(知识竞赛、城市主题语征集等能够广泛参与的活动),吸引省市级媒体报道,向全省乃至全国宣传推介扬中,充分彰显扬中城市魅力,吸引投资,为扬中参与宁镇扬一体化发展提供良好环境。

(四) 督查考核机制

1. 建立激励机制

要建立完善精准、规范、科学、多维的政绩考核体系,将发展规划落实和一体化发展效果纳入干部考核指标体系,政治上激励、工作上支持、待遇上保障、心理上关怀,大力选树和宣传先进典型,推动干部放心放手干事创业。

2. 建立容错机制

宁镇扬一体化发展过程中,新事物新现象层出不穷,应对新问题新挑战,很多方面需要先行先试,应考虑到"改革本身要担风险,创新也需要不断试错的过程",就需要把落实"三个区分开来"要求落到实处,做到"为担当者担当",切实解决一些干部怕担责、怕出错,不敢为、不敢试等问题,推动形成支持改革、崇尚创新、宽容失败的良好环境。

"宁镇扬"生态环境检察一体化研究[*]

镇江市人民检察院　游若望　张冰茜

随着区域经济一体化进程加速，宁镇扬协同发展已成为我省的重大发展战略。近年来，宁镇扬三地通过产业转移和协同创新，逐步形成紧密联系的共同体，市场一体化、公共服务一体化、环境保护一体化、规划一体化建设取得显著成效。为顺应"宁镇扬一体化"发展趋势，三地检察机关亟须整合资源、优化职权配置，不断强化检察一体化、专业化建设，充分发挥司法服务和保障作用。本文以检察机关生态环境保护工作为视角，剖析检察工作一体化建设面临的困难，探讨宁镇扬生态环境保护检察工作一体化的现实路径。

一　宁镇扬生态环境保护工作存在的问题

环境是人类赖以生存和发展的基础，"宁镇扬一体化"对环境保护提出了高要求。从《宁镇扬同城化发展规划》和《宁镇扬同城化建设推进纲要》可以看出，生态环境保护是宁镇扬一体化建设的重要内容。但是，由于环境污染具有自身特点，以及三地行政执法和刑事司法方面衔接不畅，导致生态环境保护成为"宁镇扬一体化"的短板和薄弱环节。

---

[*] 2017 年二等奖。

（一）行政执法条块分割，生态环境行政执法衔接不畅

当前，我国在生态环境保护行政执法领域，实行统管与分管相结合的多主体分层次的行政执法体制，生态环境保护行政执法主体依据不同环境保护法律法规主要由环境保护部门、国土资源部门、城乡规划部门、农业部门、水利部门以及林业部门等多政府职能部门组成，生态环境保护行政执法权限存在交叉现象。实践中，宁镇扬三地行政机关之间各自为政，对于跨区划性质的环境污染相互扯皮，相互推诿，各地容易为了部门利益和地方利益，争着管抢着管，甚至越权管理，导致执法秩序混乱不堪。同时，生态环境行政执法还缺乏应有的行政程序规范。宁镇扬三地政执法机关在查处跨区划性质的环境污染行为时，衔接机制不畅通，缺乏刚性约束，移送和受理的随意性较大。目前三地衔接工作的开展主要是依据行政法规、高检院的有关规定、部门间的联合会签文件，但这些文件的约束力较低，执行的随意性大，未能形成稳定、长期、规范的协作关系，导致实践中容易出现以罚代刑、有罪不究、有案不移，甚至个别执法人员徇私舞弊、滥用职权、渎职失职的现象。

（二）环境污染犯罪后果隐蔽，生态环境领域犯罪查处难

环境污染犯罪危害后果的出现具有渐进性，其后果具有严重的潜伏性和隐蔽性。环境污染犯罪存在着复杂性，综合作用的环境污染犯罪，使得其在因果关系认定和责任确定上存在着重大困难。由于环境污染犯罪具有行政从属性，使得行政立法和行政规定等成了环境污染犯罪的前提条件。正因为如此，环境污染犯罪既可能因为明确的地域性（通常是犯罪行为地与危害结果地相分离）造成行政壁垒，进而导致司法机关管辖乏力，也可能由于不同行政区域的犯罪行为造成共同的危害结果而导致不同区域检察机关管辖冲突或者互相推诿。同时，由于环境资源犯罪呈现出跨区域性、跨行业、跨部门的动态特点，犯罪嫌疑人潜逃流窜等情况也随之增多。由于检察机关设置具有地域性，法律也明确规定了刑事犯罪案件地域管辖的诸多原则，因此各个检察机关之间不可能模糊彼此界限，过多地介入其他地域刑事案件的管辖。从实践来看，三地检察

机关之间的合作还限于个案合作,并未确立检察机关各部门之间的常态化协调和类案合作机制。

(三) 刑事司法地域壁垒,生态环境司法保护合力不足

宁镇扬一体化建设战略主要集中在交通、商业、生态、旅游、教育、医疗等与民生密切相关的领域,而对司法方面的协作未做规划。目前,三地对于司法保护一体化建设还缺少具体可行的操作计划,三地检察机关如何协调发展,并没有明确的法律制度予以协调。三地检察机关的合作协议仍处于规划主体多元化、层级多元化的状态,缺少强有力的统筹协调机构,同时三地检察机关的协作和公众参与度不够,导致检察机关各职能部门协作的积极性和主动性不足。这不仅浪费了检察资源,且合作效果欠佳。另一方面,由于三地检察机关办案规模、工作力度与发案状况不相一致,特别是渎职侵权案件线索难以及时传达,导致三地检察机关跨区划性质的生态环境领域渎职侵权犯罪发现难、立案难、取证难的局面依然存在。因此,宁镇扬一体化建设需要整体、大范围、全领域规划建设,除了以政府为主的民生领域的协同规划,作为社会保障最后一道防线的司法机关不能放置于规划之外。

二 宁镇扬环境保护检察一体化的必要性

"宁镇扬一体化"建设具体到环境保护方面,笔者认为,三地亟须建立生态环境保护检察工作一体化机制,通过对办案机制和资源进行整合,形成办理跨区划性质的环境资源案件协作机制。其必要性主要体现在以下几个方面:

(一) 检察一体化有利于协同打击环境污染刑事犯罪

资源环境案件的跨区域性、犯罪的灵活性与检察机关的区域壁垒之间的矛盾明显,使得检察机关在打击生态环境犯罪领域步履维艰。以查处非法采砂犯罪为例,2017年5月份以来,镇江市检察机关通过开展打击长江非法采砂专项行动,严肃查办非法采砂背后的职务犯罪,在一

个多月时间内连续立案查处贿赂案件10件10人。上述案件中，一些国家工作人员利用职务便利，为非法采砂人员长期提供帮助和保护，充当违法犯罪分子的"保护伞"；在案发后，又为非法采砂人员通风报信，企图使其逃避侦查，为检察机关打击非法采砂犯罪行为增加了难度。检察机关在打击非法采砂犯罪行为的过程中，犯罪嫌疑人因听到风声，在南京、镇江、扬州等地区逃窜以逃避侦查。因此，强化检察一体化建设，通过合理安排、统筹调配三地检察机关的检察资源，一定程度上能够增强三地检察机关整体协同作战能力，解决传统模式存在的多头查处、力量分散等突出矛盾。

（二）检察一体化有利于提升办案效率、节约司法成本

环境污染犯罪一般牵涉的时间长、范围广，检察机关在查处此类犯罪时常常涉及异地取证，如果没有强有力的检务合作，异地取证会显得异常困难。在跨区划环境污染犯罪中，由于其调查取证上存在的不便，很容易造成办案效率低下，使得取证时间大大延长，不利于跨区划环境污染犯罪案件的侦破。三地检察机关在异地协查问题上普遍缺乏保障，对妨碍调查取证的若干行为缺乏相应的强制措施，对异地检察机关的不配合行为无能为力，检察官异地紧急处分权也无相应规定。同时，三地检察机关在执法中，难免在掌握政策的尺度上出现差异，极易导致认定罪与非罪的混乱。因此，在宁镇扬一体化背景下，为了更有效地打击环境污染犯罪，应当建立起一套行之有效的检察工作协作机制，以适应新时期检察工作的需要。

（三）检察一体化有利于破除司法地方化、提升公信力

在行政案件、重大民商事案件、环境保护案件和食品安全案件中，三地司法机关极易受到地方党政部门及有关领导的干扰，影响案件依法独立公正处理。检察一体化能够摆脱来自于当地行政区域内诸多消极因素的干扰，克服司法地方化现象，从而保证国家法律的统一正确实施。检察一体化有利于提高三地检察官的专业素养，确保宁镇扬范围内该类型案件司法的统一性，解决诉讼"主客场"问题。同时，可以有效避免三地检察机关出于节省自身司法资源、保护地方利益等目的，对案件相互推诿或相互争抢。检察一体化通过异地管辖、指定管辖等方式对案件进行分流，将可能受到地方干预的、可能引起管辖权冲突的、跨地区的重大环境资源案件分流给其他地区的检察院，则可以避免当地检察院在处理这些特殊案件时卷入地方利益纷争，导致司法效率低下。

三　完善宁镇扬环境保护检察一体化的建议

宁镇扬一体化为南京、镇江、扬州三地的协同发展提供了机遇，而检察机关作为法律监督机关，在打击职务犯罪，推动社会治理方面具有独特优势。因此要充分发挥三地检察机关在服务"宁镇扬"环境资源保护方面的作用，积极构建检察一体化工作机制，全面服务保障"宁镇扬一体化"建设。

（一）开展协同立法，增强"检察一体化"制度供给

协同立法区别于区域立法最明显之处在于协同立法是不同行政区域的机构通过合作方式订立的旨在保持不同区域的法规与规章的协调，避免出现地区规则不一致所引起的冲突。从性质上说，协同立法属于地方立法机构之间的合作。实践中，两个以上的地方政府为实现区域公共事务的协同治理，经常采用行政协议的方式，按照协议的约定，制定相应的地方经济政策，行使相应的职权。目前，三地检察机关的合作协议仍处于规划主体多元化、层级多元化的状态，缺少强有力的统筹协调机构，同时三地检察机关的协作和公众参与度不够，导致检察机关各职能部门协作的积极性和主动性不足。这不仅浪费了检察资源，且合作效果欠佳。因此，宁镇扬三地立法机关可以采取协同立法的方式，针对检察机关跨区划打击环境污染犯罪专门制定出规范性文件，明确"平等、共赢"的协调原则，订立检察机关合作协议，畅通三地检察机关司法协作的渠道，在制度上进行统一合作。建议建立包括环境责任保险制度和环境损害补偿基金制度在内的完善的环境损害赔偿社会化机制，实现环境、社会和经济的协调发展。根据生态环境的特点，引入恢复性司法理念，在非刑罚处理方法上，增加恢复

生态环境的非刑罚处理办法。与此同时，三地检察机关要顺应宁镇扬区域一体化的发展趋势，加强沟通和交流，促进学术交流和资源共享，不断推进宁镇扬务实合作，加强地方司法合作交流，推动高端法律人才培养，共同推动区域法治建设。

（二）加强司法联动，构建"检察一体化"协作机制

三地检察机关要加强环境资源刑事案件司法协作，着力构建生态环境检察一体化保护体系。一方面，可以建立侦查协作机构———侦查协作指挥中心，即以各地检察机关侦查指挥中心为依托，加强办理环境资源刑事案件的沟通联系。在实际操作过程中，可以以每一起案件主办案地检察院侦查指挥中心为主，其他地区的侦查指挥中心进行协作。中心的工作职责为接待外地检察院协助办案的来人、来函，审核相关手续后转至具体协作的检察院，督促协作完成情况，做好协作登记台账，建立备案检察监督制度。待时机成熟可考虑设立跨区划检察院专门负责宁镇扬三地资源环境案件的办理，形成专门、便捷、高效的环境案件办理机制。另一方面，要明确界定三地检察机关的协作范围。具体而言，可将协作范围界定在以下范围内：（1）协作缉捕在逃犯和协助羁押犯罪嫌疑人；（2）协助调查取证，搜集证据；（3）协助搜查犯罪嫌疑人的住处及办公地点，冻结其银行存款、扣押电报、信件；（4）协助检察机关之间的来函、来人调查取证；（5）协助扣押保管赃款赃物；（6）协助案件移送，制作法律文书；（7）协助收集信息、资料；（8）协助对某种书证、物证进行鉴别或鉴定；（9）协助对单项证据资料进行核对。对于三地协作案件，办案方应持地级市检察院介绍信，与协作方"侦查协作指挥中心"联系，并提供相应的材料，由"侦查协作指挥中心"办理转办手续。请求协作的案件，各级"侦查协作指挥中心"应在当日办理转办手续，具体协作的检察院一般应在5日内完成，案情复杂的，至迟不得超过15日。如无法完成的，应及时告知办案单位，并说明不能完成的理由。还要强化三地司法与执法的有序衔接，充分履行检察机关的法律监督职能作用，依法督促三地有关行政执法机关及时移送犯罪线索，加大对行政执法行为的监督力度，纠正以收取排污费等名义不移交刑事案件、以行政罚款代替刑事责任追究

等突出问题。

(三) 促进信息交流，推动案件线索移送和资源共享

由于环境污染犯罪流动性、扩散性等特点，与三地"各自为政"的环境监管体制形成矛盾冲突，使得跨区换环境污染防治效果大打折扣。因此，一方面，宁镇扬要建立跨区域大气污染环保协同机制，三地检察机关坚持信息共享，推动建立跨区域污染防控机制建设，走点源防治和区域联防联控相结合的路径。三地检察机关以"两法衔接"平台为依托，连接起三地环境保护监测信息，在监督三地环境保护部门依法履职的同时，及时发现环境污染犯罪线索。三地检察机关要统一协作，建立信息共享机制，积极探索环境公益诉讼，严查环境资源领域职务犯罪和渎职犯罪案件，促使职能部门建立联合管理机制，主动履行环保职责。另一方面，三地检察机关要建立统一的指挥信息平台，各自研发的平台软件设计要实行模块化管理，实现三地互联互通。同时，三地检察机关要共同组建犯罪侦查专业队伍，推动犯罪线索和侦查关键技术资源共享，共同引进大数据分析技术，利用大数据分析提升工作预见力，共同引入先进的环境污染检测检验技术，从而达到"快速联动、精确打击"的效果。

(四) 携手法制宣传，提高公众的环境保护法律意识

对生态环境的保护和治理要靠政府和社会"两条腿"走路。宁镇扬三地检察机关要共同开展生态环境保护法制宣传教育，提高社会公众的环境守法意识和对环境违法行为的监督意识。一是加大环境保护宣传力度，进一步强化环境保护宣传工作。三地检察机关要以环境纪念日等为契机，集中力量抓好具有示范效应的宣传活动，最大限度地发挥新闻媒体的舆论导向作用。二是利用各种渠道深化环境教育，将环境保护及相关法律、法规纳入三地全民普法和中小学素质教育及党干校培训的重要内容，探索开展绿色学校、绿色机关创建工作，全面提高公众的环境意识。三是积极探索完善公众参与环保新途径和新机制，检察机关要充分发挥群团组织和环保志愿者的宣传、参与、监督作用，开展多种形式的环境宣传和公益性实践活动，形成宁镇扬三地重视、支持环保事业的

良好氛围。为适应形势发展的需要，宁镇扬三地在环境宣传教育工作中，可以共同成立专门的环境宣传教育机构组织，并提供这种环境宣传教育机构稳定运转的条件。在环境宣传教育工作中树立可持续发展观念、提高三地公众参与的技能和有效性以及如何维护公众的环境权益作为重点宣传教育内容。特别是在环境安全意识、环境道德、环境警示等方面，三地检察机关应重点加强教育宣传，不断增强公众环境法治观念和维权意识，提高公众参与的责任感和自觉性。

经济新常态背景下"宁镇扬"同城化发展的思考[*]

镇江市经信委　汪　峰

省十三次党代会把"推进宁镇扬一体化建设"作为区域经济发展战略写进报告。这是继沿江开发、沿海发展、振兴苏北战略以后,我省引领和适应经济发展新常态,确立的又一重大发展战略。作为全省区域面积最小、人口总量最少的城市,镇江如何抢抓和用好这一重大战略机遇,积极与南京对接、与扬州互动,更好地融入宁镇扬都市圈?这里,结合镇江发展实际,谈一些个人的认识和思考。

一　加快推进宁镇扬同城化,思想上首先要进入同城时代

同城化,是城市群建设的最高境界,是"两型社会"建设的重大创新,也是贯彻"五大发展"理念的具体实践。(从理论上讲,一个城市与另一个或几个城市因地域相邻,在经济社会发展上存在着能够融为一体的客观条件。而由于城市间的相互融合以及城市间融合发展的成果由各地共同分享,使居民原有的行政属地观念逐步淡化,这种发展状态被称为"同城化")宁镇扬山水相连、习俗相近,历史文化交融。北宋

---

[*] 2017年三等奖。

的王安石有首著名的《泊船瓜洲》，大家都非常熟悉："京口瓜洲一水间，钟山只隔数重山"，生动描绘了宁镇扬的相亲相近和地域关联。经过多年的建设，宁镇扬三市的经济社会联系日益紧密，资源和功能整合需求日趋加剧，社会认同感持续增强，应该说，已经初步具备了一体化发展的良好基础。进一步推进宁镇扬三市同城发展，也已日益成为三市谋求发展的迫切需求和发展必然。

第一，从市场化发展的要求看：市场经济的一个最主要的特征就是资源配置中的低成本、高效益。社会中的各种资源，包括城市基础设施、物流设施、人力资本等，当这些资源与服务对象在市场中相互选择时，其首先要考虑的是交易成本，这是不以行政区划的意志为转移的，其巨大的力量，足以冲破形形色色的人为樊篱。可以说，既然我们选择了市场化，那么，"同城化""一体化"就是一个必然的趋势。有研究机构对宁镇扬三市近五年来的产业差异性进行了研究，结果表明：镇江与南京、扬州的产业结构相似系数分别达到了0.96和0.99（完全相同是1），产业趋同化程度相当高。这种情况下，如果延续过去那种各自为战的低水平发展方式，拼政策、拼资源，不仅资源配置效率不高，而且很容易造成区域间的重复建设、恶性竞争，影响经济的发展。反过来，如果宁镇扬实现了一体化发展，既可以消除行政壁垒，减少区域间的矛盾和摩擦；产业结构的同质化，还将为三市共同开拓市场、实现产业融合，提供更为广阔的空间和机会。

第二，从区域经济发展的要求看：20世纪50年代，法国经济学家戈（哥）特曼提出了著名的"大都市圈"理论，主张由特大城市作为一定行政区域的核心，辐射并带动周边各个城市，进而形成在世界范围内具有重大影响力的大都市经济圈。经过半个多世纪的实践，同城化发展已经日益成为世界各国竞相发展的一个重要趋势。比如：美国的旧金山就由旧金山、奥克兰、伯克利三市组合而成；纽约都市圈是由纽约、新泽西、康奈狄克3州24县组成；还有镇江的友好城市德国曼海姆市，也是由曼海姆和奈克市组成。我国从20世纪80年代就开始进行这方面的探索，到目前为止已经有13个区域进行同城化试点，比如宁波都市圈、"长株潭"、"广佛"、"西咸"等。从这些城市的同城化实践看，当城市化与区域经济发展到比较发达或成熟的时期，区域核心城市与次中心城市相互紧密合作，区域实力会表现出更加突出的溢出效应、分化效应和扩散效应。就江苏的情况看，近几年来，相继提出了沿江、沿沪宁线、沿东陇海线、沿海发展"四沿战略"，但它们有一个共同特点，都是线性发展。应该说，江苏缺少一个真正意义上的中心板块，而宁镇扬无论是从区域位置的关联度，还是从区域经济的融合度，以及对周边区域的辐射带动力，都可以担当这个中心板块的角色。

第三，从城镇化发展的要求看，党的十八大把城镇化建设作为未来五年发展的一个重大战略。在中央城市工作会议上，习总书记强调："要以城市群为主体形态，科学规划城市空间布局，实现紧凑集约、高效绿色发展。"就镇江而言，作为历史形成的长江口岸城市，我市的发展基本是以旧城区为中心沿江向东西向展开，形成了带状城市格局。尽管这几年我们着力向东西延伸，形成"一体两翼"的发展布局，但放眼未来，仅往这两个方向拓展是不够的，如果在与距离镇江 64 千米的南京实现一体同城发展，形成向西南的发展轴，不仅可以进一步完善镇江的城乡布局，推动全市兴起新一轮城乡建设高潮，也将大大拓展镇江经济腹地和发展空间，在接受南京辐射的同时，进一步增强镇江自身的区域辐射能力。

第四，从"五大发展"的要求看：进一步推进宁镇扬同城化建设，一个重要目的，就是要冲破行政区划的约束，发挥区域优势和区域空间的整体性、层次性和相互依存性的作用，实现区域资源的优化配置，这是公共政策在思想观念和行政方式上的重大转变，也体现了"五大发展"理念的要求，符合创新、协调、绿色、开放、共享发展的思路，必将在区域经济、社会、文化和环境建设方面发挥越来越重要的作用。

二 加快推进宁镇扬同城化，措施上要加快同城共建

一要以区域规划为引领，实现同城共划。省发改委已经编制了《宁镇扬同城化发展规划》，为宁镇扬三市实现区域协同发展提供了根本遵循。现在，我们关键是要加快构建以同城化发展规划为核心、专项规划

为支撑、城市发展规划相协调的完整规划体系，以"规划引导"塑造各市产业带在区域产业链中的共享效应、溢出效应、毗邻效应。在规划的完善上，我感到，要突出"三个高"：一是总体定位要高。宁镇扬同城化，从内涵的界定上，就是要逐步形成连接长三角地区和泛长三角地区的重要门户，成为具有国际竞争力的城市群。我们要着眼于这样的定位和要求，以《宁镇扬同城化发展规划》为母本，抓紧完善城市规划体系，促进城乡建设规划、土地利用规划、经济社会发展规划有机衔接，真正把规划确定的目标任务落实到具体地块上。二是规划眼光要高。不能关起门来搞规划，要面向未来、面向世界，以国际化的胸襟、视野和气魄，高起点、高标准、大手笔地做好各市的发展规划，真正为今后的长远发展起到勾画蓝图的作用，避免因为规划的短视造成长远建设的被动。三是编研效率要高。推进同城化，规划是头道工序，所以千万不能等、不能靠、不能指望上级拿方案，具体的规划编研一定要超前思考、超前谋划、超前对接，把工作尽可能做在前面。要主动加强三市同级部门的规划衔接，尽快形成利益协调机制，探讨共同突破的合作路径。

二是要以基础设施建设为先导，实现同城共建。事实上，要促进宁镇扬成为江苏乃至长三角最大的城市群、港口群、产业群，公共基础设施同城共建是最重要的基础，最关键的纽带，最直观的体现。一要强化战略思维。要从有利于扩大市场规模、促进要素流动整合、降低交通物流成本的角度，从有利于完善城乡布局、拓展发展空间、提升自我发展能力、促进区域共同发展的高度，来统筹谋划跨界基础设施，优化调整境内基础设施。二要注重有效对接。特别是对轨道交通布局要超前研究。从镇江来讲，要预留好与南京、扬州的轨道交通接口；积极推进宁镇扬组合港枢纽、航空枢纽、铁路枢纽的规划建设，切实增强三市之间通达水平。三要发挥毗邻效应。就是要从最容易取得进展的地方，最具有带动效应的地方入手。当前，要以句容的黄梅、宝华、郭庄，丹徒的世业洲、京口区的新民洲等毗邻区域为突破，充分发挥这些区域在同城对接中的节点优势，以点带面，加速推进区域资源的同城共享。

三是要以资源整合为重点，实现同城共有。一是配置效率最大化。传统的资源配置以行政边界来确定经济边界，很容易造成资源配置的低效率。同城化最显著的特点，就是淡化行政边界意识，促进资源在区域内的有效融合、高效配置。作为宁镇扬三市，一方面要从区域实际出发，按照已有的产业基础，遵循"不求所在、但求所有，不求所有、但求所用"的理念，在宁镇扬全域内整合资源要素；另一方面，要把各地的有形资源、无形资源，放到宁镇扬区域内，寻求高效配置（这两年随着宁镇扬同城步伐的加快，三地的很多商业广告、楼盘广告已经实现了相互渗透和覆盖）。二是区域利益最大化。要站在宁镇扬一体化的角度，对设备、产品、技术、人才和市场等各种资源进行统筹规划，提高配置效率。比如：航空航天产业，我市的航空机电、航空新材料、通用整机与南京的航空液压器件、燃油系统、航空技术研发等产业资源，就可以形成互补优势；再比如汽车产业，我们的华东汽车灯具城和中国汽配城，也可以为宁镇扬三地的整车和汽车零配件行业发展疏通渠道。

四是要以公共服务为依托，实现同城共享。一是注重带动性。要选准突破口，突出对同城化建设示范带动作用最强、与群众生活联系最紧密、社会需求最迫切的公交、通讯、医疗、教育、社保等内容，优先探索对接，构建共享平台。二是注重兼容性。不管赢利型、微利型、还是公益型，只要是具有公共服务属性，都要主动打破体制机制壁垒，做到服务网络互通、服务标准互认，服务质量互监。三是注重互利性。要努力实现宁镇扬三市基本公共服务的均等化。当然，广义的公共服务均等化是以财政均等为前提的。客观讲，宁镇扬三市财力悬殊比较大，所以，现阶段我们提服务均等化，主要是体现在三市居民接受各类公共服务的机会均等上，体现在同城区域内服务标准、服务质量、服务效率、服务范围的均等上，使宁镇扬区域内的群众都能感受到同城化发展带来的好处，合力提升民生水平。

三 进一步推进宁镇扬同城化，发展上要积极放大同城效应

实现宁镇扬同城化不管怎么推、怎么做，最终都要落实到推动经济发展上。要牢牢抓住资源共享、成果互惠这个着力点，使三市在宁镇扬

同城化中找到自己的位置，发挥自己的优势，增强与其他两市的互补性、相融性，实现更好更快发展。从我们镇江来讲，要突出把握"三个善于"：

一是要善于借势发展。经济学上有个"黑洞效应"，是说某个强势品牌的存在就像宇宙中的黑洞，是一个具有强大吸引力的引力波，它总是能最大可能地吸纳更多的社会资源，并将社会资源转化为社会财富，从而在激烈的市场竞争中生存下去。作为次中心城市，我们一方面，要善于借助宁镇扬经济板块的日益强大的影响力，加大对外宣传推介和招商引资力度，借势发展；另一方面，在同城化过程中，镇江要立足做大做强优势特色，积极预防既有的人流、物流、资金流被南京的强势地位吸引。

二是要善于错位发展。李克强总理在一次调研中讲过一句话："你没有核心竞争力，跟谁合作你也是小工。"宁镇扬同城化从发展格局上看是"一主两副"，一主就是南京中心城区，两副是镇江、扬州主城区。作为副中心，既要充分接受南京的有效辐射，但绝不是把"副中心"变成附属品，不是把人家挑选后剩下来的东西拿过来，不能简单地搞房地产开发。要充分发挥镇江的产业优势，坚持有所为有所不为。有优势的，要以优势产业集聚优质资源，把龙头做大做强，着力增强区域带动功能；当配角的，要找准位置，在产业和产品细分中提升配套功能。

三是要善于竞合发展。有协作才能互补，有互补才能共赢。三市都要改变过去拼政策、拼地价的低水平竞争方式，积极推进区域联合，优势整合，努力将各自的"短处拉长，长处更长"。特别是要主动契合宁镇扬的产业布局，加快产业特色园区的规划布建，着力形成特色鲜明、竞争力强的园区布局，以特色园区、特色产业吸引战略投资者和战略合作伙伴的发展方式。要重视吸引和带动关联配套企业跟进和发展，形成上中下游配套、大中小企业协作的发展格局。

行业策略

推动产城融合 聚力宁镇扬文化旅游特色小镇建设[*]

江苏省委党校 徐泰玲 董成

党的十八大报告明确提出，要着力生态文明建设，构建美丽中国，美丽中国构建的基础是广大农村与乡镇的生态文化建设。自从我国提出城镇化战略发展以来，实现文化、产业与城镇融合的内生发展模式成为城镇化发展一大主题。文化与旅游在中国城镇化建设中被赋予了非凡的角色与重要的价值。

从国家顶层设计看，我国十分重视特色小城镇的建设。《关于开展特色小镇培育工作的通知》(2016)指出：到2020年，我国力争培育出1000左右的具有活力和特色的小城镇。同时，从2016年5月开始，我国将选取1000左右有代表性的特色小镇进行特色产业扶持，形成各类专业特色镇。我国编制起草"十三五"规划纲要中也提出，发展具有特色优势的魅力小镇，积极鼓励和扶持特色小城镇的总体规划，以此形成了《关于深入推进新型城镇化建设的若干意见》战略规划(2016)。2015年6月、2016年1月，江苏省分别公布第一批和第一批创建特色小镇名单。2016年8月，宁镇扬也推动了创建特色小镇工作。在宁镇扬同城化进程中，如何让小镇建设既紧跟时代脉搏，又能继承和发展特色文化，充分挖掘特有的文化资源优势，加快特色文化小镇建设，发展文化服务业，对加快宁镇扬经济转型升级、推进创业创新、促

---

[*] 2017年二等奖。

进城乡统筹发展和提升地域特色影响力具有十分重要的意义。

一 特色小镇的内涵和特征分析

目前，学术界对于小城镇没有统一的定位，本文认为小城镇主要是指城乡过渡的结合体，这种结合体具有特定的政治、经济、文化和社会发展功能的聚集地区，这种功能要明显高于乡村，又弱于城市，它是联结农村与城市重要的物质、交通和信息的桥梁。这种定位将广义与狭义的小城镇定位有机结合起来，又有利于对我国复杂的小城镇情况进行功能性区分。据此定位，可将小城镇分为综合型小城镇（政治、经济、文化和社会发展功能集合）、经济型小城镇（农业型、工业型和特色产业）、物流型小城镇（流通型、口岸型）、社会型小城镇（行政中心型）。

与传统小镇相比，特色小镇不是行政单元或行政区划，而是以特色产业和产业文化为核心、以创业创新为因子，多种经济元素聚合的一种新的经济形态，它是一种全产业链融合、各种创新要素聚合的产业升级和经济转型平台。

基于上述概念分析，特色小镇特征主要在于其"特"。从"特"层面看，小镇具有特色的产业，特色小镇主要是培育新兴服务业或产业中的某一行业和产业环节，不会去追求产业集群的完整性或产业链的延伸性；具有特色人力资源，特色小镇为了完成特色产业升级，聚集了高技能和具有独特思维才华的人群；具有特殊功能，特色小镇主要是为其发展提供特殊性的公共服务，其他功能依赖着周边城市提供；特色的生态环境，当代社会，特色小城镇一般选址在风景秀丽之地，可为当地居民休憩提供舒心环境，又可吸引外来人群观光；特色的管理水准，特色小镇通常由居民选举产生自主组织进行内部事务治理，外部事务由镇政府负责协调与管理；特色的文化底蕴，特色小镇为了增强居民的认同感和归属感，重视文化建设，会形塑清新亮丽的文化特质，久久积淀就会形成特色的文化底蕴。因此，特色小镇是具有明确产业定位、文化内涵、旅游功能、社区特征的发展载体，是协同创新、合作共赢的平台。

根据上述对于特色小镇内涵和特征分析，在此，将特色小镇品牌基因划分为四类：产业品牌基因、文化品牌基因、环境品牌基因、服务品牌基因，如下表所示：

表1　　　　　　　　特色小镇的内涵和特征分析

产品品牌基因	文化品牌基因	环境品牌基因	服务品牌基因
信息经济、环保、健康、旅游、时尚、金融、高端装备制造、经典产业等	地域文化、历史建筑、历史人文、文化艺术、教育、多媒体传播、体育健身、创新、创业等	自然资源、地理地貌、气候、生态、生物物种等	政府智能服务、企业智能服务、居民生活智能服务等

从表1看，文化与旅游是特色小镇重要的品牌基因，如果能充分发掘和利用各种历史文化、地域文化、文化艺术和现代传媒文化，小镇就会形成优质文化产品和文化品牌，既可以提升小镇的知名度，又可优化政府公共服务水准，实现小镇事业全面和可持续发展。特色旅游小镇具有良好的产业基础，该产业要有龙头引领优势和产业规模基础，有潜力、有核心竞争力、发展势头良好、市场前景可观。可以是特定的历史文化，如民国文化、知青文化等；可以是传统产业特色，如温泉、蚕丝、香醋等；也可以是非物质文化遗产之类的独特工艺，如核雕、刺绣、香包等，形成独特风情小镇风格。

二　宁镇扬文旅特色小镇开发现状

（一）宁镇扬特色小镇文旅产业特征定位

文旅产业成为现代化发展的重要标志，它对于政治民主化、经济发展和社会稳定具有特殊价值与意义。从文旅产业和经济发展关系看，其重要性体现在：整合能力突出，文旅产业可有效整合其他产业，实现经济增值和保值作用，文旅产业可带动农业、服务业等其他行业发展。同时，又可以实现对传统产业结构改造与升级，可有效调节第二产业和第三产业关系。最后，会形塑人们新型的消费方式和生活方式，为人们提供健康向上的精神文化生活。

宁镇扬特色小镇具有清晰的文化内涵，将文化旅游作为其功能拓展的主要空间，呈现出特色小镇文化旅游开发的发展方向。具体体现在：特色是小镇发展之本，各小镇要找准自身文化特质，结合旅游等服务业，制定出特色产业发展规划；产业是小镇发展之根，小镇要选取具有当地特色和比较优势的细分产业作为主攻方向；市场是小镇发展的主体，小镇在产业发展中要坚持企业主体、政府引导、市场化运作模式；创新是小镇发展的载体，小镇要积极引进创新型人才，为其构造创新平台、集聚创新资源提供必要的智力支持；生态宜居是小镇发展目标，充分利用现有区块的环境优势和存量资源，合理规划生产、生活、生态等空间布局。

（二）宁镇扬特色小镇现存模式

宁镇扬特色小镇按照整体规划、逐步推进的原则，将小镇分门别类，打造出了具有鲜明文化特色的小镇发展模式。具体如下：

1. 网络小镇模式

网络小镇是南京小镇未来发展的重要地带，这类小镇主要特征是以网络发展为龙头，重点发展无线通信和3D打印等新兴产业，聚集着一大批上市公司、高端产业、领军人才，将小镇打造成为成熟型、创新型和加速型的基地。

2. 电商小镇模式

这类小镇主要是重点发展电商产业，同时，电商产业全面覆盖其他各产业环节，形成多形态化和功能化的电子商务园区，实现传统产业改造和升级。2016年6月，扬中市新坝镇以创新驱动建设"产业强镇"，以产城人文融合构建"和谐宜居"，以传承历史弘扬本土文化，以完善配套添彩小镇特色，打造高端制造业类特色小镇。

3. 地球之窗文旅小镇模式

这是聚合式的文化旅游项目，是融集约开发、生态修复、供给侧改革等诸多理念于一体的创新发展新引擎。宁镇扬很多小镇山水相连，小桥流水，生态旖旎，但是普遍长期无序开放，生态环境严重受到破坏，地球之窗小镇模式就是将小镇打造城文化旅游和休闲养生等功能相聚集的大型地质文化旅游综合体和基地。镇江新坝镇积极整合沿江各项旅游资源，以自然江田为本底，以水产资源为亮点，以渔耕文化与诗词文化为特色，打造集旅游观光、休闲度假、科普体验为一体的"江田小镇"，整体旅游策划方案已初步形成。

4. 创意小镇模式

创意小镇就是将小镇的绿色生态廊赋予气质出众的文化气质，打造出具有国际化视野的创新创业沃土。小镇按照"总部天地，创意绿洲"构建创意小镇。

5. 生态旅游体验小镇模式

在宁镇扬特色小镇模式构建中，普遍遵循着特色文化→旅游品牌和旅游产业→区域性文化旅游发展→区域性经济发展的轨迹。特色小镇发展紧紧抓住南京文化灵魂的基因，实现自然环境和人文环境的有机结合，整合经济、旅游和文化资源，推动物质文明和精神文明的共同发展。

南京市通过要素聚合、资源整合、产城融合，把特色小镇打造成为经济增长的新引擎、创业创新的新平台、产业发展的新高地、文化传承的新载体、美丽南京的新名片。2016年4月，南京市出台《关于优化全市区域功能定位和产业布局的意见》，"特色小镇"的概念首次出现。全市11个区申报了55个特色小镇。

表2　　　　　　　　南京申报特色小镇名单（55个）

所属区域	特色小镇名称
玄武区（4个）	徐庄e电园小镇、创意中央小镇、红山乐活小镇、钟山小镇
秦淮区（2个）	白下紫云小镇、海福传媒小镇
建邺区（1个）	金融创新小镇
鼓楼区（3个）	幕府绿色小镇、模范路青创小镇、江东软件小镇
雨花台区（4个）	创业小镇、养生小镇、文化小镇、商集小镇
栖霞区（4个）	紫东创意小镇、禅意小镇、生态小镇、服贸小镇
江宁区（10个）	汤山温泉养生小镇、空港枢纽小镇、未来网络小镇、吉山软件小镇、生命科技小镇、石塘互联网联想小镇、大塘金香草小镇、禄口皮草小镇、东山汽车文化小镇、杨柳湖红木小镇

续表

所属区域	特色小镇名称
浦口区（10个）	老山生态旅游体验小镇、求雨山书画小镇、桥林水街文化小镇、台湾青年创业小镇、汤泉温泉小镇、永宁铁路小镇、星甸环保新材料小镇、盘城生物医药小镇、乌江草圣书乡小镇、陡岗台湾风情小镇
六合区（6个）	地球之窗小镇、通航小镇、矿山小镇、木屋小镇、多彩小镇、雨花石小镇
溧水区（6个）：	创新创业小镇、空港小镇、文创小镇、生物农业小镇、电商小镇、健康养老小镇
高淳区（4个）：	国际慢城小镇、国瓷小镇、渔乐小镇、产业电商小镇
新农集团（1个）：	青龙山林场健康小镇

扬州市首创特色小镇有：宝应县：教玩具小镇（曹甸）；高邮市：中国好种源小镇（卸甲）、回族风情小镇（菱塘）；仪征市：枣林湾户外运动小镇；江都区：邵伯运河风情小镇、智能电器智造小镇（武坚）；邗江区：中国爱情小镇（甘泉）、静脉教科小镇（扬庙）；广陵区：玉缘风情小镇（湾头）、医械智造小镇（头桥）。镇江市入选首批江苏特色小镇创建有大路通航小镇；丹阳眼镜风尚小镇和句容绿色新能源小镇，其中大路通航小镇属于高端制造类小镇，丹阳眼镜风尚小镇属于历史经典类小镇。

三　宁镇扬文旅特色小镇发展过程中存在的问题

在宁镇扬文旅特色小镇发展过程中，从政策设计、政策执行和社建设成果等方面都取得了突破性进展。但是总体而言，在创建文旅特色小镇中存在着量上和质上的问题。有的特色小镇定位的文旅元素太多，没有突出重点的产业链。有的特色小镇刚起步，只停留在制度设计层面上，实际内容远远落后于规划设计，重复建设现象严重。有的小镇在功能定位、产业链布局、特色规划等，与江苏省设计特色的小镇理念相违背。

(一) 特色定位不清晰

宁镇扬各类小镇发展自身特色产业积极性很高，但对于文化旅游产业定位不清晰，服务业导向不明确，文化与旅游缺乏关联性，文化旅游小镇发展影响有限，呈现出文旅特色的服务业品位低调、内容单一、特色不鲜明等特征。甚至出现单纯造就宾馆、农家乐、高尔夫场的热潮，造成了严重的资源重复建设与浪费。非但没有收到经济效益，而且还破坏了生态环境。特色小镇定位既要延续自身地域历史文化，立足小镇自身的经济社会、人文历史等因素，使其珍贵的地域历史文化得到延续和发展，又要有适应性的目标，在有效保障其地域文化延续与多样化同时，不断适应现代生活需求，突出舒适、健康和优美的人文环境和居住环境。

(二) 缺乏有效协同管理体制

构建文旅特色小镇涉及众多产业、行为主体的价值性利益分配，涉及政府、企业、居民、旅游者等多重利益博弈。这就要求有一个相对独立又紧密关联的协同管理体制，规划好产业布局，协同各种利益与矛盾，构建和谐人文旅游环境，塑造特色小镇良好的公共服务形象。从现有特色小镇建设看，缺乏必要协同体制，突出表现在政府对特色小镇社会文化与生态环境重视不够，投入不足，难以从规划与管理机制上引导各类主体行为规范，既没有特色小镇发展提供基础性的公共设施服务，也没有塑造起良性的社会文化环境。各区管理水平差异较大，特别是管辖分界线权责不清，导致处理一些问题时出现推诿等现象。

(三) 地域文化的缺失

特色是小镇发展的生命力所在，地域文化可集中反映出特色小镇发展的灵魂与内蕴。当前宁镇扬小镇建筑规划中，缺乏具有地域特征的建筑风格，取而代之是现代雷同的风格，政府和当地民众崇尚现代化的建筑风格，往往会忽视或摒弃南京特色的地域文化，忽略建筑等所孕育的文化符号和社会价值，造成了很多小镇建筑风格缺乏艺术个性和人文灵性。

(四) 生态环境的恶化

特色小镇的物质和精神文明发展离不开优质的生态环境，实现经济效益、社会效益和生态效益相协调是特色小镇发展的最佳模式。任何试图掠夺式地破坏生态环境的发展是不可取的，必将得到自然无情的报复，最终也会损害特色小镇的物质和精神环境。尤其对一些经济相对发达而生态环境脆弱的特色小镇更显重要。

对于宁镇扬小镇建设过程中，其生态环境本来就相对脆弱，随着旅游人数逐年增加，必然对生态环境造成破坏，同时，由于城镇化推进，小镇人数急剧增加，小镇工商业日益发达，会产生众多的污染（如噪音、水污染、空气污染），使得小镇生态环境质量日益下降，进而又影响到了小镇社会事业的发展。

(五) 文旅产业投入的不足

我国在推进城镇化建设和特色小镇建设方面出台了系列性的制度设计。南京市从2015年开始陆续颁布了特色小镇运行制度规范，但南京特色小镇在技术和物质投入相对不足，与南京作为经济发达的大都市身份不尽相符。目前，通往河西新城主干网交通还是比较完善的，比如地铁1号线、地铁2号线、地铁10号线和有轨电车等，但到达各景区景点更多的是依赖公交线路，等候车辆时间较长和休闲舒适度明显降低。由于公园地处长江一级、二级水源保护地等因素的制约，沿江没有完善餐饮配套，只能提供速食食品，这也大大降低了景区服务的品质，而且也减少了市民驻足停留的时间。

(六) 商业文化主导性地位突出

特色鲜明地域历史文化具有较好的市场开发价值，在经济利益驱使之下，过度过滥商业活动包装对地域历史文化带来了巨大的冲击，这一问题已经逐步得到政府保护和当地居民的重视。在南京众多小镇中，商业气息浓重，反映出南京地域特色"秦淮文化""清凉文化""滨江文化""古都文化"在小镇原生态生活场景中难以寻觅，小镇满街布局的是宾馆、商铺，具有本土文化的艺术品逐步退出了历史，冲淡了南京古城的文化传统。

四 宁镇扬文旅特色小镇发展建议

（一）顶层设计：树立可持续发展的理念

现代社会，人们生活方式越来越追求旅游休闲，文化旅游既能使得人们休闲与放松，又有文化享受的效果，因此，文化旅游成了现代人们重要的生活方式。宁镇扬特色小镇构建中，应始终坚持长远目光，在深入挖掘特色的文化传统同时，还应注入市场化的模式，不断满足消费者需求，实现文化与经济、短期效益和长远目标的可持续发展。

扬州市委书记谢正义在设计推进文旅特色小镇发展时强调，要坚持整体谋划，统筹城镇建设规划，传承好小城镇特有的地理区位、生态环境、文化内涵、建筑风格等历史"基因"；要聚焦产业创新，用好各自的资源禀赋，聚焦特色产业，实现特色发展、错位竞争。宁镇扬在推进文旅特色小镇发展中，要以城乡化和城镇化为根本出发点，根据小镇各自经济、社会和文化元素，将地域文化、传统民俗与自然资源脉络相吻合。实现差异和整体性同步推进的办法，对具有良好发展前景，有丰富文旅资源的小镇优先发展，按照整体推进、分类指导和分步实施办法，要注重与当地财政经济相协调，开发项目和开发步骤要循序而进。开发小城镇文化旅游必须立足于本地文化特色，整合资源优势，确立鲜明的旅游主题形象，塑造地域旅游特色，避免"千镇一面"的旅游尴尬局面，走差异化、特色化的旅游发展道路。

（二）制度定位：提供有效的制度供给

打造文旅特色小镇创建是我国城镇化背景下的管理创新，又是我国供给侧改革的必然结果。因此，特色小镇建设绝不是传统模式的延伸，不能沿用老套路和老办法，必须在实践中不断进行制度创新。对于宁镇扬而言，制度设计要体现打造"长江城镇群"的格局，以文旅理念谋划特色小镇发展，坚持科学规划和统筹发展相协调，避免只注重政绩观或经济利益。

宁镇扬有关特色小镇的实践刚起步，相对传统小镇建设，具有文旅特色小镇建设涉及环境旅游、文化保护与传承等众多复制问题，其中有比较多的不确定性，制度性识别和鉴定更加复杂。因此，相关部门要根据特色小镇实践需要制定出有关特色小镇建设的制度，基层政府是特色小镇构建主体，他们更应拿出智慧利用有效途径保护和开发特色小镇的文旅资源，制度设计应尽量突出其个性，实现有制可依。

（三）协同创新：建立多元化的资源投入机制

旅游业是文旅特色小镇的核心产业，需要足够的公共服务投入。政府要承担基础性的公共产品投入，以满足特色小镇发展的基本要求。与此同时，要突出市场化和社会化要求，按照城乡一体化和城镇化建设的要求，在特色小镇的公共服务供给机制、投资融资机制等方面进行制度创新，建成特色的镇级投融资平台和管理模式，在一些经济情况比较好的小镇可拓展建设资金，形成市场化和社会化的建设格局，调节小镇公共产品需求与供给的矛盾。

宁镇扬特色小镇要着力不断打造和升级特色品牌，加快品牌优势转向市场优势和社会优势，塑造"品牌—市场—大品牌—大市场"的特色小镇文旅格局。

资金投入是特色小镇建设的最根本保障，特色小镇由于其独特的文旅资源，其开发与利用需要高额成本，收益时间比较长，投资风险也比较大，而加大特色小镇投资又可为当地发展注入新势能和持久动力。因此，要加大投资力度，形成多元化的投资形式。在这其中，政府投资应占主导，作为公共事业管理和服务的主体，理应承担起投资主导性责任。同时，要积极拓展投资方式途径，政府可以通过购买公共服务方式或者直接引导社会资本参与小城镇建设事业，形成多元化的资源投入机制。

（四）因地制宜：发展凸显地域文化旅游的特色产业

特色小镇是集产业、文化、旅游、社区功能叠加的空间载体，不是传统集镇，不是产业园区，也不是行政平台。宁镇扬特色小镇规划的整体要求是，以历史文化传承为着力点，以特色的文化、农业、生态和居住等主题来确定板块。特色小镇规划重点是涉及产业和功能划分。就产业定位看，产业决定特色小镇发展方向，定位特色产业需紧扣"特"，要找准凸显特色社会效应的产业。

宁镇扬小镇大多具有悠久文化历史底蕴，如何在现代化建设中，处理好保护传承和创新的关系，是不容回避的焦点问题。对悠久历史文化做好保护传承和创新是小镇建设的核心内容。关键在于在保护传承和创新中找出合理运行模式和利益平衡点。宁镇扬小镇在修复、重建和保护原有的文化传统同时，又要能适时开发出让抽象的历史文化传统赋予现代表现形式，让居民广泛参与其中。宁镇扬小镇居民积极参与小镇文化旅游的保护与开发之中，他们定期参加各类民俗活动，如端午游秦淮、中秋月摸秋、重阳登高会等。

特色小镇的主要任务是通过特色产业发展，带动区域性事务和全面事业发展。因此，特色小镇要立足自身特有的文化基因，找到特色文化资源开发，形成特色的旅游文化产业，进而达到推动小镇经济社会整体性发展。

根据宁镇扬实际情况，可将特色小镇功能定位为：

（1）生态居住区。在打造居住区时，要尊重居民的民俗习惯与实际生活需要，巧用地理位置，实现建筑与环境、建筑与艺术、人和环境的完美结合。

（2）农业观光区。农业观光的概念是指，立足于农业使其观赏价值得以开发，其主要部分是指风景优美的田园景色。在对其进行开发时，可进行局部的结构调整，但农业生产是旅游的主体。农业观光区要利用宁镇扬特色小镇特有的自然资源和环境，突出原生态的元素，让游客在体验农业中，得到休憩和学习，感受到幽谧意境之美。

根据宁镇扬实际情况，可将特色小镇特色产业定位为：

（1）文化产业：依托宁镇扬特有的系列文化会展、表演、博览场馆等文化基础设施，在长江沿江带打造出文化创意产业平台和孵化基地。

（2）体育产业：依托南京河西奥体中心，整合体育资源，可与NBA篮球训练营展开联姻，积极引导NIKE等国际一线体育品牌全面入驻，打造具有体育研发、创意、营销的产业链条和总部经济。

（3）旅游产业：利用长江风光带的生态效益与景观优势特征相结合，打造具有观光、餐饮、商贸会站、购物等功能都市旅游聚集区。以多元文化、休闲文化为视角，创建出以健康运动、休闲旅游为特征的旅游景点和景区。

（五）他山之石：借鉴国内外先进经验与发展模式

从国外特色小镇建设看，特色小镇无不把文旅资源开发放在首位，打造出怡人的生态和人文环境，小镇会形成独特的文化气质，同时，又可以最大限度带动其他产业发展。宁镇扬有着特殊长江沿线文化、古都文化和山水文化，应以作为产业链打造的纽带，进而带动农业、服务业、就业等发展。

从国内看，无论是东部发达地区浙江的云溪小镇还是西部贵州的旧州古镇，他们在打造特色小镇中，除了有丰富优势的文旅资源外，现代化的资本运作和管理方式也是关键。宁镇扬地处东部地区，可以在现代化营销层面做足文章。

宁镇扬有着优势地理位置、发达经济和现代化的信息技术网络系统平台，有利于文旅特色小镇营销活动的顺利开展。从营销层面上看，要做到传统与现代并用，具体包括：传统方式和节庆营销。通过举办宁镇扬地域特色的节庆，以主题形式向外界推广，主题可以包括科技文化交流形式、自然人文观光形式等；广告宣传，即利用报纸、杂志、电视广播等形式，提高社会对于特色小镇的知晓度，提高旅游竞争力和社会影响度。现代方式，即网络营销。利用互联网下旅游论坛、在线服务广告、电子邮件、网上购物等形式进行具有文旅特色小镇的宣传；品牌塑造，具有文旅特色小镇要是充分利用知识、资本、信息等数据资源，调整和优化资源结构，高水准的设计小镇特有文旅服务项目，打造出内容丰富和形式多样，且特色鲜明和质量优良的旅游精品，进而为推进特色小镇事业全面发展奠定坚实的基础。以南京为例，八个金花村在探索产业融合发展方面，主要有三种模式：以黄龙岘为代表的种植业、农产品加工业、服务业融合发展模式；以世凹桃源为代表的农业和服务业融合发展模式；以大塘金为代表的金花村产业与周边村产业融合发展模式。

宁镇扬文旅特色小镇建设要使不同产业的相互渗透、交叉、重组，使农业资源开发、农产品深度加工、市场营销等成为新型产业链条上有机联系的产业环节；促进相关产业的融合发展，逐步形成新型产业链的，在相互需求基础上的产品融合、市场融合，提升农村产业的产出效率。

构建具有文旅的特色小镇，必然孕育着多种关系，其中如何平衡好当地居民、开发商、政府、旅游者等不同主体的利益，是特色小镇构建的难点。政府应立足公共利益实现进行制度设计和政策执行，当地居民要着眼于未来，与时俱进，开发商既要有眼前的经济满足，又要注重长久的利益，游客则要在文旅中学习、体验快乐。南京滨江区正在实践的"政府授权特许经营模式"是一种有效的尝试，即对滨江资源进行保护的同时，对经营性活动实行政府授权下的特许经营（商业运营）。以"整体产权开发、复合多元运营、度假商务并重、资产全面增值"为核心，文体消费与都市休闲并重，门票与经营复合，实现高品质文体活动与都市休闲为目的的建设与运营。业态突出文体活动的开展及培训基地模式、主题式公园、酒店、餐饮、小商业及充分利用已有资源结合新型商业模式提供个性化的服务等。这种模式以全积极推动产城融合、就业置业融合，着力实现生产、生活、生态有机融合，新产业、新人才、新城镇互动并进。政府在强化服务保障，抓紧研究制定特色小镇建设的政策意见，进一步推进简政放权，给纳入规划建设的特色小镇有更多的自主权，用政府权力的减法换取市场活力的加法。我们相信这种模式会成为宁镇扬文旅特色小镇建设的一个标杆，同时期待未来将涌现更多产业与城镇融合的特色小镇新模式。

绿色建筑与宁镇扬生态环境一体化协同发展研究[*]

金陵科技学院 李明惠 冯晓彤

一 宁镇扬生态环境一体化的意义

2014年8月，江苏省正式颁布了《宁镇扬同城化发展规划》。2016年11月江苏省第十三次党代会和2017年2月江苏省"两会"上，又多次提及宁镇扬一体化议题。江苏省政府工作报告中明确提出：以城市群为主体形态，发挥南京特大城市带动作用，推动宁镇扬一体化取得实质性进展，促进沿江城市集群发展、融合发展。宁镇扬地区作为江苏经济较为发达、人口较为密集区域，是长三角西翼的重要节点区域，也是长三角世界级城市群和皖江城市带承接产业转移示范区的联结区域，区位优势明显。在国家长江经济带建设战略以及长三角规划战略中，宁镇扬板块具有举足轻重的地位。宁镇扬也属于江苏省历史文化、科教资源最丰富和经济实力最雄厚的地区之一。推进宁镇扬同城化，是江苏省委、省政府顺应发展趋势、优化区域布局、推动科学发展、实现"两个率先"的重大战略部署。

宁镇扬山水相连，人文相亲，文化同根，发展相关，在经济社会和自然生态环境等方面具备同城化发展的条件。宁镇扬同城化的实质是谋

---

[*] 2017年三等奖。

求在空间共筑、产业共谋、文化共融、社会共和、设施共建、生态共保、环境共治等方面全面融为一体的深度发展，其中，生态环境的一体化是宁镇扬同城化的重要支柱之一。宁镇扬生态环境的一体化就是合理规划确定三市的生态布局、环境定位、个性风格，提高三市的关联度和互补性，打造地方特色鲜明的生态城市。宁镇扬生态环境的一体化就是要构建绿色循环发展体系，倡导绿色消费，提升三市的内生动力和发展水平。宁镇扬生态环境的一体化就是发挥三市的比较优势，利用各自的资源禀赋，助推强富美高新江苏的建设。只有构建三市生态环境联防联治的机制，以相互融合、共同发展，增强城市实力；以优势互补、相互依托，完善城市功能，才能共享同城化带来的发展红利。宁镇扬三市只有从理念共识、制度建设、科技基础、生态补偿机制等多条路径齐抓共管，才有可能实现生态环境的联防联治，引领江苏生态文明建设，在可持续发展的道路上走得更踏实，更持久，更长远。

二 宁镇扬生态环境一体化的内涵

《宁镇扬同城化发展规划》中明确了宁镇扬同城化发展的主要目标与重点任务。宁镇扬生态环境一体化是推进宁镇扬同城化的重要组成部分。《宁镇扬同城化发展规划》中关于在生态环境方面指出：以区域社会、经济、生态统筹协调发展为目标，推动生态保护和环境整治一体化，加快绿色低碳与循环发展，协同维护区域生态环境，引领全省生态文明建设。《宁镇扬同城化发展规划》中，要求综合治理大气污染，深入落实《"绿色青奥"区域大气环境保障合作协议》《江苏省大气污染防治行动计划实施方案》，建立区域大气污染预报中心，通过协同配合来保障城市空气质量。争取大气环境质量率先达国标；综合处置固体废弃物（含建筑物废弃物），提升资源化利用水平；加强土壤污染防治；强化新型污染防治；促进绿色低碳循环发展。《宁镇扬同城化发展规划》要求充分发挥三市优势，加强统筹协调，共同提升区域发展水平和对外辐射能力，到2020年宁镇扬三市要基本建成具有较强活力和竞争力的国际性大都市区，城镇化率达到75%以上，城市空气质量优于二级标准的天数比例大于90%。要实现以上目标，宁镇扬生态环境一体化就要坚持民生优先，强化公共服务共享；推动生态环境整治、低碳发展一体化，打好大气、水、土壤三大治污攻坚战，完善区域环境污染联防联治机制。根据《宁镇扬同城化发展规划》指导，通过三市区域中央的紫金山、宝华山等山地，建设三市区域绿心。通过三市区域外围的老山、捺山、茅山等山地、丘陵和石臼湖、固城湖、高邮湖、邵伯湖、宝应湖、登月湖等湖泊，建设三市区域绿色生态屏障。通过长江水体、湿地以及临江丘陵，建设贯穿三市区域的长江生态水廊。通过秦淮河、京杭大运河、滁河等水生态廊道，构筑三市区域两岸防护林体系，促进湿地保护与修复，促进水系和道路生态廊道建设。通过老山、秦淮新河、六合地质公园、廖家沟城市中央公园、邵伯湖、捺山地质公园、铜山森林公园、古运河等绿道，优化休闲空间布局，建设重要生态功能区。

要实现宁镇扬生态环境联防联治的目标，可以绿色建筑为重要抓手。发展绿色建筑有利于改善城市面貌，有利于改善人居环境、生态环境，有利于保护历史文化名城。发展绿色建筑可以提高宁镇扬三市的生态涵养功能和环境支撑能力，提供可持续绿色城市的发展模式。

三　绿色建筑是宁镇扬生态环境一体化的重要内容

（一）绿色建筑助推宁镇扬三市绿色城市建设

建筑业是能源消耗和污染排放大户，能耗占到全社会总能耗的30%左右。其中，50%的水资源用于建筑物的建筑与维护；40%的能源用于建筑的供暖、照明、通风；40%以上的可利用土地资源用于开发施工；70%的木制品用于建筑构造及室内装修。据统计，全球大约一半以上的生态破坏和环境污染是由建筑工程造成，60%以上的城市固体废弃物都与建筑运行有关。绿色建筑是在建筑的全寿命周期内，最大限度地节约资源（节能、节地、节水、节材）、保护环境和减少污染，为人们提供健康、舒适和高效的使用空间，是与自然和谐共生的建筑。发展绿色建筑可以提升大气污染治理效果，维护绿色、生态、宜居、安全的区域环境，构建绿色城市建设发展模式。

（二）绿色建筑提升宁镇扬三市老百姓的生活品质

随着宁镇扬三市城市建设的快速发展，城市热岛效应加剧，大气能见度下降，灰霾天气经常出现，大气环境质量有恶化的趋势。发展绿色建筑，可向大气中减少二氧化碳、二氧化硫、氮氧化物等废弃污染物的排放量，减缓能源和环境对子孙后代的不利代价，为改善三市的大气环境做出重要贡献。绿色建筑在改善老百姓生存环境的同时提供人们更适宜居住、生活、工作的空间和条件。

绿色建筑助推城市为老百姓提供充足的阳光、洁净空气、干净水，适合人们一年四季进行室外休闲和活动。绿色建筑是现代社会生态城市、循环经济城市建设、节约型城市的重要影响要件，它影响着城市生态系统安全与功能的稳定，它也参与城市生态服务能力的效率变化，对提高生态人居系统健康质量发挥着重要作用。绿色建筑是宁镇扬生态环境一体化的重要抓手，可以共同守护良好生态，建设美好家园。

（三）绿色建筑促进宁镇扬三市可持续发展

绿色建筑有利于改善城市面貌，有利于改善人居环境，有利于改善城市生态环境，有利于保护历史文化名城。绿色建筑可以为老百姓节省使用成本。绿色建筑的增量成本较小，但可以大大地节约能源，在建筑物的长期使用过程中，大大减少能源费用的支出。绿色建筑的使用更舒适，"绿色生态城市""绿色生态社区"的布局更合理、环境生态更优越。

绿色建筑技术可以引领宁镇扬建筑技术的发展，以节约能源、有效利用资源的方式，建造低环境负荷情况下的安全、健康、高效、舒适空间。绿色建筑不仅仅局限于新建筑建设，它还涵盖了对于既有建筑物的绿色化改造，使原建筑物达到绿色建筑标准。宁镇扬三市目前处于新型城镇化和工业化的快速发展时期，不仅新建建筑增量大，建筑物的存量也大，地理气候特征各有一些不同，传统建筑文化也各具一些特点，这给绿色建筑的发展提供了广阔空间。绿色建筑优先考虑对自然生态环境的保护，其独特的优势，可以带来显著的经济效益、社会效益与环境效益。绿色建筑还可以延展到绿色基础设施建设、绿色建筑产业新城、"绿色生态社区"、"绿色生态城市"、绿色社会的建设，促进城市的可持续发展，最终达到建筑与人，城市与生态，经济与人口、资源、环境的和谐共融，永续发展。

（四）绿色建筑促进宁镇扬三市走新型城镇化发展之路

发展绿色建筑可以加速淘汰落后产能，形成三市建筑业的绿色产业体系。绿色建筑产业是与集约、智能、绿色、低碳的新型城镇化发展目标相一致的，宁镇扬新型城镇化发展需要产业的支撑和驱动。建筑业是国民经济的支柱产业，具有关联度大、集成度高、产业链长、附加值高、社会贡献拉动效应显著的特点，建筑业的绿色化发展将对我国城镇化过程中拉动地方GDP的增长和就业岗位的增加起到不可估量的巨大作用，绿色建筑技术和绿色建筑产业可以促进宁镇扬三市建筑业的转型升级，促进三市走新型城镇化的高质量发展道路，为宁镇扬生态环境一体化提供强有力的绿色产业支撑。

四 绿色建筑与宁镇扬生态环境一体化协同发展的路径

（一）建立绿色建筑的共识

宁镇扬三市要达成绿色建筑对城市生态环境贡献度的共识，统一规划三市绿色建筑的发展，积极引导社会、老百姓对绿色建筑的认同感，以尽可能小的环境代价推进宁镇扬一体化的进程，实现三市的可持续发展。

发展绿色建筑，可以结合宁镇扬区域的地形与空间现状、建筑与周围环境、地域风貌与传统文脉等，确定其环境与建筑总体的空间布局，保持好该区域的自然植被、水域、景观，保护好文明古迹，保护好地域生态可持续发展的环境，同时继承和弘扬历史传统文化，保护好历史文化名城，形成幸福、和谐、宜居的优质生活环境和生态文明区域。绿色建筑让老百姓住得起，住得好，增进有更多的获得感、幸福感。

（二）制定协调会商制度

建立健全宁镇扬三市的沟通会商制度、协调推动制度、督查考核制度，深化生态环境保护治理的合作，促进宁镇扬生态环境联防联治，加快宁镇扬一体化进程。

1. 组建宁镇扬协同管理委员会

为提高协调协商效能，建议组建宁镇扬管理委员会。该管理委员会可以直辖省政府，相当于副省级级别，这样该委员会可以高效承担区域性协调职能，处理宁镇扬三个城市之间的"空白地带"。宁镇扬协同管理委员会与南京、镇江、扬州各市政府间不是严格的等级隶属制，他们之间有明晰的职责、分权。这样既实现了宁镇扬管理委员会对宁镇扬区域所共有职能的统一，又保证了南京、镇江、扬州各个市政府对地方性事务的经营与管理。宁镇扬管理委员会同时具有对宁镇扬区域重大资金的分配权、倡议权。

2. 明确宁镇扬协同管理委员会职责

宁镇扬管理委员会的主要职责有：负责制定宁镇扬区域发展战略规划，负责制定宁镇扬区域总体规划（包括主体功能区规划、土地利用总体规划、区域空间协调规划等）；负责审批南京、镇江、扬州各自政府的空间规划，发放重大项目、边界项目"选址许可证"，对边界地区空间规划纠纷进行仲裁；负责宁镇扬区域交通、基础设施建设与服务；负责宁镇扬区域生态环境的联防联治；负责制定宁镇扬区域绿色建筑政策、产业布局，协调、监督、仲裁。宁镇扬管理委员会负责牵头宁镇扬三市签署合作契约，对于土地、产业布局、收费标准、生态环境联防联治达成共同规则；对于区域供水、供气、供电等可以购买委托；对于公共交通、教育、房地产、绿色建筑、医疗等可以互利开放。宁镇扬管理委员会可以就宁镇扬生态环境一体化的重大事项召集三市政府进行定期和不定期的会商，推动生态环境整治、低碳发展一体化，携手治理大气、水、土壤环境，完善区域生态环境联防联治机制。通过有效的协调会商机制充分调动宁镇扬三市政府对于推进一体化的积极性，实现宁镇扬三市的合作共赢。

(三) 夯实绿色建筑科技基础

1. 宁镇扬新建建筑采用绿色建筑科学技术

为加快一体化的进程，宁镇扬的建设规模将不断扩大。针对量广面大的新建建筑物，应该根据三市的生态自然，气候特点，对不同类别的新建建筑物运用 BIM 技术分析包括影响绿色条件的采光、能源效率和可持续性材料等建筑性能的方方面面，选用适宜的新技术、新材料、新工艺、新产品对项目进行优化设计、绿色建造及运营管理，构建适合宁镇扬特点的建筑节能和绿色建筑技术发展模式。

2. 宁镇扬既有建筑的改造采用绿色建筑科学技术

宁镇扬历史悠久，城市发展速度快，大量的存量建筑已经不能满足节能环保的要求，需要进行绿色化改造。建筑物的绿色化改造主要涉及屋面、外墙、窗户、供热系统、制冷系统、照明设备等。常用的绿色化改造技术有：①围护结构一体化节能改造，包括窗户的节能改造，外墙外遮阳改造，外墙节能改造，屋顶节能改造；②建筑物冷热系统一体化节能改造，包括电运行设备系统的节能改造，水运行设备系统的节能改造，照明电器设备设施的节能改造；③结合建筑物功能改善、废弃物循环利用、可再生能源应用、环境质量控制、抗震加固等的一体化节能改造。以上绿色化改造技术可以单独采用，也可以综合运用，根据不同的建筑物类别，要达到的绿色建筑标识等级综合考量，通过绿色建筑技术的集成水平，提升建筑物节能环保的效能。

3. 宁镇扬城市建设采用绿色建筑科学技术

绿色建筑在建筑物的全寿命周期内均是节能环保的，因此在建筑的选址、规划、设计、建造和运营等各阶段均要体现是最低能耗的。一是突出规划的科学引领作用。根据建成具有较强活力和竞争力的国际性大都市区的目标要求，除了编制江苏省城镇体系规划、南京城市总体规划，镇江城市总体规划，扬州城市总体规划外，还应该编制宁镇扬区域总体规划。宁镇扬区域的总体规划要按照宁镇扬三市一体化的发展目标、定位作用进行编制。宁镇扬区域总体规划要综合宁镇扬的城市形态、土地利用、空间布局、产业发展、能源利用、交通模式、城市建筑、园林绿化等各个方面于一体，统筹平衡宁镇扬的人口、经济、资源、环境的协调发展，使资源节约、环境友好成为宁镇扬区域总体规划编制的主基调。要开展绿色建筑、生态社区等专题研究，做到从规划源头为绿色建筑的发展创造条件、夯实基础。二是注重绿色建筑产业新城、"绿色生态社区"、"绿色生态城市"建设。从规划伊始就综合考虑环境、资源的制约因素，加入绿色指标。在编制新城规划时，配套编制水资源、可再生能源利用、智慧城市、绿色交通、固体废弃物综合利用等专项规划。结合当地的地形与空间现状、建筑与周围环境、气候条件、地域风貌与传统文脉等，建设有特色的新城、社区。要根据环境与建筑总体的空间布局，保持好该地区自然植被、水域、景观，保护好地域生态可持续发展的环境。在产业园区内进行绿色建筑集中建设时，不仅要发挥产业的集聚作用，同时搭建绿色建筑的供需平台，以城建带产业，产业促城建，形成良好的互动。绿色建筑是与当地的气候、环境、资源、经济、文化等因素相适应的，作为绿色建筑产业新城的主体，绿色建筑的风格决定了绿色建筑产业新城的风格，因此绿色建筑产业新城也具有因地制宜性，符合绿色建筑产业新城模式的推广要求。三是突出项目挂帅。聚焦公共基础设施建设，比如，城市道路建设、桥梁建设、公共建筑建设、老百姓保障房建设等项目，通过运用绿色建筑产业链，发挥这些重点项目的辐射带动作用，高效率地推广推进绿色建筑、绿色建设、绿色产业。

4. 加强对生态环境的智慧化治理

一是加强对生态环境的智慧化监管。利用物联网等信息技术手段，收集三市区域水环境、空气质量、噪音等环境监测感知物联信息，强化对各类污染源的在线监控监管能力，强化对企业重点污染源的环境监管，推进信息化在生态环境监管中的应用广度和深度，完善生态环境智慧化治理模式。二是加强对环境应急预防和预警系统的建设。建立环境信息数据库，加强与省环境监测部门的数据共享，完善和优化环境监测监控系统，"多规合一"统筹建设生态功能区空间信息管理平台。三是加强对能源的循环利用。大力发展绿色建筑，加强节能管理的规范化、有效化、智能化、科学化。加强对企业的能源管理服务，加强对企业能源生产、输配和消耗过程的动态监控和管理，推进智慧减排长效化。加强对城市能源信息发布平台的建设，提供能源管理的公众服务，不断提升全社会的节能意识。

（四）构建多元化生态保护补偿机制

科学界定宁镇扬生态环境保护的权利和义务,加快宁镇扬生态保护补偿标准体系和沟通协调平台建设,推动建立健全宁镇扬区域生态环境联防联治机制和多元化的生态保护补偿机制。

1. 重点生态区域补偿

对于宁镇扬区域内属于国家级和省级的自然保护区、风景名胜区、森林公园、地质公园、湿地公园,世界文化自然遗产,饮用水源地保护区,标识为二级及以上的绿色建筑,实行重点生态区域补偿。

2. 基本生态区域补偿

对于宁镇扬区域的自然保护区、名胜古迹、生态公园,对环境保护和生态修复任务较重的适度开发区域、生态平衡区域,标识为一级的绿色建筑,实行基本生态补偿。

3. 横向补偿

在宁镇扬重要生态功能方面,水资源供需方面,受各种污染危害或威胁严重的典型流域,长江下游与上游,产业承接转移,对口协作,人才培训,绿色建筑,园区共建等方面,权责统一、谁受益、谁补偿。

4. 奖励性生态补偿

加大对宁镇扬区域生态环境保护的督查力度,科学合理评价宁镇扬区域生态环境保护的综合经济效益和社会效益,按照生态环境保护、绿色建筑发展取得的绩效给予生态补偿奖励。

2016年11月,江苏省政府召开的推进宁镇扬一体化工作座谈会上,明确提出了围绕基础设施、产业布局、公共服务、旅游开发、生态保护等"五个一体化"的建设目标和思路举措。宁镇扬一体化要探索适宜的发展路径,整合资源,聚合力量,协同创新。要将绿色建筑作为宁镇扬生态环境一体化的有力抓手,全力推进两聚一高,加快推进强富美高新江苏建设。

推进宁镇扬区域人才一体化发展的路径探析[*]

镇江市人力资源和社会保障局课题组

区域经济一体化是区域经济协调发展最显著的形式，通过优化资源配置、完善城市功能，带动各类要素跨区域流动，全面提升区域经济竞争力。宁镇扬作为江苏经济较为发达、人口较为密集，区位优势明显。2014年8月，省政府发布了《宁镇扬同城化发展规划》，对宁镇扬一体化发展提出了新的要求。2016年11月，江苏省第十三次党代会进一步提出，要大力推动宁镇扬一体化发展，积极实施跨江融合战略。推动一体化发展，必须整合好区域内各类资源，特别是思维最活跃、最具有创造性的因素——人才。因此，人才一体化发展，是实现宁镇扬同城化发展的智力支撑和重要保障。

一 发展现状

随着宁镇扬一体化发展的不断推进，三地在人才互动交流、科研互助合作、研究成果互相共享等方面取得了一定成绩，但在人才政策设计、人才资源共享、人才合作共赢仍有较大发展空间。

---

[*] 2017年一等奖。

（一）宁镇扬人才规模情况

南京作为省会城市，依托其独有的政治、经济、科技和文化教育等方面优势，对镇江、扬州等周边城市优质人才极具吸引力，甚至出现了人才"虹吸"现象，除"每万劳动力中高技能人才数"数据外，均超过镇江、扬州两地（详见表1）。近年来，镇江市高度重视技能人才队伍建设，在全省率先打通技能人才成长发展的"四大通道"，创新做法在全国推广，2015年每万名劳动力中高技能人才数位居全省前三。

表1　　　　　　　2015年宁镇扬三市人才规模比较

	南京	扬州	镇江
每万人口中人才数量（人）	2680	1554	1801
与镇江比例关系	1.49	0.86	
每万劳动力中研发人员数（人年）	179	84	152
与镇江比例关系	1.18	0.55	
每万劳动力中高技能人才数（人）	728	661	738
与镇江比例关系	0.99	0.90	
高层次人才占人才资源比例（%）	10.4	7.2	6.2
与镇江比例关系	1.68	1.16	

（二）宁镇扬高校毕业生留本地情况

高校毕业生是社会最富生机、活力和创造性的群体，是一个地区发展所需高素质人才的重要来源。留住、用好更多的驻地高校毕业生就业创业，提高人才的集聚程度，对于城市经济社会发展具有十分重要的现实意义。据数据统计，2016年南京、扬州驻地高校毕业留本地工作人数均在20%以上，镇江受地理位置、产业发展、薪酬待遇等因素影响，毕业生留镇率相对偏低（详见表2）。

表2　　　　　　　　　2016年宁镇扬三市人才规模比较

地区	驻地高校毕业生人数（人）	留本地工作人数（人）	占毕业生人数比例
南京	77910	20933	26.9%
扬州	21508	4477	20.8%
镇江	21331	2717	12.7%

（三）宁镇扬城镇居民收入情况

收入水平是吸引和留住人才的基础条件。世界上的人才高地往往都是薪酬高地，要想吸引并留住大量的人才，必须提供具备竞争力的薪酬。美国硅谷的人均收入在全美最高。据统计，2016年南京市城镇居民可支配收入为49997.3元，镇江为41837元，扬州为35658.8元，南京分别比镇江多8160.3元，比扬州多14338.5元。

（四）宁镇扬人才工作对接情况

在人才招引活动方面，三地主动对接，协同联动，共赴新疆举办十多场校园招聘活动，联合发布招聘需求信息；组织一百多家企业赴南京信息工程大学、南京工业大学、扬州大学等院校开展百企高校行活动。在人才资源共享方面，举办"百名专家进百企活动"，组织三地专家共同走进基层一线，开展产学研合作，推动企业转型升级。在人才政策交流方面，三地人才工作部门定期沟通交流，共同谋划大学生住房补贴、高校毕业生就业创业等相关政策。

（五）宁镇扬校地合作情况

校院企联系的常态化、校院地合作的制度化、科研成果的产业化明显加强。"十二五"期间，镇江市企业与江苏大学、扬州大学等宁镇扬6所高校合作的较大科技项目共110项，其中103项科研成果在镇转化。2016年4月，镇江市委、市政府举办宁镇扬在地高校院所科技合作对接会，为14个重大科技创新平台揭（授）牌，镇江市政府与6家高校签订全面合作协议。2016年9月，镇江市政府、镇江新区管委会和扬州大学在镇江新区共同组建了扬州大学镇江高新技术研究院。2017年3月，润州区与扬州大学签订全面合作协议，在科技创新、人才培养、经济转型、社会发展等方面互相支撑。

二 存在问题

机遇始终与挑战并存。尽管宁镇扬三市"地理相邻",有地理优势、人文优势等,但也要看到在人才一体化合作共赢上还存在问题。

(一)合作发展层次不高

2011年北京、天津和河北签署了《京津冀区域人才合作框架协议书》,并发表了《京津冀人才一体化发展宣言》,同年举办首届"京津冀人才交流会",此后每年一届,并于今年6月联合发布《京津冀人才一体化发展规划(2017—2030)》,加快推进了京津冀人才一体化的发展。目前,宁镇扬三地仍未出台专项人才一体化发展政策,人才合作停留于各地人才工作相关部门的业务交流为主,难以在全局和宏观层面有所作为。从现实情况看,许多工作也因地域等原因,难以全面协调和推动,必须开展三地市级层面的人才合作,并做好相关政策的顶层设计。

(二)合作领域范围不宽

区域人才合作需要多领域、全方位地推进。从近几年三地人才合作的内容来看,主要还是围绕人才招聘信息共享、人事代理和人才派遣业务互助、人才网站资源互联等方面开展,合作领域范围较为局限。未来宁镇扬三地人才合作需要进一步拓宽,从提升区域人才竞争力,打破人才体制机制障碍,激活人才发展活力创新。

(三)合作政策衔接不畅

长期以来,宁镇扬三地在人才政策、资源和服务方面存在一定差异,给区域间的人才流动造成障碍,同时宁镇扬人才评价标准不一,各地评选出的市级专家、高技能人才等尚未实现互认,导致了人才在待遇兑现、自由流动等方面带来不便,致使区域间人才比较优势无法实现互补共赢。

(四) 合作动力机制不足

近年来,镇江、扬州采取"走出去"与"请进来"的方式,积极推行"人才+项目+资本+企业"的引才模式,人才集聚态势不断提升。但宁镇扬三地人才合作的动力机制缺乏,人才向大城市集聚的趋势仍然未改变。南京作为省会城市,在人才一体化发展的核心作用不够明显,仍未从"人才虹吸"走向"人才辐射"。同时,镇江、扬州因担心人才流失造成人才短缺,导致参与区域人才合作的积极性不高。

三 对策建议

宁镇扬人才一体化发展,是一个长期交互作用的过程,既有规律性,也有偶然性;既是机遇,更是挑战,当前最为紧要的是,把优势转变为现实,把机遇转变为成效,把人才资源转变成推动宁镇扬经济社会发展的巨大动力。

(一) 谋划统筹协调的区域人才发展布局

1. 树立开放共赢的人才合作观念

一是打破固有观念。习近平总书记在调研京津冀协同发展时指出,要"自觉打破自家'一亩三分地'的思维定式,抱成团朝着顶层设计的目标一起做。"宁镇扬三地要树立"一盘棋"思想,反思调整原有人才管理模式,提升政府、用人单位和人才的共享意识,力争达到"1+1+1>3"的效果。二是创新引才观念。牢固坚持"不求所有、但求所用,不求所在,但求所为"的理念,通过科技镇长团、兼职教授、项目负责人、专家服务团等各种方式,柔性引进各类人才资源,把南京"溢出"的人才智能,转化为镇江、扬州的发展动力。三是更新聚才观念。产业集聚人才、人才引领产业,围绕三地产业发展需求,把准人才发展趋势,定期互通三地人才引进目录,提高人才引进的针对性和有效性。

2. 明确区域人才合作发展定位

合则强、孤则弱。合作共赢是宁镇扬区域人才一体化发展的出发点、落脚点。2016年，中共中央印发《关于深化人才发展体制机制改革的意见》，提出"研究制定'一带一路'建设、京津冀协同发展、长江经济带建设等人才支持措施"。江苏"人才新政26条"明确提出："主动策应'一带一路'、长江经济带、长三角区域发展一体化等国家战略，重点部署相关产业人才集聚。"宁镇扬作为长江经济带连接南北的重要区域，更应在破除人才发展壁垒上同发声、共发力，要认真研究政策措施，在整合、拓展上下功夫，在协同、协作上做文章，探索南京科技研发、创新创造，镇江、扬州成果转化、全面推广的功能布局，发挥南京"发动机"，镇江、扬州"转换器"和"放大器"的作用，进一步明确三地在区域产业链和创新链上的发展定位，切实增强区域内人才创新发展活动。

3. 建立区域人才合作协调机构

宁镇扬区域人才一体化建设，尤其在建设初期，必须充分发挥政府的引导和推动作用。要健全高位协调、衔接畅通的常态化运作机制。三市政府要建立"宁镇扬人才工作联席会议"，负责协商决定重大政策，组织实施重大项目，监督合作项目执行情况，评估工作质量效果。要加强三地各个层面、各个条线全方位的互相交流、互通有无。要积极营造三地人才合作发展氛围，凝聚社会力量，争取多方支持，更好更快地推动宁镇扬区域人才一体化发展。

（二）打造优势互补的区域人才开发模式

1. 合作建设人才平台

一是鼓励各辖市区与宁扬区县或园区建立人才合作联盟，推进三地产业园区间的项目合作与对接，建立园区之间常态化的人才合作交流机制，加速形成宁镇扬互通互联的人才集群网络。二是定期举办"宁镇扬人才交流会"，并联合三地组织、发改、经信、人社、财政等部门，举办大型项目推介会、洽谈会，为三地人才项目合作搭建平台。三是研究制定面向宁镇扬三地合作项目的特殊优惠政策和措施，对区域内符合总体发展要求的合作项目，在资金、税收、用地等方面给予一定的支持和鼓励。

2. 合作开发人才资源

一是建设"宁镇扬人才合作培养基地",共同建设一批相互开放的院士工作站、博士后科研工作站(创新实践基地)、大学毕业生实习基地、技能人才实训基地等人才孵化载体,实现三地优质培训资源的共享。二是启动"宁镇扬专家共享计划",建立互认共享的专家库,每年分别选派一定数量的科技、教育、卫生等领域的专家到其他两地对口单位进行挂职锻炼,加强城市间重点领域的人才交流。三是建立"宁镇扬人才智慧联盟",加强三地高层次、高技能人才的智能技艺合作,充分发挥三地高层次、高技能人才在知识创新、成果转化、技能传授等方面作用,形成人才共同培养、智能共同运用、技艺共同传授的开发模式。

3. 合作共引海外英才

一是共同搭建海外引才引智的合作平台,降低海外高层次人才引进工作成本。二是联合组团赴海外招聘,邀请海外高层次人才到宁镇扬三地进行考察,组织海外高层次人才和三地用人单位进行对接交流。三是建设海外高层次人才数据云平台,推进宁镇扬海外高层次人才信息数据对接共享,促进三地结合产业发展需求,精准化引进紧缺人才。

(三)构建互联互通的区域人才服务体系

1. 合作推进人力资源市场服务

一是加快建立社会化、开放式的人力资源信息共享平台。完善三地党政人才、企业经营管理人才、专业技术人才、高技能人才、农村实用人才和社会工作人才六大类人才基础信息数据库。开设宁镇扬网上人才市场,联合发布区域人才供求信息,实现人才信息资源共享。二是联合举办人才招聘会。以三地统一的社会形象、品牌形象,组织各地用人单位招聘应届高校毕业生和各类专业技术人才。三是建立人力资源公司许可互认办法。探索在宁镇扬区域内,在一地办理许可的人力资源公司,到另外两地开展人力资源服务,免于再次办理许可。同时,鼓励人才中介机构创新服务方式,细化人事外包、人才培训、人才招聘、人才信息咨询、人才测评等服务内容,为区域内各类人才提供专业化、多样化、个性化的市场服务。

2. 合作推进人才公共服务

一是探索建立宁镇扬"人才一卡通"。对符合一定条件的优秀人才，经三地共同审定后发放"人才一卡通"，可在三地享受教育、医疗、社保、住房等方面的便利服务。二是探索实施宁镇扬高端人才关爱计划。宁镇扬"两院"院士、国家"千人计划"、国家"万人计划"等高端人才，可根据个人意愿申请享受三地中任何一地同等人才的优厚待遇。三是打造宁镇扬人才服务产业品牌。合力吸引国内外知名人才服务机构落户三地，扶持本区域内科技、金融、人才、管理、法律等方面的专业服务公司，创建代表宁镇扬区域特色的人才服务品牌企业。

3. 合作推进人才金融服务

加大对人才创新创业的信贷支持，省签约金融机构对宁镇扬三地市以上人才计划入选者提供最高 1500 万元的信用贷款。探索设立宁镇扬区域人才创新创业风险资金池，开展集贷、投、保为一体的立体式人才金融服务，推出"人才投""人才贷""人才保"等金融产品，形成贷款+创投+担保的符合新经济特点的金融安排，撬动人才企业的快速发展。

宁镇扬公共交通一体化研究*

南京市交通局 陈兆宏　南京市城市与交通规划设计院　陈阳

引　言

宁镇扬地区作为江苏经济较为发达、人口较为密集的区域，是长江三角洲西翼的重要节点区域，也是长江三角洲世界级城市群和皖江城市带承接产业转移示范区的联结区域，区位优势明显。三市自古地缘相近、人缘相亲、文化相通、发展相关，2014年8月江苏省首个区域同城化发展规划《宁镇扬同城化发展规划》正式发布，标志着宁镇扬三市抱团发展新格局全面开启。

随着经济全球化和区域一体化的深入推进，作为参与国际竞争的主要方式，都市圈和城市群呈现快速发展态势。在国家新型城镇化、长江中国经济新支撑带、"一带一路"等建设实施的背景下，江苏省推进新型城镇化、完善区域生产力布局、加快经济转型升级面临良好的发展机遇和广阔空间，推进宁镇扬同城化成为省委、省政府顺应发展趋势、优化区域布局、推动科学发展、实现"两个率先"的重大战略部署。

依据《宁镇扬同城化发展规划》，到2020年宁镇扬同城化格局全面形成。届时将基本建成具有较强活力和竞争力的国际性大都市区，高新产业、服务业会大幅提升，城镇化率将达75%以上，基础设施实现同城通达，宁镇扬主枢纽站间半小时通达、主城区间一小时通达，形成和

---

* 2017年三等奖。

谐、幸福、宜居的优质生活环境和生态文明区域。对于三市居民而言，同城化意味着包括教育、医疗、交通等社会公共服务将逐步共建共享。

区域发展合作，交通设施先行。宁镇扬将以一体化交通为目标，形成高快结合、公铁结合的全天候、复合型城际运输通道。作为与民生息息相关的公共交通，其发展直接关系到广大市民是否可以享受到快速化、低成本的同城交通服务，应给予关注。

一 宁镇扬同城化发展战略

（一）宁镇扬同城化发展历程

在经济全球化和区域一体化的大背景下，以中心城市为核心的城市群、都市圈发展，正成为世界各国参与国际竞争、推动区域发展的主流模式。早在2002年，扬州市委市政府首次提出了构建"宁镇扬同城化"的构想，三市从旅游业开始探索进行了初步协作。2006年—2008年，三市陆续签订了一系列合作框架协议，明确了多领域内的合作内容与方向，谋求深层次对口合作与联动发展。自2009年三市签署了《南京市、镇江市、扬州市同城化建设合作框架协议》后，由政府牵头的同城化建设正式启动，宁镇扬同城化进入了加速发展的阶段。"宁镇扬同城化"战略先后写入江苏省十二次党代会报告、江苏省"十二五"规划及江苏省年度政府工作报告，三市市长每年都要召开联席会，共同会商当年宁镇扬一体化的重点任务和重点项目。目前，三市的公交卡已实现了一卡通，三市异地长居参保人员实现了异地就医结算。三市还共同签订了《区域空气污染联防联控合作协议》，加快污染防治一体化进程。扬州完成宁启铁路复线电气化改造工程并开通动车，推动连淮扬镇铁路开工建设，北沿江高铁、宁扬城际、扬马城际等纳入国家或区域相关发展规划。宁镇扬一体化建设在交通基础设施、民生建设、公共服务、活动联办等方面已取得了一定的成效。

江苏省十二届人大五次会议政府工作报告提出，"以城市群为主体形态，发挥南京特大城市带动作用，推动宁镇扬一体化取得实质性进展，促进沿江城市集群发展、融合发展"。由"积极推进宁镇扬同城化建设",到"加快宁镇扬同城化建设",再到"推动宁镇扬一体化取得实质性进展",都体现了江苏加快推进宁镇扬同城化战略的坚强决心,同时也表明这一全省发展战略已经正式进入实质性、操作性层面。

(二) 宁镇扬同城化交通发展目标

1. 区域空间同城化

根据《宁镇扬同城化发展规划》,未来宁镇扬大都市区将形成"一带三圈"的同城化发展格局。"一带"即沿江发展带,是新型工业化、城镇化的重点区域以及长江国际航运物流和金融商务中心的核心载体。"三圈"即以宁镇扬中心城区为核心构成紧密圈层、次紧密圈层和外围圈层。紧密圈层打造以服务经济和高新技术产业为主的大都市区的核心区;次紧密圈层利用小城镇实现大都市区发展空间拓展;外围圈层则强化高品质居住、休闲度假、健康养老等功能,形成大都市区开敞空间。

其中的紧密圈层作为未来以中心城区为载体,是城市金融、商务、商贸、物流、创意、研发、生活服务等功能的集中地,势必会产生较强的客流需求,必须加快形成以轨道交通为主的通勤联系。

2. 交通系统一体化

交通一体化是宁镇扬同城化的前提。以提高城际交通的可达性、可靠性、便捷性和有效性为目标,加快三市城际间高速公路、快速路系统和都市圈城际轨道交通系统建设,形成由公路和轨道交通共同构成的复合型城际通道,强化城际与城市交通系统的无缝对接,逐步形成更加完善的同城化综合交通体系。

其中城际通道建设是未来宁镇扬大都市区交通系统发展的重要目标。以推进宁镇扬交通同城深度融合为目标,积极构建通勤化都市圈城际轨道交通系统,完善高速公路网络布局,加快城际快速路和跨江通道建设,逐步形成高快结合、公铁结合的全天候、复合型城际运输通道,满足宁镇扬主枢纽站半小时通达、主城区之间一小时通达,以及主城区与近远郊城镇、临近县市之间通勤化交通联系。

二 构建宁镇扬一体化公共交通系统

（一）宁镇扬公共交通系统一体化的重大意义

交通运输作为国民经济和社会发展的基础性、先导性和服务性行业，在推进宁镇扬同城发展的进程中，发挥着先行先导和基础保障作用。为满足宁镇扬同城化后城市格局带来城际间客流需求，并实现宁镇扬主枢纽站半小时通达，主城区之间一小时通达的目标。构建宁镇扬一体化公共交通系统，并建立共建共享机制意义重大。

1. 建设宁镇扬一体化公交系统是实现城市有序扩张、区域一体发展的明智举措

城际轨道具有引导"同城效应"的区域城镇空间一体化功能。由于城际轨道交通的大容量、高速度、公共性使得区域内城际间的通行时间极大地被缩短，便捷程度得到了明显的提高。城镇空间围绕城际轨道枢纽集聚。这对于中心城而言可避免摊大饼式的无序蔓延，实现轴向有序生长；对于大都市区而言，既可实现区域中心城间的快速沟通，也可带动周边小城镇健康发展，正是TOD发展理念的落地之举。

2. 建设宁镇扬一体化公交系统是保障和改善民生的重要措施

城市公共交通是城市交通的主要形式，和人民群众生产生活密切相关，与老百姓的利益紧密相连。宁镇扬同城化正是为了整合区域资源，协同发展，加强城市间的联系。于老百姓而言，公共交通是出行的基本保障。发展宁镇扬一体化公交系统，体现了"公交优先"的发展战略，通过全面提升公共交通的服务质量和保障能力，为市民提供良好的出行环境，这与我们建设服务型政府亦是息息相关的。

3. 建设宁镇扬一体化公交系统是建设资源节约型社会的必然要求

对于国家而言，资源的拥有量、环境的接受度、社会的承受力都是经济发展的重要基础。虽然我们可以通过不断建设高速公路来实现区域间的快速联系，但机动化带来的资源紧张、环境污染等城市问题越发严重，发展公共交通则是缓解这些问题的有效手段。因此从建设资源节约型社会的角度出发，公共交通在宁镇扬同城化的发展中十分必要。

（二）构建宁镇扬一体化公共交通系统的重要任务

未来宁镇扬大都市区将以南京为核心，以一体化交通为目标，形成高快结合、公铁结合的全天候、复合型城际运输通道。其中公共交通需构建放射线城轨系统，形成都市圈通勤化轨道交通系统，同时加快构建交通基础设施的"无缝衔接，零距离换乘"，合力打造宁镇扬区域内交通基础设施共享共用的快速通道。

构建宁镇扬一体化公共交通系统面临四个重要任务：

1. 发展多极化轨道交通系统

国际上关于大都市区轨道交通体系的搭建基本形成了较为统一的共识，大体分为三个层次：国土层面半径 50km—150km 以上，非公交化运营范围，设施一般以高速铁路、城际铁路、普通铁路为主；都市区层面半径 20km—50km 范围内，已进入公交设施服务范围，一般以轨道快线或市郊铁路为主，对近远郊市镇进行串联；中心城区层面半径 20km 范围内，城市高密度开发地区，以城市轨道系统（干线、加密线）为骨架，覆盖主要客流走廊，轻轨或中运量服务次级客流走廊。

因此在进行轨道交通的规划与建设中，应根据服务范围、客流需求构建多极化的轨道交通系统，而非狭隘地用城市轨道交通不断延伸来满足城际间的需求。二者功能不同，服务目标亦不相同，城市轨道交通线网"以运量需求取胜"，而都市圈城际轨道交通线网则"以时间目标取胜"。因此城际轨道具有站距大、速度快的特点。在以南京为中心，构建都市圈通勤化轨道交通系统联系宁镇扬和卫星城镇的过程中，应积极探索宁镇扬市郊铁路建设，与国家干线铁路、城市地铁形成"三网合一"的同城化轨道交通系统，优化轨道交通层级，梳理城市轨道、城际线、市域快线等轨道交通体系关系与衔接方式，对轨道交通快线系统超前规划、提前预留，避免再次出现目前南京轨道宁天线与宁高线采用地铁 B 型车向外辐射，运能富余，但站站停的运营模式难以适应远郊居民快速入城服务需求的窘境。

2. 发展覆盖次要客流走廊的城际公交快线，构建快速客运公交体系

为实现"宁镇扬半小时、长三角一小时"的目标，对于轨道交通无法覆盖的次要客流走廊，通过积极整合区域公共客运资源，开通宁镇

扬城际快线以及扬州至镇江、六合等毗邻地区的公交线路，推进城市公交线路首末站跨市相互延伸，建立点到点、通勤快速的客运服务体系。同时在城际轨道未建成通车前，城际公交快线亦可填补空缺，满足过渡期城际间的公交出行需求。目前南京到扬州、镇江已经实现班车公交化，从镇江营房到南京经天路地铁站的 D5 线每隔半小时发车，从扬州京华门到六合金牛湖地铁站的 K30 线。

3. 建设实现无缝衔接一体化换乘的换乘枢纽

线路需要枢纽锚固。在发展城际间快速连通的城际轨道交通与城际公交快线的同时，应同步建设"无缝对接、一体换乘"的客运枢纽，加强城际轨道交通、城际公交快线和城市轨道交通、市区路面公交之间的换乘对接，完善宁镇扬同城化的公交最后一千米的出行服务，以真正实现区域一体化的公共交通。

4. 探索一体化的公共交通服务

好的系统需要好的服务。2014 年 8 月，南京、镇江、扬州三市公共交通 IC 卡率先实现互联互通。2015 年 12 月省交通运输厅发布全省市际交通一卡通互惠协议。镇江、扬州的居民来南京，刷江苏交通一卡通，即可享受公交 8 折、地铁 9.5 折待遇。南京人去镇江、扬州坐公交可打 8 折。如此惠民政策得到了市民的广泛好评。在宁镇扬同城化公交系统建设的过程中，需积极探索相应的配套保障措施，提升公交服务水平，构建低成本的区域交通体系。

三　结语

推进宁镇扬同城化是国家长三角城市群规划提出的战略要求，是省委、省政府着眼推进长江经济带发展、打造扬子江城市群做出的重大决策部署，也是三市"十三五"发展面临的共同机遇。宁镇扬同城化，作为与广大市民息息相关的公共交通理应先行一步，构建宁镇扬一体化公共交通系统对实施宁镇扬同城化战略至关重要。

宁镇扬旅游资源开发一体化研究*

中国农业银行江苏省分行 耿莹瑛

宁镇扬是指南京、镇江、扬州三个地级城市，位于长三角北翼，地跨长江两岸，西南部毗邻江苏省，居于南京都市圈核心地区。宁镇扬三座城市地理位置相邻，文化和民俗同根同源，都是中国优秀旅游城市、国家历史文化名城，而且，三座城市所处的长三角区域，是比较典型的旅游城市连绵区，具有一脉相承和旅游文化资源整合发展的客观条件。目前，江苏省已经将加快推进宁镇扬同城化，积极构建宁镇扬大旅游圈，纳入建设扬子江城市群的既定策略。2016 年，江苏省政府提出要以城市群为主体形态，充分发挥南京市辐射带动作用，加快推进宁镇扬同城化发展；2017 年，宁镇城际轨道、宁句城际轨道（S6 线）、镇江至禄口机场城际线、镇江东至南京南站城际轨道四条最新轨道交通规划出炉，一系列举措进一步推动了宁镇扬同城发展的步伐。随着交通运输条件的改善，宁镇扬三市的社会、经济联系日益密切。旅游业是新兴的现代产业，其凭借旅游资源和设施，向旅游者提供与旅游相关的各类服务。作为一种新型的高级的社会消费形式，旅游业较好地将物质生活消费和文化生活消费结合了起来。近年来，随着人们生活水平的提升，以及消费理念的转变，旅游业得到了迅猛的发展，在国民经济中的作用越来越重要。旅游资源开发一体化是指在遵循旅游经济的发展规律前提下，将区域内的各种旅游要素与资源，科学进行规划、分配，并使之实现充分流通，从而做到资源共享、优势互补、布局优化，实现区域旅游

---

* 2017 年二等奖。

业共进多赢与可持续发展，进而推动地方经济更上层楼。宁镇扬三市旅游资源丰富，但在时间、空间上有一定的限制，对宁镇扬三市旅游资源进行一体化开发，将能使三市旅游供求得到平衡，为人们提供更丰富多元的休闲放松选择，提高宁镇扬三市旅游整体竞争力；同时，也能为宁镇扬同城化发展提供强大的助动力。

一 区域（城市）旅游资源一体化开发研究状况

城市是主要的旅游客源地和目的地，也是现代旅游的重要支撑点。从文献资料来看，国外很早就已开始研究旅游区域（城市）合作，并形成了比较丰富、系统的理论研究成果。例如，有的学者研究了区域旅游合作理论与实践，有的探讨了实施策略，有的对旅游企业合作、产品合作、合作政策等进行了分析。追溯到的国外关于区域经济的研究，当属1826年德国杜能的区位论，这在其《农业和国民经济中的孤立国》中可以看到。20世纪60年代初，现代区域经济研究开始逐渐成形，比较具有代表性的有"核心与边缘区理论"（赫希曼），"国家干预政策"（伊萨德），"循环累积因果论"（缪尔达尔）等。从整体来看，区域（城市）旅游合作研究日渐成熟、细化和深化，基本围绕三个领域开展研究：一是数学模型问题，如《经济模型技术与应用》（尹提戈特&和布朗）；二是综合布局和发展战略问题，如《区域增长理论》（理查森）、《空间区位》（劳埃德等）、《区域经济学》（H. H. 涅克拉索夫）、《第三世界国家区域开发与规划经济学》（理查森）等；三是区域经济增长速度均衡发展问题，《区域科学导论》（伊萨德）、《区域政策》（弗里德曼）、《区域经济导论》（胡佛）等。国内对旅游城市的竞合研究，早期基本集中在基础建设和资源、产品合作等领域。近年开始转向区域旅游提升与深化方面，主要集中在三个层面，即区域经济一体化研究、区域产业一体化研究、区域产业结构研究等。例如，张可云对都市带开展旅游合作的必要性进行了深入研究，文吉、魏清泉探析了区域联合开发模式，崔凤军阐析邻近城市旅游合作问题，卞显红等研究了长三角旅游合作条件、圈层结构、一体化与联合战略等。区域旅游资源整合实质便是在地缘文化架构下,以"纵横聚焦"策略,实现旅游资源亲融与地域特色共享。

二 宁镇扬旅游资源聚焦分析及可行性阐释

从本质来看,旅游是一种文化体验,可以有效满足旅游者求新、求知、求乐、求美的需求。旅游文化没有严格的界限,所有与旅游相关的服务都可纳入旅游文化的范畴。宁镇扬的旅游资源整合,必须要基于特色文化元,结合旅游者需求进行。

图 1 宁镇扬区位图

(一)宁镇扬旅游资源聚焦分析

1. 南京旅游资源分析

南京是江苏省省会,钟灵毓秀,是中国四大古都之一,也是中华文明的重要发祥地,拥有 7000 多年文明史、近 2600 年建城史和近 500 年的建都史，素有"六朝古都""十朝都会"的称谓。南京长期是中国南方的政治文化中心，自古有"天下财富出于东南，而金陵为其会"之称；其崇文重教，有厚重的文化底蕴和丰富的历史遗存，被人们誉为"天下文枢"。南京以其悠久历史文化与古都风貌著称，其形象及其资源载体优势突出，在江南乃至全国具有稀缺性，所拥有的旅游景观都极具特色，以民国首都文化遗存为重点，在空间上没有替代性。根据《旅游资源分类、调查与评价》[国家标（GB/T18972—2003）]，全国六大类74种旅游资源中，南京全部具备，并且所拥有的旅游资源达到了61种，比重为83%。在过去的"十二五"期间，南京强化资源与环境保护，积极实施旅游可持续战略，鼓励景区景点等单位实现绿色、低碳发展，积极开发绿色旅游产品，取得了良好的效果，极大地促进了旅游产业的发展和旅游资源的丰富。

表1　　　　　　　　南京市旅游资源星级分类及典型代表

南京市旅游资源按A级别分类	
国家5A级	南京市钟山风景名胜名区、南京秦淮河、夫子庙、中山陵园风景区
国家4A级	南京珍珠泉、南京阅江楼、总统府、雨花台风景区
3A级	南京将军山、金牛湖、南京大金山、溧水天生桥、宝船厂遗址、傅家边科技园、汤山疗养院
2A级	江心洲民俗村、燕子矶、金牛湖景区、迎湖桃源景区龙山上庄园、游子山风景区、瑶池生态旅游区、高淳老街

2. 镇江旅游资源分析

镇江居长江三角洲的顶端，位于长江下游南岸的冲积平原，是中国历史文化名城和优秀旅游城市，国家第二批全国全域旅游示范区，也是南京都市圈的核心层城市，民国时期曾为江苏省省会。"京口瓜洲一水间，钟山只隔数重山。春风又绿江南岸，明月何时照我还？"北宋诗人王安石经过镇江时，曾写下这样的诗句，将镇江山水相连的地理风貌生动地刻画了出来。镇江素有"天下第一江山"和"城市山林"之美誉，"清幽"与"雄险"相得益彰，旅游景点颇为丰富，佛道双盛，历代隐居镇江的文人众多。京杭大运河与长江在镇江交汇，中国大运河镇江段已经入选世界遗产名录。境内有金山寺、西津渡等众多名胜古迹，金山、焦山、北固山被列入全国十大人文景观，有道教圣地茅山和佛教圣地宝华山、南山风景区等。其中，焦山碑林、丹阳南朝陵墓石刻、镇江英国领事馆旧址等，为国家重点文物保护单位。其旅游资源特点是吴文化源远流长，镇江是吴文化的发源地；六朝文化百家争鸣，经书、文学、史学、书画及雕刻等，都有无与伦比的辉煌，可以说是唐文华的摇篮；山水风貌与人文景观互为表里，李白曾诗云："画出楼台云水间"，南宋陈亮曾道："一水横陈，连岗三面，做出争雄之势"，诸多诗人的名句佳作，准确地概括了镇江的地理形势与自然景观。这些景观山水交融，形神兼备，与城市有机融为一体，构成了大江、城市、山林的独特城市风貌。而且，在这些山水中，蕴含着历代英豪强烈的爱国情怀，这也是镇江文化旅游资源中的主旋律。科技文化引领世界，镇江的山水吸引了众多科学家和文化大家，使得这里山水文韵深厚。例如，中科院紫金山天文台用镇江科学家的名字命名3颗小行星。史上和当今镇江代有人才出。

表2　　　　　　　　　　　　镇江主要旅游景点

级别	景点		
国家5A级旅游景区	三山合并为"三山风景区"		
5A级风景区	镇江金山		镇江中国醋文化博物馆
5A级风景名胜区	焦山		
5A级风景名胜区、国家重点风景名胜区	北固山		
5A级风景名胜区、国家森林公园	镇江南山风景区		
5A级风景名胜名	西津渡古街		镇江博物馆
5A级园林景区	扬中园博园		
镇江民间文化艺术馆	金山湖	滨江湿地	赛珍珠故里
南朝陵墓石刻及梁南简王绩墓石刻	宝塔山公园	伯先公园	河滨公园
圌山五柳堂	张云鹏故居	冷御秋故居	陆小波故居
润扬长江公路大桥	镇江革命历史博物馆	韦岗伏击战纪念馆	四县抗敌总会纪念馆

续表

级别		景点	
沈括故居梦溪园	中国米芾书法公园	花山古城遗址公园	宗泽墓
铁瓮城（三国吴文化起源）	姚桥华山村"梁祝故里"	儒里	润州道院
上党槐荫村"董永和七仙女故里"	横山凹三茅宫	辛丰大圣寺	滨江公园
太平禅寺	渡江文化园	长江渔文化生态园	扬中江馨怡度假村
泰州长江大桥	雷公岛	西沙岛	河豚塔
中国职业装博览馆	南朝陵墓石刻	季子庙	天地石刻园
万善公园			

3. 扬州旅游资源分析

扬州古称广陵，地处江苏中部，长江与京杭大运河再次交汇，自古便有"淮左名都，竹西佳处"的美誉，被称为"中国运河第一城"、扬一益二、月亮城、淮南第一州等，是中国海上丝绸之路8个申报世界遗产城市之一。扬州自汉至清几乎经历了通史式的经济文化繁荣，是首批国家历史文化名城，中国温泉名城。全市拥有37家国家A级景区，48家省星级乡村旅游区（点），48家星级饭店。"谁知竹西路，歌吹是扬州""烟花三月下扬州"，扬州以烟花锦绣、悠闲富足的古城形象闻名天下，扬州旅游文化资源的开发，在抑古扬今的基础上，要重点突出历史脉络的完整性与独特性。

表3　　　　　　　　　扬州特色旅游文化元

饮食文化	饮食文化是扬州优势鲜明的特色文化。以淮扬菜系为典型的扬州饮食文化盛名已久，蔚为大观，2001年国务院公布扬州为"淮扬菜之乡"，更使扬州饮食文化熠熠生辉
休闲文化	休闲是扬州文化最显著特征。历史上扬州经济曾屡次繁盛，使扬州人产生追求"享受"的生活方式，由此孕育出独领风骚、花样繁多的休闲方式，并逐渐演化为典型的休闲文化

续表

园林文化	扬州园林是江南园林的杰出代表之一，素有"扬州以园林胜""园林多是宅"之说
幕僚文化	幕僚文化是扬州文化的重要组成部分。历史上扬州曾长期在江淮之间乃至全国保持尊者地位，使其成为众多幕僚、退隐官员的栖息地，有力促动了扬州幕僚文化的形成与发展
宗教文化	宗教文化是扬州一种强势文化。扬州宗教文化资源较为丰富、优越，如佛教文化以大明寺、高旻寺为突出载体，伊斯兰教以普哈丁墓园、仙鹤寺为突出载体，并在海外具有重要影响
战争文化	战争文化是扬州的另一文化元。大凡在政权更迭时期，扬州都难免于兵燹，屡次出现"烽火扬州路"的凄惨景象，明末清初"扬州十日"是最直接、最深刻的反映

（二）宁镇扬旅游资源一体化开发的可行性及意义

在宁镇扬三座城市中，南京钟灵毓秀，镇江山水形胜，扬州物华天宝，分别从不同的角度，展现着宁镇扬的人杰地灵和诗情画意。宁镇扬旅游资源一体化开发的可行性，可从如下几个方面进行分析：

第一，空间地理位置得天独厚，交通条件快捷便利。宁镇扬三市空间位置相邻，城际之间的距离仅需1小时车程，地缘优势十分明显，非常适合城际居民旅游和休闲出游，这为旅游资源共享与一体化开发，提供了优良的先天基因。南京、镇江和扬州区位优越，是长三角西翼连接南北、承东启西的重要节点，与周围客源地、旅游资源之间的空间距离也非常适宜，加之自然山水、历史文化名胜融为一体，因而对周围客源地具有较强的吸引力和影响力。三市之间交通便捷，铁路、公路、水路、航空，共同形成了立体化的交通运输格局。南京是交通干线的核心辐射点，而镇江和扬州则是重要的枢纽。在同城化规划中，城际快速路和跨江通道建设进程不断加快，预计到2020年即可形成高快结合、公铁结合的复合城际运输通道，实现30分钟可达宁镇扬主枢纽站，60分钟可达各主城区，并与近远郊城镇、临近县市等实现通勤化交通。便利的交通为宁镇扬旅游廊道的建设和形成，奠定了良好的基础。

第二，三市均为历史文化名城，旅游资源丰富且具有互补性。从空间分布看，南京、镇江、扬州地区都有丰富的旅游资源，而且同质性较小，各具特色，具有互补性。南京是六朝古都，历史文化遗产悠久、自然景观秀丽、名胜古迹与现代建筑相得益彰；镇江以"天下第一江山"和"城市山林"为特色，"京口三山"和浩荡长江及古代寺庙资源和产品，优势凸显；扬州兼有南方之秀和北方之雄，以"运河都会、绿扬城廓、人文荟萃、美食天堂"为特色，园林资源和产品是其亮点。丰富而极具地方特色的旅游资源，是宁镇扬开展旅游合作，实现优势互补和良性互动的天然基础，有助于发挥区域资源整体优势。

第三，经济发达，政府大力支持。宁镇扬是长三角地区的三大经济板块之一，也是长三角地区经济最繁荣、人口密度最大的地区之一，饭店、购物、娱乐等旅游设施齐全而高档，旅游接待能力较强，良好的经济基础为发展区域整体旅游，夯实了基础条件。南京与镇江、扬州之间的经济互动非常强，联系度分别为20.87、9.97、12.00。而且，进入21世纪以来，南京、镇江和扬州市政府，一直致力于整体形象打造、联合促销等，并签署了《宁镇扬金三角旅游区域联合合作意向书》，通过统一推介、共搭平台、共享客源等方式，塑造出了极具个性、引人关注的金三角旅游品牌，效果非常卓著。2014年，江苏省政府发布了《宁镇扬同城化发展规划》，标志着宁镇扬一体化发展开始步入实操层面。宁镇扬的"合体"发展，将会提高三市旅游资源的整合水平，加快旅游资源共享步伐。

宁镇扬旅游资源一体化开发，有利于拓宽客源市场，树立区域旅游的整体形象，做大区域旅游市场，降低了三市居民的出游成本；有利于旅游资源的合理利用和保护，更有效地发挥资源的组合效益，促进区域旅游产业的整体效益与旅游竞争力提高；有利于加强区际合作，在更大范围内组合旅游景点，避免无序的旅游市场竞争，实现区域旅游经济效益、社会效益和生态效益最大化。不过，在当前，也要看到宁镇扬旅游资源一体化开发，还存在一定的发展障碍和矛盾，需要及时进行研究解决。例如，区域旅游整体形象缺失，缺乏鲜明的区域整体旅游形象，难以与其他旅游项目或景区形成集群效应；旅游资源缺乏有效整合和长期规划，单个旅游景点的竞争力不强，缺乏特色与精品，产品特色不鲜明；目标市场具有趋同性，不可避免地会出现客源市场的争夺；现行体制下造成的地域分割，导致旅游公共服务一体化水平不高；资金来源渠道不广，各地景区除财政拨款之外，收入主要以门票为主，其他如购物、餐饮、住宿、娱乐等旅游收入非常有限，也缺少社会赞助、市场运作、民间捐助等多元资金筹措渠道，制约了宁镇扬旅游资源共享的步伐；旅游资源共享配套服务设施还不完善，缺少特色创新支撑和龙头品牌旅游企业；缺乏旅游专业人才，旅游与教育两项功能拓宽力度不够；未形成适应市场的竞争机制和经营机制。

三　宁镇扬旅游资源开发一体化的策略思考

（一）建立旅游资源开发一体化领导机制，形成旅游大格局、大市场

在宁镇扬旅游一体化的进程中，只有建立旅游资源开发一体化领导机制，才能真正打破行政区划管理带来的弊端，克服旅游资源共享的制约，改变旅游区各自为政、"繁星点点"的状况，形成旅游大格局、大市场。为此，应结合三市实际情况和宁镇扬整体旅游发展目标，成立宁镇扬旅游一体化建设小组。小组成员由三市各级官员和业界专家学者组成，具体职责是：一是编制旅游资源开发一体化规划，在分析评价各地旅游发展规划的前提下，根据宁镇扬旅游发展目标，制订合作的指导思想、原则、内容等；二是制定区域旅游资源开发一体化制度、政策等，探索三市间红色旅游连锁、联袂经营，确保旅游要素合理流动和资源有效配置。重点是取消市场准入政策限制，打破外地旅游企业进入的制度壁垒，实现经营无障碍。同时，制定统一的监管制度，推行异地执法，保证旅游投诉无障碍，并规范旅游市场的发展。制定统一的质量标准和资格认证制度，使旅游服务于产品无差异，让游客能在宁镇扬获得统一而稳定的服务体验，促进区域内旅游企业和旅游人才合理流动，加强宁镇扬旅游资源共享。深度挖掘外部力量，鼓励社会组织、普通市民等，参与到宁镇扬游资源共享项目建设中，以达到旅游资源 $1+1+1>3$ 的优势叠加效应。

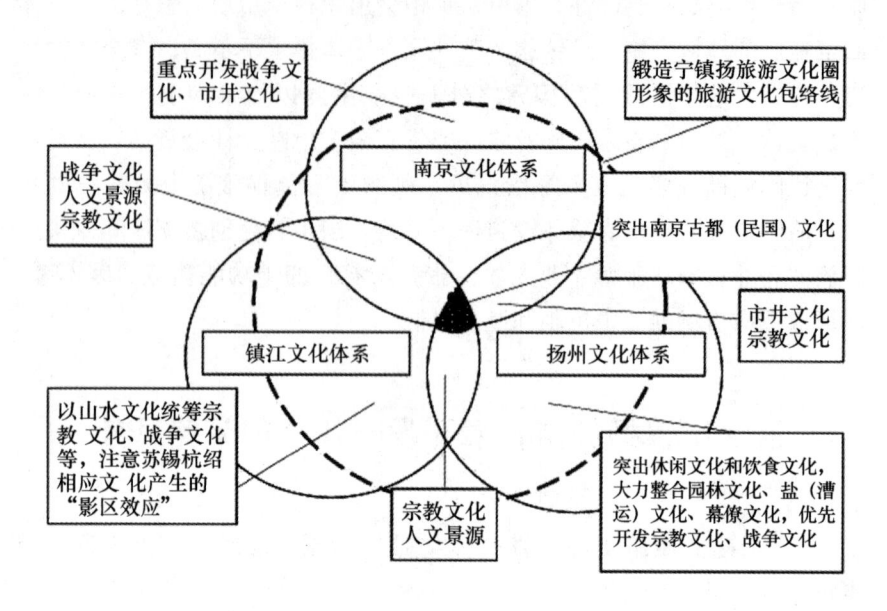

图2　宁镇扬旅游文化圈基本结构图

图中标注：
- 重点开发战争文化、市井文化
- 锻造宁镇扬旅游文化圈形象的旅游文化包络线
- 南京文化体系
- 战争文化、人文景源、宗教文化
- 突出南京古都（民国）文化
- 市井文化、宗教文化
- 镇江文化体系
- 扬州文化体系
- 以山水文化统筹宗教文化、战争文化等，注意苏锡杭绍相应文化产生的"影区效应"
- 宗教文化、人文景源
- 突出休闲文化和饮食文化，大力整合园林文化、盐（漕运）文化、幕僚文化，优先开发宗教文化、战争文化

（二）优化旅游资源配置，走品牌开发路线

宁镇扬旅游资源丰富且互补性强，具有广阔的市场前景。南京、镇江和扬州应立足实际，根据自己的资源禀赋，利用资源类型与数量的优势，扬长避短地开发旅游资源和旅游产品，深化旅游产业分工，多层次整合开发同质化旅游资源产品，形成点、线、面相结合的共享局面，做到重要景点和一般景点搭配，"红""绿"结合，历史积淀与风土民情兼顾，从而做大、做精旅游产业，寓教于游，实现整体大于部分之和的总体效益。如将秦淮风景区、镇江"三怪"、扬州瘦西湖等与红色旅游资源进行重新组合，形成红绿相间、古今相映、雅俗共赏的新旅游风情，或者将红色旅游与生态资源、历史文化、民俗风情等资源有机结合起来，突出地域文化的独特性和历史文化发展的传承性。当前，宁镇扬的旅游产品主要以观光型为主，度假、商务等旅游产品为辅，应在此基础上加大休闲、度假旅游的投入，重点开发以文物古迹、明城墙、古运河等世界独特文化遗产，打造古运河旅游、古典园林旅游、长江巡游等

丰富多彩的主题旅游线路，创新开发和深挖休闲性强、娱乐性强、文化内涵高、形式新颖的旅游产品及其内涵，发展旅游延伸产品，来更好地满足居民休养、健身、娱乐、游览等多元需求。旅游品牌是旅游地无形的旅游资本，对于旅游者的行为决策具有重要的影响。因此，在加强旅游资源优化配置的同时，还要挖掘潜在休闲市场，梳理区域内文化脉络，提炼旅游资源特色，制定统一的整合营销计划，塑造统一的整合营销区域旅游形象，走品牌开发路线，实施长期整体性联合营销，并突出品牌的创新性。例如，可以每年举办若干具有国内外影响力的大型活动，利用各种媒体与网络，采取网络现场直播、新闻发布会、音视频等面对面体验营销策略，迅速打响宁镇扬旅游品牌，在最短的时间内建立起旅游者的忠诚度和向心力。

（三）健全旅游服务网络体系，提高区域旅游服务质量

提高宁镇扬区域内旅游交通协调力度，构建无障碍交通服务网络，三市公路交通通畅、快捷。建立宁镇扬公共信息平台，健全咨询、预订、服务、管理、救援等旅游信息体系建设，形成一体化的旅游信息网，使游客能更准确、快速、全面地了解宁镇扬地区的旅游资源、资讯和产品信息，享受到高品质、现代化的旅游服务。普遍推行三市公园卡、旅游年卡、组合式联票和交通卡，提供同质化的服务和统一标志。建立健全区域旅游突发事件的应急处理机制，提高对突发事件的预防和处置能力，提升旅游服务能力与质量以及客户满意度。培育大型区域性企业集团，鼓励支持旅游企业跨区域进行系列化、集团化扩张，通过横向联合或纵向兼并，构建以酒店、旅行社、景区为代表的旅游龙头企业，壮大宁镇扬旅游企业的实力，以便在更大空间范围内获取一体化收益。立足地方之文脉，推进连锁经营和网络化经营、虚拟经营，将宁镇扬旅游品牌向国内外市场扩展。积极创办中外合资和外商独资旅行社，扩大外资进入旅游业的领域，积极引进外资、外智开发旅游产品和智力服务。

（四）积极拓宽融资渠道，提高共享资金的稳固性与多元性

资金问题是宁镇扬旅游资源一体化开发的重要问题，为了拓宽融资渠道，三市地方政府应坚持以市场为导向，创新旅游资源开发思维，本着"谁投资，谁管理，谁受益"的原则，将传统的单一财政拨款转变为多渠道筹措资金，积极吸引民间资本参与旅游资源一体化开发。通过财政集中解决一点、单位自筹一点、社会赞助一点、市场运作一点，来形成内部积累与外部投入结合、市场融资与政府导向型投资相结合、内资与外资相结合的融资模式，多渠道筹集宁镇扬旅游资源一体化开发与共享建设资金。

四　结语

综上所述，宁镇扬三市都是历史文化名城，拥有丰富而具有差异性的旅游资源，地缘优势也十分明显，在同城化背景下，宁镇扬三市应当及时转变发展思维，立足区位优势、经济优势、资源优势等条件，充分发挥政府、企业、行业组织的作用，丰富而且独特的旅游资源科学地整合到一起，共同打造宁镇扬旅游品牌，变资源优势为经济优势，以推动宁镇扬旅游业的持续增长和强势发展。

构建宁镇扬区域生态文明协同发展制度的思考[*]

镇江市委党校　孙忠英

一　生态文明制度是推动生态文明建设的重要保障

　　生态文明制度是人们在长期与大自然相处过程中逐渐形成的文化理念、行为准则和制度规范,是衡量生态文明水平的尺度和标准。孟子曰:"不以规矩,不能成方圆。"没有系统完善的生态文明制度,生态文明建设难以得到有力保障。生态文明制度就是生态文明建设的规矩,是为保护生态环境而设计的规范、标准、监督、约束等系列制度。党的十八届三中全会提出:建设生态文明,必须建立系统完整的生态文明制度体系,实行最严格的源头保护制度、损害赔偿制度、责任追究制度,完善环境治理和生态修复制度,用制度保护生态环境。习近平总书记指出:"我国生态环境保护中存在的一些突出问题,一定程度上与体制不健全有关","保护生态环境必须依靠制度、依靠法治。只有实行最严格的制度、最严密的法治,才能为生态文明建设提供可靠保障。"2015年5月下发的《中共中央国务院关于加快推进生态文明建设的意见》提出:加快建立系统完整的生态文明制度体系,引导、规范和约束各类

---

[*] 2016年一等奖。

开发、利用、保护自然资源的行为，用制度保护生态环境。因此，建立和完善生态文明制度是推动生态文明建设的重要保障。对于宁镇扬同城化发展而言，构建区域生态文明协同发展制度，为推动生态文明建设有重要的引领作用。

二 构建宁镇扬区域生态文明协同发展制度的客观必要性

生态文明制度作为生态文明建设的根本保障，它为生态文明建设提供规范、监督和约束力量。没有制度建设的制定、执行和完善，就没有生态文明建设实践的发展和完成。从近几年实践过程看，全国各地普遍重视生态文明"硬件"建设，投入了大量的人财物，取得了较好的效果。但是生态文明建设"软件"相对滞后，尤其是生态文明制度还不健全。主要存在以下几个问题：

（一）地方跟不上国家生态文明制度建设的总体要求

党的十八大以来，国家经济发展进入新常态，对生态文明建设越来越重视。连续出台了一系列关于生态环保的法律制度、政策措施和实施办法，在引领全国各地的政府、企业、社会组织以及人民群众参与生态文明建设方面发挥了重要的导向作用。就2015年看，先后出台了系列法律法规和意见办法，2015年1月1日《中华人民共和国环境保护法》正式实施。2015年5月，中共中央、国务院印发的《关于加快推进生态文明建设的意见》。2015年8月9日施行中共中央办公厅、国务院办公厅印发的《党政领导干部生态环境损害责任追究办法（试行）》。2015年9月11日中共中央政治局召开会议，审议通过了《生态文明体制改革总体方案》。可以说，目前党中央对生态文明建设的重视程度前所未有，非常重视从顶层设计国家生态文明建设制度体系。然而，相比之下，地方的生态文明制度建设还比较滞后，没有及时跟上国家生态文明制度建设的总体要求。很多地方还没有出台与国家相配套的生态文明法规制度，有的地方虽然制定了相关制度也没有严格实施。对地方而言,由于生态文明建设涉及社会方方面面的诸多利益,政府之间、企业与企业之间、政府与企业之间、企业与社会公众之间、政府与社会公众之间都有不同的环境诉求,客观上不可避免地产生利益冲突和矛盾纠葛,难以把社会各方的力量调动起来,形成多元主体共建生态文明、促进协同发展的制度保障。

(二)区域生态文明建设缺乏共建共享协同治理机制

近几年,国家要求区域环境要联防联控协同治理,但是由于思想观念保守、行政区划的束缚,区域内生态文明建设依然分裂化、条块化,各自为政,缺乏多元共建共享协同治理机制。一是由于存在着利益分化、信息障碍、制度滞后和社会基础薄弱等因素的干扰,导致实践中区域生态文明多元共治关系的失效。各地政府以维护本地生态环境和经济利益为主,缺乏保护区域生态环境系统的责任和意识,片面追求GDP,盲目攀比建设项目,对区域内生态资源过度开发和无节制利用,甚至为了自身利益不顾及对周边环境的影响,也不承担跨界污染的治理成本。有的企业为了追求经济效益,降低运行成本,和政府讨价还价,不能主动承担环境保护的社会责任。二是由于环保法规定当地政府对本地的环境负责,缺乏联防联控环境污染和协同治理的法律制度,导致跨界环境问题难以有效解决,甚至个别地方成为盲区,这是制约区域经济社会可持续发展的主要因素。

(三)宁镇扬生态文明制度建设跟不上同城化发展的需要

近几年随着宁镇扬同城化发展进程加快,在交通设施、旅游文化、社会保障和信息资源共建共享方面发展迅速,但是生态文明制度建设相对滞后,缺乏区域共建生态文明、促进协同发展的制度保障。虽然各市普遍重视生态文明建设,但是仅限于本市范围。缺乏区域生态文明共建共享的文化氛围和价值理念。可以看到,每个城市的生态文明建设蓬勃发展,项目建设轰轰烈烈,但是缺少联防联控、共同治理环境污染的项目。从京津冀协同发展实践经验看,制度的引导、约束、激励对于治理区域环境和生态文明建设有重要的推动作用。宁镇扬地理位置相邻,气候条件趋同,自然形成了相互影响、相互依赖的生态环境系统,客观上决定了生态文明建设不能单纯以行政区划来划分，而是要打破行政制约的藩篱，以区域生态系统为单元，以区域协同发展为目标，联合建设生态文明。因此，构建宁镇扬区域生态文明协同发展制度具有客观必然性。区域生态文明协同发展制度是从区域可持续发展的视野出发，构建区域生态文化制度、民主协商制度、协同治理制度、环境监管制度等一系列制度，以此引导、规范和约束区域内自然资源的开发、利用行为，为维护生态系统平衡、保护区域生态环境提供可靠保障，从而实现区域生态文明建设协同发展的目标。

三 构建宁镇扬生态文明协同发展制度，提高区域生态文明建设水平

（一）加强生态文化制度建设，培育区域生态文明协同发展价值观念

区域生态文明建设是否能够实现协同发展由一系列因素决定，其中，文化因素相当重要，因为它是根植于人们头脑中，直接影响和引导人们的思维方式、价值取向和行动规范。因此，加强生态文化制度建设，是培育宁镇扬区域生态文明协同发展价值观念首先要考虑的因素。

1. 加强宣传、推广生态文化理念，培育区域生态文明协同发展价值观。生态文化是人类长期发展的历史文化积淀，是人与自然和谐相处，合理利用自然资源、保护生态环境的思想观念和知识经验等。只有在达到文化认同和价值共识的基础上，才有可能建立友好的协作关系和信任关系，为实现共同目标而一起努力。实践中宁镇扬可以结合各地的思想政治工作和宣传教育活动，将生态文明价值观纳入社会主义核心价值体系。通过大力宣传和推广，树立"尊重自然、顺应自然和保护自然"的生态文化理念，培育保护区域生态环境的文化意识，对区域生态文明建设达成共识。让生态文明协同发展理念成为宁镇扬区域社会主流价值观。增强各地政府、企业和社会公众的生态文明主体责任意识，形成建设资源节约型和环境友好型的社会风尚。

2. 加强生态文化知识的教育和培训，强化区域生态文明协同发展

理念。教育是基础，加强生态文化制度建设，可以结合国民教育和干部教育，把生态文明理念和环保知识融入学校学习和干部培训教育之中。一是在中小学基础教育和高等教育体系中，把生态文明知识纳入国民教育系列，作为素质教育的重要内容，有意识培养学生的生态文明价值观，养成爱护环境、保护家园的好习惯。二是在干部教育体系中，各级党校把生态文明建设专题纳入干部教育培训课程，让生态文化价值观入脑入心，增强领导干部和党员的生态文明意识，让他们自觉肩负区域生态文明建设协同发展的责任。

（二）建立民主协商制度，提高区域生态文明建设决策水平

建立生态文明制度会涉及区域内政府、企业和社会公众各方的利益和愿望。所以，制度安排应充分考虑生态文明建设政策的执行成本、复杂程度、透明度、公众参与度等，能有效地激励各种利益相关者积极保护生态环境、减少和避免对生态资源的滥用和环境破坏行为。目前宁镇扬生态文明建设的重点是如何处理区域经济发展与生态环境保护矛盾的现实问题，需要从区域长远发展战略统一规划，统筹兼顾，科学决策，做好顶层设计。如有些生态文明建设项目对本地有利，但可能对周边城市产生负面影响，还有些项目涉及周边几个城市，如何衔接协调各方面的关系，是需要区域内统一考虑和科学筹划的问题。从区域和谐发展的思路出发，几个城市要相互沟通，采取民主协商、科学决策的制度和方式，尽量减少摩擦、避免矛盾纠纷，降低决策风险。因此，生态文明建设项目规划要体现生态民主的原则。生态民主是指社会公众有权参与生态环境政策与法律制定、决策和管理过程并获得有关生态环境信息、表达环境诉求、监督法律实施和在受到侵害后得到法律救济的准则，是对公众参与原则的进一步深化。那么，如何让区域内社会公众充分了解环境法规、建设项目的情况并参与其中的监督和管理？建立民主协商制度和科学决策程序是比较理想的通道。各市政府、企业和社会公众通过平等对话和正式谈判，建立互利互惠的规章制度，按照民主协商的原则，互通相关信息，构建友好关系。对涉及区域发展的重大建设项目，规范决策程序，经过民主协商、专家论证、全面评估和社会公示等几个环节，让区域内社会各方都能参与并在其中发挥各自的角色。专业人士能够做出客观公正的事实判断；普通民众能够表达凝聚利益诉求的价值判断；社会团体能够基于专业技能和公益宗旨分别发挥事实和价值判断的功能。行政机关需为各主体建立多元参与渠道和平台，并综合考量相关事实与价值判断给出最优方案。在民主决策过程中，充分发挥区域内领导班子、行政部门、专家学者、广大群众的集体智慧，集思广益，科学选择最佳方案。科学民主决策的过程就是决策领导、专家学者、行政部门、项目单位与人民群众协商互动、共谋大计的过程。建立民主协商制度，采用科学决策方式，有利于避免决策失误，降低环境风险，减少经济损失，提高区域生态文明建设水平。

（三）建立环境协同治理制度，提高区域生态环境质量

生态环境具有整体性、系统性、关联性的特征，某地环境污染可能引起区域生态环境整体恶化，治理污染不能采用"头痛治痛、脚痛治脚"的传统方法，而要打破行政管理权限的束缚，在多元主体互信、平等、协商的基础上，建立区域环境治理共同参与、生态建设协同发展的联动机制。这是预防和解决跨界污染、改善区域生态环境质量的一项重要保障。建立环境协同治理制度，是在区域环境治理过程中，地方政府、企业、社会公众等多元主体构成开放的整体系统和治理结构，在完善的治理机制下，调整系统有序、可持续运作所处的战略语境和结构，以实现区域生态环境治理系统之间良性互动和以善治为目标的合作化行为。宁镇扬环境协同治理制度应考虑以下几个方面：

1. 设置宁镇扬区域环保机构，对区域环境实行统一管理。统筹三个城市的生态文明建设，促进区域协同发展，需要建立一个领导机构或者组织机构，统一规划和实施管理。建议在宁镇扬设置区域环保机构，级别为副省级，对区域环境实行统一监管，协调各方关系，减少区域内耗，提高环境保护效率。针对区域存在的环境问题，制定统一的生态环保法规制度，根据严守生态红线的原则，研究出台《区域主体功能区规划》，明确划定宁镇扬生态环境保护区。对长江流域、京杭大运河等重大区域性河流资源要统筹规划、适当开发和合理利用。对大气污染、水环境污染、土壤污染和跨界污染等重点问题进行民主磋商，研究制定协同治理的方案和具体措施。

2. 建立环境协同治理机制，发挥区域系统功能效应。目前生态环境问题形势严峻，污染因素错综复杂，因此，治理环境不能单纯依靠政府和环保部门，也不是一个城市能够解决的。建立多元化主体参与、协同治理合作机制非常必要。发挥区域内各级政府、各类企业、各个单位和社会公众的积极性，通过开展协商对话，建立合作项目，使政府、企业、公民能够主动参与、积极配合，达成治理污染、保护环境的共识和合作机制。充分利用区域内的资源、知识、资金、技术等优势，加强多方沟通和协作，使区域内产生 $1+1>2$ 的协同效应。为改善区域生态环境质量提供有力支撑。

（四）建立和完善环境监管制度，依法推进区域生态文明建设协同发展

法律制度作为国家意志的体现，是社会主体从事一切活动必须遵循的重要规则。今年新《环境保护法》的实施，被称为"史上最严"的环保法，从环境规划、环境标准、环境监测、生态补偿、排污许可、处罚问责等方面，对环保的基本制度作了明确规定。在遵守国家法律的框架下，宁镇扬要建立和完善生态文明制度，积极探索，创新发展，依法推进区域生态文明建设进程。

1. 建立和完善区域生态文明制度。一是制定和完善生态文明建设考核评价制度。2013 年 12 月 6 日，中组部《关于改进地方党政领导班子和领导干部政绩考核工作的通知》规定，要完善干部政绩考核评价指标，不能仅仅把地区生产总值及增长率作为政绩评价的主要指标，而是要重视对生态效益、资源消耗、环境保护等生态指标的考核。2015 年 8 月 9 日起施行《党政领导干部生态环境损害责任追究办法（试行）》。根据这两项规定，研究制定宁镇扬生态文明建设考核评价体系，将环境保护、经济发展和社会文明三大体系细化为具体指标按一定比例分配到政府和领导干部的考核评价体系之中。同时，建立党政领导干部生态环境损害责任终身追究制度。从制度设计上改变唯 GDP 的政绩观，引导政府和领导干部在实际工作中必须重视资源节约和环境保护，主动担当起生态环境保护的重任。另外，应注意考核制度不能一刀切。根据《区域主体功能区规划》和《区域生态红线区域保护规划》，对不同区域实行差别化考核制度。如对长江流域的湿地、生态保护区，禁止开发，应取消 GDP 考核，而考核生态效益。二是完善区域公众参与制度，维护公众环境权益。从全国近几年发生的一些群体性环境事件中看出，公众不知情，公众环境权益没有得到保障是导致发生群体性环境事件的主要因素。只有当社会公众有权而且充分了解拟建项目的环境信息后，才有可能理解和支持政府和企业的行为。所以，信息知情是公众参与生态文明建设的前提和基础。完善区域公众参与制度，维护公众合法环境权益。尤其是对周围环境可能造成影响的建设项目，要让公众拥有知情权、参与权、监督权、管理权，这样既可以使政府更好地进行环境管理和环境决策，也可以降低发生群体性环境事件的概率，维护区域社会和谐与稳定。

2. 建立区域环境信息公开查询系统和环境监督平台。一是建设宁镇扬环境信息公开查询系统，对区域内水、空气、土壤、辐射等环境信息实时通报和预警。公开环保信息查询系统，设置环境事故举报电话专线，畅通公众投诉跨界环境污染事件的渠道，让社会公众能够及时了解区域环境状况，主动监督违反环境法的行为。对于群众举报的跨界污染事件，有关方面要及时调查、取证，一旦查实，尽快启动应急方案，采取有效措施，控制跨界污染蔓延。对于跨界污染问题，在查看区域环境监测数据的基础上，引入第三方公平公正地评估跨界污染损失，核定污染责任，依法追究责任，严格处罚。二是充分利用现代化手段，提高生态文明建设监管水平。首先，摸清家底。对宁镇扬进行一次环境大调查，在摸清区域环境基本情况的前提下，借助于现代化技术手段，提高区域环境监管能力。其次，创新发展。近几年镇江在低碳城市建设的碳管理平台基础上，积极探索，创新发展，进一步整合环境、国土、节能等方面数据资源，建设成为一个集应用与研究、数据收集处理与查询、管理与服务等多功能于一体的信息化综合平台。这个平台被称作全国首个"生态文明建设管理云平台"，可以推广镇江的经验，将"云平台"延伸到宁镇扬区域，提高生态文明建设监管水平。在减排监管方法上还可以学习浙江嘉兴桐乡的经验，对重点企业试行"刷卡排污"试点工作。即在企业排污口安装电磁阀系统，按指标排污，指标用完，排污阀门自动关闭。这样既可以在线监管企业排污情况，还能起到倒逼企业实施节能减排措施的作用。

3. 加大环境执法力度，依法严惩环境违法行为。强化环保行政执法权力，使区域内原来与环保相关的多个行政部门凌乱的权力相对集中，形成统一调配、联合行动的执法机制。加强各市行政执法与司法部门的衔接，推动环境公益诉讼，严厉打击环境违法行为。对违法企业，严格按照新的环保法规定实行按日连续处罚的制度，并将其列入"黑名单"向社会公开，使违法者付出应有的代价。切实改变"违法成本低，守法成本高"的现象。通过强化环境执法力度，联合执法严惩违法行为，为推动宁镇扬区域生态文明建设协同发展保驾护航。

宁镇扬都市圈文化旅游一体化研究[*]

南京市农村金融学会　王倩倩　李亦达　王小雨

南京、镇江、扬州都处在我国长三角的北部，江苏省的西南部，地域横跨长江两岸。三个城市在市地理上相邻，文化同根，民俗相同，发展亦是同一命脉。近几年来随着我国交通运输的大力发展，三个城市成为一小时都市圈，经济社会发展联系不断地加强，旅游业作为我国当前第三产业中的新兴产业，如何使宁镇扬旅游业做到资源共享，扬长避短，布局优化，打破壁垒，实现三市旅游业共赢，对加快推进宁镇扬三市同城化可持续发展起着至关重要的意义。

一　宁镇扬一体化的背景

"京口瓜洲一水间，钟山只隔数重山"，几百年前，著名的文学家王安石先生站在瓜洲镇的渡口吟唱了这两句诗，一语道破了南京、镇江、扬州三个城市紧密的地缘政治关系。如此看来，宁镇扬板块的存在不是后天人为的，而是上天注定的。

（一）宁镇扬板块历史分析

"借问扬州在何处，淮南江北海西头。"隋炀帝杨广的这首《泛龙舟》里点出了扬州所在的地理位置。然而他当时说的这个扬州是长江北

---

[*] 2016年二等奖。

的江都而不是长江南的建业城。

扬州这个地方,有着十分悠久的历史。《尚书·禹贡》就提到"淮海惟扬州";汉武帝在监察机构总共设了十三个刺史部,其中包括扬州刺史部;三国时,魏、吴各置扬州;东晋南朝设置了州、郡、县三级行政机构,扬州是州一级的大行政区。《尚书·禹贡》中的扬州是个大概念,包含了现如今的好几个省。十三刺史部中的扬州,监察的规模相当于现在安徽省的淮水和江苏省的长江以南、江西、浙江、福建三省,以及湖北、河南的部分地区;然而今天的扬州所在的位置却不在其中,而是属于当时的徐州刺史部。魏、吴的扬州在寿春(今安徽寿县)及建业。西晋以后,两处扬州合并,治所在建业,南朝一直沿袭下来,管辖范围很大,今天的扬州仍不在其内。今天的扬州,虽然隋文帝时在这里曾经设置扬州总管府,从此开始与这个名字结缘,但直到唐高祖武德八年,将扬州治所从丹阳(南京)迁到江北,这才在历史上从此有了扬州这个专有名字。

早在西周时期,扬州的这片土地上就建立了农业和手工业较快发展的国家。公元前486年,吴王夫差争霸中原地区,扬州从此开始了她的城市发展。而南京则是吴王夫差冶铁铸剑的地方,他在今天的朝天宫一带筑造了冶城,这就是南京的开始。雄图霸业的吴王在历史的天空中已经烟消云散,他开创的邗、冶二城最终发展为扬州、南京这两座历史名城。

几乎处在同一个地域,镇江的文明史也与南京、扬州一样绵长。西周时,它是宜侯的封地,但城市发展相对比较晚。相比之下,南京在经历了吴王夫差的冶城、越王勾践的越城、东楚时期的金陵邑之后,迎来了在其城市发展史上最关键的时刻:公元229年孙权在此建都,筑建业城。一座古代名都就此迅速发展起来,不仅在东晋南朝的建康城遵循相同的制度,在金陵城南唐代和明代南京城也在原地址大规模扩张。然而就在公元195年这个时间,孙权就已经在镇江开筑了铁瓮城,从而创造了镇江的城市历史。夫差、孙权两位历史上的风云人物,就这样使大江边上的这三座城市从历史的开头就联系在一起

(二)宁镇扬板块人文分析

镇江、扬州地理上更接近,然而南京和扬州的人文联系则显得更接

近一些。最为明显的，就是上文所说的他们共享"扬州"这一个地名。如此的地名纠葛，令人们在阅读古籍时常常把两地搞混。譬如"腰缠十万贯，骑鹤下扬州"常被咱们用来显示昔日扬州城的繁荣富裕，殊不知这里扬州指的倒是南京。再比如朱敦儒的词作《朝中措》："登临何处自销忧。直北看扬州。朱雀桥边晚市，石头城下新秋。昔人何在，悲凉故国，寂寞潮头。"也是歌咏南京的名篇，却常常被人误以为是扬州。唐朝大诗人杜牧，在《泊秦淮》咏叹："烟笼寒水月笼沙，夜泊秦淮近酒家。商女不知亡国恨，隔江犹唱后庭花。"商女而"隔江"，诗咏南京，却涌现了扬州的莺莺燕燕，不仅反映了墨客在扬州长时间生活的社会履历，也与扬州"千家养女先教曲，十里栽花算种田"的传统有一定的关系，这也再次佐证了南京与扬州两地之间的密切关系。

(三) 宁镇扬板块文化分析

"文章江左家家玉，烟月扬州树树花"，徐祯卿的这联绝句，这副对联的押韵，生动地表现了下游在烟区的扬子江的美丽与浪漫。"天下三分明月夜，二分无赖是扬州"，扬州的皎洁月光照亮了杜郎的繁华一梦，寄托了张若虚思慕古人之情，窥见了多少文人骚客的绝代风流。

古秦淮，有着与扬州烟月相比毫不逊色的风景。如清凉山上的人文荟萃，石头城、龚贤的扫叶楼、魏源的小卷阿、文学家袁枚的随园、近代著名的大学及图书馆建筑群等众多的名胜古迹，这些都是高雅文化的标志。如青楼、美食、灯会、游船、古董器玩等，代表的却是一种世俗的文化。一个城市的文化符号可能不是唯一的一个，以上两个方面共同构成了南京文化的诗意特征：自然和人性的关怀和审美。水乡泽国的扬州有灵动的水波和花月，独独不见巍峨的大山。但后来的扬州却做足了镇江诸峰的文章。镇江有相对而言比较著名的山林，在扬州以"广被丘陵"得名广陵的这个地方，它中峰上的平山堂，就是借景的镇江。镇江的山水不只是借与扬州，更重要的是培育了属于他们自己的城市诗篇，如王湾的"潮平两岸阔，风正一帆悬"，王昌龄的"一片冰心在玉壶"，辛弃疾的"何处望神州？满眼风光北固楼……"，等等这些诗篇无不是对镇江这座历史名城的歌咏。

南京、镇江、扬州，一起构建了这片土地上人群的人文环境，这显示了宁镇扬三座城市的人杰地灵。这里的京杭大运河贯南北，长江连东西，独特的地理交通条件，造就了宁镇扬历史文化的开放性。从文化身份的角度，南京、镇江和扬州的文化呈现出"没有旋律"与包容兼容：一是表现在包容，二是表现在外汇和吸收。这里对外来文化永远有一种包涵的态度和立场，蕴藏了开明、开放的价值取向。

这种开放包容，百折不挠，积极进取的立场不仅造就了宁镇扬一体化的必然性和可行性，在依然创造辉煌历史的现在，我深信其必将造就其更加辉煌灿烂的未来。

二　宁镇扬一体化的意义

（一）有利于拓宽客源市场

宁镇扬一体化的发展，有利于树立整体的区域旅游发展，有利于营销策略的共同科学制定，有利于对外的统一宣传及促销，从而实现客源的共享以达到最大的区域旅游市场。其次，这使得三市互为旅游客源地，互为旅游接待地，因此而产生的优惠政策，降低了三市居民的出游成本，使得三市客源流通互动，从而挖掘出更大的合作潜力和更广阔的合作空间。

（二）有利于旅游资源的合理利用及保护

宁镇扬一体化的发展，有利于在较高层次上实现大区域的综合旅游规划，并根据经济发展水平分布和市场需求有效的实施。相邻区域的差异性旅游资源放在一起开发，能更为有效地发挥资源的最大化效益，令旅游资源达到更为充分的开发利用。

为防止内耗严重，过度的重复建设，以及降低基础设施的投资，必须实现区域旅游一体化，从而有利于提高宾馆酒店的使用率，区域旅游产业的整体效益，增强区域旅游的竞争力，保护旅游资源的大环境，促进它可持续的发展。

（三）有利于加强区域合作，促进经济发展

宁镇扬一体化发展，有利于加强区级合作，打破地方保护，在更大范

围内组合旅游景点,丰富旅游路线,从而实现连点成线、连线成网、连网成环,使旅游者的游览兴趣提高,增加旅游者在区域内的人均旅游支出和逗留期限,提高其综合经济效益。通过区级合作可以避免无序的旅游市场竞争,充分调动地方政府相关部门的积极性,结成经济利益共同体,共同发展区域旅游,提高区域旅游的经济效益、社会效益和生态效益。

三 宁镇扬一体化的可行性分析

(一) 空间位置相邻,交通条件便捷

宁镇扬三市皆地处江苏省西南部,空间位置相邻,互为一小时都市圈,处于发展城际居民旅游和休闲出游的范围内。沪宁高速公路,南京长江隧道及宁启铁路等交通设施更是在公路、水运、航运多方位构成了立体化的交通运输网络。如此便捷的交通条件,非常有助于宁镇扬旅游一体化的建设。

(二) 旅游资源丰富,且优势互补

宁镇扬三市不仅旅游资源丰富,还具有互补性。六朝古都的南京为这十里秦淮的脂粉气多了一点铮铮铁骨。商业中心的现代建筑又为这秀山丽水的名胜古迹带来了一份钢筋铁骨的艳色。这二者的有机融合,构成了古今皆融、天人合一的南京风貌。"京口三山"的镇江,面朝高山背依长江再加上古代寺庙的繁盛,这里形成了以"天下第一山"和"城市山林"为特色的旅游产品。而"怀左名都"的扬州更是拥有融合了南方秀美、北方雄伟的园林资源和誉满国内外的美食。宁镇扬三市开展良好的旅游合作,实现良性的互动、优势互补的前提条件是旅游资源的差异性,同时旅游资源的差异性也为资源整合、布局优化、发挥区域整体优势提供了强劲的动力。

(三) 经济发达,客源市场广阔

长三角地区三大经济板块之一是宁镇扬板块。经济繁荣,人口密度比较大为地区一体化提供了经济物质的强大保障。只有强大的经济基础

才能发展出更好的效果。三市齐全的购物娱乐，消费休闲的旅游设施以及较高档次的旅游产品，这又为发展区域旅游奠定了良好的基础。

（四）政府大力支持，旅游合作基础较好

政府的支持和推动为宁镇扬旅游一体化发展创造了优良的发展环境，促进了其发展进程。进入 21 世纪以来，三个地方的政府部门在整体形象打造上，联合促销，合作意向签署等几个方面做了很多工作。

2014 年 8 月，江苏省政府在南京正式召开新闻发布会，正式发布了《宁镇扬同城化发展规划》。这是我省第一次实施以"城市"为主题的区域规划。规划的发布对于今后的发展提供了一个很好的保障。《规划》明确提出了促进南京、镇江、扬州三市同城化发展的指导思想、主要目标、基本的原则和重点任务，力争 2020 南京、镇江和扬州市的格局完全形成，基本形成具有强大生命力和竞争力的国际大都市。城镇化率较大幅度的提高，以高科技和服务经济为主体的产业体系将进一步完善，创新发展的能力提升显著，实现基础设施三城共享，宁镇扬主枢纽站和主城区之间最快互通；努力建设一个适宜的人口居住环境和生态文明，城乡基本养老、医疗保险和失业保险覆盖率的全覆盖，城市的空气质量能处于优良的状态。

四　宁镇扬一体化发展的障碍分析

由于行政区划的刚性约束、行政体制等制度因素的制约，利益博弈的局部性和局部性。宁镇扬旅游一体化进程矛盾重重，障碍重重，与发展目标诉求仍有很大的距离。

（一）区域旅游整体形象缺失

旅游整体形象是一种能够转化成旅游吸引力的品牌力量，对区域旅游的发展至关重要。宁镇扬旅游区域的整体品牌至今没有打响，三市宣传仍各自为营，对外解释也未统一。以至于游客对于宁镇扬旅游区旅游信息的获得处于无序状态。

宁镇扬地区单独设立了旅游形象在游客心中略薄，想要留下深刻的

印象，并单独保存在各地区从实际出发形成的良好旅游形象也更加困难。因此宁镇扬一体化发展的当务之急即是培育和树立具有区域旅游特色的旅游整体形象。

(二) 旅游资源缺乏有效整合

三市虽然具备优良的资源组合条件，但由于长期以行政区域划分，仍然存在各自开发管理资源、各自为政的现象，长此以往造成旅游项目的重复建设，旅游资源过度浪费。虽然宁镇扬三市拥有极为丰富的资源，但每个景点的竞争力并不强，产品也无显著特色，不能很有效地吸引游客。这就需要三市政府、企业、景区共同努力，盘点区域内的旅游资源，有效整合，统一部署，使三市旅游资源发挥出最大的效益。

(三) 目标市场的趋同性

宁镇扬三市的客源市场显示，国内旅游总人数占各地旅游总人数的比例都在97%左右，在国内客源市场的分布上，由于三市均处于长三角城市分布密集区，地理位置又接近，目标市场不可避免地呈现相同的趋势。因此，三个城市在目标市场有一定的相似性，当游客可以自由支配收入是有限的，市场竞争必然出现。

(四) 旅游公共服务一体化不够

三市一卡通的互通，润扬大桥的通车等各方面都体现了三市在旅游公共服务上采取了一系列积极措施。然而由于长期缺乏有效沟通与协调，许多方面仍需完善。因此宁镇扬旅旅游一体化发展的重要内容就是需要尽快建立标准统一、便利惠民的区域旅游公共服务体系。

五 宁镇扬一体化发展的对策

(一) 建立旅游一体化发展的领导机制

在一体化的过程中，要想真正打破区域地方保护主义，就必须建立宁镇扬旅游一体化专项小组。小组成员的构成上要充分考虑多方人员的参与。领导小组要以三市具体情况和宁镇扬整体旅游发展为目标甄选，工作人员应为宁镇扬三市各级官员及业界专家学者构成，可聘请国内外知名专家学者担当顾问。小组成员要各抒己见，不断总结，多方探讨，从而制定出区域旅游一体化的规则，制度和标准。

（二）塑造高品质整体形象，实施统一的整合营销

区域旅游形象的塑造应重点把历史性，现实性和发展性有机地结合起来，突出品牌的创新，实现整体与个性的统一。通过对区域内文化脉络的梳理与旅游资源特色的提炼，结合地区经济社会发展要求，打造宁镇扬旅游一体化的整体形象，应对不同客源市场，采取不同的宣传口号，如"游山水名城，赏风土人情"等。

统一制定整合营销计划，采取多种方式，开展长期的合作促销。利用新型的微信微博等社交网络。可以考虑每年策划一个主题方案，举办几个在国内外具有影响力的大型活动，联合促销。策划筹备宁镇扬一体化的旅游周刊，公共广告位的宣传，迅速打响宁镇扬旅游品牌，建立相应旅游网站，提供在线咨询服务，打造私人定制感的游客专享。同时对报纸、杂志、专访等传统宣传模式进行改良，如主题演讲、论坛、形象代言人的推选、flash 短片等多方面新式活动，提高受众关注度和认识度，以求在最短时间内，建立品牌，开拓市场。

（三）优化资源配置，丰富旅游产品结构

宁镇扬旅游资源丰富且独具互补性，市场前景良好。各地要立足自身的资源优势，培育优势，规避劣势，深化分工，互补合作，全方位、多层次、共同发展的旅游资源和旅游产品。对于类似的旅游产品，通过有效整合要做大做强，造成整体整体效率大于部分整体效率。对于相异的旅游产品，通过合理布局，利用资源类型与数量的优势，丰富旅游活动内容，扩大旅游活动的容量，提高旅游活动的质量。

目前，宁镇扬以观光旅游型产品为主，辅之以度假商务等产品。在此基础上，我们可以更加精细化。具体表现在加大对休闲度假的投入，积极创新开发娱乐性强、参与性大、表现形式新颖的产品。以此满足现代都市人对于休养健身、消遣娱乐等多方面的需求。同时加强

对于现有旅游产品内涵的挖掘,打造丰富多彩的旅游主题,发展旅游衍生产品。

(四)健全旅游服务网络体系,提高区域旅游服务质量

当今社会,人们对于服务质量越来越重视,尤其是对交通服务、信息化服务以及咨询服务要求高。对此我觉得应该从以下三个方面来改善。首先开辟旅游车辆的"绿色通道",以期达到游客交通便捷的诉求。其次,三大城市应加强镇江扬州南京旅游信息系统的建设,实现与城市公共信息平台的建立、公开和互动信息的统一。最后,三市旅游集散中心要实行一体化建设和管理,形成区域旅游集散网络,完善旅游集散中心的软硬件设施,提供同质化的服务和统一的衣着标准。

(五)培育大型区域性企业集团,提升旅游企业实力

在当前经济条件下,企业既是投资者,也是运营、利益和风险的主体。在区域旅游一体化的进程中,我们一方面必须发挥以景区、酒店、旅行社等旅游企业一体化的建构设想,鼓励支持旅游企业的联合兼并,实现区域间的区域扩张,从而在更大的空间范围内形成持续的产业链,获得综合收入。另一方面,可以逐步放宽外资进入旅游业领域,创办中外合资的旅行社或外商独资的旅行社,继续引进优秀的国际著名管理集团酒店管理,大力引进外资开发旅游产品和进行服务。

宁镇扬都市圈文化旅游一体化是一个循序渐进的庞大工程。三大城市要共同努力,充分发挥政府、企业、行业组织等多方面的作用,利用区域优势、经济优势、资源优势等条件,以相互补充、相互受益、互利共赢为原则,促进区域内旅游资源的深度整合和优化配置,共同打造宁镇扬的金牌旅游产品,将宁镇扬旅游产业做大做强。

宁镇扬都市圈城市旅游与特色小镇营造研究[*]

——以扬州市为例

扬州市职业大学 朱 莹

2016年6月3日,国家发改委、住建部印发《长江三角洲城市群发展规划》。"规划"提出,在长江三角洲城市群构建五大都市圈,其中第一圈便是南京都市圈,包括南京、镇江、扬州三市。至此,宁镇扬同城化成为了正式的宁镇扬都市圈。宁镇扬三市都属于旅游城市,如何在构建都市圈的同时将旅游城市升级为城市旅游,进而向外辐射营造一批特色小镇,这成为在全域旅游、互联网＋、智慧旅游等大背景下最为迫切的议题。现如今,"城市"作为旅游目的地,许多地方通过对城市生态环境和旅游氛围的提升,吸引游客到自己的城市来生活、旅游、体验以及消费。地处长三角的宁镇扬三市都市圈,一直以来就是长三角制造业重镇。随着经济的发展,现代服务业受到前所未有的重视,旅游业首当其冲。宁镇扬三市可以通过举办大型国际国内赛事、博览会等大型活动等契机,不断完善城市空间结构布局,大力提升城市形象,进一步推动城市旅游的快速发展。

宁镇扬三市对各自城市的旅游发展,可借助于对城市地标和主要商业区或旅游地段的整体布局和打造,挖掘并提升老街巷生活及文化价

---

[*] 本文作于2016年9月。

值,助力各种老字号转型,既让游客获得良好的旅游体验,又能改善本地居民生活、提升城市生活环境。城市的发展需要新的空间,民众的心理也需要城市有新的坐标与秩序。从全球范围来看,城市中轴线旅游不仅是一个城市旅游的组成部分,更是城市旅游的精华所在。比如随着扬州城市骨架的不断拉伸,一条长60千米西连仪征东通江都贯穿主城区的文昌路已然成为扬州市的景观大道。文昌路承担着重要的"景观功能",西有捺山、白羊山、登月湖、天乐湖等旅游景区,东有活力四射的七河八岛区域、科技馆、马可波罗花世界公园,中间是古城,两头是新城,城市和乡村、自然与地理依次展现魅力非凡;文昌路东段有着七河八岛生态区域,中段是历史文脉深厚的主城,多种文化元素交织共生;此外文昌路还有着非常重要的"生态功能",北侧有蜀冈、白羊山、凤凰岛、茱萸湾等生态风景区,南部是长江、夹江等生态资源,中间是一条从古看到今的交通主动脉,北高南低错落有致引人入胜。文昌路,承载着扬州博大厚重的历史文化,有着"唐宋元明清,从古看到今"的传奇。文昌路让古代文化和现代文明有机交融,也是市民喜欢、游客爱来的最美城市中轴线。城市里的老街文化,则更多地依托一些老街古巷来传承。但这种传承,不是简单的改造所能达成,而必须借助文化的再兴、旅游功能的赋予才能实现。城市,如果从社会经济的角度来看,是人口迁徙的去处,是人口和产业集聚的地方。但城市不能只是如此,她还有自己的历史、文化、建筑、偏爱、脾气。而最能体现这些城市性格的,往往是一些老街区。比如扬州的东关街、镇江的西津渡、南京的夫子庙,这些老街古巷既是本地居民休闲购物的地方,也是外地人触摸城市灵魂和当地文化脉络的入口。

比如文昌中路沿线的4A级景点双东街区,包括著名的东圈门、东关街,这两条古街上有着大量的明清盐商朝廷官员的住宅和花园;汶河南路以阮氏宗祠为代表的古街古巷,目前已经成为扬州城市深度旅游的有机载体。这些景点之所以游人如织,其实是走了一条重新发掘历史文化基因、重构新旅游时代价值的道路。

首先,重新梳理文化内涵。文昌中路(三元路)轴线是扬州最古老的城市中轴,即唐至清末民国扬州的城市中轴线。2015年正式对外公布扬州古巷旅游路线起点为:中国大运河遗产点——天宁寺,南向过天宁门街，与彩衣街相接，经大东门桥到"十巷""九巷"穿过三元路，进仁丰里，仁丰里形似鱼骨，其两侧有头巷直至八巷，宛如根根缀满各色珠宝的鱼翅骨，向南经甘泉路、埂子街可到达钞关码头。这个只有十几平方千米的古城里散落着许多的珍宝等待人们的挖掘和赏识。

其次，由旅游文化街区转为商业文化街区。 城市旅游将本地文化传输给外地游客，但同时将文化资源转化为更能发展当地经济的商业文化资源和更佳的旅游魅力，可以推动文昌路周边的商业、旅游与文化有机融合，形成引领区域转型升级突破口。

再者，推进双东街区品牌提升。 占地83公顷的双东街区紧挨文昌中路，处于古城核心区。2010年被评为第二届"中国十大历史文化名街"，2013年，"双东"历史街区成功晋级4A景区。"双东"街区目前年游客近600万人，且商铺一铺难求，借助于大运河的申遗，该街区知名度节节攀升。

第四，加强和提升街区配套建设。 文昌中路（原三元路、琼花路段）区域必须升级街区内的配套设施。如设志愿者服务点、医疗卫生服务点、24小时供纸公厕、各色民宿客栈、无死角监控摄像头等。这些举措既可以提升街区旅游竞争力，也可以提高本区域居民的生活质量。

扬州建城已经有两千多年，作为国务院首批公布的具有两千多年历史文化名城，此间历史与文化积淀的价值，相比现代商业价值，不仅更加珍贵而且不可复制。扬州古街巷旅游路线的开辟正是对这种价值的重新审视和再开发。同时需要提醒的是，在老街区开发旅游路线的同时，应注重于在民间形成并流传下来的维扬文化价值，使传统文化的价值更大化并服务于现代生活。

老城区城市旅游的开发还需要大力扶植并弘扬老字号，谢馥春、三和四美、戴春林、富春、冶春、共和春、绿叶牛皮糖、高邮咸鸭蛋等一大批反映扬州休闲文化特色的老字号重装再发，必定会受到游客与市民的热捧。城市旅游的发展方向之一就是"旅游+老字号"，这必将为老字号的发展提供越来越广阔的天地。因为老字号是游客体验一个城市市井文化的直接入口，可以快速将游客带入一个陌生的文化场景中，直接体验体验最原汁原味的当地城市文化，这也需要老字号将自身产品与服务和城市精神内涵逐渐融合在一起。旅游不仅仅是观光，旅游需要成为旅行，这才是行走的目的，老字号的复兴可以加大城市旅游的深度与广度。

除了老字号，"非物质文化遗产"对游客也有相当大的吸引力，扬州剪纸、雕版印刷、玉器加工、漆器制作、扬州评话等都可以进一步融合进城市旅游。

作为城市旅游的发展方向，实现"旅游+老字号"可以使用以下路径与方法。

首先，老字号的桥梁功能，充分挖掘和梳理老字号的文化与精神内涵，让老字号与城市文化融合在一起。老字号在城市旅游中的价值当不只是简单的商品买卖，更应该成为本地精神文化的传播者，与游客精神交流的桥梁。老字号的创新发展，每一个老字号都由其创建人创办，传承与创新发展应该成为老字号的发展目标，仅仅守成是无法将老字号发扬光大的。而传承与发展就需要不停开发与时代合拍的新品，使产品更具创意并增加体验。其次，注重营销。在"互联网+"时代，必须搭上互联网这张无所不能的网，通过电商平台实现网上营销，可以扩大老字号的影响力、做大做强老字号。为了扩大城市旅游的内涵，可以扩充老字号的品牌队伍，扬州黄珏老鹅、仪征风鹅、高邮松花蛋，还有一些接待过当代名人的餐饮沐浴名店都可以纳入老字号名店，扶持发展。当然在"互联网+"时代，免费是互联网永恒的精神，摒弃以往狭隘的门票经济模式，汇入免费的互联网大潮，学习杭州好榜样。因为免费、开放是城市旅游的基本准则。只有这样才会提高市民的幸福感，并增加居民收入，激发游客的参与感，丰富大众的文化生活，提升城市的美誉度。真正实现：城市，让生活更美好！

随着经济发展和都市人对农村返璞归真生活的向往，城市周边的乡村旅游逐渐兴起，并日益成为新常态下乡村经济发展新的增长点，以及促进乡村转型升级和城镇化的重要支撑产业。作为城市旅游的延伸，而这两年在许多地方兴起了许多特色小镇，这些小镇既符合产业升级规划又契合乡村旅游的特色化。这种独具特色的小镇有着自身独特的产业或旅游资源，这两者立体化的结合既能提供文化旅游产品又可以增加游客的参与体验，带动小镇的经济发展。当特色小镇遇上乡村旅游，二者擦出的火花将会怎样？

首先，**特色小镇应当是当地原有特色产业的转型升级**。同时，硬币的另一面是着力发展当地原有的乡村旅游。特色小镇的创建与乡村旅游的发展，应当是相辅相成、互为依托的。小镇的建设，为乡村旅游产业链的延伸提供了更多的发展空间；小镇也会成为当地特色产业转型升级的平台。反过来，乡村旅游的发展，则为特色小镇集聚人气，从而拉动小镇的经济，引来人流资金流。特色小镇绝非拍脑袋凭空而造之物，应该是在当地原有产业基础之上的一种创新和尝试。所以特色小镇与乡村旅游相结合，当是基于小镇自身经济发展水平、乡村自身自然特色与乡村的历史遗存等资源，进一步整合与创新发展。

其次，**要注重特色小镇建设与乡村旅游的融合**。特色小镇重在"特"字，特有的自然资源、历史遗存、村镇文化和传统。因此，建设特色小镇要注重原生态，与当地生态文明结合，与当地人文环境融合；一方面是对本地文化传承和创新，另一方面能够推动已有特色产业转型升级。游客外出旅游，是为了了解不同地方的文化特色，个性鲜明的特色小镇融入乡村旅游，会更加吸引游客。特色的文化遗存，特别的乡土文化，各色的民俗乡风会让游客陶醉其中。

再次，**新型城镇化的建设理念也是特色小镇的推手**。城镇化是我国现代化的必由之路，特色小城镇建设可以推进新型城镇化，新型城镇化的核心是人的城镇化。而人的城镇化进展一个重要方面就是当地居民的就业问题，有就业才有发展机会；有就业才有稳定生活。在经济新常态下，交通的大发展拉近了城乡之间的距离；随着"互联网＋"时代的到来，特色小镇的发展有力新的机遇。随着北上广深的房价一路上涨的还有当地人们的心理压力，返璞归真的农村生活方式成为都市人近年来火爆的需求。

乡村旅游是促进乡村经济发展的新增长点，还可以促进乡村产业转型升级和城镇化发展。任何事物都有两面性，一方面，乡村旅游可以增加就业机会、改善农民收入；副作用是恶化乡村环境质量、助长邻里拜金主义，从而有损于乡土文化认同。新型城镇化则强调城乡统筹和城乡一体化发展，乡村旅游也要求城乡旅游互为补充并协调发展。应运而生的特色小镇将成为联系城市和乡村旅游的一个纽带。当然还需要指出的是特色小镇的建设不能搞成地产小镇的建设，否则对小镇经济，对小镇居民、对小镇环境的损害将是很难恢复的。

面对国家鼓励特色小镇建设的东风,扬州市有关部门规划,"十三五"期间扬州将在全市域重点打造 8—10 个特色旅游镇。特色旅游小镇作为特色小镇的一种类型,一定要具有独特的旅游资源,旅游资源的唯一性或引领性是发展特色旅游小镇的核心元素。目前该项工作已全面启动,宝应柳堡、射阳湖、高邮菱塘、界首、仪征月塘、江都邵伯、吴桥等成为当地第一批考察对象。

2015 年年底,江苏省提出计划通过"十三五"的努力,加大重点镇和特色镇的培育力度,到 2020 年全省形成 100 个左右富有活力的重点中心镇和 100 个左右地域特色鲜明的特色镇。2016 年 8 月 29 日,扬州市主要领导赴广陵区湾头镇专题调研特色小镇建设。湾头特色玉器小镇的建设,首要突出产业功能,其次突出文化功能,还要突出旅游功能,这三个功能必须都具备、相结合。"天下玉,扬州工",湾头作为一座历史文化古镇,是扬州玉文化的源头,玉器加工产业发达,同时地处江广融合区、紧邻高铁站,产业、文化、旅游三个功能突出。"特而强,精而美,聚而合,活而新"是特色小镇建设的核心内涵;高端人才的引进比如国家级工艺美术大师的聚集,投资额的多少也是湾头玉器小镇成果建设的保证。当湾头特色小镇建成之日也必定会是湾头古镇复兴之时。如果湾头玉器小镇成了样板,特色小镇建设将会风起云涌。只有经济发展了,宁镇扬三地的城市发展、城市旅游的融合才能更好更强!

关于"宁镇扬"三市长江港口岸线资源整合的思考

镇江市委党校 姚永康

长江是我国的"黄金水道",长江沿江地区是沟通我国东西南北经济联系的纽带和桥梁,具有广阔的腹地和国内市场,因而在我国整体经济发展战略格局中占有举足轻重的地位。长江江苏段拥有全长约 837 千米的干流岸线资源。随着国家长江经济带战略的实施,沿江各地纷纷结合自身实际,合理规划生产力布局,调整产业结构,积极开发利用沿江岸线资源,使沿江经济得到更长足更充分的发展。宁镇扬三市地处国家长江经济带战略和产业布局主轴的核心区域、长江三角洲经济发展战略区域的重要板块,是水陆交通的重要枢纽地带,在以上海为中心的长江三角洲大中城市经济协作圈中有着十分突出的地位。长江港口岸线资源是宁镇扬三市经济社会发展重要的战略性资源。但多年来,受经济发展水平、行政区域等多方面因素的制约,三市长江岸线未能得到充分合理的利用,岸线的开发程度与资源利用效益均已远远落后于沿江其他地区特别是苏锡通泰等沿江兄弟地市,这与三市实施"以港兴市"战略,加快建立面向 21 世纪的现代化滨江城市的发展部署很不适应,与当前长江沿江各个地区加快开发开放发展流域经济的良好氛围不相协调,也对三市在长江三角洲及整个长江流域地区发展提高经济协作能力不利。

---

* 2016 年二等奖。

一 宁镇扬三市长江港口岸线利用现状及利用情况

近年来,宁镇扬三市以科学发展观为统领,按照"以人为本、人与自然和谐发展"的总体要求,坚持"深水深用、公用优先"原则,着力推动岸线高效、合理、可持续利用,切实提升岸线对港口经济和临港产业的带动作用,促进了沿江地区快速协调发展。

南京共有长江岸线里程308.0千米,约占江苏省沿江岸线总里程的28%,居全省第一。其中干流岸线196.9千米,占比63.9%,居全省第一;洲岛岸线111.1千米,占比36.1%,长度仅次于镇江,居全省第二。南京是江苏省唯一拥有南北两岸岸线联动开发条件的城市,便于统筹布局、跨江发展。其中北岸99.0千米,南岸97.9千米,岸线里程基本相当,分别占南京市干流总里程的50.2%和49.8%。

南京市宜港岸线资源匮乏,宜港一级和宜港二级岸线分别占南京市岸线里程的18.8%和15.8%,宜港岸线占比不足35%,低于全省平均水平。宜港岸线资源分布以长江干流为主。干流岸线后方陆域基础较好,岸线前沿常年受水流冲刷,水深较大,适宜建港,宜港一、二级岸线共85.9千米,占比80.5%;洲岛岸线处于分汊河道,河床不稳定,上游水流挟沙大量堆积,导致水深减小,建港条件稍差,宜港一、二级岸线共20.8千米,占比19.5%。

目前,南京长江岸线已利用127.0千米,利用率41.2%。干流岸线已利用111.1千米,利用率56.4%,其中北岸已利用46.9千米,利用率47.4%;南岸已利用64.2千米,利用率65.6%;洲岛岸线已利用15.9千米,利用率14.3%。南京市已利用岸线87.5%分布于干流岸线,洲岛岸线利用较少。干流岸线中南岸的利用长度和利用率均高于北岸。从岸线资源宜港等级来看,宜港一级岸线已利用35.4千米,利用率为61.3%,其中干流南岸利用率高达73.9%,洲岛利用率仅为31.1%;宜港二级岸线已利用25.4千米,利用率为52.0%。适宜建港的岸线(含宜港一级、二级岸线)利用率约达57.0%,其中干流岸线利用率达 66.5%。

镇江市拥有长江自然岸线 270 千米，占全省长江岸线总长的 24.02%；规划港口岸线 126 千米，占全省港口岸线总长的 19.43%；其中深水港口岸线 75.1 千米，占全省深水港口岸线总长的 19.02%，是江苏省最丰富、最优质的长江港口岸线资源。

目前，镇江市已利用岸线 49.82 千米，占全部岸线总长 18.47%。其中，南岸岸线利用率高，北岸及洲岛岸线利用率低。高资、龙门、谏壁和大港四个港区的岸线总利用率达到 78.57%，长江干流北岸岸线利用率仅为 6.18%。在已利用的 49.82 千米岸线中，生产性岸线共 25.42 千米（包括工业仓储及公用港口岸线），占已利用岸线总长的 50.4%。其中工业及仓储用岸线 16.7 千米，公用港口用岸线 8.72 千米，分别占已利用生产性岸线的 65.7% 和 34.3%。在各类工业企业占用中，船舶工业占用岸线最长，达 4.75 千米，其次是化工和电力，各利用岸线约 3 千米，分别占工业企业占用岸线总长的 30.88%、19.52% 和 19.49%；另外，建材工业、机械工业、造纸工业分别利用岸线 2.18 千米、1.13 千米和 0.88 千米，占工业用岸线总长的 14.2%、7.37% 和 5.72%。截至 2013 年末，已利用港口岸线 42.0 千米，其中深水港口岸线 31 千米，公用泊位占用岸线 15.3 千米。剩余港口岸线 84 千米，其中深水港口岸线 44.1 千米，主要分布在扬中、高桥、新民洲港区。已利用港口岸线中，公用码头占用岸线 15.3 千米，货主码头占用岸线 24.6 千米。

扬州市的沿江岸线西起仪征青山小河口，东至江都嘶马立新闸，总长 80.7 千米，主航道岸线约 48.7 千米，其中仪征段约 27.6 千米，主航道岸线约 14 千米；邗江段（包括扬州市港口工业区）约 26.8 千米，主航道岸线约 19.4 千米；江都段约 26.3 千米，主航道岸线约 15.3 千米，夹江岸线长约 11 千米。从地质角度看，整个岸线除江都嘶马段由于长江弯道影响，江岸地质情况不稳外，其余地段大都水流稳定、地质情况较好，近 70 千米长江岸线（不含夹江）中冲刷岸线约 34.8 千米，淤积岸线约 20.7 千米，稳定岸线约 14.2 千米，从开发利用角度看，近 70 千米长江岸线共有 -10 米以下深水岸线约 39.8 千米。由于江都嘶马段江岸坍塌严重，不宜建港，15.3 千米深水岸线仅约 6.5 千米可供开发建港。此外 -5— -10 米中深水岸线约 5.1 千米，-5 米以上浅水岸线约 24.8 千米。近几年来，沿江各地纷纷围绕港口建设和港口型工业的发展，不断加快岸线的开发与利用。到目前为止，沿江 80.7 千米长江（含夹江）岸线已开发利用约 17.2 千米，开发利用率达 21.3%。此外，生活占用、过江通道建设、过江电缆等特殊占用以及仓储设施建设共占用岸线约 2.7 千米，部分企业未经批准或自然占用岸约 2.4 千米。

二 宁镇扬三市长江港口岸线利用存在的突出问题

在新的形势下，宁镇扬三市面临长江岸线利用率不高、港口设施落后、功能布局不合理、生产能力低下、区域竞争力差、经济贡献力较小，特别是随着长江 12.5 深水航道的开通，更有可能被边缘化的危险等情况。

（一）岸线利用的功能布局有待调整

主要表现在以下几方面：

1. 工业岸线布局分散

由于产业布局上的缺陷，引进项目没有按照功能分区相对集中布局，不同产业混杂交错，造成码头建设重复，功能重叠，如化工码头、煤炭码头从上游高资港区到下游大港港区都有。

2. 公用泊位与企业货主泊位配比不合理

目前公用泊位只占全港泊位总数的 43%，公用码头承担了全港货物吞吐量的 60%，能力利用率达 165%，处于严重超载阶段。

3. 港口码头建设与后方陆域产业发展脱节

一些港区大部分码头建设以货主码头为主，现有岸线开发没有为腹地产业导入提供必要的港口建设的支撑条件。如新区化学工业园区目前仅有 1 个公用化工码头，不能满足货物运输需要。

4. 饮用水源取水口布局较多

以镇江市为例，长江沿岸除了四个较大的区域供水取水口外，还设有十多个小乡镇水厂取水口。饮用水源取水口布局过多，一方面增加了取水口保护难度,一些取水口上下游被工业、港口等生产性岸线占用,水源水质保护难度大;另一方面,制约了岸线开发利用,为保护饮用水源取水口,一些资源条件较好的岸线不能被开发利用。

5. 岸线利用以生产性占用为主,城市、居住休闲和旅游景观等生活性岸线利用较少

在长江南京段已利用的127.0千米岸线中,生产性占用岸线长度为82.5千米,占已利用岸线的64.9%;其他利用岸线占用长度32.1千米,占已利用岸线的25.3%;城市、居住休闲和旅游景观等占用长度仅为12.4千米,不足已利用岸线的10%,城市生活性岸线不足。

6. 岸线开发利用形式与资源条件存在矛盾,致使部分岸线利用不合理或利用效率不高

如一些饮用水源取水口的上游布局有生产性的码头,水源水质保护难度大;而部分深水宜港岸线被一些对岸线水深要求不太高的企业或生活旅游区占用,空间布局缺乏规划引导,严重影响了岸线的利用率。

(二) 岸线资源利用效率有待进一步提高

1. 宁镇扬三市地区之间岸线利用发展不平衡

一是岸线开发利用率和开发速度南岸明显高于北岸。像镇江市已利用岸线49.82千米,占全部岸线总长18.47%。其中,南岸岸线利用率高,北岸及洲岛岸线利用率低。南京市两岸开发利用不平衡更是突出,北岸的岸线利用程度低于南岸,南岸开发利用64.2千米,利用率为65.6%,北岸开发利用46.9千米,利用率为47.4%。二是宁镇扬三市区位较好的深水岸线开发利用率高,开发利用已连成带状,而一些具有较好条件的小城镇及农村岸段还未开发。南京市干流岸线开发利用111.1千米,利用率达56.4%。洲岛岸线开发利用较少,为15.9千米,利用率仅14.3%。

2. 深水浅用或占而不用

一些企业占用可以建设万吨级码头的深水岸线,但只建设千吨级码头;另有一些企业占用很长岸线,但只利用了其中部分岸线建设码头,特别是工业厂房贴近岸边,未给后方陆域产业发展留下建设港口码头的空间。

3. 大部分货主码头吞吐量不足,能力闲置

镇江市的货主泊位占全港泊位总数的57%,仅承担了全港40%的吞吐量,利用率仅为65%,造成码头资源极大浪费。

(三) 岸线缺乏全面的准入管理和退出机制

由于没有准入门槛,难以进行精细化管理,许多优良岸线被一些零散小企业或岸线依赖性不强的项目占用,难以发挥岸线对后方产业的带动作用。同时,由于没有建立退出机制,导致岸线资源使用权批出容易,收回困难,一些企业长期占而不用、多占少用或深水浅用岸线,企业专用码头普遍吞吐量不足。

1. 岸线利用管理机制不完善,存在非法占用和低效占用岸线现象

目前岸线是无偿使用的,企业占用岸线没有成本,由于没有准入门槛,难以进行精细化管理,大部分企业没有从节约岸线的角度进行厂区布局,普遍存在贴岸布局的现象,造成岸线资源的极大浪费,而许多优良的岸线被一些零散的小企业或岸线依赖性不强的项目占用,难以发挥岸线对后方产业的带动作用。同时由于没有退出机制,导致岸线资源使用权批出容易,收回困难,一些企业长期占而不用或多占少用或深水浅用岸线。南京市的部分船舶企业和个体黄沙码头,非法占用岸线较长,约占已利用岸线的15%。

2. 管理机制不完善

岸线开发的管理部门太多,条块分割较为严重,形不成合力,沿江地段尤其是一些乡镇企业无偿占用或不合理占用岸线,给岸线资源的综合开发利用带来了诸多困难。此外,管理手段、技术条件和管理人员素质均有待进一步提高。

(四) "宁镇扬"三市长江岸线港区港产城融合度不高

1. 规划欠缺整体性

从时间角度讲,沿江各地规划普遍未能立足长远,港口建设超前、产业规划滞后的矛盾突出,不仅给综合性、深层次开发带来障碍,也造成了资源的浪费。从空间角度讲,沿江各地区、各层次条块规划较多,彼此又无法或不相衔接,大大削弱了岸线资源的潜在利用价值,给区域

性产业结构调整和生产力重新布局，发挥沿江经济发展联动效应产生了消极影响。

2. 配套建设跟不上

沿江岸线地区大多远离城区，产业化程度不高，产业结构不尽合理，基础设施建设相对滞后，同时，由于资金短缺等原因，岸线浅层次开发较多，投资主体对有关配套建设投入积极性不高，也影响了配套建设的发展进度。

3. 港产城融合度不高

以镇江新区与大港港区为例，大港港区所在的镇江新区是苏南地区唯一临江的国家级经济技术开发区，总面积218.9平方千米，人口28万。新区是镇江市改革发展的先行军和排头兵，拥有出口加工区1个、保税仓库1个、出口监管仓库1个，在招商引资、土地出让、税收减免、信贷融资等方面享有众多政策优势，集聚了化工、造纸、新材料、新能源、电子信息、生物医药等产业集群，现有大学科技园、留学人员创业园等6个国家级载体品牌，2011年度投资环境综合评价指数在国家级经济技术开发区中名列第18位。但镇江新区与大港港区产城融合度不高，表现在：（1）产业与港口互动对接不够，后方工业园区的优势产业与前方港口码头相互脱节，港口物流业、港航贸易业等现代服务业发展不充分，国家级开发区的发展潜力遭遇物流瓶颈制约。（2）产业布局不尽合理，集中度不高，部分非临港产业项目贴岸布局，造成岸线资源浪费。（3）政策资源优势和产业招商优势发挥不够，一些前景较好的临港项目未能与港口有效对接，无法形成合力，导致开发区的产业结构和发展方向定位不清晰，直接制约了新区经济的转型升级。（4）城市对港口的支撑作用较弱，产业融合度仍须提高，城市功能有待完善，港城协调发展有待加强。

4. 岸线功能与后方城市发展和陆域布局脱节，难以发挥综合效益

部分沿江产业前沿为生态保护或生活旅游岸线，产业发展缺少临近港口的有效支撑，造成物资运输不畅、运输成本偏高、产能低下，影响沿江产业的快速成长；部分生产性岸线的后方是城市生活区，如下关、浦口城市生活段仍布局着众多港口码头，易造成生产和生活的交叉污染，影响城市生活质量，同时，城市生活受沿江生产性区域限制，缺乏

必要的开敞空间；部分水源保护区的后方陆域特别是准保护区范围内存在生产性的土地利用，不符合水源保护的要求；还有一些产业园区则缺少必要的港口支撑，如雨花经济技术开发区没有公用港区，不能满足货物运输的需求。岸线功能与后方城市发展和陆域布局脱节，造成部分岸线资源严重浪费，使仅有的岸线资源难以充分发挥综合效益，导致沿江产业、生活旅游、水源保护等城市布局临江区位优势大大降低。

三 关于推进"宁镇扬"三市长江港口岸线资源整合的对策措施

长江深水航道三期工程完工，-12.5米水深航道延伸到南京，也就是说5万吨级船舶全潮可进江靠泊南京，沿岸镇江、扬州、江阴、张家港、苏州港（常熟港）、太仓港、泰州港、南通港还在建5万—10万吨深水泊位。而长江口北槽深水航道，一个潮水只能进17艘左右5万吨级以上船舶，会成为影响长江深水航道开发的瓶颈，亦会影响上海与江苏航运经济协调发展，更深层次会影响上海与武汉、重庆三个航运中心协调发展。就宁镇扬三市而言，随着12.5米深水航道初步建成后，这意味着宁镇扬三市将升级为"海港城市"，更有利于三市港城一体化融合发展。如何促进流域经济协调发展，这是三市政府不可回避的问题。

宁镇扬三市的港口均地处我国经济活力最强的长江三角洲地区，具有通江达海和开展江海河联运的便利条件，是我国沿海主要港口、国家一类开放口岸，是三市的核心战略资源和重要发展载体。当前，三市港口以及三市的发展正面临着千载难逢的历史性机遇。一是长江经济带建设上升为国家战略，这对三市是一次难得的发挥港口优势，承接产业梯度转移，大力发展集装箱多式联运，促进现代物流业和高端制造业同步互动发展、港口与城市融合协调发展的历史机遇。二是苏南现代化示范区建设正式启动，这是三市发挥产业基础较好、自然生态良好的优势，坚持差别竞争、特色发展，建设全国重要的高端装备制造、新材料产业基地和区域物流基地，打造现代化城市和旅游文化名城的又一重要机遇，也是三市港口做大做强、转型升级的重要契机。三是中国（上海）自由贸易试验区的设立，对三市促进经济结构调整、提升开放型经济水平、推动政府职能转变和制度创新具有重要意义，同时也为三市港口深度对接上海国际航运中心、发挥服务区域经济的窗口桥梁作用提供了战略机遇。四是宁镇扬同城化战略的深入推进，将为三市带来产业互补对接、资源要素融合、城市功能拓展等机遇，同时对港口、航运、物流、商贸等行业产生积极而深远的影响。以下就以镇江市为例，就关于推进宁镇扬三市长江港口岸线资源整合提出对策措施：

（一）理顺关系，打破行政制约，克服多头管理的弊端，加强长江岸线资源的统一管理

长江岸线资源的统一管理应建立由省综合计划部门统一扎口的管理体制，制定并严格执行长江岸线资源开发利用总体规划。长江岸线资源开发利用涉及交通、水利、工业、环保等内容，应做好各专项规划、地方规划与总体规划的衔接，在总体规划框架下协调制订各有关行业规划，如港口开发、沿江城镇发展、电力、旅游等，使长江岸线资源进入有序管理和合理开发阶段。在技术上，建议建立长江岸线资源管理信息系统，并采用遥感技术对长江河道演变及岸线利用状况等进行定期监测。

（二）完善岸线资源审批制度，规范运转程序

坚持综合管理与专业管理相结合的原则，进一步完善联审制度，规范运转程序，提高工作效率。今年初，镇江市就出台了《镇江市长江岸线管理暂行规定》，成立了长江岸线管理委员会，由分管副市长担任管委会主任，并建立由市港口行政部门牵头，发改、水利、规划、国土、环保、消防、渔政、海事、长江航道等部门及相关专家参加的专家咨询制度，对长江岸线实行集中统一管理。明确长江岸线使用实行批准制，港口项目使用长江岸线由市岸委会办公室召集相关组成部门人员和专家形成技术咨询意见后报市岸委会主任签发。使用长江岸线的港口项目投资额在10亿元及以上的，应报市岸委会审议同意，由主任签发。

（三）推动岸线资源价值评估，逐步推广实行岸线有偿使用

与国土资源相关部门联合，开展岸线资源的价值评估工作，岸线资源与后方陆域结合，其资源价值应合理提升。根据《镇江市长江岸线开发利用总体规划》提出的关于实行岸线资源有偿使用的相关标准：一等岸线后方500米范围内土地出让费在原价格基础上上浮20%—40%，二等岸线后方500米范围内土地出让费在原价格基础上上浮10%—20%，三等岸线后方500米范围内土地出让费在原价格基础上上浮5%—10%。通过提高岸线后方土地出让费标准，重点对岸线500米范围内的土地采取差别化的出让费制度，实现岸线资源有偿使用。

（四）建立港口岸线开发利用评价体系，完善岸线准入与退出机制

加强涉岸项目使用岸线状况的日常监管，扶优限劣，建立动态整合机制。管理部门应对现已占用的港口岸线，进行定期调查，根据岸线规划功能和深度开发要求，拟定资源整合方案，积极组织实施。对原经批准且仍符合规划要求的项目，要积极扶持，鼓励其通过改建、扩建，加大投资强度，提高产出效率，提高资源使用效益；对虽经批准但已不符合规划要求，特别是存在严重环境污染、重大安全隐患的项目，要严格限制其改建、扩建；对使用效率低于同类项目平均水平50%的，要综合运用法律、经济和行政手段，采取易地搬迁、资产重组、有偿转让等多种方式，合理调整其岸线配置；对未经批准或未按批准用途使用岸线资源的涉岸项目，要依法进行清理，限期收回其所占岸线。

（五）创新港口岸线投资经营方式

一是鼓励国内外大型航运公司与港口企业采取股份制等多种方式，合作建设和经营码头业务；鼓励特大型工业企业和进出口贸易企业参与投资建设专业码头；允许特殊港口运输需求的企业独立或联合投资建设社会化的专用码头。同时，积极深化港口经营管理体制改革，重点探索建立地主港经营模式，对港区土地、岸线、航道进行统一规划、开发。二是实行产权和经营权分离，将港口码头和土地出租给港口经营企业或船公司经营，租金收入全部用于港口基础设施的再建设，通过岸线土地运作实行滚动开发，保障港口的可持续发展。三是港口公用岸线的开发

利用，一般不采取一次性出让方式，应当主要通过租赁、合资、合作的方式，以确保港口建设按照规划有序进行，成为可持续发展的公共服务平台。工业仓储岸线，可以采取出让方式，但要引入竞争机制，通过市场运作提高使用效益。实行租赁和出让方式，均要明确岸线使用权的回收要求。

（六）建立港口岸线动态监控管理制度

应用 GIS 技术，建立并定期更新镇江市长江岸线利用的空间数据库。参照闲置土地处置办法，清理整顿闲置岸线。根据《港口法》及《港口岸线使用审批管理办法》，经批准利用岸线的项目，擅自变更岸线使用主体或者无正当理由连续闲置满 2 年，岸线使用权自动失效，政府无偿收回。对不符合岸线规划功能和准入门槛的项目，根据不合理利用岸线调整机制进行处理，限期整顿。坚决打击违法占用岸线现象，限期收回所占岸线。

（七）促进岸线与腹地联动开发机制

在岸线利用规划和沿江产业发展规划的基础上，进一步编制腹地土地、交通和城镇规划，统筹协调土地利用和交通配套，为岸线开发预留充足的空间和良好的环境。重点做好岸线 2 千米范围腹地的土地利用规划，严禁项目贴岸布局，避免厂港连建。原则上工业企业厂区陆域布局不得超过其合理占用岸线宽度。控制港口后方 2 千米范围内小城镇的扩张，远期实施搬迁，为港口物流园区建设及开发区产业布局预留空间。沿江城镇规划、产业规划、土地利用规划与岸线开发利用规划共同组成沿江开发的指导性文件。

宁镇扬同城化发展与新型职业农民的培育[*]

江苏省委党校　徐泰玲

　　宁镇扬指的是江苏省的南京、镇江、扬州三座城市,位于长江中下游地区,她们位于长江中下游地区,都是中国历史文化名城,人文相亲,地缘相近。2014年8月10日,江苏省政府印发了《宁镇扬同城化发展规划》(以下简称《规划》)。《规划》明确提出了科学推进南京、镇江、扬州三市同城化发展主要目标和重点任务,规划期为2014—2020年,到2020年基本建成具有较强活力和竞争力的国际性大都市区。

　　促进"宁镇扬经济板块"的崛起,加快宁镇扬协同发展,在交通、产业、规划、环保、公共服务和制度等方面实现一体化,对增强江苏经济整体实力和竞争力,加快沿江开发,推动苏中快速崛起,进而带动苏北发展具有重大的现实意义。用城镇化和农村土地集约化发展的机制支撑,以培育新型职业农民作为强大智力支撑,实现农业生产的高效益,解决"三农"问题,确保农业现代化与工业化、城镇化和信息化的同步发展,这是推进宁镇扬同城化发展的重要途径之一。我们要高度重视城镇化发展,立足江苏经济社会发展形势和各地城镇化发展实践,从国民经济健康持续发展和全面建成小康社会的高度,加强新型职业农民培育。

---

[*] 2016年二等奖。

一 加强新型职业农民培育是宁镇扬同城化发展的内在要求

随着城市化和工业化的快速推进、市场化和国际化程度的不断加深，农村改革发展中存在的深层次矛盾不断凸显，实现城乡经济社会一体化发展的任务更加艰巨。宁镇扬同城化发展是推进新型城镇化的必然选择，新型城镇化的进程伴随着生产方式的深刻变革、科学技术的广泛运用、产业组织的发育壮大、市场竞争的日趋激烈，对提高农民的文化素质、技能水平和经营能力，提出了新的更高的要求。全面开发农村人力资源，大力加强职业农民队伍建设，是促进城乡社会经济一体化发展的必然途径，是宁镇扬同城化发展内在要求。

(一) 培育新型职业农民有助于推进宁镇扬区域经济一体化

江苏区域经济一体化则是建立在区域分工与协作的基础上，通过生产要素的区域流动，推动区域经济整体协调发展的过程，同城化应该是区域经济一体化的高级形式。宁镇扬同城化有利于将地区创新优势、产业优势转化为区域共同竞争优势；有利于增强区域辐射力、集聚力和综合竞争力；有利于培育江苏经济新的增长极；有利于增强区域新的影响力和带动力。有利于把城市规划纳入区域经济协调发展战略中，提出长期发展战略，有利于打破传统的城市之间行政分割和保护主义限制，促进区域基础设施一体化、市场一体化、产业一体化与科技服务一体化。实现宁镇扬同城化这个过程的关键就是人才，培育职业农民就是培育这样的人才，从而为推进区域经济一体化提供前提条件。

(二) 培育新型职业农民有助于推动沿江开发战略的实施

《规划》同时对宁镇扬同城化空间格局提出"一带三圈"的要求。"一带"即沿江发展带，是新型工业化、城镇化的重点区域，以及长江国际航运物流和金融商务中心的核心载体；"三圈"即宁镇扬中心城区为核心构成紧密圈层、次紧密圈层和外围圈层。加快实现宁镇扬板块同城化，使南京及宁镇扬板块成为连接泛长三角地区和长三角辐射带动中西部地区发展的重要门户，成为促进全省和长三角区域以及沿江经济带发展的重要门户，成为促进全省和长三角区域以及沿江经济带的重要增长极，是江苏实施区域协调发展，实现两个率先的重要发展战略。城镇化发展不只是地理空间范畴、社会制度范畴，它是一个涉及众多方面的综合性范畴。

要求把城市和乡村当作地位平等、有机联系的两个社会实体，通过城乡经济、社会、文化相互渗透、相互融合、相互依赖体制的建立健全，促进全体居民的全面发展、资源的高效利用和城乡差别的逐步缩小。通过新型职业农民培养，促进资金、技术、资源、人才、信息从城市向农村的流动，促进农村生产环境、工作环境、生活环境的不断改善，促进乡村经济、社会、生态建设，促进传统的思想观念和价值取向朝着现代文明转变，农民有意愿和保障享有与城镇居民同等的教育、医疗、住房和社会保障等公共服务，加快农村与城市的融合，实现城镇化的演变。当今，江苏的大部分农村仍然还是小农经济，他们自给自足，与城市分割，发展相当缓慢。江苏要发挥其沿江开发战略重要作用，也必定要在广大的农村实行社会化大生产。农业的社会化大生产的特点是专业化、协作化，同时要求高新技术被引进到农业生产当中去，转化为现实的生产力，使农业的分工越来越精细，越来越科学，越来越专业，最终形成农业产业的专业化。因此，宁镇扬协同培育职业农民可以促进沿江开发战略的大力实施，能够有效推动长江南北联动发展，加快苏中融入苏南，促进苏南产业向苏北转移，进而形成江苏经济发展的沿线、沿江双轴。

（三）培育新型职业农民有利于促进宁镇扬全面小康社会的实现

江苏"十三五"规划建议中，仍将促进区域协调发展作为今后一段时期重要战略加以推进，要求加快新型工业化、城市化、经济国际化步伐，尽快超过全国经济发展平均水平，确保如期全面建设小康。全面建设小康的一个重要标志是农业的现代化，农业的现代化一个主要标志是广泛采用先进的经营方式、管理技术和管理手段，把产前组织、生产过程和产后服务有效组织起来，形成比较完善的产业链条，这就要求现代农业的从业者必须"有文化、懂技术、会经营",与现代农业的规模化、集约化生产经营相适应,实现职业化。农业现代化是指建设以科技进步为主要增长动力、低投入、高产出、高效益和集约化经营的持续发展农业,是以较高的土地生产率、资源产出率、劳动生产率和产品生产率,实现农业经济效益、社会效益和生态效益的统一。在众多强化现代农业发展的因素中,新型职业农民是最关键要素,是匹配农业科技进步、农业机械化和良种化的支撑点,是适应新型农业生产经营体制机制的根本,是保障国家粮食安全、保证重要农产品的有效供给以及农产品质量安全的决定因素,是促进现代农业发展的基础。虽然城乡一体化是工业化、城市化发展达到较高阶段后的一个必然趋势,但并非每一个国家在工业化、城市化达到某一阶段后都会如期出现城乡一体化的发展现实。这需要农业现代化的匹配与平衡,需要高素质农村劳动力的支撑和保证。宁镇扬协同培育职业农民有利于实现农业经济效益、社会效益和生态效益的统一,增强综合竞争力,确保全面实现小康。

二 宁镇扬区域协同培育新型职业农民的举措

本着功能互补、空间整合、区域协调、对接周边的原则,宁镇扬同城化总体发展导向为:创新行政管理体制,完善城际合作机制,深化合作领域,促进区域要素资源自由流动与优化配置,把宁镇扬板块建设成为接轨上海、带动苏北、辐射皖东南、全面融入长三角城市群的重要平台,成为富有特色的生态型和文化型城市联合体,成为长三角城市群中潜力大、后劲足、活力强的重要区域之一。宁镇扬区域经济社会发展的战略目标是:提高人口素质,改善人口结构,全面发展社会事业,健全公共服务体系,促进人口、资源、环境、经济、社会协调和可持续发展,把宁镇扬建设成为经济充满活力、社会稳定和谐、生态环境优美、人民生活幸福的现代化城市,成为长三角先进制造业和现代服务业基地、区域性物流中心、科技创新和人才聚集高地,成为江苏率先发展、科学发展、和谐发展的实验区。

宁镇扬同城化建设要求遵循"互动、创新、合作、共进"原则,统筹基础设施建设、产业发展与市场建设，协调区域经济社会发展，培育多核增长极，促进经济社会一体化发展进程，建设经济繁荣、社会和谐、空间集约、生态良好的同城化示范区。推进宁镇扬同城化示范区建设，重点是增强整体优势，关键是强化同城化理念，在更大范围内整合资源，在更高层次上优势互补，实现整体利益最大化。根据宁镇扬同城化建设目标要求和遵循的原则，我们必须从制度改革、职业教育和机制创新等方面，加强宁镇扬协同培育新型职业农民。

（一）制度改革：宁镇扬区域协同职业农民培育的重要保障

加强职业农民培育，必须统筹城乡发展，消除职业农民产生的体制和制度障碍。

1. 改革户籍管理制度

农民走向职业农民的第一步是可以自由流动自主择业，这就要求改变过去那种户口定终身、只有迁徙没有转移（即离乡不离土）的户籍制度，建立起宁镇扬可以自由流动、城乡统一、迁徙自由、有利发展、以身份证管理为中心的新的户籍管理制度。通过加快改革户籍制度，消除城乡二元化结构，使得户籍与福利脱钩，让城乡基本公共服务均等化、子女受教育平等化等，赋予农民真正国民待遇，促进城乡一体化，推动人才自由流动、自主择业。

2. 改革土地流转制度

现行土地制度是职业农民形成的一大障碍。过去城乡相分离，城里人走不进农村，农民难以进入城市，根源在土地。因此，要根据《物权法》的规定，探索和建立有利于土地有效集中、高效运转的土地使用权流转制度、土地置换制度、土地承包经营制度。在坚持家庭联产承包责任制、稳定和完善农村土地承包关系的基础上，按照依法、自愿、有偿的原则，建立健全土地承包经营权的流转机制，使得耕地通过使用权的依法流转，鼓励农民以转包、出租、互换、转让、股份合作等形式流转土地承包经营权逐步集中到种地专业大户手中，促进农业的规模经营，为现代农业发展所需的专业化的职业农民培育创造可能。

3. 改革投入融资体制

各级政府应把新型职业农民培训的经费支出纳入财政预算中，设立新型职业农民培训专项资金，对于符合相应从业资格的农民给予一定的资金扶持，并且给予一定税收优惠政策。探索开展新型职业农民农村土地经营权和农民住房财产权抵押贷款试点，鼓励金融机构开展适合新型职业农民特点的信用、联保等贷款业务，适当给予利率优惠，降低融资成本。支持新型职业农民参加各类农业政策性保险。提高财政支农资金对其购买农业保险的保费补贴比例。组建农村发展等投融资公司，支持发展农民互助银行，鼓励金融机构贷款向农村倾斜，引导社会资本投资"三农"。

4. 改革公共服务供给制度

一是强化基层农业公共服务机构建设。通过平台建设，让农民教育培训工作植入更加现代化的技术和手段，提高他们对科技创新与经营管理知识的吸纳能力。通过提供大数据云计算服务，加强新型职业农民的生产、经营、管理各阶段的农业信息化服务，增强他们对市场信息的吸纳能力。二是大力培育市场化、专业化的农业社会化服务组织，成立一批良种示范、农机作业、用水、植保及产品营销等专业服务合作社或农业服务公司，为各类农业经营主体提供低成本、便利化、全方位的服务，不断创新现代农业服务方式和手段。

5. 改革社会保障制度

在医疗、养老、失业等方面，虽然不能完全参照企业的"五险一金"，但是新型职业农民已经不是一种身份的象征，更多的是一种职业，所以提供相应的保障，让新型职业农业专心投入到农业现代化进程中，对于稳固农业的基础性地位相当重要。应为培育新型农民的成套政策建立相关的法律法规或条款以保证其有法可依。为新型农民提供土地、资金，努力打破城乡二元结构，推进城乡一体化发展，在政策上使农村居民与城镇居民达到平等。

（二）职业教育：宁镇扬区域协同职业农民培育的坚实基础

为适应这种新趋势，必须培养一批有文化、懂技术、善经营、会管理、思想新的职业农民。这就要求农村职业教育不但要培养有知识、有技术的农业生产者，还要培养具有创业精神、创新意识、商品意识和市场意识的经营者、组织者和管理者。农村职业教育不但要成为人才培训的有效方式，还应成为新技术、新品种研发的基础保障，成为职业农民发家致富的智力支持，打破区域、部门、城乡、学校界限，学制长短结合，学历教育与非学历教育并重，职业教育与成人教育并举，以适应农村社会各行各业对人才的不同需求。

应建立健全农民教育培训体系，针对不同地区经济发展水平和产业结构不同特点，有针对性地培养各层次农业职业化人才。

1. 培训主体

改革现有农民教育培训管理体制，逐步形成"政府统筹、农业牵头、部门配合、社会参与"的新型职业化农民教育培训运行机制，形成农业院校、农业科学院、农业技术推广中心、农业企业和农民合作组织等多渠道、多形式、多层次的灵活有效的体系和机制，以建立和完善高、中、初农民教育培训模式，设立新型职业农民实训基地、农民科技培训中心。高等学校、科研机构要充分发挥在推进"农科教结合"中的重要作用，通过参与组建科研生产联合体和农业产业化龙头企业、转让技术成果等方式，积极开发和推广农业实用技术和科研成果，帮助农村职业学校和中小学培养师资。

2. 培养对象

重点培育：一是思想理念先进、创业欲望强烈、经济实力较强返乡农民工，可以通过技术培训、政策引导和创业扶持。二是长期从事农业生产、有一定产业规模、文化素质较高的专业大户、家庭农场主、农民合作社带头人、农业企业负责人等。三是稳定从事农业作业、具有一定专业技能的农业工人、农业雇员等。四是在农业社会化服务组织或直接从事农业产前、产中、产后服务的从业人员中，选出一批优秀人员。

3. 培训方式

积极探索"校企联合"、中介组织、现场推广、现代远程教育等培训方式，综合运用现场培训、集中办班、入户指导、田间咨询等多种方式，加强高校、科研院所与农业合作社、农业龙头企业联合协作，充分利用社会和企业的培训资源，大力提升农民教育培训能力。采用实地考察、现场讲授、问答授课等行之有效的教学形式。与乡镇企业联合培养农业实用性人才，形成校内学习、校外实习、产教结合、校企合一的"学校—企业—农户"的新型办学模式。教师要根据季节和当地实际适时向职业农民讲授相关作物的种植技术要求，以培训基地（示范园、龙头企业）为中心，通过教学和指导农民观察、实地操作，使职业农民掌握各种技术。

4. 培训内容

按照职业农民培育规模化、专业化、标准化发展要求，全面提高农民专业技能。围绕各地现代农业发展急需的关键技术、经营管理知识及市场信息等展开教育培训。根据不同地区、不同产业、不同类型新型职业农民从业特点及能力素质要求，拓宽办学渠道，合理设置课程。将培养内容与地方主导产业紧密结合，围绕产业发展，开展农业职业教育和技能培训，逐步提高农民农业生产经营水平。要完善教学内容。农村职业学校的教学内容要与当地农村经济发展的实际紧密相连，突破国家统编教材的束缚，突出针对性、适用性和先进性，结合当地实际积极开发具有地方特色的教材。要突出实践环节，如可以把示范园、龙头企业作为教学现场。

5. 培训制度

建立以区镇为中心、以村为基地的新型职业农民培训组织、管理和服务体系。科学制定符合当地实际情况的教育培训计划，明确培训任务和要求，建立经常性培训制度。建立农民职业资格证书制度，培训机构对参与培训并考察合格的新型职业农民颁发相应的资格证书，拥有从业资格证书和技能鉴定证书的新型职业农民可以直接从事农业生产经营。

（三）机制创新：宁镇扬区域协同职业农民培育的可靠保证

新型农民作为一种职业国家应该建立完善的新型农民准入机制，相对应的建立考核、晋升、退出机制加以完善。

1. 投入机制创新

逐步形成政府扶持、培训机构减免经费、农民适当分担的农村成人教育投入机制。建立以政府为主导、社会资金为辅助的机制，鼓励企业家、社会人士参与到新型职业农民培训工作中来，多渠道筹集资金，形成新型职业农民培训的资金长效机制。首先，在经费方面，要逐步加大投入，完善农村地区的办学条件。要明确各级政府在保障农村义务教育投入上的责任，落实"在国务院领导下，由地方政府负责、分级管理、以县为主"的农村义务教育管理体制,还要广泛动员和鼓励机关、团体、企事业单位和公民捐资助学。要建立和健全资助家庭经济困难的学生就学的制度,确保全国农村义务教育阶段家庭经济困难的学生都能享受到"两免一补"免杂费、免书本费、补助寄宿生生活费,做到不让学生因家庭经济困难而失学。其次,在师资力量方面,要加快推进农村中小学人事制度改革,大力提高教师队伍的素质。要加强农村中小学编制管理,依法执行教师资格制度,全面推行教师聘任制。要积极引导和鼓励教师和其他具备教师资格的人员到乡村中小学任教;各地要落实国家规定的对农村地区、边远地区、贫困地区中小学教师津贴、补贴;要加强农村教师和校长的教育培训工作,构建农村教师终身教育体系。实施"农村教师素质提高工程",开展以新课程、新知识、新技术、新方法为重点的新一轮教师全员培训和继续教育。再次,在教材的内容方面,要与时俱进,努力体现时代性。教材的内容不仅要体现人文精神,而且也要体现科学精神。人文精神与科学精神的融合是科技进步的强大动力,也是培养学生创新精神的重要条件。大力发展农村职业教育和成人教育,提高新型农民的科技和经营素质。

2. 准入机制创新

各级政府要建立职业农民资格制度,规范职业农民的培训、考核、发证和质量控制等工作,建立起严格的农业准入制度。要出台有关农业行业就业准入制管理细则,在农民上岗前、上岗后以及换岗前后,都要形成一个技能鉴定机制,另外,建立动态管理机制,根据这类人才具体分布情况,对其流动状态进行监测。劳动和社会保障部应和农业部一起研究并探索建立新型农民职业资格准入制度——国家统一组织从事特定农业生产活动的新型农民资格考试,称为"国家新型农民考试"。考试主要测试内容应符合农业部和教育部研制的新型农民培育课程体系所包含的内容,实行全国统一命题和评卷,成绩由农业部公布。通过考试的人员,由农业部统一颁发"新型农民职业资格证书",一人一证,一证一号。获得证书的农民即为新型农民,可以进入相关的农业单位工作或者进入农产品公司进行农业生产工作,也可以申请应用国家相关的农业技术进行自主农业生产工作并享受国家专门为新型农民推出的相应惠农政策等。准入机制的设置也可以简单地划分为传统农民和新型农民，使得新型农民拥有更高的职业感和使命感，提升其学习和工作的动力。其考试制度也会使更多的农民自发的学习并获得证书以进入更好的农产品企业获得更好的福利待遇，这就让新型农民的培育变得更加有自发性。而考试内容的变化和与时俱进也可以使新生的新型农民更符合当时农业现代化的要求，提高了人力资本投资的回报率。

3. 考核机制创新

各级政府应定期对培训成果进行评估，建立健全客观的农民教育培训效果的考评体系，并将培育新型职业农民纳入基层政府主管部门政绩考核范畴，建立以服务农业产业需求为导向的工作目标考核机制。在建立了国家新型农民的准入机制后，应该为其配套相应的后期考核、晋升与退出机制以完善整个系统。新型农民在获得"新型农民职业资格证书"并进入相关企事业单位从事农业后，应该定期对其农业生产技术、专业技术与经营管理知识进行考核，使新型农民所掌握的农业技术、农业知识得到及时的更新，也使所有新型农民在就业后仍保持对自身继续教育的投资。对于获得"三级""二级""一级"证书的新型农民分别每隔一定的年限（具体的数值应该由专家经过研究后决定）参加统一组织的国家新型农民考核，并更新其证书，每一次所颁发的证书均有时效性，过期无效。而超过一年不参与相关考核的新型农民，则视为不再拥有"新型农民职业资格证书"，其所在单位应根据相关条例对其进行处理，时间过长者可以取消其劳务合同。最终应该设立的是新型农民的退出机制，其与考核机制配套，将注销没有在规定年限内通过国家新型农民考核的新型农民的证书号，并注销其整体新型农民电子档案，这样其就不能被各大涉农企事业单位所雇佣。退出机制的存在会使新型农民在职期间不会因为种种原因而暂停对自己继续教育的投入，也间接地保障了新型农民培育的有效性，提高了新型农民的整体素质，从而为保障国家粮食安全做出贡献。

4. 晋升机制创新

按时参加相关考核的新型农民可以根据自己的需要申请证书的"晋升"。即已获得低等级证书的新型农民在工作一定年限并符合要求后可以申请参加高等级的考核。考试分数高于"晋升"的规定分数后可以按照规定换取高等级的"新型农民职业资格证书"，而考试分数低于"晋升"的规定分数但高于一定分数时，可视其通过原等级考核，可以更新其原等级证书。晋升机制为各类新型农民提供了更好的职业发展机会，使得整体新型农民培育机制更加完善。

5. 激励机制创新

对于承包土地的新型职业农民应提供一定的承包补贴，农技服务部门应当提供持续的技术支持；对于农村中取得较好经营效益的村民、村民经济组织给予鼓励；对于接受相关培训教育，具备相应能力的农民应该给予政策上的照顾；对于为农民提供培训服务的农业专业合作社、农民学校给予优惠补助，鼓励社会资源参与新型职业农民培育。

6. 社会监督机制创新

建立和完善新型职业农民培育体系监督评价机制，监督评价机制包括评价主体、评价方式、评价内容、评价反馈等基本内容。要充分发挥社会监督的作用，充分调动社会媒体、网络和社会团体以及个人的监督作用。

发展健康养老服务产业
打造宜游宜居宜创城市[*]

扬州市发改委　范天恩　孙景亮　夏　坚　胡新林

健康服务产业指的是以维护和促进人民群众身心健康为目标，主要包括医疗服务、健康管理与促进、健康保险以及相关服务，涉及药品、医疗器械、保健用品、保健食品、健身产品等支撑产业。

养老服务产业指的是以老年生活照料、老年产品用品、老年健康服务、老年体育健身、老年文化娱乐、老年教育、老年金融服务、老年旅游等为主的产业。

打造宜游宜居宜创城市，是扬州城市新定位。扬州独特的城市特质、中等的城市规模和良好的生态环境，十分适宜发展健康养生养老产业。通过大力发展健康和养老服务产业，有利于不断提高城市对市民的凝聚力、对创新创业者的吸引力和在国内外的影响力，进而完善"三宜"城市功能、提升"三宜"城市品质。

一　2014年扬州市健康和养老服务产业发展现状

2014年，我市旗帜鲜明地提出加快发展健康和养老服务产业，这一年我市开展了产业调研、落实了发展政策、举办了招商推介、推进了

---

[*] 本文作于2015年4月。

重点项目，产业规模和质态得到稳步提升。

（一）产业规模日益壮大

2014年全市健康与养老服务产业增加值达到223亿元，现价同比增长16%。**一是医药健康产业稳步发展。**医药健康（含保健食品化妆品）工业产值达到220亿，同比增长15.5%。全市共有规模以上药械和保健食品化妆品生产企业238家，其中药品20家、医疗器械150家、保健食品化妆品68家，2014年实现工业产值约120.8亿元，其中药品34.5亿元、医疗器械23亿元、保健食品40.3亿元、化妆品23亿元，同比增长15%，利税约26亿元。涌现出扬州完美、江苏联环、扬州三药等一批规模型企业，以及两面针、谢馥春等知名品牌，新建了江苏伯克、江苏艾迪等"千人计划"领军人物创办的科技型企业，伯克生物在上海股权交易中心上市，成为E板市场扬州首家公司。形成了三个特色产业基地：国药控股有限公司江苏医药物流中心成为我省最大的现代医药物流中心，年销售额近30亿元；"医疗器械之乡"头桥镇是全国医疗器械生产经营四大集散地之一，一次性耗材占全国市场较高比重；"中国酒店用品之都"杭集镇化妆品原料供应、产品生产、包装、销售、物流一体化，销售市场覆盖全国。**二是健康服务产业扩量提质。**全市医疗卫生机构总数1814所，其中公立1299所，占71.63%；民营515所，占28.37%；二甲及以上医院16家；全市医疗机构共有床位19202张，每千人口床位数4.3张（全省平均4.64张）；全市卫生人员总数28877人，每千人口执业（助理）医师2.08人（全省平均2.14人），每千人口注册护士2.0人（全省平均2.19人）；全市医疗机构共接待门诊2442.9万人次、住院52.6万人次，开展手术12.6万台次。医生人均每天担负诊疗人次10.1，人均每天担负住院床日2.98（全省为人均每天担负诊疗人次9.8，人均每天担负住院床日2.9）。全市门诊病人均次医疗费用133.1元（省均221.2元），住院病人均次医疗费用7818.5元（省均10864.3元）。市直医疗卫生单位共有16家，共有在职职工6596人（含编外聘用2559人），离退休1703人。"十二五"以来，全市各级医疗卫生机构增加投入20多亿元，固定资产达57.4亿元。新扩建医疗用房面积57.16万平方米，新增100万元以上诊疗设备

105 台，培养和引进高层次人才 574 人，获得国家和省、市立项课题 87 项，国家自然科学基金立项课题 16 项，2014 年新申报 12 项，获省、市科技进步奖 107 项，建成国家重点专科 1 个、省级重点专科 25 个，一批医疗新技术步入全省领先水平。我市医院入院与出院诊断符合率、住院手术前后诊断符合率均在 99% 以上，基本能实现"大病不出县、疑难杂症不出市"的目标。围绕打造"15 分钟健康服务圈"，我市各级政府先后投入近 3 亿元用于政府办基层医疗卫生机构建设，目前全市共建成 101 个政府办乡镇卫生院（社区卫生服务中心）、1009 个村卫生室（社区卫生服务站），城乡基层医疗机构覆盖率 100%。**三是养老服务产业投入加大。**目前我市共有养老机构 99 家，养老床位数 25605 张。其中护理型床位 1853 张，占床位总数的 7.2%。养老机构中有专业医院的有 2 家，分别为扬州颐和康复医院和扬州曜阳康复医院。每千名老人拥有床位数 27 张。继续完善扬州市养老服务平台，856 家加盟企业为 2646 户老年人直接提供了 3500 次以上服务。实施了"安康关爱""爱老无忧"综合保险服务。90—99 周岁老年人的尊老金标准翻了一番，提高到每人每月 200 元，为全市 12 万高龄老年人发放尊老金 9000 万元。

（二）重点工作有序推进

一是落实发展政策。2014 年市税务部门为扬州曜阳国际老年公寓办理税收优惠 200 万元；落实"一照多址"登记管理制度，降低养老机构等企业准入门槛，同意利用住宅登记为企业住所（或经营场所）。

二是开展主题活动。2014 年 5 月 31 日在扬州国展中心举办了扬州市第三届科学育儿博览会，本届科学育儿博览会为期三天，展会面积 20000 平方米，参展商 50 余家，展会内容有早期教养演示、育儿专家讲座、宝宝才艺培训、宝宝市场练摊、宝宝健康运动会、时尚宝宝 T 台秀、开心亲子游乐园、"六一主题文艺表演"和孕婴童新品展示等丰富多彩的活动，吸引了众多小朋友和家长参观并参与展会活动，群众参与达 7000 余人次。

三是着力培养人才。扬州职大护理专业在校生人数为 1556 名，年招生量约 500 名；扬州职大继续教育学院开展以"新知识、新理论、新技术"为主的"三新"培训，近三年累计为扬州市行政区划内乡镇卫生院和社区卫生服务中心等基层医疗卫生单位培训全科护士、全科医生2827人，近5000人次；2014年，开展"护工"和"月嫂"岗位培训等各类健康服务培训1500人次以上；2014年，扬州商务高等职业学校开设了中专层次的家政服务与管理、中医康复保健、中（西）餐烹饪工艺与营养等专业；扬州旅游商贸学校开设了中专层次的中餐烹饪等专业；扬州生活科技学校开设了中专层次的营养与保健、美容美体、美发与形象设计等专业；扬州明聪职业技术学校开设了中医康复保健专业，培养方向盲人中医推拿、按摩、针灸师；扬州体育运动学校开设了运动训练专业，培养社区健身教练、运动咨询师；多年来，我市职业院校培养了数以万计的健康与养老服务业技能人才，这些毕业生已经成为行业的精英和骨干，为我市的健康服务业做出了贡献，尤其是我市的"三把刀"传统服务业，已经成为我市对外交往的靓丽"城市名片"。

四是推动健康辅导。全市215所中小学、高等院校全部配备1名专（兼）职心理健康辅导员，每学年小学学段开设心理健康课程不少于4课时，中学学段不少于6课时。广泛开展中小学心理健康教师培训，2014年，相关培训超过500人次。在各中小学开办"阳光心苑"心理访谈室，接受学生、家长咨询和心理辅导。利用校园橱窗、校园广播、心理讲座等进行心理健康教育，加强健康科普宣传，普及健康知识。

五是医康养融合发展。扬州市社会福利中心成立颐和养老康复中心，通过与东方医院合作，在全国首创"金拐杖"养老服务标准体系，通过"亲情助理模式、至全服务模式、ABC管理模式、GOT运行模式"四大专属模式，实现示范引导、专业推广、辐射社区的作用；曜阳国际老年公寓通过与苏北医院合作建立康复医院，完善急诊急救绿色通道机制，为老人开展保健医疗、康复护理、紧急救护、体格检查、健康管理等多项综合性医疗服务。各中小型民办养老机构由于规模和医疗条件所限，重点收治自理和仅需基础护理服务的对象。

六是探索扩大健康安全消费渠道。在扩大职工医保个人账户使用范围、允许购买"国食健字号""卫食健字号"等保健品基础上，下发《关于市区职工医保个人账户结余资金用于运动健身有关问题的通知》，其中明确将进一步扩大职工医保个人账户使用范围，可用于运动健身消费。试点推进居民健康消费预付费"第三方"保管制度即推行预付卡押金制度,我市首批9家企业已完成单用途预付卡备案管理,具体做法是商家委托银行管理一部分资金,一旦商家卷款逃跑,这部分钱将优先用来赔付消费者。

(三)重大项目加快实施

一是积极推进中德合作扬州医康养产业示范项目。 2014年1月7日,扬州市政府与国经咨询股份有限公司签署了"关于共同建设中德健康谷国际合作项目的框架协议"。为认真贯彻市政府《意见》和具体落实"框架协议"内容,市发改委积极会同市卫生、民政、规划、房管等部门和邗江区,围绕"中德合作"项目先后召开了五次工作组会议,朱市长先后做出6次重要指示。项目的主要建设内容包括中德国际医院(扬州)集群项目和中德(扬州)国际顶尖生物医药科技园区项目两大部分。

二是积极推进上海(扬州)国际医学园区项目。 项目总体规划约10平方千米,其核心示范区规划面积2平方千米,北至吴州路、南至扬子津路、西至古运河、东至临江路,未来依据发展情况逐步拓展空间。上海国际医学园区、扬州经济技术开发区共同出资成立扬州国际医学园区建设有限公司,注册资本6000万元。其中,上海国际医学园区出资2700万元,占股45%,扬州经济技术开发区出资2700万元,占股45%,扬州欧筑公司出资600万元,占股10%。本项目的合作实施管理与经营主体适度分离的原则,采用公司运作模式。沪扬两地开发区管委会作为行政管理主体,对上海(扬州)国际医学园区的建设行使总体指导、监督、协调、服务的职能;上海(扬州)国际医学园区开发有限公司作为区的投资和经营主体,专项负责上海(扬州)国际医学园区项目的规划、设计、建设、运营和管理。

三是深入推进养老民生重点项目建设。 完成全市农村养老服务中心(站)建设任务120个;我市社区日间照料中心共建有92个,针对运营中出现的问题,结合各地实际,制定社区老年人日间照料中心运营管理服务规范和一居一策(一个社区日间照料中心一个运营对策),有效提升了社区老年人日间照料中心运营质态;农村老年关爱之家建设任务有序推进，全市共向省申报农村关爱之家23所，各申报单位完成了建设任务。

四是继续推进城区综合场馆建设和运营。宋夹城体育休闲公园于2014年4月19日正式开园，全年完成了南城门、南门桥、棋艺连廊、儿童游乐区、成人及老年人健身区、休闲服务区土建部分、十字街路面改造、绿化景观提升等工程，自开园以来，日均接待量达5000人次左右，"五一""端午"小长假分别达到了5万人和4万人左右，为游客游览宋夹城时除了锻炼和纳凉外又提供了一个好的休闲去处；李宁体育公园2013年底正式开工，总投资10亿元，主要建设内容包括多功能馆、艺术体操馆、乒乓球馆、少儿活动中心、羽毛球馆、游泳馆、体育培训及学校。该项目定位于江广融合区必须配套的公益性、功能性项目之一，集群众体育运动、度假休闲、康体娱乐、体育培训、体育展览、体育商业、观光旅游和体育社区为一体的城市功能项目，项目正在地下基建，7月底出正负零，2014年底主体封顶，2015年年底投入使用；推进了城西体育公园3万人体育场建设，2014年底竣工；城南邗江区体育中心规划已启动；蜀冈西峰上建设体育健身休闲公园规划方案出台。

二 当前扬州发展健康和养老服务产业的机遇与挑战

（一）机遇分析

一是各级党委政府高度重视健康和养老服务产业发展，产业发展政策开始聚焦。2013年以来，中央、省、市先后出台健康和养老服务产业意见，形成了完备的产业政策体系。二是得益于良好生态环境及人文底蕴，扬州市发展健康和养老服务产业具有较高知名度和美誉度。2014年9月，中国社会科学院城市发展与环境研究所《城市蓝皮书：中国城市发展报告No.7》指出，国内287个地级市中，深圳、上海、扬州等23个城市是"健康城市"，扬州在23个健康城市中位居12位。总体来看，当前全国287个地级市处于健康发展状态的不到十分之一，包括北京、天津等在内的近九成城市处于亚健康发展状态。

(二) 挑战分析

一是扬州市健康事业资源丰富,但健康产业资源相对缺乏。二是扬州健康服务市场很大,但供求矛盾突出。三是扬州健康服务产业链很长,但缺链断链问题比较普遍。四是民间资本积极性很大,但进入门槛仍然较高。

三 加快发展扬州市健康和养老服务产业的重点任务和举措

(一) 抓政策贯彻和落实

2013年以来,中央、省、市相继出台了加快健康服务业、养老服务业发展的实施意见、责任分解方案等,一大批具体操作细则将在2014年底前密集出台,梳理、汇总、落实上述政策是当务之急。面对构成庞杂、目标多元的产业发展任务,结合扬州实际和产业特点,需要对重点工作任务、责任部门、时间进度等逐一明确分解。

1. 积极抓好健康服务业重点任务贯彻与落实

一是落实好制度。落实省制定的加快推进社会办医的政策意见;落实省鼓励商业健康保险发展的指导性文件;落实省建立的健康服务业统计调查方法和指标体系并开展调查统计;落实省制定的非公立医疗机构医疗服务实行市场调节价的指导性文件;落实省非营利性民办健康服务机构投资奖励制度,出台扬州地方政策;落实省制定的政府购买健康服务类公共产品指导目录和绩效评价制度。

二是攻克工作难点。推进社会办医联系点工作;出台加快推进医师多点执业的工作方案;清理取消全市不合理规定,落实非公立医疗机构和公立医疗机构在市场准入、医保定点、重点专科建设、职称评定、学术地位、等级评审、技术准入、大型医用设备购置等方面同等对待的政策。

三是扶持重点项目。建立扬州市健康服务业发展重点项目库;研究设立政府引导、推动设立由金融和产业资本共同参与的健康产业投资基金；加大公共财政对健康服务业的支持力度；推进健康服务业集聚区建设。

2. 积极抓好养老服务业重点任务贯彻与落实

一是坚持规划优先。在制定城市总体规划、控制性详细规划时，按照人均用地不少于0.2平方米的标准，分区分级规划设置养老服务设施，2015年一季度制定出台操作性意见并实施。将社区养老服务设施纳入城乡社区配套用房建设范围，新建住宅小区按每百户20—30平方米配套建设社区养老服务用房，列入土地出让合同，与住宅同步规划、同步建设、同步验收，由开发商移交给民政部门统一调配使用，2015年一季度出台落实配套标准的措施。

二是抓好居家养老。到2020年，全面建成以居家为基础、社区为依托、机构为支撑、信息为辅助、功能完善、服务优良、覆盖城乡的养老服务体系。符合标准的社区居家养老服务中心覆盖所有城乡社区，50%的城市社区和有条件的农村社区设立适合老年人的康复场所。养老床位总数达到每千名老年人40张，护理型床位占养老床位总数达到50%以上，社会力量举办或经营的养老机构床位数占比达70%以上。养老护理人员岗前培训率达到100%、持证上岗率达到90%以上，完成时间分别是2015年养老床位每千名老人30张，2018年养老床位每千名老人35张，2020年养老床位每千名老人40张。培育居家养老服务企业和机构，通过政府补助、购买服务、合同外包等形式，鼓励和引导社会力量发展居家养老服务，为老年人提供价格合理的多样化服务产品，支持有条件的居家养老服务企业和机构实现规模化、连锁化、品牌化经营，2015年各县（市、区）培育一批居家养老服务的龙头企业，其中社会化运营的比例要达到40%以上。

三是坚持政府托底。建立健全经济困难老年人养老服务补贴制度，享受政府购买服务补贴的困难老年人占老年人总数2%以上，着力保障困难老年人养老服务需求，确保人人享有基本养老服务，家庭、个人承担应尽养老责任，2014年实施，2020年实现目标。到2015年，每个社区至少设置1个居家养老服务公益性岗位，2015年实施。

四是认真抓好载体。以市老年大学为龙头、县（市、区）老年大学为支撑、街道（乡镇）老年学校为骨干、社区（村）老年学校为基础建成老年教育办学网络，2015年一季度出台关于进一步促进老年教育发展的实施意见。市、县（市、区）建成1所综合性老年活动中心，街道（乡镇）建有老年活动站，社区（村）建有老年活动室，2016年实现目标。2015年，各县（市、区）改建（新建）一所具备医疗康复功能的养老机构；2020年，全市养老机构全面完成"567"工程，即：护理型床位占养老床位总数达50%以上；医养融合型养老机构占总数的60%；介住、介护老年人占机构入住总数70%以上的养老机构应具有基层医疗服务功能，2015年起全面实施。

五是注重营造环境。推动孝道文化和老年法律宣传普及，在全社会弘扬敬老、养老、助老优良传统，营造关注支持家庭养老浓郁氛围。重点实施以"温暖空巢""心灵茶吧"为主要内容的老年精神关爱示范项目，建立老年人精神关爱服务组织，到2020年，志愿者与70岁以上独居老年人结对关爱帮扶覆盖率达到95%以上，社区心理咨询室建有率和专业心理咨询师定期服务率达到80%以上，其中2015年基本建立健全老年精神关爱工作体系。

六是加大财政支持。从2014年起，市、区两级财政按1∶1分担，对符合条件的以自建产权用房举办的养老机构，每张护理型床位给予不低于1万元的一次性建设补助；对符合条件的以租赁用房举办且租期5年以上的养老机构，每张护理型床位给予不低于5000元的一次性改造补助；对入住养老机构的全护理、半护理和自理老人，且入住满6个月以上的，按每人每月150元、120元和100元的标准给予运营补贴，由市、区两级财政按1∶1分担，2015年起实施。全市符合基本医疗保险和新型农村合作医疗定点条件的，可申请纳入定点范围，入住的参保老年人按规定享受相应待遇，责任部门是市人社局、市卫生局，持续实施。市、县两级财政按本地上年度60岁以上户籍老年人口数，以每人每年不低于40元的标准提取养老服务事业费（不含对"三无""五保"老人的保障经费以及尊老金），用于养老服务体系综合建设，并根据发展需要逐步增加。其中，以每人每年不低于6元的标准安排老年活动经费和老年教育经费，用于老年人精神关爱活动开展；增加福利彩票公益金投入，落实中央关于福利彩票公益金50%以上用于养老服务的规定，从2015年起持续实施。

七是积极推进产业化。社会力量举办的非营利性养老机构与政府举办的养老机构享有相同的土地使用政策，可以依法使用国有划拨土地或者农民集体所有的土地；对营利性养老服务机构建设用地，按照国家对经营性用地的规定，依法办理有关用地手续，优先保障供应，2015年起持续实施。非营利性养老机构自用房产、土地免征房产税、城镇土地使用税，符合免税条件的收入免征企业所得税；对企业事业单位、社会团体和个人通过非营利性社会团体及政府部门向非营利性养老机构的捐赠，符合相关规定的，准予在计算其应纳税所得额时按税法规定比例扣除；对非营利性养老机构建设免征有关行政事业性收费，对营利性养老机构建设减半征收有关行政事业性收费，对养老机构提供养老服务免征营业税、适当减免行政事业性收费。养老机构用水、用电、用气、用热按居民生活类价格执行；养老机构安装电话、有线（数字）电视、宽带互联网免收一次性接入费，电视基本收视维护费按居民用户终端收费标准减半收取。推进养老服务人员专业化、职业化，有计划地在职业院校增设养老服务相关专业和课程，探索订单式培养；开辟养老服务培训基地，建立养老护理员职业培训、持证上岗、技能评定、岗位津贴制度；出台养老护理员薪酬指导价，不断提高养老服务行业人员工资福利待遇；对取得国家养老护理员技师、高级工、中级工、初级工职业资格证书后，在养老机构护理岗位连续从业2年以上的人员，分别给予每人3000元、2000元、1000元、500元一次性补贴。

（二）抓重大项目和工作

全市当前重点要推进11项健康服务业重大项目和工作，其中新建中德合作扬州医康养产业示范项目、普仁（扬州）国际医院、上海（扬州）国际医学园和广陵新城国际医院等4家医院，重点推进市中医院"养生保健康复一体化中心"项目等7项工作，具体如下：

一是中德合作扬州医康养产业示范项目。由邗江区人民政府与国经医院管理（北京）有限公司共同合作建设，项目建设内容包括中德国际医院、中德国际健康管理中心、中德国际养老和老年病中心等。拟选址邗江新城西区范围内两宗地块之一，占地1500亩左右，注册资本金5000万欧元，预计总投资150亿人民币，建设周期5年。目前正在与北京国经公司进一步洽谈磋商中。预计2014年10月签署合作协议；2014年12月—2015年3月北京国经公司与德国阿斯克雷皮友思医疗集团于邗江境内注册成立中外合资实体公司；成立公司后编写项目建议书和可研报告。

二是普仁（扬州）国际医院：项目位于定浦路与马港河路交叉口西北面，项目总占地面积约150亩，总建筑面积约15万平方米，病床位1000张（含康复科400张）。项目总投资约10亿元，注册资本3亿元。其中一期占地约90亩，建筑面积90000平方米，病床位600张，投资约6亿元人民币；二期占地约60亩，建筑面积60000平方米，病床位400张，投资约4亿元人民币。预计2015年第二季度正式开工建设。

三是上海（扬州）国际医学园。项目总体规划10平方千米，其核心示范区规划面积2平方千米，北至吴州路、南至扬子津路、西至古运河、冬至临港路，预计总投资200亿元。规划建设健康医学制造业、高端医疗、医学教育、康复养生、商务配套于一体多功能现代化健康新城。预计2015年2季度正式开工建设。

四是广陵新城国际医院：国际医院东至沙湾路南至解放东路西至福康路北至新农东路。国际医院主要建设为广陵新城重点医疗卫生机构，集医疗、保健、康复中心等为一体的国际型医院。项目总投资20亿，项目建设年限：2—3年。目前该地块正在进行拆迁。

五是家庭病床项目。以家庭作为护理场所，选择适宜在家庭环境下进行医疗或康复的病种，让病人在熟悉的环境中接受医疗和护理，既有利于促进病员的康复，又可减轻家庭经济和人力负担。该模式由文峰街道卫生服务中心从2010年开始成型，到2014年已经有100多张床位，目前正在积极招引医护人员，争取在2015年达到200张床位。

六是基于SNS大数据的社区综合管理服务平台。项目地点在东关街道琼花观社区。以社区为单位为社区中老年人、慢性病患者、社区特殊人群提供全方位服务，提高社区管理能力。该平台由江苏智慧城市研究院有限公司研发，2014年1月份开始建设，预计2014年10月份交付使用。

七是江广融合区体育园项目。李宁体育园东至滨河路南至十里河西至沙湾路北至高家河。主要建设内容包括多功能馆、艺术体操馆、少儿活动中心、羽毛球馆及学校。该项目定位与江广融合区必须配套的公益性、功能性项目之一。目前项目完成地下基建，进行地上建设，力争年底主体封顶，明年年底投入使用。

八是市中医院"养生保健康复一体化中心"项目。在院内新建一幢18000平方米综合体（含地下停车位2500平方米），主要功能包括医院中草药库、中药制剂室、中药煎药间、中药养生膏方制作间、康复综合治疗大厅、药膳制作与营养餐厅、中医养生保健与美容中心、150张康复病床及相关配套设施；总投资约8000万元；投资主体为扬州市中医院，资金来源为争取社会资金为主、单位自筹和市财政支持为辅。预计启动时间为2015年第4季度。

九是市区职工医保个人账户结余资金用于运动健身消费（由三家单位联合开展此项工作）。鼓励参保人员积极参加健身活动，强身健体，由被动型患病治疗向主动型健身防病观念转变，由"保疾病"转向"促健康"良性路径发展。2014年底开始执行。

十是国民体质测试惠民行活动。市体育局牵头组织技术人员，深入社区、农村、机关、企业和学校，为市民义务提供体质测试服务，并进行科学健身宣传。2014年9月活动开始，2015年10月完成。

十一是江都区的扬州亚馨颐年嘉园项目。建筑面积45790平方米，主楼23层，辅楼5层，容积率3.72，拟将老年护理型床位设置为600张左右，自理型床位数设置为200张左右，投资5000万元。建设时间是2013年元月至2015年。

十二是医药健康产业重点项目。江苏伯克生物医药有限公司生物制药项目投资1.51亿元，投产后年销售10亿元；扬州完美日用品有限公司保健食品生产项目二期工程，投资5亿美元，投产后年销售10亿元，建设时间是2014年至2016年；扬州谢馥春化妆品有限公司古典化妆品生产基地，投资1亿美元，投产后年销售10亿元，建设时间是2014年至2015年。

（三）抓载体建设和运营

全市各地应依托自身的特色资源，重点打造文化休闲、养生养老、商务旅游、体育拓展、产业园区等8个不同类型的健康和养老集聚区，实现错位发展和优势互补。各集聚区的基本定位和发展重点如下：

一是健康和养老产品制造集聚区。制定扬州市促进医药健康产业发展规划，明确中长期和近期发展目标、项目和措施。市县两级联动，多方争取国家、省健康产业发展政策支持，采取省市合作、市县合作、政企和高校合作等多种方式，统筹规划和推进建设专业园区，如：邗江生物医药园、头桥医疗器械产业园、杭集化妆品产业园、广陵食品保健食品产业园、邗江现代医药物流园，整体布局研发中心、生产物流基地及相关服务中心，促进产业集聚发展。

二是瘦西湖集聚区。规划面积8平方千米，依托丰富的历史文化资源和良好的生态环境，借助瘦西湖东拓北进扩容的契机，完善文化解读体系，引进高端品牌温泉项目，丰富休闲类产品及配套设施建设，完善商务旅游功能，打造国内一流、国际知名，融生态、文化、休闲于一体的文化休闲集聚区。

三是"七河八岛"集聚区。规划面积6平方千米，依托水体植被、湿地生态和地热资源，提升凤凰岛景区品质和周边乡村生态风貌，打造以温泉疗养、商务会议、养老休闲、田园农趣等项目为主要产品的健康养生旅游集聚区。

四是瓜洲集聚区。规划面积12平方千米，依托瓜洲"江河都会""古渡古镇"的独特资源和已开发的国际露营地、太阳岛、芳甸企业会所群、养老地产等项目，打造以商务会议、古镇观光、游艇体验、江鲜美食等项目为主的商务旅游养老集聚区。

五是邵伯湖旅游度假区。规划面积10平方千米，依托邵伯湖的水域资源和邵伯古镇的历史人文资源，打造以古镇观光、水利科普、水上运动、湖滨休闲等项目为主的滨水休闲健身集聚区。

六是仪征枣林湾集聚区。规划面积16.5平方千米，依托"三山五湖"等优质资源，放大省级旅游度假区品牌以及初具规模的滑翔伞、卡丁车、骑行、赛龙舟等运动项目基础，提升配套设施品质，打造以山地运动、康体健身、乡村体验项目为主体的体育休闲集聚区。

七是高邮清水潭集聚区。规划面积13.6平方千米，依托优越的生态环境和湿地资源，整合周边旅游资源，完善景区配套设施，重点发展生态观光、现代农业、水乡风情、体验采摘等特色休闲产品，打造集温泉度假、水上运动、水产美食为一体的水乡养生养老集聚区。

八是宝应湖集聚区。规划面积8.6平方千米，依托苏北规模最大、保存最好的水杉森林湿地及地热资源，放大宝应湖国家湿地公园品牌，拓展和提升配套设施功能，开发建设温泉度假、湿地科普、观光农业、湖上体验、夏令营等项目，丰富配套设施功能，打造集生态观光、拓展训练和会议度假为一体的湿地养生养老集聚区。

（四）抓人才招引和培育

一是以"绿扬金凤计划"为引领，进一步引进高层次人才。开展招才引智活动，推介扬州发展环境与人才政策，发布高层次人才需求信息，启动实施2014年度"绿扬金凤计划"，推动医药健康产业高层次人才加速集聚。大力吸引生物医药高层次人才到扬州创新创业，对引进的国家"千人计划"等海内外高层次人才和团队给予重点支持，健全鼓励创新创业的激励机制，提升我市健康产业创新能力。

二是以"扬州英才培育计划"为抓手，加强本土人才队伍建设，遴选第二批"扬州英才"培育对象，通过协调、配合相关部门单位，集成多方面培育措施，支持医药健康产业本土优秀人才。

三是推动政策贯彻落实。就人才工作系列优惠政策进行专项宣传、督查，确保人才政策落实到基层、到企业、到人才，为医药健康产业人才提供优质服务。四是继续动员鼓励各类技工院校和民办职业培训学校开设健康、养老服务专业。加大职业培训力度，提升服务就业和经济发展的能力，对护士、养老护理员、药剂师、营养师、育婴师、康复治疗师等职业工种推进企业岗位技能提升培训和完善高技能人才培养体系，通过开展技能大赛、校企合作、招生就业宣传活动促进行业发展。

观 点 集 萃

1. 2017年11月25日宁镇扬党政联席会议共识

宁镇扬山水相连、人员相亲、经济互补，一体化建设应有更大进展，让三市居民拥有更多获得感和认同感！

省委常委、南京市委书记张敬华：宁镇扬是长江经济带的重要板块，南京是扬子江城市群的龙头，宁镇扬一体化要主动融入长江经济带战略和扬子江城市群布局。三市要以重点工作为抓手、重点项目为支撑，全力推进城际轨道交通一体化、高速公路一体化、港口一体化、通信一体化，在医疗、养老、就业、社保、旅游、出行等方面加快同城化步伐，推动宁镇扬一体化全面提速。

镇江市委书记惠建林：在承接中心城市辐射带动上，镇江一直有过向东还是向西的讨论，现在我们想清楚了，全力拥抱宁镇扬一体化，才能更好地融入长三角。

扬州市委书记谢正义：只有融为一体，才能做强扬州。扬州主城区才150万人口，只有"绑定"宁镇扬，投身一体化，扬州才能更好地错位发展、特色发展。

南京市常务副市长刘以安：覆盖三市的高铁、城铁、高快路综合交通体系蓝图已经绘就，仅南京过江通道规划多达24条，南京、镇江相邻片区规划深度对接，宁镇扬公交、旅游一卡通开始发行。作为一体化产业协作的标志，今年南京软博会把扬州列为伙伴城市，辟出扬州馆，并为扬州举办了"地理信息与智慧城市建设论坛"。

2. 中共镇江市委党校　姚永康

长江江苏段拥有全长约837千米的干流岸线资源。"宁镇扬"三市拥有江苏省最丰富、最优质的长江港口岸线资源。但长江岸线利用率不高、港口设施落后、功能布局不合理、生产能力低下、区域竞争力差、经济贡献力较小。就"宁镇扬"三市而言，随着-12.5米深水航道初步建成后，这意味着"宁镇扬"三市将升级为"海港城市"，更有利于三市港城一体化融合发展。如何促进流域经济协调发展，这是三市政府不可回避的问题。为此笔者着重以镇江市为例提出加快推进"宁镇扬"

三市的长江港口岸线资源整合的一系列对策措施。

3. 南京市城市经济学会　吴海瑾

宁镇扬三市探索人才共享的新形式，不断创新人才共享模式。人才资本具有动态性，通过流动中的裂变和聚变可以促进知识和技术在区域内的充分流动以扩大受益面，从而创造出新的知识资本。我们必须按照市场经济人才的流动规律办事，建立适应市场经济的人才流动机制。目前可以柔性流动为主要方式，鼓励高层次人才从事咨询、讲学、兼职、技术诊断、技术入股、投资兴办高新企业或从事其他专业服务。也可以综合运用"智力嫁接""科技联姻""筑巢引凤""客座顾问""远程会诊""兼职兼薪"等多种人才共享的实现形式。积极探索以项目合作为主要载体，鼓励高层次人才开展重大项目的论证咨询，开展科研技术攻关、推广和应用等项目合作。还可以探索建立统一的人才租赁制度，积极利用人才租赁新模式。

4. 句容市人大　郭道贵

句容城区到新街口直线距离仅29千米，比高淳、溧水距中心城区更近，与栖霞、江宁、溧水接壤曲线达253千米（拉弯取直153千米），历来有"南京东南门户"之称。近年来，随着宁沪、宁常、宁杭、沿江、城际轨道等一批高等交通建设，句容成为全省高等级公路最密集的市（县）之一，半小时通达南京主城正在成为现实。如此地域相邻的空间距离，带来足够低的通勤成本和机会成本，使宁句一体化发展具有无可比拟的地缘优势。

5. 南京统计局　吴忠林

在优势产业基础上向地区专门化方向发展。应根据自身发展基础、资源禀赋、潜在优势等具体特点进行一体化发展规划，发展特色经济，形成优势互补的产业结构，通过专业化分工与协作提升整体空间效率，确保各地产业定位和区域条件的匹配，区域的产业结构必须与经济发展所处的阶段相适应，在优势产业基础上向地区专门化方向发展，促进产业集群发展，从而提高宁镇扬同城化协调发展水平。

6. 扬州市统计局　石火培

宁镇扬文化产业分工要形成产业链。现在三地文化产业集聚区属于各自为战状态，各地文化产业集聚之间没有打造良好的分工协作产业链。文化产业集聚区的互补性和互通性不足，目前还没有形成宁镇扬文化产业园区一体化趋势。三地没有形成互通的创意产业交易平台、市场和公共服务平台。没有通过契约、交易、合作的形式形成固定的产业分工。

7. 扬州市广陵区委党校　陈留俊

价值观教育是任何一个国家和社会都不能忽视的领域，它涉及民族精神、政治文化、传统思想等重要的社会建构事业。世界上各国都在总结当代价值观教育的问题，也在研究新媒体环境所产生的挑战与机遇，面对不能放弃也不能漠视的事业，在中国的社会条件下探讨价值观教育的内容需要"再核心化"、结合中西方的思想精华，利用新媒体的特点；然后研究新媒体可能的运作方式，包括公共参与、社会服务、寓教于乐及公关应急等，只有做到这些才能有效地对新媒体价值观教育进行评估和反思，为社会培育正确而理性的价值观奠定基础。

8. 扬州市职业大学经贸学院　陆彩兰

关键的是要推进"交通网络"与"市民待遇"的同城化，实现半小时交通圈。一是加大在公共交通基础设施方面的投资，将提高市民的出行效率作为交通管理部门的首选目标；二是建设快速公交线网与轨道交通线网相结合的城际交通体系，达到轨道交通线网与公交汽车线网的高效衔接；三是合理规划宁镇扬产业功能区公共交通网络，规划建设轨道交通更需要结合产业功能区未来发展走向，设计最优路线，提高投资回报。

9. 江海职业技术学院　张国祥　王萍

打破传统的利益分配制度、实现宁扬镇整体利益的共享，是宁扬镇三市合作的根本驱动力。利益补偿机制体现了合作创新的共赢思维，是在承认创新资源禀赋差别、创新效率差别进而承认利益差别合理性的基础上，对个别城市因为整体利益做出牺牲的补偿制度。在利益协调方面，缺乏能够全面协调宁扬镇合作创新利益的组织机构，可借鉴珠三角的经验，其行政区域内政府间的合作方式（如粤港澳联席会议、珠三角区域合作与发展论坛等）已初步形成。通过将宁扬镇多个科教单位的多种力量进行整合，可有效实现宁扬镇的跨政府合作，从而开创宁扬镇三市互惠互利的共赢创新、合作创新局面。

10. 中共扬州市江都区委党校　隋林林　李翔宇

按扬州市委"推动宁镇扬一体化取得实质性进展，促进沿江城市集群发展、融合发展"的新要求，从过去"同城化"到现在"一体化"，标志着宁镇扬区域协同发展进入了一个新的阶段。从构建生态安全格局、推进环境协同政治、促进绿色低碳循环发展三个方面提出推动宁镇扬生态保护和环境整治区域协调发展的要求，扬州市以建立健全环境治理联防联治机制和跨区域生态补偿机制为重点，加快宁镇扬生态环境保护一体化发展，对于扎实推进宁镇扬一体化具有重要意义。

11. 茅山新四军纪念馆　沈君芳

宁镇扬三地博物馆的资源配置有差异性，不平衡性，比如一些博物馆苦于没有沟通的渠道，了解不了其他馆的相关资源信息，而另一些博物馆由于缺少研究人员，导致许多馆藏资源"养在深闺人未识"。因此，在现今这个信息时代，作为为社会发展服务的公共机构——博物馆，应该建立科学的区域博物馆信息网络，联合开发信息发布平台，共同制作藏品信息库，发布各项活动信息，促进在研究领域中的交流合作，实现设施资源、文物资源、展览资源、人才资源、观众资源的共享共用平台，避免因各自为战导致的资源浪费，增强博物馆的整体实力。

12. 南京宏观经济学会　张启祥

构建"横贯东西、辐射南北、通江达海、经济高效、生态良好"的长江经济带已上升为国家战略。宁镇扬城镇空间相向拓展，跨界区域呈现同城发展态势。宁镇扬地区一衣带水、唇齿相依，三城也都是滨江城市，依托港口重点发展现代航运物流业，为宁镇扬长江黄金水道协同发展打下良好的合作基础和联建模式。南京龙潭与镇江下蜀合作紧密、分工明确，为做好宁镇扬组合港发展的文章开了个好头，加之铁路南京南站、南京北站（筹）、禄口机场、南京马鞍国际机场（筹）现实的枢纽地位，镇江港的煤炭等资源货运优势，扬州临港经济与船舶制造服务业，南京都市区建设长江航运物流中心和打造中国航运（空）与综合枢纽名城的愿望能够实现。宁镇扬组合港将在推进苏南现代化示范区建设、加快长三角一体化步伐，构筑江苏乃至长三角西部综合实力强劲、影响力较大的经济中心以及促进南京都市圈一体化、增强辐射带动苏中苏北和我国中西部地区能力等方面将发挥重大作用。其实质性成为航运中心的能效和经济贡献度不会低于武汉和重庆。

13. 镇江市文化馆　霍力

积极吸纳社会资源，健全社会力量参与公共文化服务的优惠政策和激励机制，引导民间资本投入基层公共文化建设，丰富基层公共文化建设的资金流入渠道。除吸引社会资金投入外，还可发挥企业、个人、社团的自身优势，进行服务、设施设备、人员等多方面资源的提供，并大力发展文化产业，引导资金规模，形成政府、社会、市场的互动机制。借鉴国际先进经验，按照因地制宜、分类指导的原则，合理规划，运用各种现代化技术，设计建造外观和内部格局富有地方特色的公共文化设施，增加流动设施建设，推动基层文化设施建设与当地社会经济的协调发展。重心下移，贴近基层，在远离城市和文化繁荣地带的城镇必须要建设文化网点，提高基层文化设施覆盖率。

14. 扬州工业职业技术学院　钱松　单丹

高职院校规模的快速扩张与高职教育的经费投入不相适应，在宁镇扬地区也具有较为明显的体现。高职教育需要大量的实训设备以及校内校外实训场所，为了满足教学的要求，各个学校都在进行教学设施的建设，但是存在着重复建设，利用率不高等方面的现实问题。政府在此过程中要能够发挥主导作用，可以通过行政的方式进行三地教学设施共享规划，根据不同学校的特点，建立三地高职院校在图书馆、体育馆、校内外实训基地的共享以及开放式管理模式。尤其是在数据库方面实现共享，提升数据库利用率，各高职院校在满足基本教学需求的前提下，可避其所短，扬其所长，将重复添置教学设施节省下来的经费用于人才引进、培养等师资队伍建设，从内涵上提升办学质量和水平。与此同时，也能为广大学生提供更为广阔的学习、生活平台，并一定程度上提高学生操作技能能力，提升学生培养质量。同时三地的高职院校可以建立学分互认制度，定期进行教师以及学生的交换，充分发挥三地的教育教学优势。

15. 中共镇江市委党校　周秋琴　杨艳艳

首先，宁镇扬区域内旅游资源需要整合开发。突出苏中地区的旅游特色和优势，避免重复建设与无序开发。就拿扬州成功牵头申遗的大运河来说，可以整合三地与运河有关的旅游资源打造独具特色的运河游。

其次，针对区域内的游客和潜在游客做好调查和统计工作，了解游客的兴趣所在，有计划地开发区域同城化的旅游产品。最后，举办宁镇扬旅游节等活动，开展联合营销活动，共同做大区域旅游市场，打造节庆旅游品牌，提升区域旅游市场的知名度。重点突出三地的旅游形象，整合一系列主体鲜明、内容相关的特色节庆产品，扩大旅游节庆活动的影响范围。宁镇扬区域作为江苏经济重要的经济发展模块，在该区域实现区域旅游同城化以及深化旅游同城化层次，对宁镇扬三地旅游产业的发展、三地同城化发展，以及江苏省甚至整个华东经济的建设都会起着重要作用。改变过去各地孤立分散的状态，集中优势，整合区域内的旅游资源，打造区域内从市场、产品到基础设施的同城化，打造宁镇扬区域旅游同城化品牌。在旅游业日益竞争激烈的今天，宁镇扬区域旅游同城化竞争力必会提升，最终实现区域内三地旅游业共赢的局面。

16. 扬州职业大学　唐彩虹

宁镇扬三市人同住江淮平原、同饮长江水、同说江淮方言、同吃一席淮扬菜。同根同源的江淮文化具有极强凝聚力，能够强化大秦淮人民的认同感，是促进三市同城化的坚固基础和纽带。实现文化互动、文化交融，是推动宁镇扬同城化的重要桥梁。三市应当以文化认同感来强化大秦淮文化凝聚力，充分发挥江淮文化对同城化发展的巨大引领作用，使江淮文化成为推动宁镇扬同城化的强大助推力。

宁镇扬三市传统文化丰富，如白局、灯彩、风筝、剪纸、空竹、古埙、烙画、石画、微雕、脸谱、结绳、扬州戏曲、评话、书院、印刷、修志、藏书等。要整合三市力量，做好江淮传统文化的挖掘、整理、保护和传承，深化地方文史研究，开展江淮历史文化资料的征集、研究和书画名家代表作的收集收藏。发扬合作精神，建设江淮文化特色数据库，加强地方特色资源的合作共建共享，形成各具特色的江淮文献资源建设，搜集载体形式更加多样化、内容更加丰富、研究价值更高的地方特色文献资源。

17. 镇江高等专科学校　徐艟

在数千年之前长江的入海口就是在镇江、扬州一带，伴随着时代发展南京逐步取代了镇扬二地在当地的经济地理中心位置，形成了宁镇扬长江经济三角洲的顶点区域。从产业经济的结构来看，三市之间有着强烈的互补效应。三者旅游资源的极大丰富，从所统计的 4A 级旅游景点就有 14 家即可见一斑。因此三市在旅游资源的区域经济融合中应注意品牌共创、客人共享、放大宁镇扬三地的名城效应，让其成为世界级的旅游目的地，更可以挖掘不同小镇旅游特色，譬如镇江茅山的道教圣地；南京栖霞山的深秋枫叶和汤山镇的怡人温泉；扬州邵伯古镇和月塘健康养生旅游等。

南京江宁的汽车主题乐园是集汽车展示贸易、娱乐休闲、市场和配套服务的综合大型社区；镇江丹阳的皇塘镇是最专业的汽车灯饰产品的集散地，在这周围更是辐射了丹阳当地小镇众多的汽车配件生产基地；扬州邗江和广陵二地则建立了以亚星客车为基地的汽车产业园。因此宁镇扬三地应依靠已经成型的当地区域经济模式，以可持续性发展的眼光来布局区域所在的小镇经济发展方向，避免重复投资、项目雷同、产业发展路径相近的误区，采用长远的发展目光来统筹规划，利用现有各地乡镇的有效资源，构建虽广泛但不类似，虽布局宽广但产业纵深互相补充、行业链条可以上下衔接的乡镇工业蓝图。

18. 南京市审计局　郭洪峰　贾恒德

在宁镇扬区域同城化的趋势下，人才先行是必由之路。在宁镇扬同城化的过程中，如果缺少人才资源的同城化，势必会影响其他同城化的进程，因此必须加快宁镇扬人才同城化进程，才能使区域内人才得以自由流动和优化配置，人才资源才能与其他生产要素有效结合，从而实现区域内人才开发效益最佳化。真正实现人才作为经济和社会发展服务的主体，经济和社会发展为培养和造就时代发展需要的人才，形成良性循环，实现经济发展、社会发展、生态发展、文明发展的新模式。

19. 镇江市农委明朱毅　南京市农委　赵凯

发展智慧农业是建设现代农业的根本途径，物联网技术、农产品电子商务等智慧农业技术是促进传统农业向现代农业转型升级的重要推动力。宁镇一体化是全省区域协调发展重大战略，是镇江发展重大机遇。共建农业（农资）电子商务平台。鼓励农业园区、农业企业、农民专业合作社、家庭农场等经营主体进驻淘宝特色中国·南京馆、苏宁易购中华特色·江苏馆、苏宁易购中华特色·南京馆、京东中国特产·南京馆、乐村淘、镇江优质农产品营销网、江苏优质农产品营销网、亚夫在线等国内知名电商平台，实行资源共享，共同打造网上农博会，推动宁镇农产品电子商务同城化发展，避免不同部门、地区重复建设电子商务平台，造成人、财、物重复投入、资源分散浪费。

20. 扬州市统计局　赵振东　乔裕胜　殷璐

区域经济协同发展的核心，是产业协同发展。通过产业的同城化，迅速带动区域内城市建设、人民生活和社会事业的共同发展，对于加快推进宁镇扬同城化具有重要的促进作用。通过企业间协作、兼并和重组，整合宁镇扬三地的化学工业园，打造国家级石油化工产业集群。共建长江国际航运物流中心，注重功能分工，南京做强做优航运基础服务业的同时，重点发展现代物流业和航运衍生服务业，镇江和扬州重点发展航运基础服务业和现代物流业。构建现代服务业集聚中心，充分发挥三地比较优势，南京重点发展商业商务服务和生产性服务，强化服务业中心地位，镇江重点建设智慧旅游中心，扬州突出精致扬州宜居品牌，突出生活性服务业发展。把握新兴产业的发展规律，重点发展高新技术产业和智力密集型产业，使宁镇扬板块成为创新战略性新兴产业的示范区和传统产业转型升级的示范区。

21. 南京市委党校　黄　科

宁镇扬一体化区域创新系统由跨行政区划的产业创新系统、政策管理系统、知识创新系统、科技成果转化系统及环境创新系统构成。行政区划的存在使得该系统的构建必然考虑到各行政区域自身特点，主要问题有：一是作为一个区域而言，宁镇扬一体化的产业体系并未做到有机结合。二是宁镇扬地区各地方政府对整合的引导和推动相对不足，相应的政策管理体系缺乏协调。三是各类经济园区规模小、分布散、功能弱等。由此导致定位不清，产业趋同，在招商中无序竞争，引进项目档次不高等问题。面对深化改革开放和创新驱动转型的迫切需求，需要根据宁镇扬三地的具体特征，分层次、分类别地对各创新子系统进行构建，完善创新一体化布局。

v